Sammlung Luchterhand 75

W0283917

Alexander Solschenizyn

Im Interesse der Sache

Erzählungen

Luchterhand

Aus dem Russischen von Mary von Holbeck, Leoni Labas, Elisa Marin, Christoph Meng und Ingrid Tinzmann.

Sonderausgabe der Sammlung Luchterhand, Juni 1972.
3. Auflage März 1974.
Umschlag von Hannes Jähn.
Ausstattung von Wolfgang Stehle.

© 1970, 1972 by Hermann Luchterhand Verlag, Darmstadt und Neuwied.
Gesamtherstellung bei Ebner, Ulm.
ISBN 3-472-61075-1

Matrjonas Hof

Hundertvierundachtzig Kilometer vor Moskau bremsten noch ein halbes Jahr danach alle Züge so stark ab, als kämen sie nur zögernd voran. Die Reisenden preßten ihre Gesichter an die Fenster, traten auf die Plattform hinaus: wurden die Gleise repariert? War der Fahrplan nicht eingehalten worden?
Nein. Sobald er den Übergang passiert hatte, gewann der Zug wieder an Schnelligkeit, die Reisenden gingen auf ihre Plätze.
Nur die Maschinisten wußten Bescheid und dachten daran.
Und ich.

1

Im Sommer des Jahres 1953 kehrte ich aus der staubigen, heißen Wüste zurück – aufs Geratewohl, einfach nach Rußland zurück. In keinem Ort des Landes wurde ich von jemandem erwartet, keiner hatte mich gerufen, weil ich mit der Rückkehr um zehn Jährchen in Verzug war. Ich wollte in die gemäßigte Zone, wo es keine Hitze gab, wo die Blätter des Waldes rauschten. Ich wollte mich eingraben, mich verkriechen im Innersten Rußlands – wenn es das noch gab, wenn das noch lebte.
Noch vor einem Jahr hätte ich mich diesseits des Uralgebirges allenfalls zum Lastentragen verdingen können. Sogar als Elektriker wäre ich von keinem anständigen

Baubetrieb genommen worden. Ich aber träumte davon, Lehrer zu sein. Erfahrene Leute sagten mir, das Geld für die Fahrkarte könne ich mir sparen, ich führe vergebens.

Doch irgend etwas war schon in Bewegung geraten. Als ich die Treppe der Distriktsschulverwaltung hinaufgestiegen war und gefragt hatte, wo hier die Personalabteilung sei, gewahrte ich mit Staunen, daß die Beamten nicht mehr hinter einer schwarzen, lederbespannten Tür residierten, sondern hinter einer verglasten Trennwand, wie in einer Apotheke. Ich trat an das betreffende Fensterchen schüchtern heran, beugte mich vor und bat:

»Sagen Sie, brauchen Sie vielleicht einen Mathematiklehrer irgendwo weiter weg von der Bahnlinie? Ich möchte mich dort für immer niederlassen.«

Jeder Buchstabe in meinen Papieren wurde abgetastet, man ging von Zimmer zu Zimmer, rief irgendwo an. War ja auch für die Beamten ein seltener Fall – alle wollen sonst in die Stadt, möglichst in eine große. Und dann gaben sie mir tatsächlich eine Anstellung – in Wyssokoje Pole, dem Hohen Feld. Allein der Name ließ das Herz höher schlagen.

Der Name trog nicht. Auf einer Anhöhe zwischen Senken und anderen Anhöhen, tief in Wälder getaucht, mit einem Teich und einem Wall war das Hohe Feld genau jener Ort, an dem zu leben und zu sterben keine Herabsetzung war. Lange saß ich im Wäldchen auf einem Baumstumpf und dachte daran, wie von Herzen gern ich darauf verzichten würde, alle Tage zu frühstücken und zu Mittag zu essen, wenn ich nur hierbleiben und nachts horchen dürfte, wie die Zweige über das Dach schurren, wenn nirgendwo ein Radio schmettert und alles auf der Welt schweigt.

Indessen – dort wurde kein Brot gebacken. Dort konnte man nichts Eßbares kaufen. Das ganze Dorf schleppte die Lebensmittel in Säcken aus der Kreisstadt herbei.

Ich kehrte zur Personalabteilung zurück und flehte vor dem Fensterchen. Erst wollte man gar nicht mit mir reden. Dann ging man wieder von Zimmer zu Zimmer, telefonierte, nörgelte und tippte mir in die Einweisung »Torfoprodukt« hinein.

Torfoprodukt? Ach, Turgenjew hat nicht geahnt, daß sich so etwas im Russischen zusammenfügen läßt!

Auf der Station Torfoprodukt, einer altersgrauen, provisorischen Holzbaracke, prangte ein strenger Hinweis: »Der Zug ist nur von der Bahnhofsseite aus zu besteigen!« Mit einem Nagel war auf dem Brett ergänzend eingeritzt: »Und ohne Fahrkarten.« An der Kasse war mit dem gleichen melancholischen Humor kräftig eingeschnitzt: »Fahrkarten nicht vorhanden.« Den Sinn dieser Ergänzungen lernte ich erst später kennen. In Torfoprodukt anzukommen war leicht. Nicht aber, dort wegzukommen.

In dieser Gegend wuchsen früher dichte, unpassierbare Wälder, die auch die Revolution überdauert hatten. Dann wurden sie abgeholzt – von Torfstechern und dem benachbarten Kolchos, dessen Vorsitzender Schaschkow etliche Hektar Wald bis zur Wurzel ausgerodet und günstig in die Gegend von Odessa verhökert hatte.

Zwischen den Torfmulden ungeordnet verstreut lag die Siedlung – gleichartige Baracken der dreißiger Jahre und, mit geschnitzter Fassade und verglaster Veranda, die Häuschen der fünfziger Jahre. Doch in diesen Häuschen war nirgends eine bis an die Decke reichende Zwischenwand zu erblicken, ich hätte also kein Zimmer mit vier richtigen Wänden mieten können.

Über der Siedlung rauchte ein Fabrikschlot. Kreuz und

quer durchzogen Schmalspurgleise die Siedlung, und kleine Lokomotiven schleppten qualmend und mit gellendem Pfiff Waggons voll graubraunem Torf, Torfplatten und Briketts hinter sich her. Ich konnte mit Sicherheit annehmen, daß abends über dem Klubeingang der Lautsprecher dröhnte und Betrunkene die Straße entlangtorkelten – und sich gelegentlich das Messer zwischen die Rippen stießen.

Hierhin hat mich also der Traum vom stillen Nest in Rußland geführt. Dabei hätte ich dort, woher ich gekommen war, in einer festen Lehmhütte wohnen können, mit einem Blick auf die Wüste hinaus. Dort wehte nachts ein frischer Wind, und das bestirnte Firmament wölbte sich hoch über dem Kopf.

Ich fand keinen rechten Schlaf auf der Bank in der Stationsbaracke, und so trottete ich ganz früh wieder durch die Siedlung. Jetzt entdeckte ich einen winzigen Markt. Zu dieser Morgenstunde stand da nur eine einzige Frau und handelte mit Milch. Ich kaufte eine Flasche und begann an Ort und Stelle zu trinken.

Ihre Redeweise machte mich betroffen. Es war kein Sprechen, sondern ein innig rührender Singsang, und ihre Worte waren eben jene, nach denen ich mich in Asien gesehnt hatte.

»Trinke, trinke gemächlich, mit Seele. Wirst wohl zugereist sein?«

»Und wo kommen Sie her?« fragte ich und strahlte.

Ich erfuhr, daß hier nicht nur Torf gestochen wurde, daß hinter der Eisenbahn ein Hügel war und hinter dem Hügel ein Dorf und daß dieses Dorf – Talnowo – von alters her dort lag, schon zu den Zeiten der alten Gutsherrschaft, als hier noch üppigster Wald stand. Und dahinter lagen noch andere Dörfer: Tschasslizy, Ovinzy, Spudni, Schewertni, Schestimirowo, immer stillere, immer weiter weg von der Eisenbahn und auf die Seen zu.

Ein Hauch von Ruhe wehte mir aus diesen Namen entgegen – verhießen das echte, urtümliche Rußland.

Und ich bat meine neue Bekannte, mich nach Beendigung des Marktes nach Talnowo mitzunehmen und ein Bauernhaus ausfindig zu machen, in das ich mich einquartieren könnte.

Ich mochte ein lohnender Mieter sein: außer dem Gehalt versprach mir die Schule noch einen Lastwagen voll Torf für den Winter. Die besorgte Miene der Frau wirkte nicht mehr innig und rührend. Sie selbst hatte keinen Platz (sie und ihr Mann hatten ihre alte Mutter bei sich aufgenommen), darum führte sie mich erst zu den einen, dann zu den anderen Verwandten. Doch auch dort fand sich kein einzelnes Zimmer, es war eng und laut.

So waren wir bis zu dem halb ausgetrockneten, zu einem Teich eingedämmten Bach mit einem Brückchen gekommen. Keine Stelle im ganzen Dorf erschien mir so freundlich wie diese: zwei, drei Trauerweiden, ein windschiefes Häuschen, auf dem Teich schwammen Enten, und Gänse watschelten ans Ufer, schüttelten das Wasser aus dem Gefieder.

»Na, vielleicht, daß wir zu Matrjona gehn«, sagte meine Begleiterin, die meiner schon müde wurde, »bloß, bei ihr ist's nicht so reinlich, verdreckt wohnt sie, ist krank.«

Matrjonas Haus war gleich in der Nähe – vier Fensterchen in einer Reihe nach Norden, das Satteldach schindelgedeckt, die Dachluke mit Schnitzerei verziert. Doch die Schindeln moderten, grau vor Alter waren die einst mächtigen Balken an Haus und Tor, schadhaft der Bogen über dem Tor.

Die Pforte war verriegelt, doch meine Begleiterin pochte nicht, sondern zwängte die Hand durch und schob den Riegel zurück – ein simpler Trick wegen des Viehs. Der kleine Hof war nicht gepflastert, das Haus beherbergte zwei Gebäudeteile unter seinem Dach. Hinter der Eingangstür führten einige Stufen hinauf zu einem geräumigen Flur, von dort aus links weitere Stufen hinauf zu der guten Stube ohne Ofen und hinab in die Vorratskammer; rechts ging es in die eigentliche Wohnstube, mit Boden und Keller.

Gebaut worden war alles vor langer Zeit, für eine große Familie, jetzt wohnte nur eine einsame, etwa sechzigjährige Frau darin.

Als ich die Wohnstube betrat, lag sie bäuchlings oben auf dem großen russischen Ofen gleich am Eingang, zugedeckt mit undefinierbarem dunklem Gelumpe, das so unschätzbar ist im Leben eines arbeitenden Menschen.

Die geräumige Stube, besonders die Fensterseite, war vollgestellt mit Gummibäumen, die auf Bänken und Hockern in Töpfen und Kübeln standen. Als stumme, aber lebendige Schar drängten sie sich in die Einsamkeit der Hausbesitzerin. Sie nahmen das kärgliche Licht der Nordseite für sich in Anspruch, breiteten sich üppig darin aus. Im restlichen Licht, dazu noch beschattet vom Rauchfang, wirkte das Gesicht der Frau gelb und krank. An ihren trüben Augen war zu erkennen, daß die Krankheit sie ausgelaugt hatte.

Sie unterhielt sich mit mir, blieb aber auf dem Ofen liegen, ohne Kissen, das Gesicht der Tür zugewandt, während ich unten stand. Sie äußerte keine Freude darüber, einen Mieter zu bekommen, klagte über das »schwarze Gebresten«, dessen Anfall jetzt von ihr wich; das Gebresten überfiel sie nicht jeden Monat, aber wenn, dann:

»... packt's zwei Tag und drei Tag, kann nicht stehn, kann nicht gehn, könnt' Ihnen nichts besorgen. Um die Stube ist's mir nicht zu tun, könnten schon darin wohnen.«

Und sie zählte mir andere Frauen auf, bei denen ich es besser hätte und bequemer, ich sollte es dort versuchen. Doch ich sah schon – mein Schicksal war es, in diesem dämmerigen Raum zu wohnen, mit dem blinden Spiegel, in dem man sich nicht mehr betrachten konnte, mit den beiden billigen, bunten Plakaten, die für Bücherkauf und gute Ernte warben und der Schönheit wegen an der Wand befestigt waren.

Und obwohl Matrjona Wassiljewna es mir nicht ersparte, mich noch weiter im Dorf umzuschauen, und obwohl sie sich auch bei meiner Wiederkehr lange sträubte: »Kann ja nichts, hab' ja nichts, wie sollen Sie zufrieden sein?« – so empfing sie mich doch stehend, und in ihren Augen glomm fast Vergnügen auf darüber, daß ich wiedergekommen war.

Wir einigten uns über den Preis und über den Torf, den die Schule liefern sollte.

Erst später erfuhr ich, daß Matrjona Wassiljewna Jahr um Jahr, viele Jahre lang nirgendwo auch nur einen Rubel verdient hatte. Eine Rente wurde ihr nicht gezahlt. Verwandte halfen ihr wenig. Im Kolchos aber arbeitete sie nicht für Geld – nur für Striche: für einen Arbeitstag wurde ihr in ein verschmiertes Heft ein Strich gemacht.

So quartierte ich mich bei Matrjona Wassiljewna ein. Den Raum teilten wir nicht ab. Ihr Bett stand an der Seite der Tür, am Ofen, meine Liegestatt schlug ich am Fenster auf, und am anderen Fenster stellte ich, Matrjonas geliebte Gummibäume verdrängend, ein Tischchen hin. Elektrizität war im Dorf vorhanden, schon seit den

zwanziger Jahren. In den Zeitungen schrieb man damals: »Lenins Lämpchen«, die Bauern aber nannten es mit weit aufgerissenen Augen: »Zar-Feuer!«
Mag sein, daß manchem im Dorf, der etwas wohlhabender war, Matrjonas Haus nicht sehr wohnlich vorkam, für sie und für mich war es in jenem Herbst und Winter gut genug: Regen ließ es noch nicht durch, und die Ofenwärme wurde von den eisigen Winden nicht auf einmal, sondern erst gegen Morgen aus der Stube gepustet, besonders wenn der Wind auf der verwitterten Seite stand.
Außer Matrjona und mir lebten im Hause: eine Katze, Mäuse und Schaben. Die Katze war nicht mehr jung und hinkte. Sie war von Matrjona aus Mitleid aufgelesen worden und hatte sich eingelebt. Obwohl sie alle vier Beine gebrauchte, hinkte sie stark auf dem einen, dem kranken Bein, und schonte es. Wenn sie vom Ofen auf den Fußboden sprang, klang es nicht katzenhaft weich, sondern war ein kräftiger Aufschlag von drei Beinen gleichzeitig – top! –, so laut, daß ich in der ersten Zeit zusammenfuhr, mich nicht dran gewöhnen konnte. Sie streckte drei Beine vor, um das vierte zu entlasten.
Mäuse gab es im Hause nicht etwa, weil die lahme Katze mit ihnen nicht fertig wurde: wie der Blitz fuhr sie in die Ecken und schleppte sie zwischen den Zähnen zurück. Unerreichbar waren die Mäuse für die Katze meist deshalb, weil irgendwer irgendwann in der guten Zeit Matrjonas Haus mit geriffelten grünlichen Tapeten beklebt hatte, und zwar nicht einschichtig, sondern fünfschichtig. Aneinander klebten die Tapeten vorzüglich, von der Wand aber hatten sie sich an etlichen Stellen gelöst, und so entstand gleichsam eine innere Haut. Zwischen den Balken der Außenwand und der Tapetenhaut hatten

die Mäuse ihre Gänge und rannten mit frechem Geraschel darin umher, sogar unterhalb der Decke. Die Katze verfolgte ihr Geraschel mit bösen Blicken, aber fangen konnte sie sie nicht. Manchmal fraß die Katze auch Schaben, doch danach wurde ihr übel.
Das einzige, was die Schaben respektierten, war die Trennwand, die den heizbaren Teil des russischen Ofens und die kleine Küche von der Wohnstube trennte. In die große Stube kamen sie nicht gekrochen. Doch dafür wimmelte es nur so nachts in der kleinen Küche, und wenn ich spätabends eintrat, um Wasser zu trinken, und die Glühbirne anknipste, waren der Boden und die große Bank und sogar die Wand braun und in Bewegung. Aus dem Schullabor brachte ich Borax, wir vermischten ihn mit Teig und versuchten die Schaben auszurotten. Es wurden weniger, doch Matrjona hatte Angst, mit ihnen auch die Katze zu vergiften, wir streuten eine Weile kein Gift, und die Schaben vermehrten sich wieder.
Nachts, wenn Matrjona schlief und ich arbeitend am Tisch saß, wurde das gelegentliche Vorbeihuschen der Mäuse hinter der Tapete vom Geraschel der Schaben hinter der Trennwand übertönt – ununterbrochen und monoton wie das ferne Rauschen des Ozeans. Doch ich gewöhnte mich daran, denn es war nichts Böses an ihnen, kein Arg. Das Geraschel war ihr Leben.
Ich gewöhnte mich auch an die grelle Plakatschönheit, die mir ständig von der Wand herab Belinski, Panferow und noch einen Stapel irgendwelcher Bücher entgegenstreckte – aber schwieg. Ich gewöhnte mich an alles in Matrjonas Haus.
Matrjona stand morgens gegen vier oder fünf Uhr auf. Ihre Wanduhr war siebenundzwanzig Jahre alt, sie war seinerzeit im Dorfkonsum gekauft worden. Sie ging

immer vor, doch Matrjona störte das nicht – Hauptsache, sie ging nicht nach, daß man sich morgens nicht verspätete. Sie knipste in der Küche hinter der Trennwand die Glühbirne an und heizte – leise, rücksichtsvoll, bemüht, keinen Lärm zu machen – den russischen Ofen an; ging dann die Ziege melken (ihr ganzer Viehbestand – diese eine schmutzigweiße, krummhörnige Ziege) und Wasser holen. Sie kochte in drei Eisentöpfen: einen Topf für mich, einen für sich, einen für die Ziege. Für die Ziege suchte sie im Keller die allerkleinsten, für sich die kleinen, für mich die eigroßen Kartoffeln aus. Größere Kartoffeln gab ihr sandiger Gemüsegarten – seit der Vorkriegszeit nicht gedüngt und immer nur mit Kartoffeln, Kartoffeln, Kartoffeln bepflanzt – nicht her.

Ich hörte fast nichts von ihrem morgendlichen Werkeln. Ich schlief lange, erwachte im späten winterlichen Licht und streckte mich, den Kopf von Decke und Schafspelz befreiend. Die Decke, der Schafspelz, über den Füßen die gesteppte Lagerjacke, unten ein strohgefüllter Sack, sie hielten die Wärme sogar in jenen Nächten, da die Kälte vom Norden aus gegen unsere schadhaften Fensterchen stieß. Sobald ich hinter der Trennwand die gedämpften Geräusche hörte, sprach ich jedesmal gemessen:

»Guten Morgen, Matrjona Wassiljewna!«

Und stets klangen die gleichen wohlwollenden Worte hinter der Trennwand zu mir herüber. Eingeleitet wurden sie von einem tiefen, warmherzigen Schnurren, wie es die Großmütter beim Märchenerzählen haben:

»M ... m ... m ... Ihnen desgleichen!«

Dann kurz darauf:

»Ihr Frühstück ist gerichtet.«

Was es zum Frühstück geben sollte, tat sie nicht kund,

doch war das leicht zu erraten: Pellkartoffeln oder Kartoffelsuppe oder Gerstengrütze. (Eine andere Grütze konnte man in jenem Jahr in Torfoprodukt nicht kaufen, und auch um die mußte man kämpfen: da sie die billigste war, fütterte man damit die Schweine und holte sie sackweise.) Nicht immer war das Essen richtig gesalzen, oft war es angebrannt, und es hinterließ einen Belag auf Gaumen und Zahnfleisch und rief Sodbrennen hervor.

Doch das war nicht Matrjonas Schuld: es gab in Torfoprodukt keine Butter, Margarine war knapp, frei zu kaufen war nur ein kombiniertes Fett. Auch ist der alte russische Bauernofen, wie ich feststellen konnte, zum Kochen recht ungeeignet: die Hausfrau kann in der Röhre das Garen nicht beobachten, die Hitze trifft den Kochtopf unregelmäßig von allen Seiten. Aber wahrscheinlich ist er aus grauer Steinzeit deshalb auf unsere Vorfahren übergegangen, weil er, einmal vor Tagesanbruch geheizt, den ganzen Tag über Futter und Wasser für das Vieh, Essen und Wasser für den Menschen warm hält. Und nachts ist er schön warm.

Ergeben aß ich alles, was sie mir kochte, fischte geduldig heraus, was nicht hineingehörte — ein Haar, ein Stückchen Torf, ein Schabenbein. Ich brachte es nicht fertig, Matrjona einen Vorwurf zu machen. Schließlich hatte sie mich selbst gewarnt: »Kann ja nichts, hab' ja nichts, wie sollen Sie zufrieden sein?«

»Danke«, sagte ich ganz aufrichtig.

»Wofür? Fürs eigene?« entwaffnete sie mich mit strahlendem Lächeln. Und ihre wässerig-blauen Augen blickten treuherzig, wenn sie fragte:

»Nun, und zum Nachtmahl, was soll ich Ihnen da kochen?«

Ich aß zweimal am Tag, wie an der Front. Was hätte ich

zum Abendessen bestellen können? Wieder dasselbe, Kartoffeln oder Kartoffelsuppe.

Ich war es zufrieden, denn das Leben hat mich gelehrt, nicht im Essen den Sinn des tagtäglichen Daseins zu suchen. Kostbarer war mir dieses Lächeln in ihrem runden Gesicht, das ich, als ich mir endlich einen Fotoapparat leisten konnte, vergeblich einzufangen versuchte. Sobald sie das kalte Auge des Objektivs auf sich gerichtet sah, wurde Matrjonas Miene entweder verkrampft oder würdig und streng. Einmal nur habe ich es festgehalten, wie sie, aus dem Fenster schauend, über irgend etwas lächelte.

Jener Herbst brachte Matrjona viel Verdruß. Nachbarinnen hatten sie dazu überredet, sich um eine Rente zu bemühen. Sie stand ganz allein da, und seitdem die Krankheit überhandgenommen hatte, war sie auch aus dem Kolchos entlassen worden. Vielerlei Unrecht ist Matrjona angetan worden: sie war krank, rechnete aber nicht zu den Invaliden; sie hatte ein Vierteljahrhundert gearbeitet – aber im Kolchos und nicht in einer Fabrik, darum stand ihr keine persönliche Rente zu, sie konnte sich nur um eine Witwenrente bemühen, eine Rente, weil der Ernährer gestorben war. Aber der Mann fehlte schon seit zwölf Jahren, seit Beginn des Krieges, und es war nicht leicht, all die Bescheinigungen von den verschiedensten Stellen beizubringen – über den Dienstgrad des Mannes und wieviel er jeweils an Sold bekommen hatte. Es gab genug Scherereien: diese Bescheinigungen beschaffen; und darin vermerken lassen, daß der Sold wenigstens dreihundert Rubel betragen hatte; und eine Bescheinigung, daß sie allein lebte und ihr niemand half; und welchem Jahrgang sie angehörte; und dann alles zum Sozialamt tragen; und mehrmals zurückbringen, um zu korrigieren, was nicht richtig ausgefüllt war; und

wieder hintragen. Und sich erkundigen, ob die Rente genehmigt worden sei.
Diese Scherereien waren um so beschwerlicher, als das Sozialamt zwanzig Kilometer östlich, der Dorfsowjet zehn Kilometer westlich, die Ortsverwaltung eine Stunde Fußmarsch gen Norden von Talnowo entfernt waren. Von einer Amtsstube zur anderen wurde sie zwei Monate lang gejagt – eines Kommas, eines Punktes wegen. Jeder Weg hin und zurück – ein Tag. Sie geht zum Dorfsowjet, aber der Sekretär ist heute nicht da, einfach nicht da, wie es so ist auf dem Dorf. Morgen muß sie also wieder hin. Jetzt ist der Sekretär da, aber den Stempel hat er nicht. Also am dritten Tag wieder hin. Und auch am vierten Tag hin, weil sie dort versehentlich nicht das richtige Papier unterschrieben haben, Matrjonas Papiere sind ja alle aneinandergeklammert.
»Die setzen mir schon zu, Ignatytsch«, klagte sie mir nach solchen fruchtlosen Gängen, »bin wie zerschunden.«
Doch ihre Stirn blieb nicht lange umwölkt. Ich merkte – sie hatte ein sicheres Mittel, um wieder guter Laune zu werden: Arbeit. Sogleich ergriff sie den Spaten oder hackte Kartoffeln oder ging mit dem Sack unter dem Arm nach Torf oder mit dem Spankorb nach Beeren in den entlegenen Wald. Und da verneigte sie sich nicht mehr vor Amtstischen, sondern vor den Sträuchern des Waldes, und kehrte, gebeugt unter der schweren Last, nach Haus zurück, freundlich lächelnd, zufrieden, mit allem ausgesöhnt.
»Jetzt hab' ich den Daumen drauf, Ignatytsch, weiß, wo es was zu holen gibt«, sagte sie vom Torf. »Ein Plätzchen – die reinste Freude!«
»Aber Matrjona Wassiljewna, reicht denn mein Torf nicht aus? Ein ganzer Lastwagen.«

»Hu-uh! dein Torf! Noch mal soviel und noch mal soviel – dann, möcht' sein, daß es reicht. Wenn der Winter losbricht und der Sturm auf dem Fenster steht, dann ist mehr weggepustet als geheizt. Vergangene Jahre, da haben wir Torf herangeschleppt – so viel! Könnt' auch heute noch drei Lastwagen voll ranschaffen, meinst nicht? Aber die sind doch hinterher. Haben eine Frau von hier schon erwischt, schleppen sie von Gericht zu Gericht.«

Ja, so war es. Schon spürte man den drohenden Anhauch des Winters. Rings standen Wälder, aber Brennholz war nicht zu bekommen. Rundherum brüllten die Bagger, doch der Torf wurde nicht an die Bevölkerung verkauft, nur verteilt – an die Obrigkeit und an die, die für die Obrigkeit arbeiteten, sowie je ein Lastwagen an Lehrer, Ärzte, Fabrikarbeiter. Für die Talnowoer war Brennmaterial nicht vorgesehen, und man hatte nicht danach zu fragen. Der Kolchos-Vorsitzende ging im Dorf herum, blickte forschend oder gutmütig in die Gesichter und sprach über alles mögliche, nur nicht über Brennmaterial. Denn er selbst war versorgt. Und der Winter war nicht eingeplant.

Nun also, früher stahl man das Holz beim Gutsbesitzer, jetzt klaute man Torf beim Trust. Die Weiber gingen zu fünft, zu zehnt, um sich Mut zu machen. Sie gingen am Tage. Den ganzen Sommer war überall Torf gestochen worden, jetzt lagerte er in Stapeln zum Trocknen. Das ist nämlich das Gute am Torf, daß man ihn nicht gleich nach dem Stechen abfahren kann. Er trocknet bis zum Herbst, sogar bis zum ersten Schnee, wenn die Wege für die Lastwagen wieder passierbar sind. In diesem Zeitraum also machten sich die Weiber über ihn her. Wegtragen konnten sie im Sack sechs Torfstücke, wenn sie noch feucht, zehn, wenn sie schon trocken waren.

So ein Sack, manchmal drei Kilometer weit geschleppt, etwa einen Zentner schwer, reichte zum einmaligen Durchheizen. Der Winter hat zweihundert Tage. Heizen muß man: morgens den russischen Ofen, abends den Kachelofen.

»Was der immer redet!« schimpfte Matrjona auf einen Unsichtbaren. »Seit wir keine Pferde mehr haben, ist doch, was man selbst nicht ranschleppt, nicht im Hause. Bei Gott, wirklich wahr!«

Die Weiber gingen am Tag nicht nur einmal. An guten Tagen brachte Matrjona an die sechs Säcke voll heim. Meinen Torf hatte sie offen gestapelt, ihren versteckte sie unter den Dielen im Keller und vernagelte jeden Abend den Einstieg mit einem Brett.

»Müßten's schon erraten, die Feinde«, sagte sie lächelnd, während sie sich den Schweiß von der Stirn wischte, »sonst finden sie's im Leben nicht.«

Was sollte der Trust machen? Es war im Etat nicht vorgesehen, Wächter an sämtlichen Mooren aufzustellen. Wahrscheinlich mußte er, nachdem er einen üppigen Gewinn gemeldet hatte, etliches abschreiben – als zerkrümelt oder vom Regen ruiniert. Manchmal, unvermutet, schickte man eine Polizeistreife und fing die Weiber am Eingang des Dorfes ab. Die ließen dann die Säcke fallen und stoben auseinander. Mitunter, auf eine Anzeige hin, wurden Haussuchungen gemacht, man stellte ein Protokoll über unrechtmäßigen Torfbesitz auf und drohte mit Gericht. Die Weiber unterließen eine Weile das Heranschleppen, aber der Winter rückte näher und trieb sie wieder hinaus – mit Rodelschlitten, nachts.

Überhaupt merkte ich bei genauer Betrachtung, daß Matrjona außer Kochen und Hauswirtschaft jeden Tag noch irgendeine andere, nicht geringe Arbeit verrichten mußte; die Reihenfolge dieser Arbeiten hatte sie genau im Kopf und wußte immer, wenn sie morgens erwachte, womit heute ihr Tag ausgefüllt sein würde. Außer dem Torf, außer dem Sammeln alter Baumstümpfe, die die Traktoren aus dem Moor zutage förderten, außer den Preiselbeeren, die zum Winter eingelegt wurden (»nasch mal, Ignatytsch«, forderte sie mich auf), außer Kartoffelhacken, außer dem Herumlaufen nach der Rente mußte sie noch irgendwie für ihre einzige, schmutzigweiße Ziege Heu beschaffen.

»Warum halten Sie sich denn keine Kuh, Matrjona Wassiljewna?«

»Eh-he, Ignatytsch«, begann Matrjona, mit unsauberer Schürze in der Küchentür stehend, meinem Tische zugewandt. »Mir reicht auch von der Ziege die Milch. Schaff' ich mir eine Kuh an – frißt sie mir die Haare vom Kopf. Am Bahndamm darf ich nicht schneiden, der gehört einem, und im Wald darf man nicht schneiden – gehört dem Forstamt, und im Kolchos darf ich auch nicht – gehöre halt nicht mehr dazu. Und auch die, die dazuzählen, schuften da, bis der erste Schnee fällt, für sich müssen sie schon unter dem Schnee rausschneiden – was ist denn das für ein Gras?... In früheren Zeiten schnitten wir das Heu zur Mittsommerszeit, von Peter bis Ilja. Honiggras...«

Heu für die eine winzige Ziege zusammenzuholen war für Matrjona eine riesige Mühe. Sie nahm morgens den Sack und die Sichel und ging zu den Stellen, wo das Gras zwischen den Feldern, am Wegrand, auf Inselchen mitten im Moor wuchs. Hatte sie den Sack mit frischem, schwerem Gras vollgestopft, so schleppte sie ihn nach Hause und breitete das Gras in dem kleinen Hof aus. Ein Sack Gras ergab, getrocknet, ein Bündelchen Heu.

Der Vorsitzende, ein neuer, aus der Stadt, hatte als erstes allen Invaliden den Gemüseacker beschnitten.

Fünfzehn hundertstel Hektar Sandboden ließ er Matrjona, zehn blieben jenseits des Zauns brach liegen. Indessen, wenn es an Arbeitskräften fehlte, wenn die Weiber gar zu hartnäckig sich drückten, kam die Frau des Vorsitzenden zu Matrjona. Auch sie war eine Stadtfrau, resolut, durch die lange graue Jacke und den grimmigen Blick fast militärisch. Sie betrat die Stube und blickte Matrjona, ohne zu grüßen, streng an. Matrjona wurde verlegen.

»Soso«, sprach die Frau des Vorsitzenden scharf akzentuiert. »Genossin Grigorjewa! Wirst dem Kolchos helfen müssen! Wirst morgen den Dünger mit aufs Feld fahren!«

Matrjonas Gesicht verzog sich zu einem kleinen entschuldigenden Lächeln – so, als sei es ihr peinlich für die Frau des Vorsitzenden, weil die ihr die Arbeit nicht bezahlen konnte.

»Na ja«, sprach sie gedehnt. »Ich bin freilich krank. Und bin Ihrer Arbeit jetzt nicht mehr zugeteilt.« Doch dann fügte sie eilig hinzu: »Zu wann soll ich denn kommen?«

»Und bring deine Heugabel mit!« ermahnte die Frau des Vorsitzenden und ging, begleitet von dem Knattern ihres steifen Rockes.

»So steht es!« klagte Matrjona hinter ihr her. »Bring deine Heugabel mit! Haben keine Heugabeln im Kolchos, keine Spaten. Und ich leb' ohne Mann, wer soll sie mir richten? ...«

Und sinnierte nachher den ganzen Abend lang:

»Aber was ist da zu reden, Ignatytsch! Helfen muß man, freilich – ohne Dünger, wie sollen sie da die Ernte einbringen? Bloß nehmen die Weiber die Arbeit nicht ernst: sie stehen rum, stützen sich auf die Spaten und warten, bis um zwölf die Mittagssirene von der Fabrik tutet. Und fangen noch an zu rechten, wer gekommen ist und wer nicht. Wenn es nach mir ginge – gearbeitet wird ohne einen Mucks, immerzu, immerzu, kaum ist der Mittag da, schon wird's Abend.«

Des Morgens ging sie dann weg mit ihrer Heugabel.

Aber nicht allein der Kolchos, jede entfernte Verwandte oder auch einfach die Nachbarin konnte zu Matrjona des Abends kommen und sagen:

»Morgen, Matrjona, kommst du mir helfen, müssen die letzten Kartoffeln rausholen.«

Und Matrjona konnte nicht ablehnen. Sie unterbrach die Reihenfolge der eigenen Arbeit, ging zur Nachbarin und sagte noch, heimkehrend, ohne eine Spur von Neid:

»Ach, Ignatytsch, hat die aber große Kartoffeln! Hab' gern gehackt, wollt' gar nicht weggehen, weiß Gott, wirklich wahr!«

Erst recht wurde kein Acker ohne Matrjonas Hilfe gepflügt. Die Talnowoer Weiber hatten genau festgestellt, daß es viel schwerer und langwieriger war, einzeln den Acker mit dem Spaten umzugraben, als sich zu sechst vor einen Pflug zu spannen und sechs Äcker zu pflügen. Als Hilfe holten sie sich Matrjona.

»Na, und habt ihr ihr was gezahlt?« habe ich später einige gefragt.

»Die nimmt kein Geld. Der muß man heimlich was zustecken.«

Noch eine große Plage fiel Matrjona zu, wenn sie an der Reihe war, die Ziegenhirten zu beköstigen, den kräftigen Taubstummen und den Jungen mit der selbstgedrehten, ewig speichelnassen Zigarette zwischen den Lippen. Das geschah in Abständen von anderthalb Monaten, stürzte sie aber immer in große Ausgaben. Matrjona ging in den Dorfkonsum, kaufte Fischkonserven, verausgabte sich auch für Butter und Zucker, was sie selber nie aß, denn die Hausfrauen wetteiferten miteinander darin, die Hirten gut zu bewirten.

»Sei auf der Hut vor dem Schneider und den Hirten«, klärte sie mich auf, »die posaunen im ganzen Dorf herum, wenn ihnen was nicht paßt.«

Und in dieses mit Sorgen vollgestopfte Leben brach noch zeitweise ein schweres Gebresten ein, Matrjona sank um und blieb ein, zwei Tage liegen. Sie klagte nicht, stöhnte nicht, bewegte sich kaum. An solchen Tagen kam Mascha, Matrjonas nahe Freundin von Jugend an, um die Ziege zu versorgen und den Ofen zu heizen. Matrjona selbst trank nichts, aß nichts und hatte keinerlei Wünsche. Einen Arzt von der Sanitätsstelle ins Haus zu holen war in Talnowo ganz unüblich, der Nachbarn wegen peinlich – schaut mal, eine feine Dame! Einmal wurde eine Ärztin geholt, sie kam wütend angefahren und befahl Matrjona, sobald sie wieder gehen könne, zur Sanitätsstelle zu kommen. Widerwillig ging Matrjona hin, man entnahm die üblichen Proben und schickte diese zur Analyse ins Kreiskrankenhaus, und dann schlief die Sache ein, Matrjona war nicht schuldlos daran.

Die Arbeit rief sie ins Leben zurück. Bald begann Matrjona wieder aufzustehen, bewegte sich erst langsam, dann wieder hurtig.

»Hast mich früher nicht gesehen, Ignatytsch«, rechtfertigte sie sich. »Alle Säcke waren mein, über zwei Zentner waren mir nicht zu schwer. Der Schwiegervater brüllte: ›Matrjona! Brichst dir den Rücken!‹ Mir kam mein Schwager nicht helfen, wenn ich Balken hochstemmte. Woltschok, der Kriegsgaul, den wir hatten, so ein kräftiger ...«

»Wieso Kriegsgaul?«

»Unseren hat man für den Krieg genommen, diesen

gab's als Ersatz. Der war aber rapplig. Hat mal gescheut, ist zum See gerast, mitsamt dem Schlitten, die Männer sprangen beiseite, und ich, also wirklich wahr, hab' den Zaun zu fassen gekriegt, hab' den Gaul zum Stehen gebracht. War ein Hafergaul. Unsere Männer haben gern die Pferde gefüttert. Was ein Hafergaul ist, dem ist keine Last zu schwer.«

Keinesfalls aber war Matrjona furchtlos. Sie fürchtete sich vor Feuersbrunst, vor dem Blitz, am meisten aber seltsamerweise vor der Eisenbahn.

»Wie ich mal nach Tscherusti fahren mußte, kommt von Netschajewka her der Zug gekrochen, glubscht mit seinen riesigen Augen, die Schienen dröhnten – ganz heiß wird mir da, die Knie zittern, weiß Gott, wirklich wahr!« staunte Matrjona, achselzuckend.

»Vielleicht werden auch darum keine Fahrkarten verkauft, Matrjona Wassiljewna?«

»Durchs Fensterchen? Nur erster Klasse. Und der Zug fährt schon an! Wir rennen – hierhin, dorthin: nehmt doch Vernunft an! Die Männer, die sind die Leitern hoch auf die Wagendächer gestiegen. Und wir haben dann eine Tür gefunden, die war nicht abgeschlossen, wir drängelten rein, ohne Fahrkarten – und die Wagen waren leer, ganz leer, kannst dich lang legen auf den Bänken. Warum die keine Fahrkarten gegeben haben, die Parasiten, die herzlosen – wer weiß ...«

Immerhin regelte sich in diesem Winter Matrjonas Leben wie noch nie. Man begann ihr schließlich an die achtzig Rubel Rente zu zahlen. Etwas über hundert bekam sie von der Schule und von mir.

»Hui! Jetzt braucht Matrjona überhaupt niemals zu sterben!« Schon regte sich der Neid einiger Nachbarinnen. »So viel Geld kann die Alte gar nicht ausgeben.«

Matrjona bestellte sich neue Filzstiefel. Kaufte eine neue Steppjacke. Und schneiderte sich einen Mantel aus einem getragenen Eisenbahnermantel, den ihr ein Maschinist aus Tscherusti, der Mann ihrer Pflegetochter Kira, geschenkt hatte. Der bucklige Dorfschneider legte ein Wattefutter unter, und der Mantel wurde so schön wie keiner von denen, die Matrjona im Verlauf ihrer sechzig Jahre gehabt hatte.

Und Mitte des Winters nähte Matrjona in das Futter dieses Mantels zweihundert Rubel für ihre Beerdigung ein. Und atmete auf:

»Hab' nun auch 'n bissel meine Ordnung gekriegt, Ignatytsch.«

Es wurde Januar, es wurde Februar – seit zwei Monaten hatte die Krankheit sie nicht heimgesucht. Matrjona ging nun öfter des Abends zu Mascha hinüber, schwätzen und Sonnenblumenkerne knacken. Zu sich lud sie abends keine Gäste ein, aus Achtung vor meiner Arbeit. Nur zu Epiphanias fand ich, als ich von der Schule heimkam, Tanz in der Stube vor und wurde mit drei leiblichen Schwestern Matrjonas bekannt gemacht, die Matrjona als die älteste »Ljolka« oder »Njanka« titulierten. Bis zu diesem Tag war in unserem Haus wenig von den Schwestern zu merken gewesen – ob sie wohl Angst gehabt hatten, Matrjona könnte sie um Unterstützung bitten?

Nur ein Ereignis oder ein Vorzeichen trübte diesen Festtag: Matrjona war fünf Werst weit zur Kirche gegangen, zur Wasserweihe, hatte ihr Kesselchen zwischen die anderen gestellt. Als aber die Wasserweihe vorbei war und die Weiber, sich stoßend und puffend, vorstürzten, schaffte es Matrjona nicht, mit unter den ersten zu sein, und am Ende war ihr Kesselchen weg. Und anstelle des Kesselchens war auch kein anderes Gefäß zurückgeblieben. Verschwunden war das Kesselchen, als hätte es der Böse geholt.

»Weibelein!« flehte Matrjona, zwischen den Betenden umhergehend. »Hat eine vielleicht aus Versehen fremdes Wasser gegriffen, geweihtes? Im Kesselchen?«

Niemand hat sich dazu bekannt. Jungen stibitzen manchmal aus Ulk, gewiß, es waren auch Jungen da ... Betrübt kehrte Matrjona heim.

Man konnte indessen nicht sagen, daß Matrjona inbrünstig gläubig war. Weit eher war sie eine Heidin, der Aberglaube überwog bei ihr: am Tage des Fasten-Iwan darf man nicht in den Gemüsegarten gehen – sonst gibt's das Jahr darauf keine Ernte; wenn der Schneesturm weht, hat sich irgendwo irgendwer erhängt; und klemmt man sich mal den Fuß, dann wird ein Gast kommen. Solange ich bei ihr wohnte, habe ich sie nie beten sehen, kein einziges Mal hat sie sich bekreuzigt. Jede Arbeit aber begann sie »mit Gott«, und zu mir sagte sie immer »Mit Gott!«, wenn ich zur Schule ging. Vielleicht betete sie auch, aber so, daß ich es nicht zu sehen bekam – sei es, daß sie sich genierte, sei es, daß sie mich nicht belästigen wollte. In der Stube hingen Heiligenbilder. Wochentags hingen sie unbeleuchtet, aber zur Zeit der Abendmessen und feiertags vom Morgen an zündete Matrjona das Öllämpchen davor an.

Freilich, Sünden hatte sie weniger als ihre lahme Katze. Die biß Mäuse tot ...

Der Holprigkeit ihres kärglichen Lebens ein wenig entronnen, begann Matrjona jetzt auch aufmerksamer meinem Radio zu lauschen. (Ich hatte es nicht versäumt, mir einen »Fänger« zu besorgen – so nannte Matrjona den Empfänger.)

Vernahm sie daraus, daß neue Maschinen erfunden worden waren, brummelte Matrjona aus der Küche:

»Immer neue, immer neue, wollen mit den alten nicht arbeiten, wo werden wir denn die alten lassen?«

Das Radio berichtete, wie von Flugzeugen aus die Wolken vertrieben werden – vom Ofen herab schüttelte Matrjona den Kopf:

»Oje – ojemine, die werden noch was ändern, den Winter oder den Sommer.«

Schaljapin sang russische Lieder. Matrjona stand und stand, lauschte und sprach dann mit Entschiedenheit:

»Seltsam, wie der singt. Nicht so wie unsereins.«

»Aber Matrjona Wassiljewna, hören Sie doch mal hin!«

Sie hörte noch eine Weile zu. Preßte die Lippen zusammen.

»Nein. Ist nicht von unserer Art. Und schäkert mit der Stimme!«

Aber einmal hat sie mich beglückt. Übertragen wurden Romanzen von Glinka. Und plötzlich, nach etwa fünf Romanzen, trat Matrjona, die Schürze zwischen den Händen, mit seligem Gesicht und einem Tränenschleier in den unscheinbaren Augen hinter der Trennwand hervor:

»Das da – das ist so wie unsereins ...«, flüsterte sie.

2

So hatte sich Matrjona an mich gewöhnt und ich mich an sie, und wir lebten einträchtig zusammen. Mochte es ihr an weiblicher Neugier mangeln oder mochte sie so feinfühlig sein, kein einziges Mal hat sie gefragt, ob ich je verheiratet war. Alle Weiber in Talnowo bestürmten sie, etwas in Erfahrung zu bringen. Sie erwiderte nur:

»Ihr wollt es wissen – so könnt ihr auch fragen. Weiß nur eins: er kommt von weit her.«

Und als ich ihr nach geraumer Zeit selber sagte, daß ich lange im Gefängnis war, nickte sie nur schweigend mit dem Kopf, als hätte sie es schon geahnt.

Auch ich sah die heutige Matrjona, eine einsame alte Frau, und rührte nicht an ihrer Vergangenheit, vermutete nicht einmal, daß es dort etwas zu suchen gab. Ich wußte, daß Matrjona noch vor der Revolution geheiratet hatte, gleich in dieses Haus hinein, in dem wir jetzt zusammen lebten, und gleich »an den Herd« – das heißt, daß weder Schwiegermutter noch eine unverheiratete ältere Schwägerin vorhanden gewesen war und Matrjona sich gleich am Morgen nach der Hochzeitsnacht an den Herd stellen mußte. Ich wußte: sie hat sechs Kinder geboren, und alle sind sie sehr früh gestorben, zwei haben gar nicht erst gelebt. Dann hat es irgendeine Pflegetochter Kira gegeben. Matrjonas Mann aber ist aus diesem Krieg nicht zurückgekehrt, auch eine Todesnachricht hat sie nicht bekommen. Männer aus dem Dorf, die mit ihm in derselben Kompanie waren, meinten, er sei entweder in Gefangenschaft geraten oder umgekommen, seine Leiche hat man nicht gefunden. In den acht Nachkriegsjahren war auch Matrjona zu der Überzeugung gelangt, daß er nicht mehr lebte. Und das war gut so, daß sie es dachte. Selbst wenn er jetzt noch am Leben war – so war er wohl verheiratet irgendwo in Brasilien oder Australien. Und das Dorf Talnowo und die russische Sprache verloren sich langsam aus seinem Gedächtnis...

Einmal, als ich aus der Schule zurückkam, traf ich in unserer Stube einen Gast an. Ein hochgewachsener schwarzer Alter saß, die Mütze auf den Knien, auf einem Stuhl, den Matrjona ihm in die Mitte des Zimmers an den Kachelofen gerückt hatte. Sein Gesicht war ganz umrahmt von dichtem schwarzem Haar, das kaum von

weißen Fäden durchzogen war: in den ausladenden schwarzen Bart floß ein dichter Schnurrbart, schwarz, so daß der Mund nur eben zu sehen war; und ohne Unterbrechung stieg der Backenbart, die Ohren kaum freigebend, hinauf zu den schwarzen Strähnen, die von den Schläfen hinabhingen; und die breiten, schwarzen Augenbrauen strebten wie Brücken einander entgegen. Nur die Stirn wölbte sich empor zu der breiten, kahlen Schädelmitte. Die ganze Erscheinung des Mannes machte auf mich den Eindruck von gediegenem Wissen und Würde. Er saß aufrecht, die Hände auf einem Stab verschränkt, den Stab senkrecht auf den Boden gestemmt – saß in der Haltung geduldigen Wartens und hatte sich offenbar kaum mit Matrjona unterhalten, die hinter der Trennwand wirtschaftete.
Als ich eintrat, wandte er mir gemessen seinen majestätischen Kopf zu und sprach mich plötzlich an:
»Väterchen!... Kann nur schlecht sehen. Mein Sohn lernt bei Ihnen. Grigorjew, Antoschka...«
Weiter hätte er nicht zu reden brauchen... Bei all meiner spontanen Hilfsbereitschaft diesem würdigen Alten gegenüber lehnte ich von vornherein all das Fruchtlose ab, was er jetzt sagen konnte. Grigorjew, Antoschka, war ein rundes, rotbäckiges Bürschchen aus der Klasse 8 »D«, das aussah wie ein sattgefressener Kater. In der Schule erschien er gleichsam, um sich auszuruhen, saß auf der Schulbank und lächelte träge. Erst recht machte er nie zu Hause seine Schulaufgaben. Doch das schlimmste war, daß er im Kampf um die hohe Leistungsziffer, für die die Schulen unseres Bezirks, unseres Kreises und der benachbarten Kreise berühmt waren, von Jahr zu Jahr versetzt wurde und darum überzeugt davon war, daß die Lehrer, sosehr sie auch drohen mochten, ihn am Ende des Jahres doch versetzen würden und er

also nicht zu lernen brauchte. Er hielt uns einfach zum Narren. Er saß in der achten Klasse, beherrschte aber nicht die Bruchrechnung und wußte nicht, welche Dreiecke es gab. Nach den ersten Jahresvierteln nagelte ich ihn mit Vieren fest, und dasselbe erwartete ihn auch im dritten Viertel.

Aber diesem halbblinden Alten, der eher Antoschkas Großvater als sein Vater hätte sein können und der als demütiger Bittsteller zu mir gekommen war – wie sollte ich ihm sagen, daß die Schule ihn Jahr um Jahr betrogen hatte, daß ich aber nicht länger betrügen konnte, um nicht die ganze Klasse zu ruinieren, zum Hampelmann zu werden und auf all meine Arbeit und mein Lehreransehen pfeifen zu müssen?

Und so erklärte ich ihm geduldig, bei seinem Sohn liege alles im argen, er lüge in der Schule und zu Hause, man müsse häufiger sein Aufgabenheft kontrollieren und ihn härter anpacken, in der Schule wie zu Hause.

»Härter geht's nimmer, Väterchen«, versicherte mir der Gast. »Ich prügele ihn jetzt jede Woche. Und ich habe eine schwere Hand.«

Während des Gesprächs fiel es mir ein, daß einmal auch Matrjona sich aus irgendeinem Anlaß für Antoschka Grigorjew eingesetzt hatte; wie sie mit ihm verwandt war, hatte ich nicht gefragt und gleichfalls alles abgelehnt. Auch jetzt stand Matrjona als stumme Fürbitterin in der Küchentür. Und als Faddej Mironowitsch weggegangen war mit der Absprache, er würde gelegentlich wiederkommen und sich nach dem Sohn erkundigen, fragte ich:

»Ich versteh' nicht recht, Matrjona Wassiljewna, wie ist denn dieser Antoschka mit Ihnen verwandt?«

»Ist meines Schwagers Sohn«, erwiderte Matrjona trokken und ging die Ziege melken.

Nach einigem Überlegen wurde mir klar, daß dieser schwarze beharrliche Alte der leibliche Bruder ihres verschollenen Mannes war.
Und der lange Abend verging – Matrjona kam nicht mehr auf dieses Gespräch zurück. Erst zur späten Stunde – ich hatte den Alten schon vergessen und arbeitete in der Stille unter dem Geraschel der Schaben und dem Ticken der Wanduhr – sagte Matrjona aus ihrer dunklen Ecke heraus:
»Ich hätte ihn damals, Ignatytsch, beinah geheiratet.«
Ich hatte selbst an Matrjona nicht mehr gedacht, vergessen, daß sie hier war, sie gar nicht gehört, aber so bewegt sagte sie das aus dem Dunkel heraus, als begehre der Alte sie heute noch. Den ganzen Abend hatte sie offenbar nur an das eine gedacht.
Sie erhob sich von ihrem armseligen, mit Fetzen bedeckten Lager und schritt langsam auf mich zu, gleichsam den eigenen Worten nach. Ich lehnte mich zurück – und erblickte Matrjona auf eine ganz neue Weise.
Oberlicht hatten wir nicht in unserem großen, mit Gummibäumen wie mit einem Wald bestandenen Zimmer. Von der Tischlampe fiel das Licht nur auf meine Hefte, und für die vom Licht sich wegwendenden Augen lag das ganze Zimmer im rosigen Dämmerlicht. Und aus ihm trat nun Matrjona hervor. Und ihre Wangen schienen mir nicht gelb, wie sonst immer, sondern rosig angehaucht.
»Er hat als erster mich gefreit... vor Jefim... Er war der Bruder, der ältere... Ich war neunzehn, Faddej dreiundzwanzig... Eben in diesem Hause haben sie gelebt. War ihr Haus. Von ihrem Vater gebaut.«
Unwillkürlich blickte ich mich um. Dieses alte, graue, vermodernde Haus mit der verblichen grünen Haut seiner Tapeten, unter der die Mäuse herumliefen, stellte

ich mir plötzlich jung vor, mit noch nicht nachgedunkelten, frisch gehobelten, lustig nach Harz duftenden Brettern.

»Und Sie haben ihn ...? Und wie denn ...?«

»Den Sommer damals ... sind wir beide immer ins Wäldchen gegangen«, flüsterte sie. »War ein Wäldchen hier, wo jetzt die Pferde stehen, ist ausgeholzt worden ... Hätt' ihn geheiratet, Ignatytsch, hat nicht viel gefehlt. Der Erste Weltkrieg begann. Hat man Faddej eingezogen.«

Sie ließ die Worte fallen – und vor mir glühte der blauweiß-gelbe Juli des Jahres vierzehn auf: der noch friedliche Himmel, die ziehenden Wolken und das Volk, hitzig schaffend in dem reifen Korn. Ich stellte sie mir zusammen vor: den schwarzen Recken, die Sense geschultert; sie, rosig, die Garbe im Arm. Und ein Lied, ein Lied unter dem Himmel, wie man es jetzt der Technik wegen nicht singen kann.

»Ist in den Krieg gezogen ... und ist verschwunden ... Drei Jahre war ich ganz still, hab' gewartet. Nichts, kein Zeilchen, kein Wörtchen ...«

In dem indirekten, weichen Widerschein der Lampe, vom verwaschenen Altweibertuch umrahmt, sah Matrjonas rundes Gesicht mich an – wie befreit von den Runzeln, wie losgelöst von der schmuddeligen Alltagskleidung – erschrocken, mädchenhaft, vor einer furchtbaren Wahl. Ja. Ja ... ich verstand ... Die Bäume wurden kahl, der Schnee fiel. Dann taute er. Es wurde gepflügt, gesät, geerntet. Und wieder wurden die Bäume kahl, und der Schnee fiel. Und eine Revolution kam. Und die andere Revolution. Und die ganze Welt war um und um gekrempelt.

»Deren Mutter starb – da freite Jefim mich. Hast halt in unser Haus kommen wollen, nun komm auch. War ein Jahr jünger wie ich, der Jefim. Bei uns sagt man: die Kluge heiratet nach Mariä Schutz und Fürbitte[1], die Dumme nach Peter und Paul[2]. Arbeitshände fehlten ihnen. Ich ging hin ... Zu Peter und Paul war Hochzeit, und zu Nikolaus – kam er wieder ... aus der ungarischen Gefangenschaft.«

Matrjona schloß die Augen.

Ich schwieg.

Sie drehte sich zur Tür um wie zu einem Lebewesen:

»Stand an der Schwelle. Ich habe geschrien! Hätt' ihm zu Füßen fallen mögen! ... durfte nicht ... Na, sagt'er, wenn es nicht mein leiblicher Bruder wäre, erschlagen tät' ich euch beide!«

Ich zuckte zusammen. Angesteckt von ihrem Gefühlsausbruch oder ihrer Angst stellte ich mir lebhaft vor, wie er dort stand, schwarz, in der dunklen Tür, die Axt gegen Matrjona geschwungen.

Doch sie beruhigte sich wieder, stützte sich auf die Lehne des Stuhls, der vor ihr stand, und fuhr im singenden Tonfall fort:

»Oje, ojemine, du mein armes Köpfchen! Wie viele Bräute gab es im Dorf – keine hat er gefreit. Sagte: will deinen Namen suchen, eine zweite Matrjona. Und holte sich aus Lipowka eine Matrjona, zimmerte sich ein eigenes Haus, wo die auch jetzt drin leben, du gehst jeden Tag zur Schule daran vorbei.«

Ach, so war das! Jetzt begriff ich, daß ich jene zweite Matrjona schon mehrfach gesehen hatte. Ich mochte sie nicht: immer kam sie zu meiner Matrjona klagen: daß der Mann sie prügele, daß er geizig sei, ihr das Leben vergifte. Und sie weinte hier lange, und ihre Stimme war immer weinerlich.

1 Oktober
2 29. Juni Anm. d. Übers.

Doch dann war es ja so, daß meine Matrjona nichts zu bereuen hatte – prügeln tat Faddej seine Matrjona das ganze Leben lang bis zum heutigen Tag, er drangsalierte das ganze Haus.

»Mich hat meiner nicht ein einziges Mal geschlagen«, erzählte sie mir. »Auf der Straße, auf andere Männer, da ist er mit Fäusten losgegangen, aber mich – nicht ein einziges Mal ... Das heißt, einen Fall gab es – habe mich mit der Schwägerin gezankt, da hat er mir einen Löffel an der Stirn kaputtgeschlagen. Ich sprang auf: ›Ersticken sollt ihr, ersaufen, ihr Drohnen!‹ Und weg in den Wald. Hat mich nie wieder angerührt.«

Auch Faddej hatte wohl nichts zu bereuen: die zweite Matrjona hat ihm gleichfalls sechs Kinder geboren (darunter meinen Antoschka, den Jüngsten) – alle sind am Leben geblieben, bei Matrjona und Jefim aber hielten sich die Kinder nicht: wurden keine drei Monate alt und starben, ohne krank gewesen zu sein.

»Die eine Tochter, Jelena, war grad eben geboren. Gewaschen hat man sie noch lebendig – da starb sie schon ... So brauchte man die Tote gar nicht erst zu waschen ... Wie mein Hochzeitstag war zu Peter und Paul, da hab' ich auch das sechste Kind begraben, Alexander.«

Und so war das ganze Dorf der Meinung, daß in Matrjona ein Verderben saß.

»Verderben ist in mir!« bekräftigte jetzt Matrjona kopfnickend. »Die haben mich zu einer früheren Nonne gefahren, zum Kurieren, die hat mir einen Husten gemacht, das Verderben sollte als Frosch aus mir rausspringen. Ist aber nicht gesprungen ...«

Und die Jahre gingen, wie das Wasser fließt ... Im Jahre einundvierzig nahm man Faddej wegen Blindheit nicht für den Krieg, aber Jefim wurde eingezogen. Und wie der ältere Bruder im Ersten, so verschwand der jüngere spurlos im Zweiten Weltkrieg. Doch er kam nicht mehr zurück. Es alterte und moderte das einst geschäftig laute, jetzt leer gewordene Haus – und es alterte darin die allein gebliebene Matrjona.

Und da bat sie jene zweite, geprügelte Matrjona um eine Frucht ihres Leibes (oder um ein Bluttröpfchen Faddejs?) – um deren jüngste Tochter Kira.

Zehn Jahre betreute sie diese wie ein leibliches Kind anstelle der eigenen, die dem Leben nicht gewachsen waren. Und kurz bevor ich kam, verheiratete sie Kira an einen jungen Maschinisten aus Tscherusti. Von dort allein tröpfelte ihr jetzt manchmal eine Unterstützung zu: sei es etwas Zucker, sei es, wenn ein Ferkel geschlachtet worden war, etwas Schmalz.

Von der Krankheit gebeugt, den baldigen Tod vor Augen, hatte Matrjona schon ihren Letzten Willen kundgetan: den kalten Teil des Hauses, die gute Stube, die mit unserem Zimmer unter einem Dach lag, sollte nach ihrem Tode Kira bekommen. Von dem Kernstück des Hauses sagte sie nichts. Ihre drei Schwestern hatten es auf dieses Haus abgesehen.

So erschloß sich mir Matrjona erst ganz an jenem Abend. Und, wie das so zu sein pflegt, geriet der Zusammenhang und der Sinn ihres Lebens, kaum daß er mir sichtbar wurde, gleich in den folgenden Tagen in Bewegung. Aus Tscherusti kam Kira gefahren, der alte Faddej wurde geschäftig: um in Tscherusti ein Stück Land zu bekommen und zu behalten, mußten die jungen Leute darauf ein Haus errichten. Hierfür war Matrjonas gute Stube durchaus geeignet. Und etwas anderes wäre auch nicht möglich gewesen, Bauholz war nicht zu bekommen. Und nicht so sehr Kira selbst und auch nicht ihr Mann, sondern der alte Faddej wurde ganz versessen darauf, dieses Stück Land in Tscherusti für sie zu gewinnen.

Von da an kam er häufig zu uns, erschien einmal und noch einmal, sprach belehrend auf Matrjona ein, verlangte, sie müsse die gute Stube schon jetzt abgeben, zu ihren Lebzeiten. Bei diesen Besuchen machte er auf mich nicht mehr den Eindruck jenes würdigen, auf den Stab gestützten Greises, den ein Stoß oder ein grobes Wort umwerfen konnte. Obwohl durch ein Rückenleiden gekrümmt, hatte er die jugendliche Schwärze seiner üppigen Mähne seit über sechzig Jahren bewahrt, war immer noch stattlich und setzte Matrjona mit hitziger Beharrlichkeit zu.

Matrjona konnte zwei Nächte lang nicht schlafen. Die Entscheidung fiel ihr nicht leicht. Es war ihr nicht leid um die Stube, die unbenutzt stand, wie Matrjona überhaupt nie mit ihrer Arbeit und ihrem Besitz geizte. Auch war die Stube ohnehin Kira vermacht worden. Aber es ängstigte sie, jenes Dach zum Teil abzureißen, unter dem sie vierzig Jahre lang gelebt hatte. Sogar mir, dem Mieter, tat der Gedanke weh, daß die Dielen abgetragen, die Balken des Hauses herausgerissen werden sollten. Für Matrjona aber bedeutete es das Ende ihres ganzen Lebens.

Doch die, die darauf bestanden, wußten wohl, daß man ihr Haus schon bei Lebzeiten abreißen konnte.

Und mit Söhnen und Schwiegersöhnen kam Faddej eines Morgens im Februar, die fünf Äxte begannen zu dröhnen, die Dielenbretter, die man herausriß, zu knarren und zu quietschen. Faddejs Augen blitzten geschäftig. Obwohl er den Rücken nicht mehr gradebiegen konnte, kletterte er behende im Gebälk herum, machte sich unten lebhaft zu schaffen, trieb seine Gehilfen an. Dieses Haus hatte er einst als Junge mit seinem Vater zusammen gebaut, diese Stube wurde für ihn, den Ältesten, gezimmert, damit er einmal hier einziehe mit seiner jungen

Frau. Und jetzt zerlegte er sie grimmig in ihre Bestandteile, um sie abzufahren von einem fremden Hof.
Nachdem alle Balkenreihen und die Deckenbretter durchnumeriert waren, nahmen sie die Stube und den Keller auseinander, den Rest des Hauses aber mit dem kleiner gewordenen Flur versahen sie mit einer provisorischen Wand. In der Wand klafften Ritzen und machten deutlich, daß die Männer ans Abreißen und nicht ans Aufbauen dachten, daß sie nicht annahmen, Matrjona würde noch lange hier leben.
Während die Männer abrissen, besorgten die Frauen für den Tag des Transports selbstgebrannten Schnaps: Wodka wäre zu teuer geworden. Kira hatte aus der Moskauer Gegend einen Pud [1] Zucker mitgebracht, und im Schutze der Dunkelheit trug Matrjona Wassiljewna diesen Zucker und leere Flaschen zum Schnapsbrenner.
Die Balken wurden vor dem Hoftor gestapelt, der Maschinist, Faddejs Schwiegersohn, fuhr nach Tscherusti, um den Traktor zu holen. Doch am selben Tag setzte der Schneesturm ein, fegte und wirbelte zwei Tage lang, türmte unpassierbare Schneehaufen auf den Weg. Dann, kaum daß der Weg durch zwei, drei Laster etwas festgestampft war, wurde es plötzlich wärmer, der Frost ließ innerhalb eines Tages jäh nach, feuchter Nebel zog auf, Bächlein sprudelten durch den Schnee, beim Gehen versank man darin bis über den Stiefelschaft.
Zwei Wochen lang trotzte die abgerissene Stube dem Traktor! Diese zwei Wochen ging Matrjona wie verloren umher. Besonders bekümmerte es sie, daß ihre drei Schwestern kamen, sie einmütig der hergegebenen Stube wegen als dumme Trine beschimpften, ihr erklärten, sie

1 Pud – Gewichtseinheit im zaristischen Rußland, 16,38 kg. Anm. d. Übers.

wollten sie nie mehr wiedersehen, und dann wieder davongingen.
In der gleichen Zeit war auch die lahme Katze fortgelaufen und blieb verschwunden. Eins kam zum anderen. Auch das bedrückte Matrjona sehr.
Schließlich fiel Frost über die tauende Straße, ein sonniger Tag brach an, das Herz wurde froher. Matrjona hatte in der Nacht davor etwas Gutes geträumt. Als sie morgens erfuhr, daß ich gern jemanden an einem der alten Webstühle fotografieren würde (solche Webstühle standen noch in zwei, drei Häusern, auf ihnen wurden die derben Teppichläufer gewebt), lächelte sie schüchtern: »Wart, Ignatytsch, noch ein paar Tage. Hab' ich die Stube erst auf den Weg gebracht, bau' ich meinen Webstuhl zusammen, der ist ja noch heil – nimmst mich dann auf, weiß Gott, wirklich wahr.«
Offenbar reizte es sie, sich mit einem Stück Vergangenheit abgebildet zu wissen. Das vereiste Fensterchen im kürzer gewordenen Flur glitzerte rosig im rötlichen Sonnenschein des Wintermorgens, warm lag dieser Schein auf Matrjona. Immer haben die Menschen ein schönes Gesicht, die im Einklang mit ihrem Gewissen leben.
Als ich im letzten Tageslicht von der Schule heimkam, gewahrte ich Bewegung vor unserm Haus. Der große neue Traktorschlitten war schon vollgepackt mit Balken, doch es blieb noch ein beträchtlicher Rest, und so waren die Familie des alten Faddej und einige zur Hilfe herangezogene Leute dabei, schnell noch einen zweiten Schlitten zu zimmern. Alle arbeiteten wie besessen mit jener Erbitterung, die Menschen befällt, wenn sie großen Gewinn oder üppige Bewirtung erwarten. Sie brüllten sich an, gerieten miteinander in Streit.
Der Streit ging darum, wie die Schlitten gefahren werden sollten – einzeln oder zusammen. Faddejs lahmer Sohn

und sein Schwiegersohn, der Maschinist, waren der Meinung, beide Schlitten zusammen wären zu schwer für den Traktor. Der Traktorführer aber, ein selbstbewußter Bulle mit dickem Gesicht, grölte, er wisse es besser, er sei der Führer, er wolle beide Schlitten zusammen fahren. Seine Überlegung war klar: der Preis, den er mit dem Maschinisten ausgemacht hatte, bezog sich auf den Transport der Stube, nicht auf die Länge der Wegstrecke. Würde er in zwei Etappen fahren – zweimal fünfundzwanzig Kilometer hin und einmal zurück –, so würde er über Nacht nicht fertig werden; am Morgen aber mußte er mit dem Traktor in der Garage sein, von wo er ihn sich heimlich für die Schwarzfahrt geholt hatte.
Der alte Faddej war versessen darauf, noch heute seine Stube abzutransportieren, und so bedeutete er seinen Leuten, sie möchten nachgeben. Der zweite, rasch zusammengeschlagene Schlitten wurde an dem ersten, stabilen befestigt.
Matrjona lief zwischen den Männern umher und half ihnen, die Balken auf den Schlitten zu schieben. Da sah ich, daß sie meine Steppjacke trug und die Ärmel an den schmierigen Balken beschmutzt hatte; ungehalten sagte ich ihr das. Denn diese Steppjacke war für mich ein Stück Erinnerung, sie hatte mich in den schwersten Jahren gewärmt.
So habe ich mich zum erstenmal über Matrjona geärgert.
»Oje, ojemine, du armer Kopf!« rief sie betroffen aus. »Die hab' ich mir rasch gegriffen, hab' ganz vergessen, daß es deine ist. Verzeih, Ignatytsch.« Und sie zog sie aus und hängte sie zum Trocknen auf.
Die Schlitten waren endlich beladen, und alle, die daran gearbeitet hatten – es waren ihrer an die zehn Mann –, polterten an meinem Tisch vorbei und schlüpften hinter den Vorhang in die kleine Küche. Von dort klang dump-

fes Gläsergeklirr zu mir herüber, manchmal gluckerte die Flasche, die Stimmen wurden immer lauter, das Geprahle immer angeberischer. Am meisten prahlte der Traktorführer. Der schwere Dunst des Selbstgebrannten drang bis zu meinem Tisch. Doch wurde nicht lange getrunken – die Dunkelheit trieb zur Eile an. Einer nach dem anderen verließ die Küche, mit hartem selbstgefälligem Gesicht trat der Traktorführer heraus. Der Maschinist, Faddejs lahmer Sohn und Faddejs Neffe sollten die Schlitten bis Tscherusti begleiten, die anderen gingen heim. Den Stock schwenkend eilte Faddej jemandem nach, sprach auf ihn ein. Der lahme Sohn blieb an meinem Tisch stehen, um eine Zigarette anzurauchen, und begann plötzlich davon zu sprechen, wie sehr er Tante Matrjona liebe, daß er vor kurzem geheiratet habe und daß ihm gerade ein Sohn geboren worden sei. Da rief man ihn, und er ging. Draußen heulte der Traktor auf.

Als letzte kam Matrjona eilig hinter dem Vorhang hervor. Besorgt schüttelte sie den Kopf in Richtung der Davongegangenen, zog sich die Steppjacke an, warf sich ein Tuch über den Kopf, sagte von der Tür her zu mir:

»Und was hätt's schon ausgemacht, zwei zu nehmen – wenn ein Traktor versagt, zieht halt der andere! So aber ... wer weiß, was das noch geben wird!«

Und lief hinter den anderen her.

Nach der Sauferei, dem Gebrüll, dem Hinundherlaufen war es besonders still in dem verlassenen Haus, das durch das viele Türenaufreißen ausgekühlt war. Draußen war es inzwischen ganz dunkel geworden. Auch ich verkroch mich in meine Steppjacke und machte mich ans Korrigieren der Hefte. Das Gedröhn des Traktors verstummte in der Ferne.

Eine Stunde verging, eine zweite. Und eine dritte. Matrjona kehrte nicht heim, doch ich wunderte mich nicht –

war wohl, nachdem sie die Schlitten ein Stück begleitet hatte, zu ihrer Mascha gegangen.
Und es verging noch eine Stunde. Und noch eine. Nicht nur die Dunkelheit, sondern auch eine ungewöhnliche, tiefe Stille senkte sich über das Dorf. Ich konnte damals nicht begreifen, woher diese Stille kam – der Grund war, wie sich später herausstellte, der, daß an dem ganzen Abend kein einziger Zug über die eine halbe Werst von uns entfernte Strecke gefahren war. Mein Radio schwieg und mir fiel auf, daß die Mäuse so arg rumorten wie noch nie: immer frecher, immer lauter rannten sie hinter der Tapete umher, kratzten und piepsten.
Ich schrak auf – es ging auf ein Uhr nachts, Matrjona aber war noch nicht zurück.
Und plötzlich hörte ich laute Stimmen im Dorf. Noch waren sie weit entfernt, doch mich traf es wie ein Stoß: sie wollen zu uns. Und wirklich, kurz darauf klopfte es heftig am Hoftor. Eine fremde, herrische Stimme rief, man möge aufmachen. Mit einer elektrischen Stablaterne ging ich hinaus in die undurchdringliche Finsternis. Das ganze Dorf schlief, aus den Fenstern kam kein Licht, und der Schnee war in der letzten Woche zusammengesackt und gab keinerlei Helligkeit. Ich schob den unteren Riegel beiseite und öffnete. Vier Männer in Uniformmänteln gingen auf das Haus zu. Es ist sehr unangenehm, wenn man nachts zu dir kommt, laut und in Uniformmänteln.
Bei Licht sah ich indessen, daß zwei von ihnen Eisenbahneruniform trugen. Der ältere, dick, mit einem Gesicht wie jener Traktorführer, fragte:
»Wo ist die Wirtin?«
»Weiß ich nicht.«
»Ist der Traktor mit den Schlitten von diesem Hof weggefahren?«

»Ja.«
»Haben die hier vor der Abfahrt getrunken?«
Alle vier kniffen leicht die Augen zusammen, schauten sich bei dem spärlichen Licht der Tischlampe forschend um. Ich glaubte zu verstehen, daß jemand verhaftet worden war oder verhaftet werden sollte.
»Was ist denn passiert?«
»Beantworten Sie meine Fragen!«
»Aber ...«
»Sind die betrunken gefahren?«
»Haben sie hier getrunken?«
Hatte einer einen erschlagen? Oder durfte man die Stube nicht transportieren? Sie fragten gar zu eindringlich. Aber eins war klar: für den Selbstgebrannten könnten sie Matrjona einsperren.
Ich ging ein paar Schritte zurück, stellte mich vor die Küchentür und verdeckte sie.
»Ich habe nichts bemerkt. Es war nichts zu sehen.«
(Gesehen hatte ich ja wirklich nichts, nur gehört.)
Wie ratlos wies ich mit der Hand auf das Innere der Stube: das friedliche Licht einer Tischlampe über Büchern und Heften; die Schar erschrockener Gummibäume; das harte Lager eines Einsiedlers. Keinerlei Spuren eines Gelages.
Sie hatten schon selber mißmutig festgestellt, daß hier eine Sauferei nicht stattgefunden hatte. Und sie wandten sich dem Ausgang zu und unterhielten sich darüber, daß hier also kein Besäufnis gewesen sei, daß sie es aber günstiger gefunden hätten, wenn es hier gewesen wäre. Ich begleitete sie und versuchte herauszukriegen, was eigentlich passiert war. Erst am Tor brummte einer mir zu:
»Sind alle zu Brei. Nicht mehr aufzuklauben.«
Und ein anderer fügte hinzu:

»Ach, wenn es bloß das wäre. Der Schnellzug Einundzwanzig wär' fast entgleist. Das ist passiert.«
Und sie gingen rasch davon.
Bestürzt kehrte ich in die Stube zurück: Wer sind: alle? Und wo blieb Matrjona?
Ich lüftete den Vorhang und betrat die Küche. Der Dunst des Selbstgebrannten schlug mir entgegen. Ich sah ein verlassenes Schlachtfeld – zusammengeschobene Hocker und Bänke, herumliegende leere Flaschen, dazwischen eine noch halbvolle, Gläser, Überreste von Hering, Zwiebeln, zerschnitzelter Speck.
Alles wie ausgestorben. Nur Schaben krochen auf dem Schlachtfeld herum.
Vom Schnellzug Einundzwanzig war die Rede gewesen. In welchem Zusammenhang? ... Vielleicht hätte man ihnen das alles hier zeigen müssen? Ich war im Zweifel. Aber was ist das auch für eine verdammte Art – einem nichtbeamteten Menschen nichts zu erklären?!
Plötzlich knarrte unsere Pforte. Rasch trat ich in den Flur:
»Matrjona Wassiljewna?«
Die Haustür ging auf. Schwankend und die Hände ringend trat ihre Freundin Mascha ein.
»Matrjona ... unsere Matrjona, Ignatytsch ...«
Ich ließ sie niedersitzen, und weinend erzählte sie:
Der Bahnübergang ist auf einem Hügel, von dort geht es steil bergab. Eine Schranke gibt es nicht. Der Traktor war mit dem ersten Schlitten schon auf der anderen Seite, da riß das Seil, und der zweite Schlitten, der selbstgezimmerte, blieb auf dem Bahnübergang stecken und drohte auseinanderzukrachen – Faddej hatte kein gutes Holz dafür genommen, für diesen zweiten Schlitten. Sie fuhren den ersten etwas weiter bergab und kehrten zurück, um den zweiten zu holen, wollten ihn an den Trak-

tor anseilen – der Traktorist und Faddejs lahmer Sohn. Und Matrjona muß dabeigewesen sein, zwischen dem Traktor und dem Schlitten. Was hätte sie den Mannsleuten schon groß helfen können? Aber sie mußte sich ja immer in Männersachen einmischen, der Gaul damals hätte sie beinahe in den See gestoßen, in ein Eisloch. Weshalb ist sie überhaupt mitgegangen zu dem verfluchten Bahnübergang?... Hat die Stube abgegeben und fertig, hat doch ihre Schuldigkeit getan... Der Maschinist hatte derweilen Ausschau gehalten, ob von Tscherusti her ein Zug käme, dessen Lichter hätte man von weitem sehen müssen. Aber von der anderen Seite, von unserer Station her, kamen aneinandergekuppelt zwei Lokomotiven, die fuhren rückwärts und ohne Licht. Warum ohne Licht? Wer weiß. Wenn aber eine Lokomotive rückwärts fährt, fliegt vom Tender her dem Maschinisten Kohlenstaub in die Augen, und er kann schlecht sehen. Die Lokomotiven rasten hinein und zerquetschten die drei zwischen dem Traktor und dem Schlitten zu Fleischklumpen. Haben den Traktor kaputtgemacht, den Schlitten zertrümmert, die Gleise hochgehoben und sind beide umgekippt.

»Daß sie die Lokomotiven nicht gehört haben?!«

»Der Traktor macht doch Krach, wenn er läuft.«

»Und was ist mit den Leichen?«

»Lassen keinen ran. Ist alles abgesperrt.«

»Und der Schnellzug?... Ich hab' da was von einem Schnellzug gehört...«

»Der Schnellzug um zehn Uhr. Fährt an uns vorbei auf den Bahnübergang zu. Die Lokomotiven waren umgekippt, aber die Maschinisten heil geblieben, sie sind runtergesprungen und zurückgelaufen, haben gewinkt, sich auf die Gleise gestellt und haben den Zug stoppen können. Den Neffen hat's mit dem Balken erwischt. Der versteckt sich jetzt bei Klawka, damit's nicht rauskommt, daß er dabei war. Sonst muß er Zeuge sein!... Der Unwissende liegt auf dem Ofen, den Wissenden führt man am Strick... Und Kiras Mann hat auch nicht einen Kratzer abgekriegt. Wollte sich aufhängen, aus der Schlinge haben sie ihn geholt. Durch meine Schuld, sagte er, ist die Tante tot und der Bruder. Ist selber hingegangen, hat sich gestellt. Den brauchen sie nicht ins Kittchen zu stecken, der müßte ins Irrenhaus. Ach, Matrjona... Matrjonuschka...!«

Es gibt keine Matrjona mehr. Erschlagen ist ein lieber, vertrauter Mensch. Und am letzten Tag hatte ich sie der Steppjacke wegen gerügt.

Die rot-gelbe Frau auf dem Bücherplakat lächelte entzückt.

Tante Mascha saß noch ein Weilchen da, weinte. Als sie sich schon erhob, um zu gehen, fragte sie plötzlich:

»Ignatytsch! Kannst dich besinnen?... So ein Strickjäckchen hatte Matrjona, ein graues... Das wollte sie nach ihrem Tode meiner Tanja vermachen, stimmt's?«

Und mit banger Hoffnung sah sie mich an in dem Halbdämmer – hatte ich es womöglich vergessen?

Doch ich wußte es noch:

»Stimmt, hat's ihr vermacht.«

»Höre, vielleicht erlaubst du, ich nehm' es gleich mit? Am Morgen kommt doch die Verwandtschaft angerannt, da bekomm' ich es nie und nimmer.«

Und sie sah mich wieder flehentlich, hoffnungsvoll an – ihre Freundin seit einem halben Jahrhundert, die einzige in diesem Dorf, die Matrjona aufrichtig liebte...

Gewiß, das mußte so sein.

»Natürlich... Nehmen Sie nur«, stimmte ich zu.

Sie öffnete die Truhe, nahm das Jäckchen, steckte es sich unter den Rock und ging...

Die Mäuse überkam eine Art Veitstanz, sie tobten die Wände rauf und runter, die grüne Tapete schlug Wellen über ihren Rücken.
Es war die dritte Stunde nach Mitternacht. Am Morgen mußte ich in die Schule. Ich konnte nur noch das eine tun: Die Tür zusperren und mich schlafen legen.
Zusperren, da Matrjona nicht mehr kommen würde.
Das Licht ließ ich brennen und legte mich hin. Die Mäuse piepten, sie stöhnten fast, sie rannten und rannten. Mit meinem müden, benommenen Kopf vermochte ich mich des Schauderns nicht zu erwehren – es war, als sei es Matrjona, die unsichtbar hier umhergeisterte und Abschied nahm von ihrem Hause.
Und plötzlich stellte ich mir vor, wie der schwarzhaarige junge Faddej mit der erhobenen Axt an der Schwelle der Eingangstür stand:
»Wenn es nicht mein leiblicher Bruder wär' – erschlagen würd' ich euch beide!«
Vierzig Jahre lang seine Drohung in der Ecke, wie ein vergessenes Beil – und dann schlug sie zu ...

3

Im Morgengrauen brachten Frauen auf einem Schlitten unter einem schmutzigen Sack alles, was von Matrjona übriggeblieben war. Nahmen den Sack ab, um die Leiche zu waschen – zerquetschtes Fleisch, es fehlten die Beine, der halbe Körper, der linke Arm. Eine Frau sagte:
»Das rechte Händchen hat ihr der Herrgott gelassen. Wird im Jenseits zu Gott beten können ...«
Und die vielen Gummibäume, die Matrjona so sehr geliebt hatte, daß sie einmal des Nachts, als sie vor Rauch

erwachte, nicht gleich daranging, das Haus zu retten, sondern die Gummibäume flach auf den Boden legte, damit sie im Rauch nicht erstickten – die Gummibäume trug man hinaus. Der Fußboden wurde säuberlich gefegt, Matrjonas halbblinder Spiegel mit einem breiten, alten, selbstgewebten Handtuch verhängt, die überflüssigen Plakate von den Wänden genommen, mein Tisch beiseite geschoben. Und an die Fenster, unter das Heiligenbild, wurde auf Hockern der kunstlos gezimmerte Sarg gestellt.

Im Sarg lag Matrjona. Mit einem weißen Laken hatte man ihren restlichen, verstümmelten Körper bedeckt, um den Kopf ein weißes Tuch gebunden – das Gesicht aber, heil geblieben, wirkte ruhig, eher lebendig als tot.

Dorfleute kamen, standen ein Weilchen herum und schauten. Die Frauen brachten auch kleine Kinder mit, daß sie die Tote sähen. Und begann eine zu weinen, so stimmten alle Frauen mit ein, selbst wenn sie nur aus Neugierde ins Haus gekommen waren – an der Wand oder an der Tür stehend, fielen sie gemessen, fast wie ein begleitender Chor, in das Weinen ein. Die Männer aber, die Mützen in der Hand, standen stumm und stramm.

Das eigentliche Klagen und Weinen oblag den Frauen der nahen Verwandtschaft. Die entfernteren Verwandten traten nur kurz an den Sarg heran und begannen erst unmittelbar davor halblaut zu jammern. Jene aber, die zur nahen Verwandtschaft rechneten, begannen schon an der Türschwelle zu weinen und neigten sich dann, am Sarg angelangt, wehklagend über das Gesicht der Entschlafenen. Jedes Klageweib hatte seine eigene Melodie und drückte seine Gedanken und Gefühle mit eigenen Worten aus.

Hier erfuhr ich, daß Totenklage nicht einfach Klage an sich ist, sondern eine gewisse Politik verfolgt. Die drei

Schwestern Matrjonas kamen angerannt, bemächtigten sich der Stube, der Ziege und des Ofens, verschlossen Matrjonas Truhe mit einem Vorhängeschloß, nestelten unter dem Mantelfutter die zweihundert Rubel für die Beerdigung hervor, versicherten allen, die hereinkamen, daß nur sie allein Matrjonas Verwandte seien. Und an dem Sarg barmten sie so:

»Ach, Njanka-Njanka! Ach, Ljolka-Ljolka! Und du warst doch unsere einzige! Hättest still und friedlich leben können! Und wir hätten dich stets umsorgt. Doch die Stube hat dich umgebracht! Hat dich getötet, die verfluchte! Warum hast du sie abgerissen? Warum hast du nicht auf uns gehört?«

So war die Klage der Schwestern eine Anklage gegen die Verwandtschaft des Mannes: die hätte Matrjona nicht dazu bringen sollen, die Stube abzureißen. (Der versteckte Sinn aber war: die Stube habt ihr zwar genommen, aber das Haus lassen wir euch nicht.)

Die Verwandtschaft des Mannes – Matrjonas Schwägerinnen, Jefims und Faddejs Schwestern, dazu einige Nichten – kamen und klagten so:

»Tantchen, Tantchen! Warum hast du dich nicht in acht genommen! Und jetzt sind *die* uns darum gram! Doch du bist ja, Liebste, selbst dran schuld! Mit der Stube aber hat es nichts zu tun. Warum mußtest du dorthin gehen, wo der Tod auf dich gelauert hat? Hat doch niemand dich dahin gerufen! Bist gestorben ohne rechten Sinn! Warum hast du uns nicht gehorcht?«

(Der sich aufdrängende Sinn dieser Worte war: an ihrem Tod sind wir nicht schuld, über das Haus aber reden wir noch!)

Doch die breitgesichtige, derbe »zweite« Matrjona, jene Ersatz-Matrjona, die Faddej einst nur des Namens wegen genommen hatte, vermochte diese Politik nicht einzuhalten und lamentierte simpel und herzzerreißend am Sarg:

»Ach, du mein liebes Schwesterchen! Ach, wie könntest du mir denn gram sein! O-ho-ho!... Wie haben wir zwei beide miteinander geredet! Ja, vergib mir doch, die ich elend bin! O-ho-ho!... Und nun bist du weg zu deinem Mütterchen, und ich denke, du holst mich nach! O-ho-ho...«

Bei diesem »O-ho-ho« schien sie gleichsam ihre Seele auszuhauchen, weinend schlug sie immer wieder ihre Brust gegen die Kante des Sarges. Und wenn ihr Wehklagen die gebräuchliche Form überschritt, sagten alle Frauen wie anerkennend, daß die Klage gelungen sei:

»Laß nach! Laß nach!«

Matrjona ließ nach, doch kam sie wieder zurück und weinte noch hemmungsloser. Da trat aus der Ecke eine uralte Greisin hervor, legte Matrjona die Hand auf die Schulter und sagte streng:

»Zwei Rätsel gibt es auf der Welt: weiß nimmermehr, wie ich geboren ward, werd nimmer wissen, wie mich der Tod trifft.«

Und Matrjona verstummte sofort, und alle verstummten, bis es völlig still wurde.

Doch diese Greisin, die viel älter war als alle anderen Alten und der Matrjona wohl recht fremd gewesen war, weinte später auch:

»O du meine Schmerzliche! O du meine Wassiljewna! O wie müde bin ich's, euch das Grabgeleit zu geben!«

Schon gar nicht nach altem Brauch, sondern einfach mit dem bitteren Schluchzen unseres darin so freigebigen Jahrhunderts weinte Matrjonas unglückselige Pflegetochter – jene Kira aus Tscherusti, für die diese Stube abgerissen und transportiert worden war. Ihre gebrannten Löckchen waren jämmerlich zerzaust. Rot, wie blutunterlaufen, waren ihre Augen. Sie merkte nicht, wenn ihr Tuch bei der Kälte verrutschte, sie verfehlte beim Mantelanziehen die Ärmel. Wie von Sinnen wanderte sie vom Sarg der Pflegemutter in dem einen Haus zu dem Sarg des Bruders in dem anderen Haus. Und da außerdem ihr Mann vor Gericht kommen sollte, bangte man um ihren Verstand.

Tatsächlich schien es sich herauszustellen, daß ihr Mann in doppelter Hinsicht schuldig war: er hatte nicht nur die Stube transportiert, sondern als Eisenbahner, der die Bestimmungen für ungeschützte Bahnübergänge gut kannte, hätte er zur Station gehen und die Fahrt des Traktors anmelden müssen. In dem vom Ural kommenden Schnellzug hätte in jener Nacht das Leben von etwa tausend Menschen, die friedlich im abgeblendeten Licht der Abteillampen auf den oberen und unteren Bänken schliefen, jäh abreißen können – wegen der Gier von ein paar Leuten, die ein Stück Land ergattern oder die zweite Tour mit dem Traktor sparen wollten; wegen der Stube, auf die sich ein Fluch legte, als Faddejs Hände sie abzureißen begannen.

Der Traktorführer war freilich der menschlichen Gerechtigkeit schon entronnen. Und die Eisenbahnverwaltung hatte gleichfalls schuld, weil ein vielbenutzter Bahnübergang keine Schranken hatte und weil die beiden Lokomotiven ohne Licht gefahren waren. Deshalb eben war sie bemüht, anfangs alles auf das Saufgelage zu schieben und jetzt die Gerichtsverhandlung zu vereiteln.

Die Schienen und der Bahnkörper waren so ramponiert, daß während der drei Tage, da die Särge in den Häusern standen, die Züge auf dieser Strecke nicht verkehren konnten, sie wurden umgeleitet. Den ganzen Freitag, Samstag und Sonntag, vom Ende der Untersuchung an bis zur Beerdigung, wurde am Bahnübergang Tag und Nacht gearbeitet. Die Arbeiter froren und zündeten sich aus den herumliegenden Brettern, Balken und Überresten des zweiten Schlittens ein kostenloses Feuer an – um sich daran zu erwärmen, nachts auch zur Beleuchtung.

Der erste Schlitten stand immer noch, heil und vollbeladen, gleich hinter dem Bahnübergang.

Ebendieses – daß der eine vollbeladene Schlitten herausfordernd wartete und wie man den zweiten dem Feuer entreißen konnte –, das eben ließ die Seele des schwarzbärtigen Faddej den ganzen Freitag und den ganzen Samstag nicht zur Ruhe kommen. Seine Tochter war dem Wahnsinn nahe, dem Schwiegersohn drohte das Gericht, in seinem eigenen Haus lag der von ihm erschlagene Sohn, in der gleichen Straße eine von ihm erschlagene Frau, die er einst geliebt hatte – Faddej war nur für Augenblicke an den Särgen zu sehen, strich sich gedankenverloren den Bart, seine hohe Stirn war umwölkt. Doch der Gedanke, der ihn beschäftigte, war: wie entreißt man die Balken der Stube dem Feuer und den Machenschaften von Matrjonas Schwestern.

Als ich später die Talnowoer besser kennengelernt hatte, begriff ich, daß Faddej nicht allein so geartet war.

Und daß die Sprache merkwürdigerweise Besitz als unser oder des Volkes *Gut* bezeichnet, welches zu verlieren die Leute als schmählich und dumm erachten.

Rastlos rannte Faddej zwischen Siedlung und Station hin und her, hetzte von Obrigkeit zu Obrigkeit und bat überall, seinen gekrümmten Körper schwer auf den Stock gestützt, sich seines Alters zu erbarmen und ihm die Stube wiederzugeben.

Und irgend jemand erteilte ihm diese Genehmigung. Da sammelte Faddej die heil gebliebenen Söhne, Schwiegersöhne und Neffen um sich, trieb Pferde im Kolchos auf

und brachte auf einem Umweg über drei Dörfer die Reste der Stube zu sich auf den Hof. In der Nacht von Samstag zum Sonntag war diese Aktion beendet.
Am Sonntag war dann die Beerdigung. Die beiden Särge trafen in der Mitte des Dorfes zusammen, die Verwandten gerieten in Streit, welcher Sarg der erste sein sollte. Schließlich stellte man sie auf einem breiten Schlitten nebeneinander, die Tante und den Neffen, und fuhr die Toten unter einem trüben Himmel auf dem wieder matschig gewordenen Februarschnee zwei Dörfer weiter zu einem Friedhof, der eine Kirche hatte. Es war windig und unfreundlich, der Pope und der Diakon warteten in der Kirche, sie waren nicht nach Talnowo gekommen.
Langsam gingen die Leute, im Chor singend, bis zum Dorfausgang mit. Dann blieben sie zurück.

Bis in die Nacht zum Sonntag war unser Haus mit weiblicher Geschäftigkeit erfüllt gewesen: die Greisin leierte am Sarg den Psalter, Matrjonas Schwestern rumorten am russischen Ofen, dessen Schlund die Hitze glühender Torfstücke verströmte – jener Torfstücke, die Matrjona sackweise aus dem fernen Moor herangeschleppt hatte. Aus schlechtem Mehl wurden Piroggen gebacken, die nicht schmeckten.
Am Sonntag, als wir von der Beerdigung heimkehrten, was erst gegen Abend geschah, wurde der Leichenschmaus gerichtet. Die Tische, zu einem einzigen langen zusammengerückt, nahmen auch den Platz ein, an dem morgens der Sarg gestanden hatte. Alle stellten sich um den Tisch herum, und ein Alter, der Mann der Schwägerin, sprach das »Vaterunser«. Dann bekam jeder in seine Schüssel ein klein wenig Honiggrütze, die wir, der Seele zum Gedenken, ohne jede Zutat auslöffelten. Danach wurde irgend etwas gegessen und Wodka getrunken, die

Gespräche wurden lebhafter. Bevor die rote Grütze aufgetischt wurde, standen alle auf und sangen »Ewiges Gedenken«. (Mir wurde erklärt, daß unbedingt vor der roten Grütze gesungen werden mußte.) Wieder wurde getrunken. Und noch lauter gesprochen, schon gar nicht mehr über Matrjona. Der Mann der Schwägerin prahlte: »Habt ihr's gemerkt, Rechtgläubige, wie langsam die heute die Totenmesse gesungen haben? Weil nämlich der Vater Michail mich erspäht hat. Und der weiß – ich kenne den Gottesdienst. Sonst aber – rasch, rasch, der Heiligen gedenken, den Weihrauch schwenken – und Schluß!«

Schließlich war das Mahl beendet. Wieder erhoben sich alle, sangen »Bist würdig«. Und danach wieder, dreimal hintereinander: »Ewiges Gedenken! Ewiges Gedenken! Ewiges Gedenken!« Doch schon waren die Stimmen heiser, die Leute betrunken, jeder sang anders, keiner war bei dem Ewigen Gedenken mit dem Herzen dabei.

Dann ging der größte Teil der Gäste weg, es blieben nur die nächsten Verwandten, Zigaretten wurden hervorgeholt, man rauchte, machte Witze, lachte. Die Rede kam auf Matrjonas spurlos verschwundenen Mann, und der Mann der Schwägerin schlug sich gegen die Brust und beteuerte mir und dem Schuster, dem Mann einer Schwester Matrjonas:

»Tot ist Jefim, tot! Wäre er denn sonst nicht zurückgekommen? Ja, selbst wenn ich weiß, in der Heimat wird man mich hängen, selbst dann kehre ich zurück!«

Der Schuster nickte beifällig. Er war Deserteur und hatte sich gar nicht erst von der Heimat getrennt, sondern sich den ganzen Krieg über bei der Mutter im Keller versteckt.

Oben auf dem Ofen saß die zum Übernachten dagebliebene, strenge schweigsame Greisin, die älteste von den

Alten. Aus ihrer Höhe blickte sie stumm, mißbilligend auf die unanständig geschwätzige, fünfzig- bis sechzigjährige Jugend herab.
Und nur die unglückliche Pflegetochter, die in diesen Wänden aufgewachsen war, ging hinter die Trennwand und weinte.

Faddej war zu Matrjonas Leichenschmaus nicht gekommen – vielleicht weil er zu Hause seines toten Sohnes gedachte. Aber an den folgenden Tagen erschien er zweimal recht feindselig in diesem Haus zu Verhandlungen mit Matrjonas Schwestern und dem desertierten Schuster.
Der Streit ging um das Haus: wem sollte es zufallen, den Schwestern oder der Pflegetochter? Man war schon drauf und dran, ans Gericht zu schreiben, vertrug sich aber aus der Überlegung heraus, daß das Gericht das Haus weder dem einen noch dem anderen, sondern dem Dorfsowjet zusprechen würde. Ein Abkommen wurde getroffen. Die Ziege nahm die eine Schwester, das Haus bekamen der Schuster und seine Frau, Faddej aber, der »hier jeden Balken im Arm gewiegt hatte«, fiel die schon abtransportierte Stube zu, dann trat man ihm den Schuppen ab, in dem die Ziege gestanden hatte, und den inneren Zaun zwischen dem Hof und dem Gemüsegarten.
Und wieder, trotz Gebrechlichkeit und gebeugtem Rükken, wurde der unersättliche Alte lebhafter und jünger. Er holte die heil gebliebenen Söhne und Schwiegersöhne zusammen, sie nahmen den Schuppen und den Zaun auseinander, und er selbst fuhr die Balken mit dem Rodelschlitten ab, zum Schluß nur noch allein mit seinem Antoschka aus der Klasse 8 D, der hierbei nicht faul war.
Matrjonas Haus wurde bis zum Frühjahr zugenagelt, und ich zog in die Nähe zu einer ihrer Schwägerinnen

hinüber. Diese Schwägerin kam dann aus verschiedenen Anlässen auf Matrjona zu sprechen und ließ mich die Tote von einer ganz anderen Seite aus sehen.

»Jefim hat seine Frau nicht geliebt. Hat immer gesagt: ich kleid' mich gern nach *Kultur*, sie aber läuft sonstwie rum, nach Bauernart. Na, da sie ja nichts brauchte, vertrank er, was übrigblieb. Und einmal sind wir in die Stadt gefahren, auf Arbeit, da hat er sich dort eine Gnädige angeschafft, wollte gar nicht zur Matrjona zurückkehren.«

Alle ihre Äußerungen über Matrjona waren mißbilligend – unsauber sei sie gewesen; und nicht hinter Besitz her; und hätte nicht gespart; und hielt sich nicht mal 'n Ferkel, hat es nicht aufziehen mögen; und wäre so dumm gewesen, fremden Leuten umsonst zu helfen. (Der Anlaß, Matrjonas zu gedenken, war der, daß sich gar niemand finden wollte, um den Pflug über den Acker zu ziehen.)

Sogar über Matrjonas Herzlichkeit und Schlichtheit, die sie wohl anerkannte, sprach die Schwägerin mit verächtlichem Bedauern.

Und erst jetzt, aus diesen mißbilligenden Äußerungen der Schwägerin, erstand vor mir die Matrjona, die sich mir nicht erschlossen hatte, als ich an ihrer Seite lebte.

Es stimmte schon – ein Ferkel gibt es in jedem Haus! Sie aber hatte keins. Was kann einfacher sein, als ein gieriges Ferkel, das auf der Welt nichts anderes kennt als Fressen, zu mästen, dreimal am Tag dafür zu kochen, nur dafür zu leben – und es dann zu schlachten, um Speck zu haben.

Sie aber hatte keins ...

War nicht hinter Besitz her ... Hatte nicht geschuftet, um sich Sachen zu kaufen und sie dann zu pflegen, mehr als ihr Leben.

War nicht auf Kleidung versessen – auf Kleidung, die selbst Krüppel und Bösewichte schmückt.
Unverstanden, allein gelassen sogar von ihrem Mann, hatte sie sechs Kinder begraben, ihr hilfsbereites Wesen aber nicht eingebüßt; ihren Schwestern und Schwägerinnen fremd, eine lächerliche Person, die dumm genug war, für andere ohne Entgelt zu arbeiten, hatte sie sich am Ende ihres Lebens keinen Besitz erspart. Eine schmutzigweiße Ziege, eine lahme Katze, Gummibäume ...
Wir alle haben neben ihr gelebt und nicht begriffen, daß sie jene Gerechte war, ohne die, wie das Sprichwort sagt, kein Dorf bestehen kann.
Und keine Stadt.
Und nicht unser ganzes Land.

Zwischenfall auf der Station Kretschetowka

»Hallo, Fahrdienstleiter?«
»Na ja.«
»Wer spricht? Djatschichin?«
»Na ja.«
»Na, nichts na ja, sind Sie Djatschichin?«
»Die Kesselwagen vom siebten aufs dritte, rasch. Jawohl, Djatschichin.«
»Hier spricht der stellvertretende Militärkommandant vom Dienst, Leutnant Sotow! Hören Sie, was soll der Unfug? Warum wird der Militärzug nach Lipezk nicht abgefertigt, Numero sechshundertacht ... wie, Walja?«
»... achtundsiebzig.«
»Sechshundertachtundsiebzig!«
»Womit denn – abfertigen?«
»Wie soll ich das verstehn – womit?«
»Keine Lok da, so ist's. Warnakow? Warnakow, schau, dort am sechsten Geleise die vier Kohlenwagen, siehst du sie? Laß sie auch dahin bringen.«
»Hören Sie, was heißt das, es gibt keine Lok. Ich sehe doch mit eigenen Augen sechs Stück vor dem Fenster stehen.«
»Das sind Wracks.«
»Wracks?«
»Vom Lokfriedhof. Die werden ins Hinterland gebracht.«
»Bleiben doch immer noch die zwei Verschubloks!«
»Genosse Leutnant! Drei Verschubloks, ich hab's gesehn – drei!«

»Hören Sie, neben mir steht der Wachkommandant dieses Zugs, der sagt, es sind sogar drei. Drei Verschubloks. Gebt uns eine!«

»Das geht nicht.«

»Was heißt das – geht nicht? Sind Sie sich der Wichtigkeit dieser Fracht überhaupt bewußt? Jede Minute ist kostbar, und Sie ...«

»Zum Ablaufberg mit ihm.«

»... lassen den Zug bald einen ganzen Tag stehen!«

»Wo denn, einen ganzen Tag ...«

»Was haben Sie eigentlich – einen Kindergarten oder die Fahrdienstleitung? Was schrein denn bei Ihnen die Kinder herum?«

»Das Zimmer ist vollgestopft mit Leuten. Genossen, wie oft muß ich es noch sagen? Ich bitte Sie, den Dienstraum zu verlassen. Ich habe keine Züge. Sogar Armeelieferungen müssen warten.«

»Dieser Zug hat Blutkonserven geladen! Für das Lazarett! Begreifen Sie doch!«

»Glauben Sie, ich verstehe das nicht? Warnakow? Häng ab jetzt und fahr zur Pumpe, hol die zehn von dort.«

»Hören Sie! Wenn der Zug nicht binnen einer halben Stunde abgeht, werde ich den Vorfall nach oben melden! Das ist kein Spaß! Dafür werden Sie büßen!«

»Wassil Wassiljitsch! Lassen Sie mich mal ans Telefon ...«

»Ich übergebe an den Militärfahrdienstleiter.«

»Nikolaj Petrowitsch? Ich bin's, Podschebjakina. Hör zu, was ist denn los im Depot? Die war'n doch mit einer SU-Lok schon fertig.«

»Also, Genosse Sergeant, jetzt gehen Sie zum Wachewaggon, und wenn Sie in vierzig Minuten ... na, sagen wir, bis halb sieben, nicht abgefertigt sind, melden Sie sich bei mir.«

»Zu Befehl, bei Ihnen melden! Darf ich abtreten?«
»Gehen Sie.«
Der Kommandeur der Wachmannschaft machte eine energische und exakte Kehrtwendung, die salutierende Hand fiel beim ersten Schritt herab, die Tür schlug zu.
Leutnant Sotow rückte die Brille zurecht, die seinem keineswegs strengen Gesicht einen gestrengen Ausdruck verlieh, warf einen Blick auf den Militärfahrdienstleiter Podschebjakina, ein Mädchen in Eisenbahneruniform, wie es gerade in den altmodischen Hörer eines altmodischen Telefons hineinsprach und dabei eine Vielzahl von strohblonden Löckchen hin und her schwenkte – dann trat er aus ihrem kleinen Zimmer in sein eigenes, ebenso kleines, das nur diese eine Tür besaß.
Die Streckenkommandantur befand sich in einem Eckzimmer zu ebener Erde, darüber aber, genau über dieser Hausecke, war das Abflußrohr defekt. Der dicke Wasserstrahl, der hörbar hinter der Mauer niederschlug, wurde von den Stößen des Windes einmal unters linke Fenster, auf den Bahnsteig, einmal unters rechte, in den schmalen Durchgang getragen und zerblasen. Nach den klaren Oktoberfrösten, die die Station allmorgendlich in Rauhreif hüllten, waren die Tage bald feucht geworden; seit gestern aber regnete es ohne Unterlaß, man konnte sich bloß wundern, wo das viele kalte Wasser im Himmel herkam.
Doch der Regen hatte auch Ordnung geschaffen: da gab's nicht mehr das wirre Gedränge, das unentwegte Hinundherlaufen von Zivilpersonen, über die Geleise, von Bahnsteig zu Bahnsteig, da hatte die Station wieder ihr vorschriftsmäßiges Aussehen, und die Arbeit lief ungestört ab. Alles hielt sich versteckt, keiner kroch auf allen vieren unter den Waggons durch, keiner kletterte über die Waggonleitern, die Einheimischen drängten nicht zu

den Zügen mit ihren Eimern voll dampfender Kartoffeln, und die Passagiere der Güterwagen spazierten nicht wie Trödler umher, mit Wäsche, Kleidern und allerlei Strickzeug behangen. (Dieser Handel brachte den Leutnant Sotow in arge Verlegenheit: Von Rechts wegen war er gar nicht zuzulassen, aber verbieten konnte man ihn auch wieder nicht – denn es wurden den Evakuierten keine Lebensmittel zugeteilt.)

Einzig die Leute vom Dienst hat der Regen nicht vertrieben. Durchs Fenster sah Sotow oben auf dem offenen Wagen vor der verdeckten Ladung den Posten stehen – der Regen rann in Bächen an ihm herab, und er versuchte erst gar nicht, das Wasser abzuschütteln. Die Verschublok auf Gleis drei schleppte die Kesselwagen, und der Weichensteller im Kapuzenmantel schwenkte ihr den Signalstock entgegen. Noch sah Sotow die dunkle gedrungene Gestalt des Wagenmeisters den Zug auf dem Zweiergeleise abschreiten und unter jeden Waggon tauchen.

Sonst war alles nur – Regen, schräges Gepeitsche. Im kalten beharrlichen Wind schlug er gegen die Dächer und Wände der Güterwagen, gegen die Stirn der Lokomotiven; prasselte auf die rotgebrannten geborstenen Eisenrippen von zwei Dutzend Waggonskeletten (die Aufbauten waren irgendwo von Bombenfeuer niedergebrannt worden, die erhalten gebliebenen Fahrgestelle kamen nun ins Hinterland); überschüttete vier auf offener Plattform stehende Divisionsgeschütze; verschmolz mit der nahenden Dämmerung und übertünchte mit seinem Grau die erste Grünscheibe eines Semaphors, das Auflodern der tiefroten Funken an den Abzugsrohren der provisorisch beheizten Viehwagen. Der Asphalt des ersten Bahnsteigs war naß, glasig gesprenkelt, das Wasser konnte nicht ablaufen, die Geleise glänzten trotz der Dämmerung, ja sogar der rostbraune Schotter des Bahnkörpers schimmerte dank der nicht versickernden Pfützen.

Und all das war stumm, bis auf das dumpfe Beben der Erde und das schwache Signalhorn des Weichenstellers – den Lokomotiven war das Pfeifen vom ersten Kriegstag an verboten.

Und nur der Regen toste in der zerfetzten Rinne.

Vor dem anderen Fenster, im Durchgang neben dem Zaun des Lagerhauses, wuchs eine junge Eiche. Zerzaust, durchnäßt, rang sie noch um ihre dunklen Blätter, doch heute fielen auch die letzten ab.

Müßig herumstehen und vor sich hin stieren, dazu fehlte die Zeit. Die papierenen Verdunkelungsstores an den Fenstern herabrollen, das Licht anmachen, die Arbeit beginnen: Vieles war zu erledigen bis zum Schichtwechsel um neun Uhr.

Sotow aber ließ die Stores nicht herab, er nahm das Offizierskäppi mit der grünen Kante vom Kopf, das er während der Dienststunden – auch im geschlossenen Raum – immer aufhatte, nahm die Brille ab und fuhr sich langsam, wieder und wieder, mit den Fingern über die Augen, die müde waren vom Abschreiben und Nachschreiben der endlosen Listen chiffrierter Zugnummern. Nein, nicht die Müdigkeit, sondern die Traurigkeit war's, die sich in dieser allzu frühen Dämmerung eingeschlichen hatte – und zu nagen begann.

Bang war ihm nicht einmal um seine Frau, die mit dem noch ungeborenen Kind fern in Bjelorußland, unter den Deutschen, geblieben war. Nicht um die verlorene Vergangenheit, denn Sotow hatte noch keine Vergangenheit. Nicht um verlorenes Hab und Gut, denn er besaß keines und wollte es niemals besitzen.

Diese Gedrücktheit, dieses Verlangen, laut loszuheulen, überkam ihn, sobald er über den Verlauf des Krieges zu grübeln begann, der zum Wahnsinnigwerden unverständlich war. Es erwies sich als unmöglich, an Hand der Presseberichte eine Frontlinie zu ziehen, man konnte darüber streiten, in wessen Besitz Charkow war, in wessen Kaluga. Doch die Eisenbahner wußten am besten, daß die Züge nach Tula nur noch bis zur Station Uslowaja kamen und die Strecke über Jelez nur knapp bis zum Werchowje frei blieb. Auch auf der Linie Rjasan–Woronesh kamen die Bomber durch, einmal da und einmal dort, und warfen ihre Ladungen ab, auch Kretschetowka blieb nicht verschont. Vor zehn Tagen aber waren von irgendwoher zwei versprengte deutsche Kradfahrer aufgetaucht, die ratterten wild durch Kretschetowka und schossen im Fahren aus ihren MPs. Der eine wurde niedergemacht, der zweite entkam. In der Station aber war nach der Schießerei alles kopflos durcheinandergerannt, und der Chef der Spezialabteilung, dem sämtliche Sprengungen im Falle einer Evakuierung oblagen, jagte die Wasserpumpe in die Luft: die Sprengladung war schon vorbereitet gewesen. Danach wurde der Reparaturzug angefordert, den dritten Tag nun waren die Arbeiter am Werk.

Doch nicht um Kretschetowka ging es: Warum war es mit dem Krieg so weit gekommen? Nicht nur gab es keine Revolution in Europa, nicht nur war von unsrem opferlosen Einmarsch in das Land des Aggressors – wie es immer geheißen hatte – keine Rede, vielmehr blieb von alldem nur die eine Frage: Wie lange noch? Tagsüber, was immer er auch tat, und abends, wenn er sich niederlegte, stets bohrte in Sotow der eine Gedanke: Wie lange noch? Auch wenn er nicht im Dienst war und zu Hause übernachtete, wachte er dennoch um sechs Uhr früh mit dem Weckzeichen des eingeschalteten Radios auf, mit wachsender Sehnsucht hoffend, daß ihm gerade

heute der Siegesbericht entgegenschallen würde. Aus dem schwarzen Trichter aber kamen, alle Hoffnung vernichtend, die Frontabschnitte Wjasma und Wolokolamsk gekrochen und drückten ihm das Herz ab: Was, wenn auch Moskau fällt? Nicht nur laut dies zu fragen (es laut zu tun, war sowieso gefährlich) – sich selbst so zu fragen, hatte Sotow Angst: unentwegt dachte er daran und mühte sich, es nicht zu tun.
Allein, diese dunkle Frage war noch nicht die letzte. Moskau aufzugeben war noch nicht das Ärgste. Moskau hat sich auch Napoleon ergeben. Der Schmerz war: Was dann? Und wenn es weiterging – bis zum Ural?
Selbst das Vorbeihuschen dieser zitternden Gedanken empfand Wassja Sotow als Verbrechen. Es war Blasphemie, es war eine Schmähung des allmächtigen *Vaters* und *Lehrers*, der stets war, wo man ihn brauchte, der alles voraussah, alle Maßnahmen treffen und *nicht zulassen* würde.
Doch die Eisenbahner, die Mitte Oktober aus Moskau kamen, erzählten absurde, ungeheuerliche Geschichten über die Flucht von Fabrikdirektoren, über Plünderungen irgendwelcher Kassen oder Geschäfte – und wieder preßte die stumme Qual das Herz des Leutnants Sotow zusammen.
Kürzlich, auf dem Weg hierher, hatte Sotow zwei Tage in der Offiziersreserve verbracht. Da gab's einen Laienkunstabend, und ein hagerer blasser Leutnant mit wirrem Haar trug seine Gedichte vor, von niemandem kontrollierte, unverhohlene Verse. Wassja merkte zuerst gar nicht, daß etwas haftenblieb, später tauchten immer wieder einzelne Verszeilen in ihm auf. Und jetzt – ob er nun durch den Ort ging, ob er mit dem Zug zur Hauptkommandantur fuhr oder mit dem Fuhrwerk in die zuständige Gemeindeverwaltung, wo ihm die militärische Aus-

bildung von Schuljungen und Invaliden aufgetragen war – wiederholte und durchsann Sotow diese Worte wie seine eigenen:

Unsre Dörfer in Flammen, unsre Städte in Rauch …
Und es bohrt, und es bohrt wie ein Wahn
der eine Gedanke: Wann endlich? Wann?
sagen wir: Halt!

Und dann ging es ungefähr so weiter:

Wenn Lenins Sache zu Fall kommt in diesen Tagen –
wozu dann noch leben?

So wollte auch Sotow, seit der Krieg begonnen hatte, am wenigsten sein Leben retten. Sein kleines Leben bedeutete nur – wieviel wird es der *Revolution* helfen. Doch sosehr er auch darum bat, ins Feuer geschickt zu werden – hier in der Streckenkommandantur war er hängengeblieben.
Für sich selbst zu überleben hatte keinen Sinn. Für seine Frau zu überleben und das zukünftige Kind – auch das war nicht zwingend notwendig. Doch wenn die Deutschen bis zum Baikal kämen und Sotow durch ein Wunder am Leben bliebe – er wußte, er würde zu Fuß nach China hinüber oder nach Indien oder über den Ozean, um sich dort irgendwelchen gesammelten Truppen anzuschließen, um mit der Waffe in der Hand nach Rußland und Europa zurückzukehren.
So stand er in der Dämmerung, hörte das Schütten und Peitschen, die Stöße des Windes und wiederholte, innerlich zusammengekauert, die Verse jenes Leutnants.
Je dichter im Zimmer die Dunkelheit wurde, desto greller erglühte die kirschrot erhitzte Ofenklappe, desto

stärker wurde der gelbe diffuse Lichtstrahl, der durch die Türscheibe aus dem Nebenzimmer einfiel, wo der diensthabende Militärfahrdienstleiter, das Mädchen Podschebjakina, bereits das Licht eingeschaltet hatte.
Obwohl sie dem stellvertretenden Militärkommandanten in keiner Weise untergeordnet war, konnte sie arbeitsmäßig ohne ihn nicht auskommen, denn es stand ihr nicht zu, den Inhalt oder die Bestimmung der Frachten zu kennen; bloß die Nummern, die brachte ihr die Waggonschreiberin Tante Frossja, die eben eintrat und mühsam den Schlamm von den Stiefeln streifte.
»Ach, dieser Regen, dieser Regen!« klagte sie. »Ein Regen, wie aus Kübeln! Aber langsam hört er doch auf.«
»Der siebenhundertfünfundsechziger muß aber umgeschrieben werden, Tante Frossja«, sagte Walja Podschebjakina.
»Wenn's sein muß. Laß mich nur rasch die Laterne richten.«
Die Tür war dünn und auch nicht fest geschlossen, so daß Sotow ihr Gespräch gut hören konnte.
»Ein Glück, daß ich mich mit Kohle rechtzeitig eingedeckt habe«, sagte Tante Frossja. »Jetzt brauche ich keine Sorge zu haben, mit Kartoffeln bringe ich die Kinder schon durch. Aber die Daschka Melentjewa, die hat noch die Hälfte in der Erde. Schöne Plage, sie jetzt aus dem Dreck herauszukriegen.«
»Erst recht, wenn der Frost zupackt. 's wird rasch kalt.«
»Wird ein früher Winter. Ach, zu solch einem Krieg auch noch ein früher Winter... Und wieviel Kartoffeln habt ihr rausgebuddelt?«
Sotow seufzte und begann die Verdunkelungsstores herunterzulassen, sorgsam darauf bedacht, daß sie sich an den Fensterrahmen schmiegten, damit auch kein Spältchen durchleuchte.

Ebendas konnte er nicht begreifen, und es kränkte ihn, weckte sogar ein Gefühl der Einsamkeit. All diese Arbeitsleute um ihn hörten doch auch mit düsteren Gesichtern die Frontberichte, gingen doch auch mit demselben stummen Schmerz wieder auseinander. Aber Sotow sah den Unterschied: die übrigen lebten, so schien es, auch noch von etwas anderem als nur von den Kriegsberichten – sie buddelten Kartoffeln, melkten Kühe, sägten Holz und machten die Fenster gegen die Kälte dicht. Und zuweilen sprachen sie darüber und waren viel mehr damit beschäftigt als mit dem Stand der Dinge an der Front.

Dummes Weibsstück! Hat sich Kohlen beschafft und »fürchtet nun nichts«. Auch nicht Guderians Panzer?

Der Wind schüttelte das Bäumchen vor dem Lagerhaus und ließ in jenem Fenster leise eine Scheibe klirren.

Sotow zog den letzten Store herab und knipste das Licht an. Sofort wurde es in der warmen, sauber gefegten, wenngleich leeren Stube gemütlich, irgendwie sicher und die Gedanken munterer.

Mitten im Zimmer, direkt unter der Lampe, stand der Arbeitstisch, dahinter, neben dem Ofen – ein Geldschrank und vor dem Fenster – ein altmodischer Stationsdiwan aus Eichenholz, drei Sitzplätze breit und mit Rückenlehne. (Aus der Rückenlehne trat in wuchtig geschnitzten Buchstaben die Bezeichnung der Eisenbahnlinie hervor.) Auf diesem Diwan konnte man sich nachts ein wenig ausstrecken, wozu einem der Dienst selten genug Zeit ließ. Dann gab es noch ein paar plumpe Sessel im Raum, und zwischen den beiden Fenstern hing ein farbiges Bild des Volkskommissars Kaganowitsch in Eisenbahneruniform. Früher hing da noch eine Karte aller Eisenbahnverbindungen, doch der Hauptmann, der Kommandant der Station, hatte befohlen, sie herunterzunehmen, denn es kamen allerhand Leute ins Zimmer, und wenn ein Feind sich hereinschliche, dann könnte er sich, zur Seite schielend, mit Leichtigkeit darüber orientieren, welche Strecke wohin führe.

»Ich hab' mir Strümpfe eingetauscht«, prahlte im Nebenzimmer Tante Frossja. »Ein Paar Seidenstrümpfe gegen fünf kleine Kartoffelbrote. Strümpfe gibt's jetzt vielleicht bis zum Kriegsende nicht. Sag's deiner Mutter, die soll's nicht versäumen. Aus Kartoffeln rasch etwas zusammenbraun – und zu den Flüchtlingswaggons. Die reißen's einem schier aus der Hand. Die Grunjka Mostrjukowa hat neulich ein komisches Hemd eingehandelt, ein *Damen*-Nachthemd, ausgeschnitten, hörst du, an solchen Stellen... da lachst du dich krumm! Die Weiber im Haus liefen alle zusammen und gafften, als sie es anprobierte, die mußten sich die Bäuche halten! Und Seife geben sie auch her, dazu billig. Ist Mangelware heute, ein Stück Seife, kriegst du nirgends zu kaufen. Sag's der Mutter, daß sie's nicht verpaßt.«

»Ich weiß nicht recht, Tante Frossja...«

»Was denn, brauchst du keine Strümpfe?«

»Strümpfe brauche ich dringend, aber irgendwie ist es nicht recht, von Evakuierten zu nehmen...«

»Bei wem denn sonst, doch nur bei den Kurierten! Die haben Stoffe mit und Anzüge und Seife – grad als hätten sie sich zum Jahrmarkt aufgemacht. Da siehst du Leute mit vollgefressenen Gesichtern, die bestellen sich Brathühner, hörst du, was andres mögen die nicht! Und manche, das haben die unsrigen gesehen, tragen die Hunderter in Paketen gebündelt, die Koffer voll damit. Haben vielleicht eine Bank ausgenommen? Aber aufs Geld sind wir nicht versessen, das können sie behalten.«

»Na, und deine Untermieter...«

»Heee, das ist was andres. Die sind blank und bloß aus Kiew davon, grad was sie anhatten, haben die mit. Wie die sich durchgeschlagen haben bis zu uns – ein glattes Wunder! Die Kleine, Polina, ist auf der Post untergekommen, einen Groschenlohn kriegt sie, na, was hätte sie auch vom Geld? Ich hab' die Großmutter gerufen, hab' den Keller aufgesperrt – da, schau, hab' ich gesagt, nimm dir Kartoffeln und Kraut, eingelagertes, nimm, soviel ihr braucht, und fürs Zimmer will ich auch nichts von euch. Für arme Leute, Walja, habe ich immer ein Herz und mit den reichen – keinen Funken Erbarmen!«

Auf Sotows Schreibtisch standen zwei Telefonapparate, erstens ein Bahntelefon, ein altmodisches Ding von einem gelben Holzkasten, an dem man kurbeln mußte, und zweitens ein Feldtelefon, verbunden mit dem Zimmer des Hauptmanns und mit den Räumen der Wachmannschaft beim Lebensmittellager der Station. Die Soldaten vom Lebensmittellager waren die einzige bewaffnete Truppe der Kommandantur von Kretschetowka, wenngleich auch ihre Hauptaufgabe in der Bewachung des Proviants bestand. Trotzdem wurden sie zum Heizen beordert und zum Aufräumen; ein Eimer mit Kohle, die wie Brillanten glänzte, stand als Reserve vor dem Ofen. Heize oder heize nicht – ganz nach Belieben.

Das Bahntelefon begann zu läuten. Sotow, der seine plötzliche Schwäche – die Schwäche in der Dämmerung – bereits überwunden hatte, sprang energisch hin, hob den Hörer, brüllte schon hinein, während die andere Hand mit der grüngeränderten Schirmmütze zum Kopf fuhr. Bei Ferngesprächen brüllte er immer – teils, weil die Verbindung schlecht war, meist aber aus Gewohnheit.

Der Anruf kam aus Bogojawlenskaja. Er möge bestätigen, ob und welche Zuganweisungen bei ihm eingelangt seien. Die Zuganweisungen – chiffrierte Instruktionen, die jeden Zug begleiteten, über den Transport selbst und

den Bestimmungsbahnhof – wurden von der jeweils letzten Kommandantur an die nächstliegende per Telegraf durchgegeben. Vor einer Stunde erst hatte Sotow ein paar davon zur Telegrafistin gebracht und einen Pakken neuer in Empfang genommen. Da hieß es nun rasch Ordnung in den Papieren schaffen, Transport mit Transport koppeln, je nach dem Zielort, dann Weisungen an den Militärfahrdienstleiter weitergeben, der schließlich die Züge zusammenstellte. Und neue Zuganweisungen schreiben und fortschicken, von den alten aber die Kopien fein säuberlich sortieren und ablegen.
So ließ er sich, kaum daß er den Hörer aufgelegt hatte, in den Sessel plumpsen und vertiefte sich, kurzsichtig über den Tisch gebeugt, ins Schreiben.
Ein wenig störten ihn noch die Stimmen im Zimmer nebenan. Ein Mann war hinzugekommen, schwere Stiefel stapften über den Boden, und ein Sack voll Eisen wurde fallen gelassen. Tante Frossja erkundigte sich nach dem Regen, ob er nachlasse. Der Neue murmelte eine Antwort, dann schien es, als habe er sich niedergesetzt.
(Es stimmt, der Wassersturz aus der schadhaften Rinne war schwächer geworden, dafür aber das Trommeln des Windes gegen die Fenster stärker.)
»Was sagst du, Alter?« rief Walja Podschebjakina.
»Frost ist im Anzug, hab' ich gesagt«, gab der Alte mit noch kräftiger Stimme zurück.
»Du hörst doch noch, Gawrila Nikititsch, wie?« schrie nun auch Tante Frossja.
»Wohl, wohl«, antwortete der Alte. »Bloß im Ohr, da ist ein Knacks.«
»Wie kannst du dann die Waggons abhorchen beim Klopfen?«
»Das sehe ich auch so.«
»Du kennst ihn nicht, Walja, er ist ein hiesiger, ist Kor-

dubajlo. In allen Stationen ringsum sind die Wagenmeister allesamt seine Schüler. Der hat schon vor dem Krieg zehn Jahre hinter dem Ofen gehockt. Und sieh, jetzt werkelt er wieder.«

Und Tante Frossjas Stimme leierte und leierte weiter. Sotow bekam es allmählich satt, er wollte schon hinüber und Ruhe verlangen, als die drei im Nebenzimmer auf den gestrigen Vorfall zu sprechen kamen, auf den Geleitzug mit den *okrushenzy*, den *Eingekesselten*, den Soldaten, die sich aus deutschen Kesseln herausgeschlagen hatten.

Sotow hatte davon gehört; sein Partner, der zweite Stellvertreter des Kommandanten, hatte es ihm berichtet. Dem war ja auch gestern zugefallen, entsprechende Maßnahmen zu treffen, denn die Station Kretschetowka besaß keine eigene Etappenkommandantur. Gestern frühmorgens waren zwei Züge nebeneinander zu stehen gekommen: von Stschigry über Ostroshka fuhren dreißig Waggons mit *okrushenzy*, und dazu gab's fünf Begleiter von der NKWD [1], die natürlich außerstande waren, die verwegenen Männer in den dreißig Waggons in Schach zu halten. Der andere, ein aus Rtistschewo entgegenkommender Zug hatte Mehl geladen. Zum Teil in plombierten Wagen, zum Teil einfach in Säcken auf offenen Plattformen. Die Männer begriffen sofort, worum es ging, sprangen hinüber, kletterten über die Säcke, schlitzten sie mit ihren Messern auf und schütteten, schütteten sich das Mehl in die Stahlhelme, in die zusammengebundenen Soldatenblusen. Von der Wache, die den Zug begleitete, standen zwei auf dem Bahndamm, einer vorne und einer hinten, am Ende des Zuges. Der vorne, ein Bürschchen noch, schrie und drohte einige Male, sie soll-

1 damaliges Volkskommissariat für Inneres. Anm. d. Übers.

ten das doch lassen, aber niemand hörte auf ihn, und aus dem Wagen der Wache kam ihm keine Hilfe. Da legte er das Gewehr an und schoß und traf mit diesem einzigen Schuß einen der *okrushenzy*, direkt dort oben, und genau in die Stirn.

Sotow saß still und horchte ins andere Zimmer hinein, doch was sie sprachen, war falsch gesprochen und falsch verstanden, so daß er es bald nicht mehr aushielt und hinging, es ihnen zu erklären. Er öffnete die Tür und pflanzte sich an der Schwelle auf. Durch die komischen runden Brillengläser musterte er sie, einen nach dem anderen.

Rechts am Tisch mit den Aktenstücken und den buntlinierten Fahrplanlisten saß das zierliche Mädchen Walja. Am Fenster entlang, das mit gleichem blauem Papier verdunkelt war, zog sich eine einfache Holzbank, darauf saß Tante Frossja, eine Frau schon in den Jahren, von kräftiger Statur und einem festen und herrischen Charakter, wie er russischen Frauen eigen ist, die es gewohnt sind, zu Hause und in der Arbeit auf sich selbst angewiesen zu sein. Die graugrüne rauhe Regenrobe, die ihr für den Dienst ausgehändigt wurde, hing steif und bucklig an der Wand, sie selbst saß da, mit den nassen Stiefeln, in einem schwarzen abgewetzten und dünnen Zivilistenmantel und versuchte das Öllicht zu richten, das sie aus der vierkantigen Laterne herausgenommen hatte.

An der Eingangstür klebte ein rosa Zettel, in ganz Kretschetowka hingen diese Zettel: *Hüte dich vor Flecktyphus!* Das Papier der Plakate war von dem gleichen krankhaften Rosa wie die Haut eines Typhuskranken oder wie die verbrannten eisernen Gerippe der zerbombten Waggons.

Der alte Kordubajlo hockte, mit dem Rücken an die

Wand gelehnt, auf dem Fußboden nahe der Tür, wegen der schmutzigen Stiefel wohl, aber doch etwas näher zum Ofen. Neben ihm lagen die ölverschmierten Handschuhe und die alte Ledertasche mit dem schweren Werkzeug, gerad so hingeworfen, daß sie nicht im Weg lag. Der Alte hat sich, so war es wohl, hingesetzt, nachdem er hereingekommen war, ohne das Wasser abzuschütteln, ohne sich auszuziehen: von Mantel und Stiefeln rann es langsam zu Pfützen auf dem Boden zusammen. Zwischen seinen eingeknickten Beinen stand eine ausgelöschte Laterne, die gleiche wie die von Tante Frossja. Unter der Robe trug der Alte eine unsaubere schwarze Wattejacke, die von einem ebenso schmutzigen braunen Gürtel festgehalten wurde. Die Kapuze hatte er zurückgeschoben: eine uralte Eisenbahnerkappe saß fest auf seinem noch struppigen Haupt und warf Schatten über die Augen; bloß die blaurote gewaltige Nase und die wulstigen Lippen ragten ins Licht der schwachen Birne. Mit den Lippen befeuchtete er eben einen selbstgedrehten Stummel aus Zeitungspapier. Der zerzauste Bart hatte sich noch einiges Schwarz zwischen dem Grau bewahrt.

»Was hätte er sonst tun sollen?« wetterte Walja und klopfte mit dem Bleistift auf die Tischplatte. »Auf Posten, auf Wache!«

»Richtig«, nickte der Alte, und die rote Asche der Machorka fiel auf den Boden und den Laternendeckel. »Richtig ... Essen will jeder.«

»Was meinst du damit?« Das Mädchen runzelte die Stirn. »Was heißt – jeder?«

»Na, nimm doch uns beide«, seufzte Kordubajlo.

»Ach, was bist du für ein Wirrkopf, Alter! Willst du vielleicht sagen, sie waren hungrig? Bekommen doch auch ihre Ration. Glaubst du, man läßt sie ohne Essen fahren?«

»Stimmt, richtig.« Wieder fielen glühende Tabakkrümel auf das Knie des Alten, den Mantel, die Hosenbeine.
»Paß bloß auf, sonst brennst du bald, Gawrila Nikititsch!« warnte Tante Frossja.
Gleichgültig und ohne sich zu rühren, ließ der Alte die Tabakstückchen auf seinen nassen dunklen Wattehosen verglimmen; erst nachdem sie erloschen waren, hob er den struppig-grauen Kopf und sagte:
»Habt ihr Mädchen schon mal rohes Mehl in Wasser verquirlt gegessen?«
»Wozu denn – rohes?« staunte Tante Frossja. »Anrühren, Kneten und Backen – so halte ich es.«
Der Alte kaute an seinen blassen dicken Lippen und sagte nach einer Weile – bei ihm kam kein Wort rasch hervor, wie auf Krücken schleppte sich jedes mühsam von daher, wo es geboren wurde:
»Dann wißt ihr nicht, was Hunger ist, meine Lieben.«
Leutnant Sotow trat über die Schwelle und mischte sich ins Gespräch:
»Hör zu, Alter, schon was von einem Eid gehört?«
Sotow sprach ein für alle vernehmbar breites »O«, den Dialekt der Leute von der Wolga.
Der Alte sah den Leutnant aus trüben Augen an. Er war klein, der Wagenmeister, aber groß und schwer waren seine mit Wasser getränkten und mit Lehm bespritzten Stiefel.
»Wie denn nicht«, brummte er, »hab' ihn selbst fünfmal geleistet.«
»Na, und wem? Dem Zaren Nikolaj?«
Der Alte schüttelte den Kopf.
»Greif weiter zurück.«
»Was? Noch Alexander dem Dritten?«
Der Alte schmatzte mißvergnügt und paffte wie vordem.

»Na eben! Und heute wird man auf das Volk vereidigt. Merkst du den Unterschied?«

Wieder fiel dem Alten Asche aufs Knie.

»Und das Mehl, wem gehört's? Nicht dem Volk?« Walja geriet außer sich, und die lustigen wirren Locken flogen energisch in den Nacken. »Das Mehl – für wen war's bestimmt? Für die Deutschen vielleicht?«

»Stimmt alles.« Der Alte wollte gar nicht streiten. »Aber die Burschen waren auch keine Deutschen. Unsre Leute waren es.«

Er hatte jetzt den Glimmstengel zu Ende geraucht und am Laternendeckel ausgedrückt.

»Was bist du begriffsstutzig, Alter!« erregte sich Sotow. »Was Ordnung im Staate bedeutet – geht dir das nicht ein? Wenn sich jeder nimmt, was ihm gerade gefällt, ich nehme mir, du nimmst dir – wie sollen wir dann den Krieg gewinnen?«

»Und wozu die Säcke zerschneiden?« zeterte Walja. »Wie soll ich das nennen? Sind das unsre Leute?«

»Werden wohl verschnürt gewesen sein, die Säcke«, äußerte sich Kordubajlo dazu und wischte mit der Hand über die Nase.

»Also – plündern? Daß das Mehl ausläuft? Auf die Geleise?« empörte sich Tante Frossja. »Wieviel da zerrissen wurde und verschüttet, wenn Sie nur wüßten, Genosse Leutnant! Wie viele Kinder man damit satt bekommen hätte!«

»Stimmt wieder«, sagte der Alte. »In diesem Regen aber wäre das übrige Mehl in den offenen Wagen auch nicht trocken geblieben.«

»Ach, was soll das Gerede!« Sotow beendete das Gespräch, verärgert mehr über sich selbst, weil er sich an der indiskutablen und absolut glasklaren Sache ereifert hatte. »Gebt Ruhe! Ich muß arbeiten.«

Unterdessen hatte Tante Frossja den Docht gesäubert, angezündet und in der Laterne festgemacht. Sie langte nach ihrem steifen, verkrusteten Umhang.

»Sei lieb, Walja, spitze mir den Blei. Muß den siebenhundertfünfundsechziger abschreiben gehn.«

Sotow kehrte in seine Kammer zurück.

Die ganze gestrige Affäre hätte schlimmer ausgehen können. Nachdem ihr Kamerad getötet worden war, ließen die *okrushenzy* von den Mehlsäcken ab und stürzten sich brüllend auf das Bürschlein von der Wache. Schon hatten sie ihm das Gewehr entrissen – es sah sogar so aus, als hätte er es ihnen ohne Widerstand selbst überlassen – und ihn zu prügeln begonnen; leicht hätten sie ihn zu Tode prügeln können, wenn nicht endlich sein Kommandeur erschienen wäre. Er tat, als wollte er den Jungen verhaften, und führte ihn ab.

Wird ein Zug mit Soldaten aus den deutschen Einkesselungen angesagt, dann legt sich jede Kommandantur ins Zeug, den lästigen Transport möglichst schnell wieder abzuschieben. Sotow selbst hatte in der vergangenen Nacht den 245413er aus Pawelez nach Artscheda übernommen und schleunigst weitergeleitet. In Kretschetowka gab's kaum zwanzig Minuten Aufenthalt, die Männer schliefen und blieben in den Waggons.

Ein *okrushenez* – das war ein eigener tollkühner Menschenschlag. Und gar wenn viele auf einem Fleck zusammenkamen, dann hieß es, auf der Hut sein. Eine Truppe sind sie nicht, Waffen haben sie keine, aber sie fühlen sich als gestrige Armee, sind dieselben Burschen, die im Juli irgendwo vor Bobrujsk standen oder im August vor Kiew oder im September vor Orel.

Sotow wurde verlegen, wenn er einen von ihnen vor sich stehen hatte. Dasselbe Gefühl muß auch in dem jungen Wachsoldaten gesteckt haben, als er das Gewehr hergab, ohne nochmals zu schießen. Sotow schämte sich seines sicheren Postens im Hinterland. Er beneidete sie und war anscheinend sogar bereit, einen Teil des ihnen anhaftenden gewissen Makels auf sich zu nehmen, nur um des Gefühls willen, wie sie etwas durchgestanden zu haben: Nahkämpfe, Feuergefechte, Flußüberquerungen unter Beschuß ...

Wassja Sotows Kommilitonen, alle seine Freunde lagen im Feld.

Und er war hier ...

Um so verzweifelter verbiß er sich in die Arbeit. Arbeiten, schuften, alles tipptopp in Ordnung halten und noch anderes, vieles leisten! Mehr und besser arbeiten in diesen Tagen, über denen schon der Hauch des kommenden vierundzwanzigsten Jahrestags[1] lag. Geliebtester Feiertag im Jahr, trotz des Kalenders ein frohes Fest, diesmal aber – ein herzzerreißendes.

Außer dem üblichen Tagespensum war noch ein Auftrag zu erledigen, der ihn seit Wochen belastete: bei einem Luftangriff auf die Station – Sotow hatte damals Schicht – erwischten die Deutschen einen Militärzug, der aber auch Lebensmittel mitführte. Hätten sie ihn total zerbombt, wäre die Sache damit erledigt gewesen. Zum Glück aber blieb vieles übrig, so daß man Sotow nun drängte, einen kompletten Akt – in vierfacher Ausfertigung – vorzulegen: aufgeschlüsselt nach Waren, die vollkommen unbrauchbar geworden waren (in diesem Fall mußten die Adressaten neu beliefert werden), teils verdorbenen Waren zwischen vierzig und achtzig Prozent (über deren Verwendung wurde gesondert entschieden), Waren mit Verlusten von zehn bis vierzig Prozent (diese wurden weitergeleitet – mit entsprechenden Vor-

1 7. November, Jahrestag der Oktoberrevolution 1917. Anm. d. Übers.

behalten oder auch teilweiser Wiedergutmachung) und schließlich jene Waren, die unbeschädigt geblieben waren. Die Sache wurde noch komplizierter, da die Ladung zwar in der Zwischenzeit in den Lagerhäusern verpackt worden war, vorher aber eine ganze Weile in defekten Waggons gelegen hatte: in der Station jedoch tummelten sich allerhand Unbefugte, somit waren Plünderungen nicht ausgeschlossen. Außerdem verlangte die Feststellung der Verwendbarkeit bzw. Unverwendbarkeit der Lebensmittel eine Begutachtung durch Fachleute (die aus Mitschurinsk und Woronesh kamen), mit anderen Worten, ein endloses Hinundherschieben der Kisten; Lagerarbeiter aber fehlten.

Bomben werfen kann jeder Idiot, danach aber kenne sich einer aus!

Im übrigen bestand Sotow für sich auf absoluter Genauigkeit in jeder Arbeit; so hatte er schon einen Haufen von den Akten hinter sich gebracht, auch heute blieb noch Zeit, und in einer Woche hoffte er, damit zu Ende zu sein.

Doch auch diese Arbeit war alltäglich. Sotow aber hatte sich noch etwas anderes vorgenommen. Da saß er nun am Schreibtisch einer Kommandantur, dem Charakter nach ein Mann mit einem Hang zum Systematisieren – und sammelte nützliche Erfahrungen. Jetzt sah er sie genau: die Mängel der Mobilmachungsvorschriften, mit denen uns der Krieg überrascht hatte; und die Mängel in der Bewachung von Armeelieferungen; nun sah er auch viele wesentliche und weniger bedeutende Möglichkeiten, die Arbeit der Kommandanturen zu verbessern. Wie sollte er es also anders verstehen, als daß es geradezu Gewissenspflicht war, all diese Beobachtungen zu machen, aufzuzeichnen, zu bearbeiten – und als schriftlichen Bericht dem Verteidigungskommissariat vorzulegen?

Mag sein Werk in diesem Krieg nicht mehr zur Verwendung kommen – um so wertvoller wird es für den nächsten sein!

Für solch eine Sache also brauchte er noch Zeit und Kraft! (Versuch aber mal darüber mit dem Hauptmann oder den Männern von der Hauptkommandantur zu sprechen – die lachen dich aus. Lauter beschränkte Leute.)

Rasch also mit den Zuganweisungen fertig werden! Sotow rieb sich die Hände, runde Handflächen mit kurzen dicklichen Fingern, schob die chiffrierten Unterlagen zurecht, nahm den Kopierstift und übertrug mit klarer ovaler Schrift die vielstelligen, teils mit Brüchen vermengten Nummern der Züge, Frachten und Waggons von Liste zu Liste. Die Arbeit gestattete keinen Fehler – wie das Anvisieren bei einem Geschütz. Er zog die Stirn in kleine Fältchen und schob in seinem Eifer die Unterlippe vor.

Da klopfte das Mädchen Podschebjakina ans Fensterchen der Tür.

»Darf ich stören, Wassil Wassiljitsch?« Und ohne allzulange auf Antwort zu warten, schlüpfte sie herein, ebenfalls eine Liste in der Hand.

Genaugenommen verstieß es gegen die Vorschrift, wenn sie hereinkam, die Frage war auch von der Schwelle her zu lösen oder im anderen Zimmer, doch sie hatten nicht zum erstenmal miteinander Dienst, so daß bloße Höflichkeit ihn daran hinderte, sie nicht eintreten zu lassen. Darum überblätterte er nur geschwind die chiffrierten Telegramme und verdeckte wie zufällig mit einem weißen Blatt die Zahlenkolonne, an der er schrieb.

»Wassil Wassiljitsch, ich kenne mich hier nicht aus! Schauen Sie mal...« Es stand kein zweiter Stuhl in der Nähe, Walja beugte sich also mit dem Oberkörper über

die Tischkante und zeigte Sotow die Liste mit den recht wackeligen Zeilen und ungleichmäßigen Ziffern. »Da, im Zug vierhundertsechsundvierzig gab's einen Waggon Nummer siebenundfünfzig-achthunderteinunddreißig. Wohin damit?«
»Moment mal.« Er zog die Lade hervor, überlegte, welche Mappe die richtige sei, nahm und öffnete sie (aber so, daß sie nicht hineinschauen konnte) und fand es sofort: »Der siebenundfünfzig-achthunderteinunddreißig gehört nach Patschelma.«
»Aha«, machte Walja und trug ein *Patsch.* ein, ging aber noch nicht fort, lutschte am Ende ihres Bleistifts und starrte weiter in die Liste, noch immer an den Tisch gelehnt.
»Sieh her, wie du das *Patsch.* unleserlich geschrieben hast«, belehrte sie Sotow. »Dann liest du es für *Paw.* und treibst den Zug nach Pawelez.«
»Wirklich!« stimmte ihm Walja gleichmütig zu. »Lassen Sie doch, Wassil Wassiljitsch, immer haben Sie was an mir auszusetzen!«
Und sah ihn unter einer Locke hervor an.
Aber sie korrigierte das *Patsch.*
»Dann ist da noch was«, begann sie von neuem, und der Bleistift wanderte wieder in den Mund. Die üppigen Locken, fast wie Flachs so hell, fielen ihr über Stirn und Augen, aber sie schob sie nicht weg. Sie waren frisch gewaschen, so sahen sie aus, und wahrscheinlich weich zum Anfassen – Sotow fühlte, wie angenehm es sein mußte, mit der Hand darüber zu fahren. »Da ... Der Flachwagen eins-null fünf-hundertzehn.«
»Ein kleiner Wagen?«
»Nein, ein großer.«
»Das kann nicht stimmen.«
»Wieso?«

»Es fehlt eine Ziffer.«
»Was soll ich nun tun?« Sie warf die Haarmähne zurück. Ihre Wimpern waren genauso flachsblond.
»Suchen, was denn sonst! Du mußt aufmerksamer sein, Walja. Ist's derselbe Zug?«
»Hm.«
Sotow lugte in die Mappe und überflog die Nummern. Walja betrachtete inzwischen den Leutnant, seine komischen abstehenden Ohren, die Kartoffelnase und die blaßblauen, leicht graugetupften Augen; sie waren durch die Brille gut zu sehen. Bei der Arbeit war er unnachgiebig genau, dieser Wassil Wassiljitsch, aber niemals aufsässig. Was ihr aber besonders gefiel, war seine Höflichkeit und daß er nie zudringlich wurde.
»Na, schau her!« ärgerte sich Sotow. »Hast zuwenig Prügel bekommen! Nicht null fünf, sondern null null fünf, Schlaukopf du!«
»Zwei Nullen!« staunte Walja und fügte eine Null ein.
»Bist du nicht zehn Jahre zur Schule gegangen? Schämst du dich nicht?«
»Lassen Sie doch, Wassil Wassiljitsch, was hat die Schule damit zu tun? Und wohin gehört der Wagen?«
»Nach Kirssanow.«
»Schön.« Walja war fertig.
Aber sie blieb. In derselben Haltung über den Tisch gebeugt, nah; gedankenverloren spielte sie mit einem Span in der Tischplatte: bog ihn mit dem Finger hoch und ließ ihn zurückfedern.
Unwillkürlich streiften die Augen des Mannes über die kleinen Mädchenbrüste, die für gewöhnlich von der plumpen Eisenbahnerjacke ganz versteckt wurden, sich jetzt aber, in dieser Haltung, klar abzeichneten.
»Bald ist der Dienst zu Ende.« Walja verzog wie schmollend den Mund. Ihre Lippen waren frisch und rosig-blaß.

»Bis zum Ende heißt's noch arbeiten!« Sotow zog die Brauen zusammen und wandte den Blick von dem Mädchen ab.

»Gehen Sie wieder zu Ihrer alten Baba ... ja? ...«

»Wohin denn sonst?«

»Warum besuchen Sie niemanden?«

»Es ist nicht die rechte Zeit für Besuche!«

»Was haben Sie schon bei der Alten? Nicht einmal ein ordentliches Bett. Müssen auf einer Truhe schlafen.«

»Woher weißt du das?«

»Die Leute reden darüber.«

»Es ist nicht die Zeit, liebe Walja, in Federbetten zu träumen. Für mich – um so weniger. Schande genug, daß ich nicht an der Front bin.«

»Was denn? Faulenzen Sie vielleicht? Warum soll das eine Schande sein! Sie werden noch früh genug in die Schützengräben kommen. Und ob Sie überhaupt am Leben bleiben ... Einstweilen aber sollten Sie leben wie alle Leute.«

Sotow nahm das Käppi ab, rieb sich die eingezwängte Stirn (das Käppi drückte, aber ein größeres war im Magazin nicht aufzutreiben gewesen).

Waljas Bleistift zog am Rande ihrer Zugsliste eine lange spitze Schleife, wie eine Kralle.

»Und warum sind Sie von den Awdejews fort? War sicher besser dort.«

Sotow senkte den Blick und wurde schrecklich verlegen.

»Ich bin halt – und Schluß.«

(Weiß es wirklich schon der ganze Ort?)

Walja schärfte und schärfte die Kralle.

Jetzt schwiegen sie.

Walja sah ihn verstohlen von der Seite an. Seinen runden Kopf – sie stellte sich ihn ohne Brille vor, und dann war's ein Bubenkopf, seltsam – mit eher schütterem gewelltem

Haar, und da und dort stellte sich ein Haarbüschel auf wie ein Fragezeichen.
»Auch ins Kino gehn Sie nicht... Wahrscheinlich haben Sie interessante Bücher zu lesen. Könnten mir schon einmal eins borgen.«
Sotow riß den Kopf hoch. Die Röte war noch da.
»Woher weißt du von den Büchern?«
»Ich denke mir's.«
»Ich habe keine Bücher. Die sind zu Hause geblieben.«
»Sie sind bloß neidisch.«
»Wenn ich dir sage, daß ich keine habe. Wozu soll ich sie mit mir herumschleppen? Ein Soldat hat seinen Rucksack, mehr steht ihm nicht zu.«
»Dann borgen Sie doch was von uns aus.«
»Habt ihr viele?«
»Na ja, ein Regal halt.«
»Und welche?«
»Na, welche schon... *Der Hochofen*... *Fürst Sebrjanyi* und noch andere...«
»Hast du alle gelesen?«
»Einige.« Und hob plötzlich den Kopf, sah ihn klar an und sprach's in einem Zug aus: »Wassil Wassiljitsch! Wohnen Sie doch bei uns! Bei uns steht Wowas Zimmer frei – gehört Ihnen. Da wärmt auch der Ofen hinein. Und Mutter wird für Sie kochen. Was hält Sie denn bei der Alten?«
Und sie sahen einander an, jeder mit seiner Frage.
Walja sah, daß der Leutnant schwankte, daß er gleich zustimmen würde. Warum auch sollte er nicht, der komische Kauz? Alle Militärs schwören, sie seien nicht verheiratet – er allein hat eine Frau. Alle Militärs im Ort halten Quartier bei guten Familien, in Wärme und Geborgenheit. Auch Walja hätte es gern, wenn in dem Haus, aus dem Vater und Bruder in den Krieg gezogen waren, ein

Mann wohnte. Dann würden sie nach dem Dienst spätabends auch zusammen nach Hause gehn (Arm in Arm, das wäre nicht zu vermeiden: wegen der Verdunkelung, wegen des knietiefen Schlamms auf den Straßen) und fröhlich miteinander essen, scherzen, sich unterhalten.
Wassja Sotow aber sah das Mädchen, das ihn da ganz offen zu sich ins Haus bat, beinahe erschrocken an. Sie war kaum drei Jahre jünger als er; wenn sie ihn respektvoll mit dem Vatersnamen und per Sie ansprach, dann nicht wegen des Alters, sondern aus Achtung vor seinem Leutnantsrang. Er begriff sehr wohl, daß es beim schmackhaften Nachtmahl aus seiner Ration und auch bei der Ofenwärme nicht bleiben würde. Es machte ihn unruhig. So nahe waren jetzt ihre Flachslocken, so gerne hätte er sie gestreichelt.
Aber das war – unmöglich.
Er zupfte an seinem Kragen mit den roten Rangabzeichen an den grünen Litzen, obwohl der Kragen ihn nicht störte. Rückte die Brille zurecht.
»Nein, Walja, ich bleibe, wo ich bin. Überhaupt, ist denn schon Feierabend? Die Arbeit wartet.«
Und setzte das grüne Käppi auf, wodurch sein wehrloses stupsnasiges Gesicht gleich um vieles strenger wurde.
Das Mädchen blickte ihn nochmals durch die Locken hindurch an und versuchte es zum letztenmal:
»Ach w-a-as, Wassil Wassiljitsch!«
Sie seufzte. Streckte sich aus ihrer gebeugten Stellung, irgendwie mit Mühe, nicht mehr jung in den Bewegungen, und ging hinaus; die Papiere hingen schwer in ihrer Hand.
Er blinzelte verloren. Käme sie nochmals zurück und sagte sie es klar und fest, er würde nachgeben, vielleicht.
Aber sie blieb draußen.
Niemandem hier konnte Wassja erklären, warum er in

der schlechtbeheizten, unsauberen Kate der Alten mit ihren drei Enkelkindern wohnte und auf der kurzen, unbequemen Truhe schlief. Im gewaltigen, rauhen und männlichen Gedränge des Jahres einundvierzig war er mehr als einmal zum Gespött der Kameraden geworden, weil er laut erzählte, daß er seine Frau liebe, die Absicht habe, ihr während des ganzen Krieges treu zu bleiben, und auch sicher sei, daß sie es ebenso hielt. Prima Burschen, Freunde, die das Letzte mit ihm teilten, lachten im Chor, wieherten ungeniert, irgendwie wild, klopften ihm auf die Schultern und erteilten Ratschläge, wie die Freiheit nützen. Seither sprach er nicht mehr darüber, doch die Sehnsucht quälte ihn, besonders in den Nächten, wenn er im Dunkeln aufwachte und sich vorstellte, wie es ihr erging, so furchtbar weit von ihm weg, unter den Deutschen und in Erwartung des Kindes.

Doch nicht wegen seiner Frau hatte er Waljas Vorschlag abgelehnt, sondern wegen Polina...

Und nicht einmal wegen Polina, sondern...

Polina, das war die junge Frau aus Kiew, die bei Tante Frossja logierte und bei der Post angestellt war, eine zierliche Frau mit bleichem Gesicht unter kurzgeschnittenem schwarzem Haar. Immer, wenn er Zeit hatte, ging Wassja zur Post, um die neuesten Zeitungen zu lesen. (Sie kamen paketweise, mehrere Nummern auf einmal.) So bekam er sie rascher und hatte auch alle auf einmal, nicht nur eine Zeitung oder zwei. Natürlich war die Post kein Lesesaal und keiner verpflichtet, ihn dort lesen zu lassen, aber Polina verstand ihn und brachte ihm alle Blätter zum Schreibpult, wo er sie stehend und frierend las. Wie für Sotow war der Krieg auch für Polina nicht das eiskalte Hinundherpendeln eines unabwendbaren Rades, sondern ihr eigenes volles Leben mit all seiner Zukunft, und um diese Zukunft zu erraten, suchte sie in

den Zeitungen mit gleicher Unruhe wie er nach jenen Körnchen von Worten, die imstande wären, ihr den Gang des Krieges zu erklären. Oft lasen sie gemeinsam und unterbrachen einander ungeduldig, wenn sie glaubten, eine wichtige Stelle gefunden zu haben. Beiden ersetzten die Zeitungen die Briefe, die es für sie nicht gab. Polina suchte sich aus den offiziellen Frontberichten jede Kampfschilderung heraus, weil sie zu erahnen versuchte, ob ihr Mann dabeigewesen war; auf Sotows Rat hin studierte sie sogar Aufsätze über Infanterie- und Panzertaktik aus dem *Roten Stern*[1]. Und erst die Artikel von Ehrenburg, die mußte ihr Sotow, der selbst in Aufregung geriet, laut vorlesen. Dann bettelte er bei Polina darum, schnitt die Aufsätze aus irgendwelchen unzustellbaren Zeitungen und bewahrte sie auf.
Polina, ihr Kind und ihre Mutter liebte er, wie außerhalb eines Unglücks die Menschen nicht zu lieben verstehen. Dem Kleinen brachte er Zucker von seiner Ration. Niemals aber, auch wenn sie nebeneinander an einer Zeitung standen, wagte er, ihre weiße Hand zu berühren – nicht wegen ihres Mannes und nicht wegen seiner Frau, sondern um des geheiligten Leides willen, das sie verband.
Polina wurde ihm in Kretschetowka – nein, diesseits der Front überhaupt – zum allernächsten Menschen, sie war das Auge seines Gewissens und das Auge seiner Treue – wie hätte er also bei Walja Quartier beziehen sollen? Was hätte sich Polina dabei gedacht?
Aber auch ohne Polina, auch ohne Polina – er konnte es nicht: sich unbekümmert mit irgendeiner Frau vergnügen, jetzt, da alles einzustürzen drohte, was er liebte; es war unmöglich.

1 Namen der Armeezeitung. Anm. d. Übers.

Und ebenso unmöglich war ihm, dem Mädchen Walja oder den Leutnants, die ihn im Dienst ablösten, einzugestehen, daß er in der Tat eine abendliche Lektüre hatte; als ob er sich des Buches schämte, seines einzigen, das er in irgendeiner Bibliothek während einer der chaotischen Fahrten dieses Jahres aufgehoben hatte und seither im Rucksack mit sich führte.

Es war der blaue dickliche erste Band des *Kapital*, gedruckt auf dem rauhen, fast rostbraunen Papier der dreißiger Jahre.

In all den fünf Jahren seines Studentenlebens hatte er es sich gewünscht, dieses sein ersehntes Buch zu lesen, mehrmals lieh er es sich in der Bibliothek aus und versuchte es richtig durchzuarbeiten, mit Notizen und Zitaten, und behielt es monate-, ja semesterlang, aber die Zeit reichte nie, immer gab's Versammlungen abzusitzen, ehrenamtliche Aufträge zu erfüllen oder Prüfungen abzulegen. Und die erste Seite des vorbereiteten Notizheftes war noch nicht vollgeschrieben, da mußte er schon beim Jahresabschluß im Juni das Buch zurückgeben. Dann bekamen sie Unterricht in Politischer Ökonomie, wo es angebracht gewesen wäre, das *Kapital* zu lesen, aber der Lehrer riet ihnen ab: »Da bleibt ihr stecken!« und empfahl das Lehrbuch von Lapidus beziehungsweise die Skripte seiner eigenen Vorlesung. Zugegeben, schon die waren nur mit Mühe zu verstehen.

Und nun, im Herbst einundvierzig, im Feuerschein der überwältigenden Unruhe, hier, in diesem verlorenen Nest, hatte Wassja Sotow plötzlich Zeit für das *Kapital*. So hielt er es auch – in den wenigen Stunden, die ihm vom Dienst, von den militärischen Übungen und den Aufträgen des Bezirksparteikomitees blieben. In Awdejews guter Stube, im Schein der Petroleumlampe (die Kapazität des kleinen Dieselmotors reichte nicht für alle

Häuser der Siedlung), umgeben von Philodendron und Aloe, an einem wackeligen winzigen Tisch saß er und las, mit den Fingern über das rauhe Papier fahrend, in seinem Buch: zum erstenmal, um das Allgemeine zu erfassen, zum zweitenmal – zwecks Einteilung und Gliederung, und zum drittenmal las er und schrieb und versuchte alles ganz endgültig in seinem Kopf einzubetten. Je düsterer die Frontberichte wurden, desto verbissener tauchte er in das dicke blaue Buch. Er dachte es sich so: Wenn er sich erst einmal wenigstens diesen ersten Band zu eigen gemacht hatte und als harmonisches Ganzes in seinem Gedächtnis festhalten könnte, würde ihm kein ideologischer Gegner mehr etwas anhaben können, denn er wäre unbesiegbar, unverwundbar und unwiderlegbar in jedem Disput.
Solche Abende und Stunden waren zunächst jedoch gezählt und erst einige Seiten vollgeschrieben, als ihm Antoniana Iwanowna in den Weg trat.
Sie war wie er Logiergast bei Awdejews, kam aus Lisski und war hier in Kretschetowka Kantinenleiterin geworden. Sie verstand sich aufs Geschäft und stand so fest auf beiden Beinen, daß sich jedermann gehütet hätte, in ihrem Lokal Krawall zu schlagen. Später erfuhr Sotow, wie es dort zuging: für einen durchs Servierfenster geschobenen Rubel bekam man eine Schüssel mit heißem grauem, fettlosem Wasser gereicht, in dem ein paar kümmerliche Nudeln schwammen; wer aber keine Lust hatte, die Schüssel einfach an die Lippen zu setzen, der mußte einen weiteren Rubel für die Benutzung eines abgeschabten Holzlöffels hergeben. An den Abenden aber gab Antonina Iwanowna den Awdejews Befehl, den Samowar anzuheizen, und servierte sich und den Wirtsleuten Brot mit Teebutter. Wie sich herausstellte, war sie erst fünfundzwanzig, dem Aussehen nach aber eine gediegene

Matrone, hellhäutig und glatt. Den Leutnant grüßte sie stets freundlich, er erwiderte zerstreut ihren Gruß und verwechselte sie lange mit einer aushelfenden Verwandten der Frau des Hauses. Wenn er über seinem Buch hockte, bemerkte und hörte er gar nicht, wie sie, die ebenfalls spät von der Arbeit heimkam, durch seine Stube in ihre Schlafkammer ging und von dort zurück zu den Wirtsleuten und nach einer Weile wieder an ihm vorbei und so fort. Manchmal trat sie plötzlich an ihn heran und fragte etwa: »Was lesen Sie denn da immer, Genosse Leutnant?« Er versteckte das Buch unter dem Heft und antwortete ausweichend. Ein andermal erkundigte sie sich: »Was meinen Sie, brauche ich keine Angst zu haben, wenn ich nachts die Türe nicht absperre?« Und Sotow antwortete: »Wovor denn Angst haben? Ich bin doch da – und bewaffnet.« Und abermals einige Tage später, er las wieder, fühlte er, daß sie aufgehört hatte, hin und her zu huschen, und, so schien es, in der Stube geblieben war. Er wandte sich um – und erstarrte: Hier, in seinem Zimmer, hatte sie sich das Bett gerichtet und lag schon darin, die Haare über das Polster gebreitet und die Decke nur bis zu den weißen unverschämten Schultern. Er starrte sie an und vermochte nicht gleich zu begreifen, was zu tun sei. »Störe ich Sie auch nicht?« fragte sie grinsend. Wassja erhob sich, spürte, wie ihm das Blut zu Kopf stieg. Er tat sogar schon einen langen Schritt auf sie zu – doch der Anblick der diebischen gemästeten Sattheit ließ keinen weiteren Schritt zu, sondern stieß ihn, im Gegenteil, ab.

Er brachte nicht einmal ein Wort heraus, Haß schnürte ihm die Kehle zu. Er kehrte um, schlug das *Kapital* zu, fand noch Kraft und Zeit genug, das Buch im Rucksack zu verstauen, machte hastig die zwei Schritte zum Nagel, an dem sein Uniformmantel hing und das Käppi, lockerte unterwegs den Riemen mit der daran hängenden Pistole – und stürzte Hals über Kopf davon, den Riemen noch in der Hand.

Finsternis nahm ihn auf, in die weder aus den verdunkelten Fenstern noch aus dem bewölkten Himmel auch nur ein Strohhälmchen Licht fiel. Aber der herbstliche Wind und der Regen peitschten und zerrten wie heute. Wassja beachtete nicht die Pfützen, die Gruben, den Schlamm, er schlug den Weg zur Station ein und bemerkte erst nach einer Weile, daß er den Riemen mit der Pistole noch immer in der Hand trug. Solch eine ohnmächtige Kränkung brannte in ihm, daß er beinahe zu weinen begonnen hätte inmitten des schwarzen Tosens.

Seither war ihm bei Awdejews keine Bleibe mehr: Antonina Iwanowna grüßte ihn zwar nicht, brachte jedoch Abend für Abend irgendein grobschlächtiges Mannsbild mit in ihr Zimmer, einen Zivilisten, aber einen in Stiefeln und Militärrock, wie es der Geist der Zeit erforderte. Sotow versuchte zu lernen – sie aber ließ absichtlich die Türe offen, damit er ausgiebig zuhören mußte, wie die beiden lachten und wie sie quietschte und stöhnte.

Da ging er zur halbtauben alten Baba, bei der er nichts als eine Truhe hatte mit einem Sackleinen darauf.

Und doch war, wie es sich erwies, der Tratsch durch Kretschetowka gegangen. Soll wirklich auch Polina davon erfahren haben? Er schämte sich.

*

Die Gedanken hatten ihn von der Arbeit abgelenkt. Er umklammerte wieder den Kopierstift, zwang seine Aufmerksamkeit auf die Zuganweisungen und verteilte wieder mit klarer ovaler Schrift die Nummern der Transporte und der Frachten auf die diversen Listen, woraus neue Zuganweisungen samt Kopie entstanden. Er hätte die Arbeit auch zu Ende geführt, wenn nicht die Unklarheit mit dem großen Güterzug aus Kamyschin ihn aufgehalten hätte: wie ihn aufgliedern? Die Sache konnte allein der Kommandant entscheiden. Sotow ließ das Feldtelefon summen, hob den Hörer ab und lauschte. Gab nochmals das Signal, weniger lang, lang. Der Hauptmann meldete sich nicht. Das bedeutete: er war nicht in seinem Arbeitszimmer. Ruhte sich vielleicht nach dem Mittagessen zu Hause aus. Vor dem Schichtwechsel der Diensthabenden zeigte er sich bestimmt, die Rapporte entgegenzunehmen.

Hinter der Tür hörte Sotow hin und wieder Walja Podschebjakina mit dem Fahrdienstleiter der Station telefonieren. Tante Frossja kam und ging. Dann vernahm er ein schweres vierstiefeliges Trampeln. Jemand klopfte, öffnete spaltbreit die Tür, fragte hell:

»Gestatten Sie?«

Und ohne die Erlaubnis abzuwarten und zu Ende zu hören, traten sie ein. Der erste, ein Mann von hohem Wuchs, schlank, das Gesicht gerötet vom Frost, trat in die Mitte des Zimmers, schlug die Hacken zusammen, meldete:

»Gestatten Sie, Sergeant Gajdukow, Kommandeur der Begleitmannschaft vom Transport fünfundneunzig fünfhundertfünf! Achtunddreißig Pulmanwaggons, alles in Ordnung, zur Weiterfahrt bereit!«

Er trug eine neue Wintermütze, einen flotten langen Mantel aus bestem Tuch, darüber einen breiten Lederriemen samt Sternschnalle, und seine rindsledernen Stiefel waren blankgewichst.

Hinter seinem Rücken kaum zu sehen, gleichsam auf der Stelle tretend aus Angst, sich zu weit von der Tür zu entfernen, war der zweite – ein stämmiger Kerl, das Gesicht ledern, windgebräunt, dunkel. Halb unwillig hob er die fünf Finger zu seinem *Budjonnyj*-Stoffhelm, dessen Ohrenklappen heruntergelassen, aber nicht über dem Kinn zugeknöpft waren. Er meldete nicht, er sagte leise:

»Chef der Begleitmannschaft einundsiebzig sechshundertachtundzwanzig, Untersergeant Dygin. Vier Sechzehntonnenwagen.«

Sein mit einem schmalen Zelttuchgürtel eingeschnürter Soldatenmantel war an der einen Seite ausgefranst, wie von einer Maschine hoffnungslos zerkaut, die Stiefel aus grobem Stoff machten Falten wie eine abgewetzte Ziehharmonika.

Und das Gesicht des Sergeanten Dygin war das augenbrauenbuschige kinnstarke Gesicht des Fliegerasses Tschkalow, aber nicht des jungen, tollkühnen Tschkalow, der vor kurzem abgestürzt war, sondern von jenem, den später das Dasein alt gemacht hätte.

»Danke. Freut mich sehr! Freut mich sehr!« sagte Sotow und stand auf.

Weder sein Rang noch die Art seines Dienstes geboten ihm, eintretenden Sergeanten entgegenzugehen. Aber er freute sich wirklich mit jedem und bemühte sich, jedermanns Anliegen aufs beste zu erledigen. Ein Stellvertreter des Kommandanten hatte keine eigenen Untergebenen und die, die da für fünf Minuten oder für zwei Tage zu ihm kamen, waren die einzigen, an denen Sotow seine Fürsorge und seine Umsicht beweisen konnte.

»Ich weiß, ich weiß, eure Transporte sind schon angekündigt.« Er fand die Schreiben auf seinem Tisch und überflog sie. »Da sind sie... fünfundneunzig fünfhundertfünf... einundsiebzig sechshundertachtundzwanzig...« Er sah die Sergeanten wohlwollend an.

Ihre Mäntel und Mützen waren nicht richtig naß, nur da und dort hingen einzelne Regentropfen.

»Ihr seid ja ganz trocken. Hat der Regen denn nun aufgehört?«

»Halb, halb...« Der fesche Gajdukow hob lächelnd den Kopf. Er stand nicht gerade in Habt-acht-Stellung, aber doch stramm. »Der Nord bläst noch ganz schön scharf.«

Er mochte neunzehn sein, aber schon mit jenem Anflug von Männlichkeit, den die Front einem offenherzigen Gesicht aufprägt wie die Sonne die Sonnenbräune.

(Ebendieser Ausdruck der Gesichter war es, der Sotow von seinem Stuhl hochriß.)

Zu tun hatten sie eigentlich wenig. Jedenfalls war es gegen die Vorschrift, über die Frachten zu sprechen, denn es konnte sehr wohl sein, daß sie plombierte Waggons oder vernagelte Kisten bewachten und selbst nicht wußten, was darin war.

Aber sie brauchten vieles von ihm, wie unterwegs von jedem Kommandanten jeder Eisenbahnstation.

Und sie starrten ihn an, mit einem heiteren und einem mürrischen Auge.

Gajdukow mußte erkunden, wie lästig dieser Etappenhengst von Kommandant sich aufführen und ob er sich gleich breittun würde, den Zug und die Ladung zu inspizieren.

Wegen der Ladung hatte er übrigens keine Spur Angst; er bewachte sie nicht nur, er liebte sie: es waren einige hundert rassige Pferde, die ein vifer Intendant mit ausreichend Preßheu und Hafer versorgt hatte – mit Vorrat unterwegs war nicht zu rechnen. Gajdukow war auf dem Lande aufgewachsen, er hing an Pferden von Kindheit an. So war es ihm nicht Pflicht, sondern Genuß, wenn er den Soldaten helfen konnte, die Tiere zu tränken, zu füttern und zu pflegen. Wenn er die Wagentür zurückschob und über die herabhängende Drahtleiter in den Waggon stieg, die Laterne in der Hand, dann wandten ihm alle sechzehn Pferde – die Braunen, die Füchse, die Falben – ihre wachen, langen, klugen Köpfe zu, manche legten den Kopf auf den Rücken des Nachbarn und schauten ihn, ohne zu blinzeln, aus großen traurigen Augen an, die Ohren noch wachsam gespitzt, als bäten sie nicht um Heu allein, sondern auch darum, endlich zu erfahren, wohin der dröhnende polternde Kasten sie führte und wozu. Und Gajdukow ging von einem zum anderen, zwängte sich zwischen ihren warmen Kruppen durch, zauste ihre Mähnen, streichelte ihre Nüstern und sprach zu ihnen, wenn keiner von seinen Soldaten dabei war. Für die Pferde war's schwerer, an die Front zu fahren, als für die Menschen; die Pferde brauchten diese Front wie das fünfte Rad am Wagen.

Wovor Gajdukow Angst hatte angesichts des Kommandanten (der aber ganz passabel aussah und keineswegs beängstigend) – daß er einen Blick in den Mannschaftswagen würde werfen wollen. Gajdukows Soldaten waren fast durchweg Neulinge, er selbst aber hatte den Krieg schon zu kosten bekommen – eine Verwundung im Juli am Dnjepr, dann zwei Monate Lazarett, dort Dienst in der B/A-Kammer –, nun war er wieder unterwegs zur Front. Daher kannte er die Dienstordnung und wußte, wann und wie man sie umgehen durfte. Die zwanzig Burschen der Mannschaft hatten die Pferde bloß abzuliefern, dann gingen auch sie zur Kampftruppe. Vielleicht würde ihre neue Uniform schon in wenigen Tagen vom aufgeweichten Lehm eines Schützengrabens verdreckt sein, wobei der Schützengraben ja noch die bessere Variante war und die schlimmere – ein winziger Hügel, hinter dem sie sich ducken würden vor den deutschen

Granaten, die die Schultern des Soldaten in die Erde pressen; die deutschen Granatwerfer hatten Gajdukow im Sommer den größten Kummer bereitet. Darum wollten sie diese letzten Tage in der Wärme verleben, fröhlich und unbeschwert. In ihrem geräumigen Güterwagen glühten ohne Pause zwei gußeiserne Öfen, die Kohle beschafften sie sich von den anderen Zügen. Ihr Zug wurde überall flott abgefertigt, sie wurden nirgends länger aufgehalten, verstanden es aber immer so einzurichten, daß sie einmal am Tag die Pferde hinaus zur Tränke trieben und zumindest jeden dritten Tag Proviant faßten, der ihnen laut Order zustand. Wenn aber ein Zug rasch fuhr, dann gab's auch immer wen, der bat, mitgenommen zu werden. Und obwohl sämtliche Dienstvorschriften den Zutritt von Zivilpersonen zu Mannschaftsräumen untersagten, brachte es weder Gajdukow noch sein Stellvertreter, der sich sehr bald die Lässigkeit seines Chefs angeeignet hatte, übers Herz, frierende Menschen abzuweisen, wenn sie in verzweifelter Hast und Hoffnung von Waggon zu Waggon liefen. Nicht daß sie jeden beliebigen einließen, aber doch viele. Da durfte gegen einen Liter selbstgebrannten Schnapses ein schlauer Inspektor einsteigen, später noch ein rothaariger Alter – gegen ein Stück Speck, andere wieder – einfach so, mit nichts. Besonders hilfreich aber – ihre Herzen wurden nicht müde dabei – streckten sie die Arme aus, wenn junge Weibsbilder oder Mädchen um Einlaß anklopften; auch sie fuhren und fuhren irgendwohin, irgendwozu. So saßen sie beisammen in der Wärme des dichtbevölkerten Wagens, und der rothaarige Alte faselt etwas vom Ersten Weltkrieg, wie er beinahe das Georgskreuz verliehen bekommen hätte, und von den Mädchen tut nur eine geziert: sie sitzt zusammengekauert neben dem Ofen und wirft unwirsche Blicke in die Runde. Die anderen haben längst ihre Mäntel, Jacken, gar Blusen ausgezogen. Die eine, im roten Ruderleibchen und selbst beinahe schon ebenso rot, wäscht den Burschen die Hemden und klatscht ihrem Helfer mit dem nassen Auswringsel über den Rücken, sobald er sich allzusehr anzubiedern beginnt. Zwei Mädchen kochen und sparen nicht mit dem mitgebrachten Hausschmalz für die Aufbesserung der Soldatenkost. Und wieder eine sitzt im Winkel und flickt und näht, wo's gerade not tut. Später wird der Zug abfahren, sie werden essen aus einem Topf, beim Feuer sitzen, Lieder singen, begleitet vom flotten Gerüttel des Waggons, und schließlich, ohne viel Unterschied zu machen zwischen Diensthabenden und Dienstfreien (alle sind gleich müde nach dem Austrieb der Pferde zur Tränke), auf die ungehobelten Pritschen sich verkriechen, ausstrecken, schlafen. Und von den jungen Frauen, die heute zugestiegen sind, und von jenen, die seit gestern mitfuhren, die allesamt erst vor kurzem Abschied von ihren in den Krieg ziehenden Männern genommen haben, und auch von den Mädchen wird so manche schwach werden und sich dort, im Schatten, wohin die Laterne nicht reicht, mit einem Burschen hinlegen, umschlungen.

Wie sollte man auch ohne Mitleid sein mit einem Soldatenjungen, der an die Front fuhr! Vielleicht sind's in seinem Leben die letzten Tage.

Und das einzige, was sich Gajdukow im Augenblick vom Kommandanten erhoffte, war, daß dieser ihn so rasch wie möglich wieder fortließe. Und als Zugabe noch etwas über die weitere Strecke erfahren: für die Passagiere – damit man sie aussteigen ließ am richtigen Ort, für sich selbst – um sich auszurechnen, an welchen Frontabschnitt es nun geht. Ob nicht jemand von ihnen gerade an seinem Zuhause vorbeiführe?

»So-o-o«, sagte der Leutnant, den Blick immer noch in den Papieren. »Ihr seid erst kürzlich zusammengekoppelt worden?«
»Vor einigen Stationen.«
Während seine Brille das Schreiben fixierte, schob der Leutnant zweifelnd die Lippe vor.
»Wie hat es euch denn hierher verschlagen?« befragte er den alten Tschkalow. »Wart ihr in Pensa?«
»Jawohl«, gab Dygin heiser zurück.
»Wieso zum Teufel hat man euch dann über Rjashsk dirigiert! Es ist zum In-die-Luft-Fahren! Diese Idioten!«
»Geht's nun gemeinsam weiter?« wollte Gajdukow wissen.
(Auf dem Weg hierher hatte er es verstanden, Dygin über dessen Bestimmungsort auszuhorchen, nun versuchte er auf diese Art sein Ziel zu erfahren.)
»Bis Grjasi zusammen.«
»Und dann?«
»Kriegsgeheimnis.« Sotow schüttelte den Kopf und sah durch die Brille von unten wie zwinkernd zu dem baumlangen Sergeanten auf.
»Aber doch? Über Kastornaja, ja?...« Gajdukow ließ nicht locker und beugte sich zum Leutnant hinunter.
»Das werden Sie rechtzeitig erfahren«, so lag es Sotow bereits auf der Zunge, aber seine Lippen verzogen sich zu einem winzigen Lächeln, und Gajdukow verstand daraus das Ja, über Kastornaja.
»Geht's gleich am Abend weiter?«
»Gewiß. Euch darf man nicht aufhalten.«
»Ich – kann nicht fahren«, kam es heiser, gewichtig und feindselig von Dygins Lippen.
»Sie persönlich? Sind Sie krank?«
»Die ganze Mannschaft kann nicht.«
»Was heißt das... wieso? Warum könnt ihr nicht?«

»Weil wir keine – Hunde sind!!« brach es aus Dygin hervor, und die Kugeln seiner Augen rollten zornig unter den Lidern.
»Was soll das Gerede?« Sotow zog die Augenbrauen zusammen und straffte sich. »Hüten Sie gefälligst Ihre Zunge, Untersergeant.«
Jetzt erst fiel es ihm auch auf, daß Dygin nur an der einen Kragenlitze das grüne dreieckige Rangabzeichen eines Untersergeanten angeschraubt hatte, die zweite war leer, zeigte bloß einen dreieckigen Abdruck mit einem Loch in der Mitte. Die losgebundenen Ohrenklappen des Stoffhelms baumelten schlapp wie Hasenlöffel um seinen Hals.
Dygin schaute Sotow mürrisch an.
»Weil wir«, preßte er mit grippiger Stimme hervor, »den elften Tag nichts ... zum Essen haben ...«
»Wie?« Der Leutnant zuckte zurück, so daß die Brille vom Ohr abrutschte, er fing den Bügel auf, schob ihn zurecht. »Wie kommt das?«
»So. Es kommt ... Ganz einfach.«
»Habt ihr keine Proviantscheine?«
»Sollen wir Papier kauen?«
»Ja, wie lebt ihr dann?«
»Na, eben so.«
Wie lebt ihr? Diese läppische, kindische Frage des bebrillten Grünschnabels brachte Dygin vollends aus der Fassung; schon glaubte er, daß es auch in der Station Kretschetowka keine Hilfe geben würde. Wie lebt ihr! Nicht er war's: der Hunger und die Verbitterung preßten ihm die Kinnladen zusammen, und bleiern schwer, wie den Leuten von der Wolga eigen, lag sein Blick auf dem bleichgesichtigen propren Leutnant der Kommandantur, der da behaglich in warmer Stube hockte ... Vor sieben Tagen war ihnen ein großer Fang gelungen: von

einem aufgeschütteten Haufen Rüben hatten sie sich zwei Säcke vollgeschaufelt – und kochten nun die ganze Woche lang diese Rüben in ihren Kesseln, kochten und verschlangen sie, aber nun war ihnen bereits übel davon, ihr Magen sträubte sich, das Zeug aufzunehmen. In der vorgestrigen Nacht, als sie in Alexandro-Newski standen, besah sich Dygin seine halbverhungerten verschrumpelten Reservisten – alle älter als er und er selbst nicht jung –, traf einen Entschluß und sprang raus auf den Perron. Unter den Wagen heulte der Wind, pfiff durch alle Ritzen. Irgendwomit mußten die Gedärme wenigstens halbwegs besänftigt werden. Und er schritt ins Dunkel. Zurück kam er anderthalb Stunden später und warf drei Laib Brot auf die Pritsche. Dem Soldaten, der darauf hockte, blieb der Mund offen. »Da ist ja auch weißes darunter!« – »Wirklich?« Dygin schaute gleichgültig hin. »Hab' ich gar nicht bemerkt.« Sollte er am Ende dem Kommandanten beichten? Wie lebt ihr! Zehn Tage lang fuhren sie, vier Mann, durch ihr eigenes Land wie durch eine Wüste. Zu bewachen hatten sie zwanzigtausend Pionierspaten, fabrikmäßig geschmiert und verpackt. Und zu fahren – das wußte Dygin von Anfang an – hatten sie von Gorki bis Tbilissi. Aber anders war's eben nicht zu erklären, als daß alle Lieferungen wichtiger waren als ihre verfluchten, in kalter Schmiere erstarrten Spaten. Die dritte Woche brach an, mehr als die Hälfte des Wegs lag noch vor ihnen. Der unbedeutendste Fahrdienstleiter, wenn er gerade Lust hatte, durfte ihre vier Waggons abhängen und auf ein Nebengeleise schieben lassen. Die erste Rate Lebensmittel für drei Tage hatten sie in Gorki gefaßt, dann für drei Tage in Ssaransk, seither konnten sie nirgends eine geöffnete Verpflegungsstelle erwischen. Gewiß, dies wäre auch noch zu ertragen gewesen, die fünf Tage Hunger, wenn sie bloß wüßten, daß sie dann alle fünfzehn Tage auf einmal vergütet bekämen. Doch der Magen knurrte, und die Seele stöhnte beim Gedanken an das eherne Gesetz aller Lebensmittelverteilungsstellen: für verstrichene Tage gab es keine Zuteilung. Was vergangen, war zerronnen.

»Warum aber bekommt ihr nichts?« wollte der Leutnant noch immer wissen.

»Und von Ihnen – werden wir was bekommen?« Dygin brachte mühsam die Kinnladen auseinander.

Er war, noch bevor der Zug zum Stehen kam, aus dem Wagen gesprungen, um zu erfahren, ob es eine Verpflegungsstelle in dieser Station gäbe. Doch es dunkelte bereits, und er kannte das Gesetz: es war nutzlos, noch hinzumarschieren.

Der Sergeant Gajdukow hatte seine heiter-stramme Haltung vor dem Kommandanten vergessen und stand mit dem Gesicht zu Dygin. Jetzt packte er den anderen mit seinem langen Arm an der Schulter.

»Freund, Kamerad! Warum hast du denn nichts gesagt? Auf der Stelle kriegst du was von uns!«

Dygin wankte nicht unter dem Schlag und änderte nicht seine Haltung, den toten Blick unverwandt auf den Kommandanten geheftet. Er war sich selbst zuwider, so ein Tölpel mit seinen Veteranen: während all dieser elf Tage hatten sie niemanden um Essen gebeten, keinen Soldaten, keinen Zivilisten – wer sollte in solchen Zeiten etwas übrig haben? Und niemand klopfte, um Mitnahme bittend, an die Tür ihres Viehwagens, des ewig vergessenen, ewig abgehängten. Und der Tabak war alle. Und weil die Wände des Wagens, in dem sie hausten, aus lauter Rissen bestanden, hatten sie drei Fenster von vieren mit Brettern vernagelt, weshalb es im Waggon auch tagsüber dunkel blieb. Schließlich war ihnen schon alles

über, sie heizten den Ofen nur gerade so viel, daß er auf Armeslänge Wärme gab, und hockten während der langen Stationen ihres Weges tagelang um das blasse Feuer und kochten die Rüben und stocherten darin mit dem Messer und schwiegen.
Gajdukow, wieder schneidig und stramm:
»Darf ich abtreten, Genosse Leutnant?«
»Gehen Sie.«
Und lief fort. Warme Hände würden nun für die alten Soldaten Hirse und Tabak abmessen. Der weinerlichen runzeligen Bäuerin würden sie auch noch auf den Zahn fühlen, bisher fuhr sie umsonst mit: nun aber heraus mit einem Zuschuß für die Kumpel, und dem Inspektor noch mal auf den Koffer klopfen, der wird es schon kapieren.
»So-o-o, sechs Uhr vorbei«, überlegte der Leutnant. »Unsere Verpflegungsstelle ist zu.«
»Die sind immer zu ... Nur von zehn bis fünf offen ... In Pensa hatte ich mich schon angestellt, da begann ein Geschrei – der Zug fährt ab. Morschansk passierten wir bei Nacht, Rjashsk – bei Nacht.«
»Warte mal!« Der Leutnant war voll Energie. »Ich lasse die Sache nicht auf sich beruhn. Warte mal!«
Er griff nach dem Hörer, ließ das Feldtelefon lange summen ...
Niemand meldete sich.
Da gab er drei Signale.
Niemand meldete sich.
»Der Teufel hol's!« Nochmals drei. »Gusskow, bist du's?«
»Jawohl, Genosse Leutnant.«
»Warum hast du niemanden am Telefon sitzen?«
»Der Soldat ist gerade mal weg. Hab' saure Milch aufgetrieben. Soll ich Ihnen davon bringen, Genosse Leutnant?«

»Laß das, ich brauche nichts!«
(Nicht wegen Dygin sagte er das. Mehrmals schon hatte er Gusskow verboten, etwas herüberzubringen – aus Prinzip lehnte er ab, aber auch um die Sauberkeit ihrer geschäftlichen Beziehungen zu wahren: wie konnte er sonst exakten Dienst verlangen. Im Gegenteil, Sotow hatte dem Hauptmann bereits Meldung gemacht, daß es mit Gusskows Moral nicht zum besten stand.)
»Gusskow, hör gut zu! Da ist ein Kommando, vier Mann, die haben seit elf Tagen keinen Proviant.«
Gusskow pfiff durchs Telefon.
»Was sind das für Waschlappen!«
»Es hat sich so ergeben. Jetzt heißt es helfen. Paß auf, du mußt jetzt irgendwie Tschitschischew und Ssamorukow holen lassen, daß die vier zu ihrem Proviant kommen.«
»Wo soll ich die finden, um Gottes willen!«
»Wo! In ihren Quartieren.«
»Bei dem Dreck ... Man kriegt ja die Beine bis zu den Knien nicht frei ... Finster ist's wie ...«
»Tschitschischew wohnt in der Nähe.«
»Und Ssamorukow? Hinter dem Bahndamm. Der kommt um keinen Preis, Genosse Leutnant!«
»Tschitschischew kommt.«
Der Buchhalter Tschitschischew war militärdienstverpflichtet, mit drei Dreiecken als Rangabzeichen ausgestattet und dennoch in aller Augen ein Zivilist, ein gewöhnlicher, nicht mehr junger, in seinem Fach bewanderter Buchhalter. Nicht einmal reden konnte er ohne sein Rechenbrett mit den Kugeln. Fragte er: »Wie spät ist es? Fünf Uhr?«, dann schob er hurtig, um es zu begreifen, fünf Kügelchen von links nach rechts. Oder er meditierte: »Ist der Mensch allein (ein Kügelchen auf die rechte Seite – tschik!), fällt ihm das Leben schwer.

Dann (zweites Kügelchen zum ersten hin – tschik!) heiratet er.« Solange er von der lärmenden, drängenden, fordernden Menge durch ein geschlossenes Gitterfenster getrennt war und nur eine schmale Durchreiche offenließ für die ungeduldigen Hände mit den Proviantscheinen, blieb er hart, brüllte die Wartenden an, stieß die Hände fort und versperrte den Schalter, damit nicht Kälte hereinkam. Fügte es sich aber hin und wieder, daß er hinausgehen mußte zu den Leuten oder eine Meute einfach einbrach in sein Kämmerchen, dann zog er sogleich seinen kugelrunden Kopf ein, die schmalen Schultern wurden noch schmäler, sagte »Kameraden« und stempelte, was immer man ihm reichte. Ebenso emsig und unterwürfig war er aller Obrigkeit gegenüber, jedem gefällig, auf dessen Litzen Quadrate steckten. Die Verpflegungsstelle unterstand nicht dem stellvertretenden Kommandanten, doch Tschitschischew würde nicht nein sagen – das waren Sotows Überlegungen.

»Ssamorukow, der kommt nicht«, wiederholte abermals Gusskow.

Auch Ssamorukow war Wachtmeister, doch einer, der die Leutnants verachtete. Ein vor Gesundheit strotzender vollgefressener Büffel, nichts als Magazineur und Verkäufer im Laden, plusterte er sich auf, als hätte er mindestens vier Spangen [1] am Kragen. Mit würdevoller Miene, keinen Tag ohne viertelstündige Verspätung, näherte er sich dem Laden, prüfte die Plombierung, sperrte behäbig die Schlösser auf, zog die Rolläden hoch und machte sie mit Bolzen fest – dies alles mit dem Ausdruck höchster Gnadenerweisung auf dem unwirschen fetten Gesicht. Egal, wieviel Rotarmisten, einzeln und in Gruppen, auch Invalide darunter, sich vor seinem Fenster

1 Dreiecke, Quadrate, Spangen – Rangabzeichen in der Roten Armee vor der Einführung der Achselklappen. Anm. d. Übers.

drängten, jeder in Eile, alle fluchend und aufeinander eindreschend – Ssamorukow krempelte sich in aller Ruhe die Ärmel hoch, unter denen die schwammigen Arme eines Fleischers zum Vorschein kamen, studierte dann umständlich die von Tschitschischew gestempelten, zerknüllten, halbzerrissenen Scheine und begann ebenso ungerührt die Rationen abzuwiegen (und sicherlich nie zu seinem Nachteil!); ob die Burschen zu ihren Zügen zu spät kamen oder nicht, regte ihn nicht auf. Darum hatte er sich auch in voller Absicht – damit man ihn in Ruhe ließ während der dienstfreien Zeit – eine Wohnung fern vom Schuß gesucht, samt einer Wirtin mit Gemüsegarten und eigener Kuh.

Sotow stellte sich Ssamorukow vor, und alles in ihm bäumte sich auf. Diese Sorte Leute haßte er wie die Faschisten, sie waren um nichts weniger gefährlich. Er begriff nicht, warum Stalin keinen Befehl erteilte, solche Typen an Ort und Stelle, zwei Schritt vor dem Kiosk, und vor versammeltem Volk zu erschießen.

»Nein, Ssamorikow kommt nicht«, überlegte auch Sotow. Wütend über seine Feigheit und beschämt über seine Niedrigkeit, hätte er dennoch niemals den Mut aufgebracht, Ssamorukow anzugehen, wenn die ungeschickten Gesellen bloß drei oder fünf Tage ohne Essen gewesen wären. Aber – elf!

»Hör zu, Gusskow, schick keinen Soldaten hin, sondern marschiere selbst, und sag auch nichts von den vier hungrigen Leuten, sondern sag, der Hauptmann ließe ihn dringend rufen. Und er soll sich bei mir melden. Ich bringe das schon in Ordnung!«

Gusskow schwieg.

»Was schweigst du? Hast du den Befehl verstanden? Also – ›Zu Befehl, Genosse Leutnant!‹ – und Marsch.«

»Haben Sie den Hauptmann gefragt?«

»Was geht es dich an? Ich stehe dafür ein. Der Hauptmann ist gerade nicht im Zimmer.«
»Der Hauptmann würde es auch nicht befehlen«, urteilte Gusskow. »Wo gibt's denn eine Regel, wegen zwei Laib Brot und drei Heringen mitten in der Nacht aufzusperren?«
Auch das stimmte.
»Wo brennt's denn?« sinnierte Gusskow. »Sollen bis zehn Uhr morgens warten. Eine Nacht – große Sache! Legst dich auf den Wanst und deckst dich mit dem Buckel zu.«
»Der Zug fährt aber bald ab. Ein schneller Zug. Wäre schade, sie abzuhängen, sind sowieso schon lange unterwegs. Die Sachen werden doch erwartet, irgendwo gebraucht.«
»Ach, wenn der Zug schon wegfährt, kommt Ssamorukow ohnedies zu spät. Hin und zurück durch den Dreck waten, das braucht gute zwei Stunden, sogar mit einer Laterne ...«
Auch das wieder hatte sich Gusskow vernünftig zurechtgelegt.
Die Zähne zusammengepreßt, im spitzen Helm mit den baumelnden Ohrlappen, die Haut schwarz und rissig vom Wind, sog sich Dygin förmlich mit den Augen am Hörer fest, um abzulauschen, was am anderen Ende der Leitung vorgebracht wurde.
»Auch die heutige Ration pfutsch«, nickte er nun ergeben.
Sotow seufzte, drückte dann die Taste nieder, damit Gusskow nicht zuhören konnte.
»Was soll ich denn tun, Freund? Heute geht es nicht. Wär's nicht doch besser, mit diesem Zug bis Grjasi zu fahren? Ist ein guter Zug, in der Früh seid ihr dort.«
Beinahe, beinahe schien Dygin bereit, doch er hatte be-

reits diesen schwachen Punkt des Leutnants entdeckt.
»Ich fahre nicht. Verhaften Sie mich. Ich bleibe.«
Jemand klopfte an das Glas der Tür. Da stand ein beleibter Mann in einer breiten, schwarz-grau melierten Wollmütze. Mit höflicher Verbeugung bat er offensichtlich um Einlaß, doch seine Stimme war nicht zu hören.
»Ja bitte, treten Sie ein!« rief Sotow. Und nahm den Finger von der Telefontaste. »Schön, Gusskow, leg auf, ich werde es mir überlegen.«
Der Mann hinter der Tür verstand nicht sofort, darum öffnete er einen Spalt und fragte nochmals:
»Gestatten Sie?«
Seine Stimme überraschte Sotow – sie war tief, voll und auf edle Art zurückhaltend: das heißt, nicht protzend. Der Neuankömmling trug eine wunderliche lange rote Joppe nichtmilitärischen Schnitts, deren Ärmel einfach gestutzt waren; an den Füßen hatte er Soldatenschuhe mit Wickelgamaschen und in der Hand einen speckigen kleinen Armeesack, mit der anderen Hand aber zog er eintretend seine imposante Mütze und verbeugte sich vor den beiden.
»Guten Tag!«
»Guten Tag!«
»Könnten Sie mir bitte sagen«, begann er sehr höflich, doch auch mit Würde, so, als steckte er gar nicht in solch merkwürdigem Gewand, sondern in einem durchaus korrekten Anzug, »wer hier der Militärkommandant ist?«
»Ich bin der diensthabende Stellvertreter.«
»Dann muß ich offensichtlich zu Ihnen.«
Er suchte, wohin er seine gesprenkelte Mütze stecken könnte, auf der, so schien es, auch noch Kohlenstaub Spuren hinterlassen hatte, doch er fand nichts und klemmte sie schließlich unter den anderen Arm, damit er mit der nun frei gewordenen Hand behutsam und be-

kümmert die Joppe aufknöpfen konnte. Diese war ganz kragenlos, genauer gesagt – der Kragen war abgetrennt, an seiner Stelle umschlang ein warmer Wollschal den entblößten Hals. Unter der Joppe kam eine schmutzige, von der Sonne gebleichte Rotarmistenuniform zum Vorschein, aus deren Brusttasche er eben etwas hervorholen wollte.

»Moment, Moment«, winkte Sotow ab. »Wir machen es also so...« Sein Blick wanderte zum düster und reglos dastehenden Dygin. »Was in meiner Macht steht, werde ich für dich tun: ich lasse dich abhängen heute. Um zehn Uhr früh gehst du Proviant fassen...«

»Danke«, sagte Dygin und sah ihn an mit runden Augen.

»Ach was, brauchst nicht zu danken. An sich ist es verboten. Du hängst an einem schnellen Zug. Wer weiß, wo man dich morgen hinsteckt?«

»Wir rollen jetzt schon zwei Wochen. Ein Tag mehr, ein Tag weniger...« In Dygin kam Leben. »Ich kenne meine Fracht.«

»O nein«, hob Sotow den Finger. »Ist nicht unsre Sache, darüber zu urteilen.« Er erinnerte sich an den Fremden im Zimmer, trat nahe an Dygin heran und fuhr kaum hörbar, aber mit unvermindert starkem »O« fort: »Wenn du schon deine Fracht kennst, dann überlege doch. Wieviel Mann können sich mit deinen Spaten in die Erde graben? Zwei Divisionen. Und die Erde – heißt Leben. Zwanzigtausend Spaten – das sind zwanzigtausend Rotarmistenleben. Stimmt's?«

Wieder warf Sotow einen Blick auf den Fremden; der hatte begriffen, daß er störte, und stellte sich zur Wand, mit dem Rücken zu ihnen. Die freie Hand hielt er abwechselnd an die Ohren, nein, er hielt sie nicht zu, er wärmte sie.

»Was ist? Durchfroren?« sagte Sotow wohlwollend.
Der andere wandte sich um, lächelte:
»Wissen Sie, es ist furchtbar kalt geworden. Und ein wahnsinniger Wind, dazu noch irgendwie naß.«
Der Wind, in der Tat, pfiff um die Ecke des Hauses, und das unverkittete Glas am rechten Fenster hinter dem Vorhang klirrte und sang. Und wieder murmelte das Wasser eintönig im Abflußrohr.
Ein ungemein sympathisches, an die Seele rührendes Lächeln hatte dieser unrasierte Kauz. Auch war er nicht zu knapp geschoren, nach der Norm. Kurz waren die Haare zwar und schütter, aber doch bedeckten sie seinen mächtigen Schädel, silbrig vom eingesprenkelten Grau und weich.
Dem Aussehen nach weder Soldat noch Zivilist.
Seine Hand umklammerte die vorbereiteten Papiere.
»Da, mein ...«
»Sofort, sofort.« Sotow nahm die Dokumente, ohne hinzusehen. »Nehmen Sie doch Platz. Bitte, hier.« Nochmals warf er einen Blick auf den Narrenkittel des anderen, kehrte zum Tisch zurück, sperrte die chiffrierten Listen und Akten in den Safe, dann winkte er Dygin, und sie verließen gemeinsam das Zimmer.
Das Mädchen Podschebjakina war in ein Telefongespräch vertieft, Tante Frossja hockte neben dem Ofen und versuchte ihre Kleider trocken zu bekommen. Sotow machte einen Schritt zu Podschebjakina und ergriff ihre Hand – jene, die den Hörer hielt.
»Walja, meine Liebe ...«
Das Mädchen drehte sich lebhaft um und sah ihm schalkhaft in die Augen: wie zärtlich er sie an der Hand gefaßt hat – und noch immer festhielt! Aber sie sprach zu Ende:
»Den tausend-und-zwei ohne Aufenthalt durch, auf die

Tambower Strecke, wir haben nichts für ihn, Petrowitsch!...«

»Liebe Walja! Schnell, schick Tante Frossja, sie soll die vier Waggons – der Untersergeant wird sie ihr zeigen – umschreiben oder gleich den Bahnarbeitern ausrichten: der Fahrdienstleiter soll sie abkuppeln lassen und irgendwo hinschieben bis morgen früh.«

Tante Frossja, immer noch hockend, wandte ihr großes strenges Gesicht dem Leutnant zu und schob die Lippe vor.

»Wird gemacht, Wassil Wassiljitsch«, strahlte Walja. Sie hielt immer noch den überflüssig gewordenen Hörer in der Hand, so lange eben, bis Sotow seinen Griff löste. »Ich schicke sie sofort.«

»Und die restlichen Waggons sollen mit der ersten Lokomotive ab. Bemühe dich darum.«

Und Walja lächelte glücklich:

»Jawohl, Wassil Wassiljitsch!«

»Also, erledigt!« verkündete der Leutnant dem Untersergeanten Dygin.

Tante Frossja sog die Luft ein wie ein Blasbalg, krächzte und richtete sich auf.

Dygin hob schweigend die Hand zum Helm und verweilte so. Die Ohrenklappen hingen wie vordem herab, nichts Militärisches war an ihm.

»Bist noch nicht lange bei der Armee? Arbeiter wahrscheinlich?«

»Ja.« Dygin sah den Leutnant fest und dankbar an.

»Das Dreieck da mußt du anschrauben«, verwies ihn Sotow auf die leere Litze.

»Hab' keins. Ist kaputt.«

»Und den Helm, den knöpfe dir entweder zu oder schlag die Ohren hoch, verstanden?«

»Was denn, hochschlagen?« warf Tante Frossja, schon

wieder in ihrem Regenumhang, bissig ein. »Ein Höllenwetter draußen, halb Regen, halb Schnee! Komm, mein Herz!«

»Dann also alles Gute! Morgen hat ein anderer Leutnant Dienst, gib nur nicht nach, verlang, daß er dich weiterschickt!«

Sotow kehrte zurück, zog die Tür hinter sich zu. Er hatte ja selbst vor vier Monaten nicht gewußt, wie man den Gürtel strammzog, und das Salutieren, das war ihm besonders unsinnig und lächerlich erschienen.

Als er eintrat, machte sein Besucher Anstalten, sich vom Sessel zu erheben, doch war es mehr die angedeutete Bereitschaft aufzustehen, wenn es verlangt würde. Sein Armeesack lag jetzt auf dem Boden, zugedeckt mit der schwarz-grauen Mütze.

»Bleiben Sie ruhig sitzen.« Sotow nahm selbst am Tisch Platz. »Was gibt's?«

Er entfaltete den Zettel.

»Ich habe den Zug versäumt«, erklärte der andere mit schuldbewußtem Lächeln.

Sotow las das Schreiben – einen sogenannten Nachfahrausweis, ausgestellt vom Militärkommandanten in Rjashsk – und stellte seinem Gegenüber hin und wieder Stichprobenfragen:

»Name?«

»Tweritinow.«

»Vorname? Vatersname?«

»Igor Dementjewitsch.«

»Sie sind schon über fünzig?«

»Nein, neunundvierzig.«

»Die Nummer Ihres Zuges?«

»Keine Ahnung.«

»Hat man euch die Nummer nicht bekanntgegeben?«

»Nein.«

»Warum ist dann die Nummer hier eingetragen? Haben nicht Sie sie angegeben?«
(Es war die Nummer 245 413, der Zug, den Sotow in der vergangenen Nacht abgefertigt hatte.)
»Nein, ich habe dem Kommandanten nur erzählt, wohin der Zug fuhr und woher er kam, da muß er es wohl erraten haben.«
»Wo haben Sie den Zug verpaßt?«
»In Skopino.«
»Wie ist das passiert?«
»Ehrlich gesagt« – dasselbe reumütige Lächeln huschte über Tweritinows breite Lippen –, »ich ging einige Klamotten eintauschen. Gegen etwas Eßbares... Da fuhr der Zug ab. Heutzutage geht das ohne Signal, ohne Geklingel, ohne Durchsage – fahren einfach in aller Stille ab.«
»Wann war das?«
»Vorgestern.«
»Und mit dem Einholen klappte es nicht?«
»Wohl nicht. Und – wie denn einholen? Auf den offenen Wagen regnet es. Auf den Plattformen, wissen Sie, so mit Häuschen und Leitern hinauf, da zieht es furchtbar, und auch die Wachen vertreiben einen. In die Viehwagen läßt man unsereins nicht hinein: entweder sie dürfen es nicht, oder sie haben keinen Platz. Einmal rollte ein Personenzug vorbei, ein wahrhaftiges Wunder, da standen die Schaffner zu zweit auf den Stufen und hieben, wissen Sie, geradezu auf die Leute ein, daß sie sich nicht an die Griffe klammerten. Und die Güterwagen: wenn sie sich einmal in Bewegung setzen, ist's zu spät, und solange sie ohne Lok stehen, kann man schwer erraten, in welche Richtung sie fahren. Emaillierte Schilder *Moskau–Kislowodsk* haben die nicht. Herumfragen darf man auch nicht, sonst gilt man gleich als Spion, schon

wegen der Kleidung ... Bei uns ist es überhaupt gefährlich, zu viele Fragen zu stellen.«

»In Kriegszeiten natürlich.«

»Na, auch vor dem Krieg schon.«

»Hab' ich nicht bemerkt!«

»Doch.« Tweritinow kniff leicht die Augen zusammen. »Nach siebenunddreißig ...«

»Warum ausgerechnet siebenunddreißig?« staunte Sotow. »Was war siebenunddreißig? Der spanische Bürgerkrieg?«

»Aber nein ...« Tweritinow zeigte wieder das gleiche schuldhafte Lächeln und senkte den Blick. »Nein ...«

Sein groteskes Gewand stand offen, der warme graue Schal hing bis über den Gürtel hinab.

»Und warum sind Sie nicht in Uniform? Wo ist Ihr Mantel?«

»Für mich war keiner übriggeblieben. Bekam keinen ...«, entschuldigte sich Tweritinow.

»Woher dann dieser ... Kaftan?«

»Von barmherzigen Leuten ...«

»Na ja-a-a ...« Sotow überlegte. »Ich muß aber trotzdem sagen, daß Sie ziemlich rasch vorangekommen sind. Gestern früh noch beim Rjashsker Kommandanten – und heute abend stehen Sie vor mir. Wie sind Sie denn gefahren?«

Tweritinow blickte Sotow unumwunden aus seinen großen zutraulichen und sanften Augen an. Seine Art zu sprechen tat Sotow ungeheuer wohl; seine Art innezuhalten, wenn er meinte, daß der Gesprächspartner etwas erwidern möchte; seine Art, nicht mit den Händen zu fuchteln, sondern durch merkwürdig leichte Bewegungen der Finger die Worte zu unterstreichen.

»Ich hatte phantastisches Glück. Auf irgendeiner Station kroch ich aus dem Hochbordwagen, mit dem ich bis dahin ›reiste‹. In diesen Tagen lernte ich es, mich ein wenig in der Eisenbahnterminologie zurechtzufinden. ›Hochbordwagen‹ – ich glaubte zuerst, es müsse doch etwas von einem Waggon daran sein, na, wenigstens ein Stückchen Dach. Ich kletterte über die Leiter hinein, dort war aber nichts als eine eiserne Grube, eine Falle, nichts zum Sitzen, nichts zum Anlehnen; es muß früher Kohle drin gewesen sein, während der Fahrt wird der Staub aufgewirbelt und legt sich nicht wieder. Da ist es mir arg ergangen, obendrein noch der Regen...«

»Worin bestand also das Glück?« platzte Sotow lachend heraus. »Das kapiere ich nicht. Brauchen sich bloß Ihre Kleidung anschauen!«

Wenn er lachte, legten sich zwei tiefe gute Lachfalten zu beiden Seiten der Lippen – bis hinauf an die knollige Nase.

»Das Glück, das war so: ich komme endlich aus dem Hochbordwagen gekrochen, putze und wasche mich ab, da sehe ich gerade, wie eine Lok in Richtung Süden an einen Zug gekuppelt wird. Ich laufe entlang – kein einziger beheizter Wagen, alles versiegelt. Plötzlich sehe ich einen Mann heraussteigen, na, seine Notdurft verrichten und wieder in einen offenen kalten Waggon kriechen. Ich – ihm nach. Und drinnen – stellen Sie sich das vor – liegen Wattedecken bis unters Dach!«

»Unverschlossen?«

»Alles ganz offen. Wahrscheinlich waren die Decken im Anfang gebündelt, zu zehn oder zu fünf Stück, als aber ich dazukam, waren eine Menge Bündel schon offen, richtig wohlig zum Eingraben bereit. Da schliefen auch schon ein paar Leute darunter!«

»Herrjemine!«

»Ich wickelte mich in drei, nein, vier Decken ein und schlief so gut, so tief – vierundzwanzig Stunden, ohne aufzuwachen! Ob wir hielten, ob wir fuhren – ich weiß es nicht. Überhaupt war ich bald drei Tage ohne Proviant – ich schlief also und schlief, und der Krieg war vergessen, und die Kämpfe in der deutschen Einkesselung ... Und im Traum sah ich die Meinen ...«

Sein unrasiertes, zerknittertes Gesicht leuchtete.

»Halt!« Sotow war, sich plötzlich besinnend, aufgesprungen. »War das in jenem Zug ... Wann sind Sie angekommen?«

»Na ... vor, na, vor wieviel Minuten nur? Ich ging gleich zu Ihnen.«

Sotow machte einen Satz zur Tür, riß sie mit aller Energie auf, stürzte hinaus.

»Walja, Walja! Der Zug nach Balschow, eintausend und etliches ...«

»Eintausendzwei.«

»Ist der noch da?«

»Schon fort.«

»Sicher?«

»Ganz bestimmt!«

»Ach, zum Teufel!« Er griff sich an die Stirn. »Sitzen blöde herum, verfluchte Bürokraten wir, sortieren Papierchen und sind blind ... Wofür werden wir bezahlt? Verbinden Sie mich rasch mit Mitschurinsk-Uralski!«

Er steckte den Kopf in sein Zimmer und fragte Tweritinow:

»Die Waggonnummer wissen Sie nicht?«

»Leider«, lächelte Tweritinow.

»War der Waggon einachsig oder zweiachsig?«

»Davon verstehe ich nichts.«

»Was gibt's da viel zu verstehn? Groß oder klein? Für wieviel Tonnen?«

»Wie man im Bürgerkrieg sagte: vierzig Mann, acht Pferde.«

»Sechzehn Tonnen also. War Bewachung dabei?«
»Ich glaube nicht.«
»Wassil Wassiljitsch!« rief Walja. »Der Fahrdienstleiter ist am Apparat. Brauchen Sie den Kommandanten?«
»Na, nicht unbedingt den Kommandanten: vielleicht gehört die Lieferung nicht der Armee.«
»Dann lassen Sie mich doch versuchen, die Sache selbst zu klären?«
»Tun Sie es bitte, Walja. Mag sein, die Decken werden bloß evakuiert. Wer soll sich da auskennen ... Die müssen halt Revision machen, den Wagen finden, feststellen, wem das Zeug gehört, und alles versiegeln. Mit einem Wort – Ordnung schaffen!«
»Gut, Wassil Wassiljitsch.«
»Also, bitte, liebe Walja. Was sind Sie doch für eine wertvolle Kraft!«
Walja schenkte ihm ein Lächeln. Die Löckchen fielen ihr über das Gesicht.
»Hallo! Mitschurinsk-Uralski! ...«
Sotow zog die Tür hinter sich zu, durchmaß, noch immer erregt, das Zimmer, flocht die Finger ineinander.
»Arbeit, Arbeit und kein Ende. Und keine Hilfe! Diesen Waggon mit den Decken kann jeder Beliebige im Handumdrehen ausrauben. Vielleicht fehlen bereits einige Dutzend.«
Er konnte sich kaum fassen. Setzte sich. Nahm die Brille ab und putzte sie. Sein Gesicht verlor sogleich alle Geschäftigkeit und den wachen Ausdruck, wurde zum Gesicht eines Kindes, geschützt einzig durch die grüne Schirmmütze.
Tweritinow wartete geduldig. Sein Blick schweifte unlustig über die Verdunkelungsstores, das Farbfoto von Kaganowitsch in der Uniform eines Eisenbahnmarschalls, den Ofen, den Eimer, die Kohlenschaufel. Seine

mit Kohlenstaub bedeckte Joppe fiel ihm allmählich zur Last: das Zimmer war gut geheizt. Er schlug sie ganz zurück, wickelte den Schal vom Hals.
Der Leutnant setzte inzwischen die Brille auf und wandte sich wieder dem Studium von Tweritinows Papieren zu. Es war im eigentlichen Sinne gar kein Papier, dieser Nachfahrausweis, es war nichts anderes als die Niederschrift der Aussagen des Antragstellers, welche genausogut wahr wie erlogen sein konnten. Die Vorschrift gebot eine sehr strenge Prüfung aller *okrushenzy*, und auf Einzelgänger traf dies in noch höherem Maße zu. Tweritinow konnte nicht beweisen, daß er in Skopino und nicht woanders zurückgeblieben war. Vielleicht in Pawelez? Vielleicht war er in geheimem Auftrag auch in Moskau oder sonstwo inzwischen gewesen? Für ihn sprach allerdings, daß er so schnell hergefunden hatte. Im übrigen: Wo war die Garantie, daß er von diesem und nicht von einem anderen Transport stammte?
»Sie hatten es also warm jetzt?«
»Natürlich. Ich wäre am liebsten gar nicht ausgestiegen.«
»Und warum dann?«
»Um mich bei Ihnen zu melden. So lautete der Befehl in Rjashsk.«
Tweritinows breites Gesicht trug starke, ausgeprägte Züge: die Stirn war breit und hoch, die Augenbrauen buschig, die Nase groß. Kinn und Wangen aber waren dicht und gleichmäßig mit grauen Bartstoppeln bedeckt.
»Woher wußten Sie, daß Sie in Kretschetowka sind?«
»Ein Georgier, der neben mir schlief, sagte es.«
»Ein Zivilist? Oder vom Militär? In welchem Rang?«
»Weiß nicht, er streckte nur den Kopf aus den Decken hervor.«

Tweritinows Antworten wurden immer gedämpfter, irgendwie traurig, so, als verliere er etwas mit jeder Frage des anderen.
»Na, das wär's.« Sotow legte das Papier beiseite. »Haben Sie noch andere Papiere?«
»Gar keine.« Tweritinow lächelte resigniert. »Woher denn?«
»Hm ... Gar keine?«
»Nachdem wir von den Deutschen eingeschlossen wurden, vernichteten wir alles, mit Absicht, na, was eben jeder so bei sich hatte.«
»Aber dann, als ihr auf sowjetisches Territorium zurückgekehrt seid, hat man euch nichts ausgestellt?«
»Nichts. Die machten Listen, teilten uns allesamt zu je vierzig auf und schickten uns fort.«
Stimmt, so wird es auch von Rechts wegen gehandhabt. Solange einer nicht den Zug verpaßt, ist er Teil einer Vierzigergruppe und braucht keine Papiere.
Aber es ging Sotow darum, seine unwillkürliche Zuneigung zu diesem wohlerzogenen Menschen mit solch einem imposanten Kopf durch irgendeinen materiellen Beweis zu bekräftigen.
»Irgend etwas? Ein Zettelchen nur – ist nichts in Ihren Taschen geblieben?«
»Na, eigentlich nur ... Fotos. Meine Familie.«
»Zeigen Sie«, bat Sotow, ohne Befehl in der Stimme.
Tweritinow hob leicht die Brauen. Er lächelte nochmals jenes verlorene oder gehemmte Lächeln und zog aus derselben Tasche seiner Bluse (an der zweiten fehlten die Knöpfe) einen flachen Umschlag aus festem gelbem Papier hervor, öffnete ihn, nahm zwei Fotografien heraus, Format neun zu zwölf, warf selbst einen Blick auf die eine, dann auf die andere, wollte sich schon erheben, um die Bilder dem Kommandanten zu reichen – doch sein

Stuhl stand dicht am Tisch, und Sotow beugte sich darüber, um die Bilder zu nehmen. Er hielt sie nun betrachtend in der Hand, und Tweritinow, den geöffneten Umschlag noch auf den Knien, hatte sich aufgerichtet und versuchte aus der Entfernung mitzuschauen.

Das erste Bild zeigte – an einem sonnigen Tag in einem kleinen Garten, in dem das Frühjahr eben Einzug hielt, denn die Blätter waren noch winzig und die Tiefe der Bäume bis auf den Grund zu durchschauen – ein Mädchen von vierzehn Jahren etwa, in einem gestreiften blaßgrauen engen Kleidchen. Aus dem offenen Kragen stach ein langer zarter Hals hervor und auch das Gesicht war schmal und fein – unbeweglich zwar auf dem Foto und doch irgendwie aufgeschreckt, das zarte Gesicht. Es lag etwas Unfertiges über diesem Bild, etwas Unausgesprochenes; daher weckte es keine Fröhlichkeit, wie es hätte sein sollen, sondern Wehmut.

Das Mädchen gefiel Sotow sehr. Sein Mund wurde weich.

»Wie heißt sie?« fragte er leise.

Tweritinow hielt die Augen geschlossen.

»Ljalja«, antwortete er noch leiser. Dann hob er die Lider und korrigierte sich: »Irina.«

»Wann ist es aufgenommen?«

»In diesem Jahr.«

»Und wo?«

»Bei Moskau.«

Ein halbes Jahr! Ein halbes Jahr seit jenem Augenblick, da jemand sagte: »Ljalja! Schau her!« und der Auslöser klicks machte, aber Zehntausende von Kanonenrohren haben seither donnernd ihr Feuer ausgespien, und Millionen von Fontänen schwarzer Erde waren krachend in die Luft geflogen, und Millionen von Menschen kreisten in einem verfluchten Karussell – die einen zu Fuß aus

Litauen, die anderen mit dem Zug aus Irkutsk. Und hier, auf dieser Station, wo der kalte Wind ein Gemisch aus Regen und Schnee vor sich her trieb, wo die Züge entkräftet schnauften, wo die Menschen tagsüber ziellos umherschwirrten und nachts durch- und übereinander auf den schwarzen Fußböden schliefen – wie sollte man glauben, sich vorstellen können, daß es diesen kleinen Garten, dieses Mädchen, dieses Kleidchen auch heute noch gab?

Auf dem zweiten Bild war eine Frau und ein Junge, sie saßen nebeneinander, ein riesiges Bilderbuch vor sich auf den Knien. Die Mutter schien ebenfalls mager, schlank, wahrscheinlich groß, und der siebenjährige Junge sah nicht ins Buch, sondern auf die Mutter, die ihm etwas erklärte. Er hatte ein kräftiges Gesicht, und die sehr wachen, sehr klugen Augen waren so groß wie die des Vaters.

Überhaupt waren sie in dieser Familie alle wie nach Maß geschneidert. Sotow selbst hatte niemals Gelegenheit gehabt, in solchen Familien zu verkehren, aber viele in seinem Gedächtnis gespeicherten winzigen Eindrücke – aus der Tretjakow-Galerie, aus dem Theater, aus gelesenen Büchern – hatten sich zu dem Wissen zusammengefügt, daß solche Familien existieren. Über beiden Bildern lag ein Hauch ihrer klugen und warmen Gemeinsamkeit; Sotow spürte ihn.

Erst als er Tweritinow die Bilder zurückreichte, merkte er, daß diesem wohl warm sein mußte, und er forderte ihn auf, die schwere Joppe auszuziehen. Tweritinow folgte der Aufforderung, geriet aber in Verlegenheit, wohin damit.

»Legen Sie sie ruhig auf den Diwan«, wies ihn Sotow an und machte sogar eine Bewegung, es selbst zu tun.

Nun kamen die Flicken, die zerrissenen Stellen, die Bunt-

heit der Knöpfe auf Tweritinows Sommermontur zum Vorschein und auch seine Ungeschicklichkeit beim Wikkeln der Gamaschen: die freien Enden waren heruntergerutscht und baumelten lose über den Schuhen. Dies Gewand war wie mit Absicht ausgewählt, den Mann mit dem schönen grauen Kopf zu verspotten.
Sotow schämte sich nicht mehr seiner Sympathie für den ruhig-bedachtsamen Mann, an dem er nicht umsonst sofort Gefallen gefunden hatte.
»Und was sind Sie selbst?« fragte er respektvoll.
Tweritinow, der die Fotos mit traurigem Gesicht wieder in den gelben Umschlag verpackte, grinste über die eigene Antwort:
»Schauspieler.«
»Wirklich?« staunte Sotow. »Wieso bin ich bloß nicht gleich draufgekommen! Sie sehen ganz wie ein Schauspieler aus!«
(Gerade jetzt am allerwenigsten!)
»Ein Verdienter [2] wahrscheinlich?«
»Nein.«
»Und in welchem Theater?«
»Am Dramatischen, in Moskau.«
»In Moskau war ich nur einmal im Künstlertheater, mit einer Reisegesellschaft. In Iwanowo aber war ich oft im Theater. Kennen Sie das neue dort?«
»Nein.«
»Von außen nichts Besonderes, eine graue Schachtel, Eisenbetonstil, aber innen – ein Märchen! Wie gern bin ich immer ins Theater gegangen! Es ist doch nicht nur Unterhaltung, man lernt so viel dabei, nicht wahr?«
(Gewiß, die Akte über den ausgebrannten Güterzug schrien nach Erledigung, dazu brauchte es aber sowieso

2 Die Bezeichnung »Verdienter Schauspieler« wird in der Sowjetunion als Ehrentitel verliehen. Anm. d. Übers.

zwei volle Tage. Und einen großen Schauspieler kennenlernen und sich mit ihm eine Stunde unterhalten, das erlebte man nicht jeden Tag!)

»Welche Rollen haben Sie gespielt?«

»Viele«, antwortete Tweritinow ohne Schwung. »Wer soll sie zählen in den vielen Jahren.«

»Aber doch? Zum Beispiel?«

»Na... den Oberst Werschinin... den Doktor Rank...«

»Ach ja... ach ja... (Sotow konnte sich an solche Rollen nicht erinnern.) Haben Sie auch in Gorkistücken gespielt?«

»Natürlich, das ist doch selbstverständlich.«

»Ich liebe Gorki am meisten! Seine Stücke – und überhaupt! Unser gescheitester, unser humanster, unser größter Schriftsteller! Habe ich recht?«

Man merkte an Tweritinows Brauen, daß er sich mühte, eine Antwort zu finden, aber er fand keine und schwieg.

»Mir kommt es jetzt so vor, als hätte ich sogar schon Ihren Namen gehört. Sind Sie wirklich kein Verdienter?«

»Wäre ich ein Verdienter, säße ich jetzt wahrscheinlich nicht hier.« Tweritinow breitete leicht die Arme aus.

»Warum denn?... Ach so, man hätte Sie nicht mobilisiert.«

»Man hat uns nicht mobilisiert. Wir sind zur Volkswehr gegangen. Freiwillig.«

»Na, freiwillig werden sich doch auch die Verdienten gemeldet haben?«

»Melden ließen sich alle, von den Chefregisseuren abwärts. Dann wurde aber von jemandem ein Strich gezogen – wer oberhalb vom Strich stand, blieb, die anderen gingen.«

»Und die militärische Ausbildung?«
»Ein paar Tage. In Bajonettkampf. Mit Stöcken. Und im Werfen von Granaten. Aus Holz.«
Tweritinows Augen hatten sich wie zwei Glasaugen fest an einen Punkt auf dem Fußboden festgeklammert.
»Aber später, später gab man euch Waffen?«
»Ja, es wurden Gewehre angeliefert, da waren wir schon unterwegs. Bauart 1901. Bis Wjasma marschierten wir zu Fuß. Bei Wjasma gerieten wir in den Kessel.«
»Sind viele gefallen?«
»Mir scheint, mehr kamen in Gefangenschaft. Wir, eine kleine Gruppe, stießen auf Soldaten, die kannten schon die Front und haben uns dann auch rausgeführt. Ich hab' nicht einmal eine Ahnung, wo jetzt die Front ist. Haben Sie keine Karte?«
»Karte habe ich keine, die Frontberichte sind unklar, aber ich kann es Ihnen ja sagen: Sewastopol mit einem Stückchen Land halten wir noch. Taganrog und das Donezbecken halten wir auch noch. Aber Orel und Kursk sind gefallen.«
»Oje, oje! ... Und vor Moskau?«
»Vor Moskau, da ist am wenigsten zu begreifen. Frontabschnitte werden genannt, die man von früher als Sommerfrische kennt. Und Leningrad ist ganz abgeschnitten ...«
Sotows Stirn und die Augenpartie zogen sich vor Kummer in Falten.
»Und ich kann nicht an die Front!«
»Sie werden schon noch hinkommen.«
»Ja wenn, dann nur, weil dieser Krieg in einem Jahr nicht zu Ende sein wird.«
»Sie waren Student?«
»Ja! Eigentlich war schon Krieg, als unsere Diplomarbeiten approbiert wurden. Na, was war das für eine

Approbation!... Der Termin war erst im Dezember. Da sagte man uns, zeigt her, wer was fertig hat, Zeichnungen, Berechnungen. Damit war's erledigt.«
Sotow gefiel das, jetzt sprach er frei, sich überstürzend, alles auf einmal zu erzählen. »War ja die ganzen fünf Jahre nicht anders... Wir kamen ans Institut, da putschte bereits Franco. Dann fiel Österreich! Die Tschechoslowakei! Der Weltkrieg begann! Dann – der finnische Krieg! Hitlers Einfall in Frankreich! In Griechenland! In Jugoslawien!... In welcher Stimmung sollten wir Textilmaschinen studieren?! Doch das war's nicht, was ich sagen wollte. Nach den Diplomarbeiten wurden die Burschen sofort zu Motorisierungs- und Mechanikerkursen an die Akademie geschickt, ich blieb wegen der Augen zurück: starke Kurzsichtigkeit. Jeden Tag, jeden Tag wanderte ich zur Einberufungsstelle und bestürmte sie und ließ nicht locker. Ich hab' schon aus dem Siebenunddreißigerjahr meine Erfahrungen... Das einzige, was ich erreichte – die Einweisung in die Intendanten-Akademie. Schön. Mit dieser Einweisung kam ich durch Moskau und marsch ins Verteidigungskommissariat. Bettelte mich bis zu einem alten Obersten durch, der war schrecklich in Eile, hatte schon die Tasche unterm Arm. Ich zu ihm: so und so, ich bin Ingenieur und will nicht Intendant werden. Er: ›Ihr Diplom!‹ Und das hatte ich nicht mit... ›Gut, ich stelle dir eine einzige Frage, hast du die Antwort, dann bist du Ingenieur: Was ist eine Kurbel?‹ Ich zackig, ohne Atem zu schöpfen: ›Die auf eine Drehachse aufgesetzte und mit einem Pleuel verbundene Vorrichtung zum Zwecke...‹ Er streicht die Intendantur und schreibt: ›In die Transportakademie‹. Und läuft samt Aktentasche aus dem Zimmer. Ich triumphiere! Komme in der Transportakademie an – da wird niemand aufgenommen, nur in einen Kursus für Militär-

kommandanten. Hat also auch die Kurbel nichts genützt!...«
Wassja wußte, es war nicht die Zeit zu plaudern, in Erinnerungen zu schwelgen, doch so selten gab es Gelegenheit, im Gespräch mit einem intelligenten Menschen die Seele zu erleichtern.
»Ach, Sie möchten doch sicherlich rauchen«, besann sich Wassja. »Bitte, bedienen Sie sich doch...« – nach einem raschen Blick in das Ausweispapier – »... Igor Dementjewitsch. Da ist Tabak. Zigarettenpapier – ich bin Nichtraucher, aber meine Ration bekomme ich trotzdem.«
Er holte aus der Lade ein eben angebrochenes Paket leichten Tabaks hervor und schob es Tweritinow zu.
»Sehr gern«, gestand Igor Dementjewitsch, und sein Gesicht strahlte in Vorfreude. Er stand halb auf, neigte sich über das Päckchen, zögerte aber noch, eine Prise zu nehmen, und sog statt dessen den Tabakduft ein; man glaubte fast, ein leises Aufstöhnen zu hören. Dann las er die aufgedruckte Sortenbezeichnung und schüttelte den Kopf: »Armenischer Tabak...«
Drehte sich eine dicke Zigarette, klebte sie mit Speichel zusammen, und schon reichte ihm Wassja Feuer.
»Aber unter den Wattedecken raucht doch niemand?« erkundigte sich Sotow.
»Nichts bemerkt«, ließ sich Igor Dementjewitsch, schon selig zurückgelehnt, vernehmen. »Wahrscheinlich hatte niemand was.«
Er rauchte mit halbgeschlossenen Augen.
»Sie erwähnten das Jahr siebenunddreißig...«, warf er nur ein.
»Na, Sie erinnern sich doch an die Stimmung in jenen Jahren!« begann Wassja eifrig. »Der spanische Bürgerkrieg! Die Faschisten im Universitätsviertel. Die Internationale Brigade! Guadalajara, Jarama, Teruel! Wie

sollte einer da ruhig sitzen und büffeln? Wir fordern Unterricht in Spanisch, nein, man gibt uns Deutschstunden. Ich ergattere mir ein Lehrbuch, ein Wörterbuch, vernachlässige die Prüfungen – und lerne Spanisch. Ich fühle es an der ganzen Situation, daß wir daran teilnehmen, von unserem revolutionären Gewissen nicht zu reden, das uns nicht erlaubt, abseits zu stehen! Aber in den Zeitungen finde ich nichts. Wie also hinkommen? Klar, einfach nach Odessa durchbrennen, von dort auf ein Schiff – das sind Lausbubereien, von der Grenzwache abgesehen. Ich also – zum Chef der vierten Abteilung des städtischen Militärkommissariats, zum Chef der dritten, der zweiten, der ersten: schickt mich nach Spanien! Die lachen: ein Verrückter, was willst du dort, da ist niemand von uns. Was tun?... Wissen Sie, ich merke schon, wie gern Sie rauchen, nehmen Sie doch das ganze Päckchen! Bei mir liegt der Tabak sowieso nur zum Anbieten in der Lade. Und zu Hause habe ich auch noch welchen. Nein, bitte, packen Sie es gleich in Ihren Sack, dann glaube ich Ihnen!... Tabak ist heutzutage wie ein Passierschein, Sie werden ihn brauchen können unterwegs... Na und, plötzlich lese ich im *Roten Stern* – die Zeitungen habe ich alle sehr genau studiert – daß ein französischer Journalist zitiert wird, der unter anderem schreibt: ›Deutschland und die UdSSR betrachten Spanien als einen Militärübungsplatz.‹ Ich bin aber nicht einer, der leicht abzuschütteln ist. Also verlange ich in der Bibliothek die Nummer, warte noch drei Tage, ob kein Dementi folgt. Kein Dementi. Ich darauf zum Militärkommissar persönlich: ›Da, lesen Sie. Dementi gab es keines, ergo ist es eine Tatsache, daß wir dort mitkämpfen. Ich ersuche Sie, mich als einfachen Schützen nach Spanien zu schicken!‹ Da haut der Militärkommissar mit aller Wucht auf den Tisch: ›Sie da, provozieren Sie mich nicht! Wer hat Sie hergeschickt? Wenn wir Sie brauchen, holen wir Sie schon. Wegtreten!‹«

Und Wassja lachte herzlich bei dieser Erinnerung. Wieder legten sich die zwei Lachfalten über sein Gesicht. So leicht sprach's sich mit ihm, mit diesem Schauspieler, gern hätte er ihm noch von der Ankunft der spanischen Matrosen erzählt und wie er die Begrüßungsrede auf spanisch hielt, auch über die Einkesselung hätte er gern mehr erfahren, überhaupt – sich unterhalten über den Verlauf des Krieges mit einem aufgeschlossenen, gescheiten Menschen.

Da kam Podschebjakina an die Tür.

»Wassil Wassiljitsch! Der Fahrdienstleiter läßt fragen, ob Sie etwas für die Nummer siebenhundertvierundneunzig haben? Ansonsten läßt er abfertigen.«

Sotow studierte den Fahrplan.

»Welcher ist das? Nach Poworino?«

»Ja.«

»Ist er schon da?«

»Soll in zehn Minuten ankommen.«

»Da ist nicht viel von uns dabei. Was noch?«

»Einige Industriegüter und ein paar geheizte Viehwagen für Passagiere.«

»Na herrlich! Wunderbar! Igor Dementjewitsch, das ist genau der Zug für Sie! Da brauchen Sie gar nicht mehr umzusteigen. Nein, Walja, von mir aus ist alles in Ordnung. Kann freie Bahn bekommen. Die sollen ihn irgendwo in der Nähe abfertigen, erstes oder zweites Gleis, richte das bitte aus.«

»Gut, Wassil Wassiljitsch.«

»Mit den Decken alles erledigt?«

»In Ordnung, Wassil Wassiljitsch.«

Sie ging.

»Schade nur, daß ich Ihnen nichts zu essen geben kann,

nicht einmal trockenes Brot.« Sotow schob die Lade heraus, wie um sich zu vergewissern: wer weiß, vielleicht liegt doch ein Stück Brot darin. Aber seine Brotration war nicht größer als jede andere, und das Stück, das Wassja in den Dienst mitbrachte, aß er gleich am Morgen auf. »Sie haben ja nichts gegessen, seit Sie den Zug versäumten?«

»Machen Sie sich, um Gottes willen, keine Sorgen, Wassil Wassiljitsch.« Tweritinow preßte den ausgebreiteten Fächer seiner fünf Finger an die schmuddelige Soldatenbluse mit den ungleichen Knöpfen. »Ich bin Ihnen ohnedies unendlich dankbar.« Sein Blick und seine Stimme waren nicht mehr traurig. »Sie gaben mir Wärme, im direkten und übertragenen Sinn. Sie sind ein guter Mensch. Es ist eine so schwere Zeit, man lernt das schätzen. Erklären Sie mir nun bitte, wohin ich fahre und was ich weiter tun soll?«

»Zuerst fahren Sie«, erläuterte Sotow mit größtem Behagen, »bis zur Station Grjasi. Schade, daß ich keine Karte habe. Können Sie sich vorstellen, wo das ist?«

»Nicht sehr ... Mir kommt der Name zwar bekannt vor ...«

»Natürlich, ist eine bekannte Bahnstation! Wenn Sie am Tag ankommen, dann gehen Sie mit Ihrem Zettel – sehen Sie, ich mache eine Notiz, daß Sie bei mir waren – zum Kommandanten, er wird Weisung geben, daß man Ihnen Proviant zuteilt.«

»Vielen herzlichen Dank.«

»Wenn es Nacht ist, dann rühren Sie sich nicht vom Fleck! Mit Ihren Decken wären Sie schön dagestanden, wenn Sie nicht rechtzeitig aufgewacht wären! ... Aus Grjasi fährt Ihr Zug nach Poworino, aber auch in Poworino – höchstens rasch um Proviant laufen! – denn dieser Zug bringt Sie direkt nach Artscheda. Und dorthin ging

auch Ihr Transport zweihundertfünfundvierzig-vierhundertdreizehn.«
Damit reichte Sotow seinem Gegenüber den Ausweis, und dieser verstaute ihn in immer derselben, einzigen zuknöpfbaren Brusttasche. Wo dieses Artscheda lag, wollte Tweritinow noch wissen, er habe nie davon gehört.
»Artscheda? Das ist beinahe schon vor Stalingrad.«
»Vor Stalingrad«, nickte Tweritinow. Doch seine Stirn kräuselte sich. Er machte eine konfuse Anstrengung und fragte nochmals: »Moment mal... Stalingrad... Wie hat denn das früher geheißen?«
Da – riß etwas in Sotow, und kalt lief es ihm über den Rücken! War's möglich? Ein Sowjetmensch soll Stalingrad nicht kennen? Das konnte nicht sein! Unmöglich! Unmöglich! Das geht einem nicht ein!
Allein, es gelang ihm, sich zu beherrschen. Er straffte sich innerlich. Rückte die Brille zurecht. Sagte beinahe ruhig: »Früher hieß es Zarizyn.«
(Also keiner aus dem Kessel. Ein Agent! Ein eingeschleuster Agent! Wahrscheinlich ein weißrussischer Emigrant, daher auch die ungewohnten Manieren.)
»Ja, natürlich, natürlich, Zarizyn. Die Verteidigung von Zarizyn.«
(Oder gar ein verkleideter Offizier? Ha, darum die Frage wegen der Landkarte... Und die miese Kleidung – da hat er leicht übertrieben.)
Dieses feindselige Wort *Offizier*, das seit langem bereits aus der russischen Sprache verschwunden war, es traf Sotow, auch nur in Gedanken ausgesprochen, wie ein Bajonettstich.
(Ach, ich Dummkopf, ich leichtgläubiger Tölpel! Nun aber – Ruhe. Wachsamkeit. Was tun in der Situation? Was tun?)

Sotow drückte auf die Telefontaste und gab ein langes Signal.
Und preßte den Hörer ans Ohr, in der Hoffnung, auch der Hauptmann werde am anderen Ende abheben.
Doch der Hauptmann rührte sich nicht.
»Wassil Wassiljitsch, ich mache mir doch ein Gewissen, daß ich Sie des Tabaks ganz beraubt habe.«
»Nicht der Rede wert. Bitte schön.«
(Esel, Narr dämlicher! Hast ein Herz entdeckt für einen Feind, hast gar nicht genug großtun können, vor ihm zu liebedienern.)
»Dann gestatten Sie, daß ich mir noch eine anzünde. Oder soll ich lieber hinausgehen?«
(Ob er rausgehen soll? Wie durchsichtig! Wird ihm aufgegangen sein, daß er einen Schnitzer gemacht hat, jetzt möcht' er gern das Weite suchen.)
»Nein, nein, rauchen Sie hier. Ich mag Tabakrauch.«
(Warum nur will mir jetzt aber auch gar nichts einfallen? Wie das erledigen?)
Er gab ein dreifaches Signal. Eine Stimme meldete sich.
»Wachstube.«
»Hier spricht Sotow.«
»Zu Befehl, Genosse Leutnant.«
»Wo ist Gusskow?«
»Er ... ist nicht im Zimmer, Genosse Leutnant.«
»Wohin ist er denn? Was soll das heißen? Daß er in fünf Minuten zur Stelle ist!«
(Immer bei den Weibern, der Lump!)
»Zu Befehl.«
(Daß einem auch nichts einfällt!)
Sotow nahm ein Blatt Papier und schrieb, von Tweritinow abgewandt, mit großen Buchstaben: »Walja! Kommen Sie ins Zimmer und melden Sie, daß der 794er eine Stunde Verspätung hat.«

Er faltete den Zettel zusammen, ging zur Tür und reichte ihn hinaus:
»Genossin Podschebjakina! Für Sie. Wegen des nächsten Transports.«
»Was für Transport?«
»Die Nummern sind aufgeschrieben.«
Walja begriff nicht, stand aber auf und nahm den Zettel.
Sotow kehrte zurück.
Tweritinow war schon dabei, sich anzuziehen.
»Versäumen wir den Zug nicht?« lächelte er wohlwollend.
»Nein, man wird uns rufen.«
Ohne Tweritinow anzusehen, marschierte Sotow durchs Zimmer. Er glättete vorn unter dem Gürtel seine Bluse, schob die Falten am Rücken zusammen, verlegte die Pistolentasche vom Rücken an die rechte Hüfte. Richtete die grüne Schirmmütze. Es gab absolut nichts zu tun und nichts zu besprechen.
Aufs Lügen aber verstand sich Sotow nicht.
Wenn wenigstens Tweritinow irgendwas verlauten ließe, doch nein, der schwieg bescheiden.
Hie und da war das Murmeln des Wasserstrahls zu hören, den der Wind vom Abflußrohr wegriß und zerstäubte.
Der Leutnant blieb an der Tischecke stehen und betrachtete seine Fingernägel.
(Um sich nichts anmerken zu lassen, müßte er von Rechts wegen Tweritinow unverändert ins Gesicht schauen, aber er brachte es nicht fertig.)
»In einigen Tagen ist also Feiertag!« sagte er. Und horchte gespannt auf die Antwort.
(Na, frag doch schon, frag doch schon: *Was für ein* Feiertag? Dann ist der letzte Zweifel fort.)
Jedoch der Gast sagte nichts als:

»Ja-a-a...«
Der Leutnant hob den Blick, der andere nickte energisch, die Zigarette zwischen den Fingern.
»Möchte gern wissen, ob's in diesem Jahr auf dem Roten Platz eine Parade gibt.«
(Wer denkt noch an Paraden! Nicht, daß ihn die Frage wirklich beschäftigte; es galt, die Zeit hinzubringen.)
Es klopfte.
»Gestatten Sie, Wassil Wassiljitsch?« Walja streckte den Kopf herein. Als Tweritinow sie erblickte, langte er nach seinem Sack. »Der siebenhundertvierundneunziger wurde aufgehalten. Eine Stunde Verspätung.«
»A-a-a, wie schade.« (Die Verlogenheit der eigenen Stimme tat ihm selbst weh.) »Danke, Genossin Podschebjankina.«
Walja verschwand.
Ganz nahe, vom ersten Geleise her, ertönte das beherrschte Schnaufen einer Lok und das im Rhythmus sich verlangsamende Rattern eines einfahrenden Zuges; man spürte auch im Zimmer das Beben der Erde.
»Was nun?« überlegte Sotow laut. »Ich muß nämlich zur Verpflegungsstelle.«
»Ich kann ja draußen warten. Wo Sie wollen«, meinte Tweritinow mit entgegenkommendem Lächeln und stand auch schon, den Sack in der Hand.
Sotow nahm seinen Mantel vom Nagel.
»Wozu irgendwo im Regen frieren? In den Wartesaal kommen Sie nicht rein, da liegen die Leute auf dem Boden, jedes Fleckchen ist besetzt. Möchten Sie nicht lieber mit mir zum Laden kommen?...«
Es klang wenig überzeugend, daher fügte er, widerlich errötend, hinzu:
»Ich ... könnte Ihnen dort ... vielleicht ... etwas zu essen verschaffen.«

Wenn Tweritinow sich bloß nicht so freute! Doch er strahlte:
»Das wäre Ihrerseits ein Maximum an Gutherzigkeit. Ich wage kaum, darum zu bitten.«
Sotow wandte sich ab, prüfte die Ordnung auf dem Tisch, rüttelte an der Safetür, löschte das Licht.
»Na, dann gehen wir.«
Während er die Tür zusperrte, sagte er zu Walja:
»Wenn jemand nach mir fragt – ich bin bald zurück.«
Tweritinow mit seinem lächerlichen Kaftan und den baumelnden Enden der losen Wickelgamaschen verließ als erster den Raum.
Durch einen kalten, von einer blauen Birne kaum erhellten Gang traten sie auf den Bahnsteig.
Vom verhüllten Himmel fielen nasse, schwere, gar nicht weiße Flocken, jenes Gemisch aus Regen und Schnee, schräg durch die Dunkelheit der Nacht.
Direkt vor ihnen am ersten Geleise stand der Zug. Er war schwarz, jedoch etwas schwärzer als der Himmel, so daß sich die Umrisse seiner Waggons und Dächer erraten ließen. Links, wo die Lokomotive sich hinzog, leuchtete funkensprühend der Aschenkasten; die rot glühende Asche fiel auf den Bahndamm, und der Wind trug sie flink davon. Noch ferner und höher hing im Nichts ein einsames rundes grünes Licht. Rechts, zum Ende des Zuges hin, stoben, wie von jemandes Hand herausgespritzt, feurige Funken aus den Rohren der Waggondächer. Dorthin, zu diesen Lebensfunken, eilten graue Schatten, fast lauter Weibergestalten. Der Atem der Vielen floß zusammen zu einem schweren Keuchen unter einer unsichtbaren unförmigen Last. Mütter zerrten Kinder an der Hand, weinende und schweigende. Zwei schnaubende Gestalten stießen gegen Sotow, sie trugen eine gewaltige Truhe vorbei. Jemand kam hinterher und

schleifte etwas noch Schwereres und unangenehm Knirschendes über den Perron. (Gerade jetzt, da das Reisen so bedrohlich, so gefahrvoll geworden war – gerade jetzt brach alle Welt mit Kindern und Großmüttern in die Ferne auf, bepackt mit bleischweren Säcken, mit Körben, so groß wie Betten, mit Truhen, so schwer wie Schränke.)

Leuchtete nicht die Asche unter der Lokomotive, das Flügelsignal, die Funken aus den Kanonenöfen der beheizten Viehwagen und das irgendwo auf einem ferneren Geleise vorbeihuschende gedämpfte Licht einer Laterne – es käme niemand auf den Gedanken, daß sich hier viele Züge gestaut hatten, weil es eben eine Eisenbahnstation war und nicht ein dichter Wald, nicht ein freies dunkles Feld, das sich in der schleppenden Folge der Jahreszeiten bereit machte, den Winter zu empfangen.

Doch das Ohr hörte: das Klirren der Kupplungen, das Signalhorn des Weichenstellers, das Schnauben zweier Lokomotiven, das schwirrende Durcheinander der aufgeschreckten Menschen.

»Hierher!« rief Sotow seinen Begleiter in den kleinen Durchgang, weg vom Bahnsteig.

Er hielt eine Taschenlampe mit blau abgedecktem Glas und leuchtete damit mehrmals den Boden aus, damit auch Tweritinow den Weg fand.

»Herrgott! Beinahe hätte es mir die Kappe fortgeweht!« klagte Tweritinow.

Der Leutnant ging schweigend weiter.

»Schnee wäre besser, der rinnt nicht hinter den Kragen«, bemühte sich der andere noch immer um ein Gespräch.

Er besaß nicht einmal einen Kragen.

»Hier wird's schlimm«, warnte der Leutnant.

Und sie stapften mitten in glucksenden spritzenden

Schlamm; es war nicht festzustellen, ob es anderswo trockener war.
»Halt! Wer da?« brüllte irgendwo in der Nähe gellend die Wache.
Tweritinow schrak arg zusammen.
»Leutnant Sotow.«
Immer geradeaus, bis zu den Knöcheln im Schlamm – und wo er tiefer war, machte es Mühe, die Füße wieder herauszuziehen – wateten sie um den Hausflügel der Verpflegungsstelle und stiegen auf der anderen Seite die wenigen Stufen zur Eingangstür hinauf. Sie stampften fest mit den Schuhen auf und wischten sich das Naß von den Schultern. Nochmals leuchtete der Leutnant den Weg durch den Vorraum aus, dann geleitete er Tweritinow in den Mannschaftsraum mit einem leeren Tisch in der Mitte und zwei Bänken davor. (Die Soldaten der Wache bekamen hier ihr Mittagessen und den nötigen Unterricht.) Lange schon suchten sie nach einem Kabelstück, um eine Lampe zu installieren, derweil aber nahmen sie mit einer schwachen und flackernden Laterne vorlieb, die auf dem Tisch stand. Die Bretterwände waren grau, die Ecken verschwammen in der Dunkelheit.
Die Tür zum Wachraum wurde aufgerissen. Ein Soldat erschien an der Schwelle, von hinten fiel elektrisches Licht auf ihn, vorn war die Silhouette dunkel.
»Wo ist Gusskow?« fuhr ihn Sotow barsch an.
»Halt! Wer da?« brüllte es draußen.
Jemand polterte über die Stufen, Gusskow und der nach ihm ausgeschickte Rotarmist traten ein.
»Melde mich zur Stelle, Genosse Leutnant.« Gusskow machte eine vage Bewegung zur Andeutung eines Grußes. Sein immer leicht unverschämtes Gesicht zuckte nun unzufrieden, wie Sotow im Halbdunkel erraten konnte. Was nahm sich der Leutnant heraus, ihn wegen Bagatel-

len herumzukommandieren, als wäre er sein, Gusskows, Vorgesetzter.
Plötzlich schrie Sotow streng:
»Sergeant Gusskow! Wieviel Posten sind Ihrer Wache vorgeschrieben?!«
Gusskow erschrak nicht, er war überrascht. (Sotow erhob sonst niemals die Stimme.) Leise antwortete er:
»Vorgeschrieben sind zwei Posten. Sie wissen aber ...«
»Ni-ichts weiß ich! Wie die Wachordnung vorschreibt, so wird es gemacht. Sofort!«
Wieder zuckte es um Gusskows Mund.
»Rotarmist Bobnew! Nehmen Sie die Waffe, beziehen Sie Posten!«
Jener Soldat, der Gusskow herbeigeholt hatte, machte einen Bogen um die Obrigkeit und begab sich schweren Schritts ins Nebenzimmer.
»Sie, Sergeant, kommen mit mir zur Kommandantur.«
Dem Sergeanten Gusskow begann es sowieso schon zu dämmern, daß etwas vorgefallen sein mußte.
Der Rotarmist kehrte mit Gewehr und aufgestecktem Bajonett zurück, marschierte stramm an den Versammelten vorbei und postierte sich vor der Tür zum Vorraum.
(Jetzt erst wurde es Sotow bange! Die Worte kamen ihm nicht, die zu sagen wären.)
»Sie... ich...«, begann Sotow sehr weich; fast unmöglich schien es ihm, Tweritinow ins Gesicht zu sehen. »Ich habe noch einen anderen Weg...« Und besonders deutlich wurde sein Wolgadialekt. »Setzen Sie sich doch einstweilen nieder. Warten Sie hier, bitte.«
Ungeheuerlich war das Bild: Tweritinows Haupt unter der riesigen Mütze und sein ängstlicher Schatten an Wänden und Decke. Der um den Hals gewickelte Schal hielt ihn wie in einer Schlinge gefangen.

»Sie lassen mich allein zurück? Aber mein Zug, Wassil Wassiljitsch! Wenn Sie nichts dagegen haben, warte ich lieber auf dem Perron.«

»Nein, nein ... Sie bleiben hier ...« Sotow eilte zur Tür. Und Tweritinow begriff:

»Sie – *verhaften* mich?« schrie er auf. »Genosse Leutnant, aber warum denn?! Lassen Sie mich doch meinem Zug nachfahren!«

Mit derselben Bewegung, mit der er einmal dem Leutnant gedankt hatte, legte er wieder die ausgefächerten fünf Finger an seine Brust. Er tat zwei rasche Schritte, um den Leutnant einzuholen, doch der gewitzte Wachsoldat warf das Gewehr vor, so daß das Bajonett den Durchgang versperrte.

Sotow mußte unwillkürlich zurückblicken und noch einmal – zum letztenmal – in das von der fahlen Laterne erhellte Gesicht schauen, das verzweifelte Antlitz des Königs Lear in der Gruft.

»Was machen Sie! Was machen Sie!« schrie Tweritinow, und jedes Wort klang dumpf wie ein Glockenschlag. »Das ist ja *nicht mehr gutzumachen*!!«

Er warf die Arme empor, die kurzen Ärmel rutschten zurück, die eine Hand umklammerte den Sack – er schwoll bis zur Größe seines beflügelten dunklen Schattens an, und die Decke wurde ihm zu niedrig und lastete auf seinem Kopf.

»Regen Sie sich nicht auf, nur ruhig«, sprach Sotow besänftigend auf ihn ein, während sein Fuß nach der Schwelle zum Ausgang tastete. »Es muß bloß *eine kleine Frage* geklärt werden ...«

Und ging.

Hinter ihm Gusskow.

Als er durch das Zimmer des Militärfahrdienstleiters kam, sagte der Leutnant:

»Diesen Zug halten Sie noch zurück.«
Wieder in seiner Kammer, setzte er sich an den Tisch und schrieb:

»An die Dienststelle der Transportabteilung der NKWD.

Hiermit überstelle ich Ihnen einen von mir angehaltenen, angeblich aus der deutschen Einkesselung befreiten Mann, der sich mir gegenüber als Twerititinow Igor Dementjewitsch ausgab und in Skopino seinen Zug Nr. 245 413 versäumt haben will. Im Gespräch mit mir ...«
»Pack dich zusammen!« sagte er zu Gusskow. »Nimm noch einen Mann und bring ihn zur Hauptstation.«

*

Es verstrichen einige Tage, auch die Feiertage gingen vorbei.
Nicht verschwunden aus Sotows Erinnerung war jener Mann mit dem wunderbaren Lächeln und dem Foto seiner Tochter im graugestreiften Kleidchen.
Alles schien richtig, er hatte getan, was getan werden mußte.
Richtig und doch falsch ...
Er hätte sich gern überzeugt davon, daß der andere wirklich ein verkleideter Diversant war oder längst entlassen wurde. Sotow telefonierte zur Hauptstation, ließ sich mit der NKWD-Stelle verbinden.
»Ich habe Ihnen am ersten November einen von mir angehaltenen Mann, Tweritinow, geschickt. Könnten Sie mir nicht sagen, was die Untersuchung ergeben hat?«
»Die Untersuchung läuft noch!« kam aus dem Telefon die bestimmte Antwort. »Was aber Sie anlangt, Sotow: in den Akten über die bis zu achtzig Prozent verbrannten Waren fanden sich Unklarheiten. Es ist eine wichtige

Sache, da kann sich manch einer dabei sein Süppchen gekocht haben.«

*

Den ganzen Winter lang diente Sotow noch auf jener Station, unverändert als Stellvertreter des Kommandanten. Mehr als einmal drängte es ihn, nochmals wegen Tweritinow anzurufen, doch hätte dies Verdacht erregen können.

Als einmal von der Hauptstation ein Untersuchungsrichter in anderer Angelegenheit zu ihnen kam, fragte Sotow wie nebenbei:

»Können Sie sich nicht an einen gewissen Tweritinow erinnern? Der im Herbst von mir angehalten wurde ...«

»Warum fragen Sie nach ihm?« Der NKWD-Mann runzelte bedeutungsvoll die Stirn.

»Na, einfach so ... ich hätte gern gewußt ... wie es ausgegangen ist.«

»Unsere Leute werden die Sache schon klären, auch mit Ihrem Twerikin. Bei uns gibt's keinen Ausschuß.«

*

Doch niemals mehr in seinem ganzen weiteren Leben konnte Sotow diesen Menschen vergessen.

Im Interesse der Sache

1

»Fainotschka, wer hat den Stundenplan für die Elektriker?«

»Wozu brauchen Sie ihn denn, Sie sind doch Funker?«

»Faina Valerianowna, Ausgangsniveau – minus zwanzig Dezibel. Das ist unser neuer Kollege – für ihn brauch' ich den Stundenplan.«

»Verzeihung. Was werden Sie bei uns unterrichten?«

»Kraftanlage. Und Theorie des elektrischen Antriebs.«

»So ein Lärm, man kann kein Wort verstehen. Das nennt sich Lehrerzimmer! Dort ist der Stundenplan, in der Ecke, dort sehen Sie nach.«

»Susanna Samoilowna! Guten Tag!«

»Lidia Georgijewna? Lidotschka! Fabelhaft sehen Sie aus! Wo waren Sie denn im Sommer?«

»Ja, wo – auf dem Bau, den ganzen Juli!«

»Auf dem Bau? Hatten Sie Urlaub oder hatten Sie keinen?«

»So gut wie keinen. Drei Wochen statt acht. Na, ich bedaure es nicht. Sie sehen aber ein bißchen blaß aus.«

»Grigori Lawrentjewitsch! Wie denn, haben die Elektriker nur für zwei Tage einen Stundenplan?«

»Für alle Fächer nur bis zum zweiten September. Vorläufig. Genossen, wer geht denn da weg? Genossen! Achtung! Ruhe! Ich wiederhole: Fjodor Michejewitsch hat gebeten, daß keiner weggeht.«

»Wo ist er?«

»Im neuen Gebäude. Er kommt gleich zurück, wir werden besprechen, ob wir umziehen oder nicht.«

»Das muß doch schnell gehen! Die Auswärtigen treffen schon ein. Sollen wir sie in Privatwohnungen unterbringen? Oder bekommen wir ein Studentenheim?«

»Weiß der Kuckuck! Wieder bis zur letzten Minute. Warum wird bei uns nie etwas rechtzeitig gemacht?«

»Ja, Marja Diomidowna, ich bekomme im neuen Schulgebäude zwei Räume, genug! Einen für die theoretischen Grundlagen der Elektrotechnik, den andern für die elektrischen Meßgeräte.«

»Und ich auch: die Elektronen- und Ionengeräte extra, bloß die Isolationsstoffe bleiben bei der Beleuchtungstechnik.«

»Na ja, für Sie freue ich mich am meisten. Sie haben doch kein Laboratorium, sondern einen Aufbewahrungsort für noch nicht ganz zerteppertes Glasgeschirr.«

»Und alles in Kisten – im Gang, im Keller stehen sie herum, fürchterlich! Aber da haben wir Wandbretter angebracht, und die Sache klappt – die Ignitronen, die Thyratronen, die Generatorröhren. Alles schön an seinem Platz.«

»Machen Sie doch die Zigarette aus, Vitali! Bevor man raucht, fragt man erst die Damen um Erlaubnis.«

»Darf ich Ihnen unsern neuen Lehrer vorstellen: Anatoli Germanowitsch, Ingenieur. Und das ist Susanna Samoilowna, Leiterin des Lehrstuhls für Mathematik.«

»Hören Sie auf mit Ihren boshaften Witzen! Was bin ich schon für ein Lehrstuhlleiter?«

»Nun dann, Vorsitzende der Fachkommission. Auch kein großer Unterschied! Und das ist Lidia Georgijewna, eine sehr typische Mitarbeiterin in unserem Technikum.«

»Ganz untypisch, glauben Sie ihm nicht! Sie werden schon am ersten Tag typischer sein als ich.«

»Das schließen Sie nach meinem Äußeren? Hab' ich das nicht meiner Brille zu verdanken?«

»Ja, weil Sie Ingenieur sind und natürlich profiliert. Mich kann man leicht ersetzen, ich bin hier sozusagen ein überflüssiger Mensch.«

»Was unterrichten Sie?«

»Russisch. Und Literatur.«

»Lidia Georgijewnas Lächeln aber verrät Ihnen sogleich, daß sie sich durchaus nicht für einen überflüssigen Menschen hält. Fangen wir damit an, daß sie der führende Geist unserer Jugend ist.«

»Ach so? Die Jugend hat Sie gewählt?«

»Nein, mich hat das Parteibüro ernannt. Ich bin vom Parteibüro dem Komsomolkomitee zugeteilt.«

»Aber Lidotschka, seien Sie doch nicht so bescheiden. Die Komsomolzen haben ausdrücklich Sie verlangt. Und schon vier Jahre hintereinander.«

»Ich fügte hinzu: die Hälfte des Erfolges bei dem Neubau schreibe ich persönlich Lidia Georgijewna zu...«

»Jetzt wollen Sie sich wohl über mich lustig machen?«

»Ich versteh' nicht recht – wer hat das neue Gebäude gebaut? Ein Trust etwa? Oder Sie selbst?«

»Sowohl ein Trust als auch wir selbst; das ist eine ganze Geschichte.«

»Erzählen Sie doch, Lidia Georgijewna. Wir müssen ja sowieso warten.«

»Uns wurde erklärt: der Trust hat dieses Jahr nicht genug Geld für alle Arbeiten. Er wird noch zwei Jahre lang bauen. Wir haben gefragt – können wir helfen? Jawohl, das könnt ihr! Dann bekommt ihr am ersten September euren Neubau! Und wir packten zu! Haben eine Vollversammlung der Komsomolzen abgehalten...«

»Wo kann man denn hier Versammlungen abhalten?«

»In den Gängen, auf der Treppe, in den Hörsälen sind Lautsprecher; einen richtigen Saal natürlich ... Also, die Versammlung fand statt. Machen wir's? Wir machen's! Wir bildeten Brigaden. Zuerst wurde für die Leitung jeder Brigade ein Lehrer bestimmt. Aber die Jungens protestierten! Nicht nötig, wir schaffen's allein! Offen gestanden hatten wir zuerst ziemliche Angst wegen der Jüngsten, der Vierzehn- und Fünfzehnjährigen, die direkt von der Mittelschule kamen, daß sie nicht unter einen Kran geraten oder runterfallen. Na, die Erwachsenen hatten ein Auge auf sie, die Größeren wollten nichts davon wissen.«

»Und gab's kein nutzloses Herumstehen?«

»Wir haben es nach Möglichkeit vermieden. Der Vorarbeiter gab dem Parteibüro für eine Woche die Listen, wann und wieviel Arbeiter gebraucht werden. Wir bildeten so eine Art Stab, der bestimmte, welche Brigade eingesetzt wird; an Wochentagen arbeiteten wir teils vor, teils nach dem Unterricht. Wir haben doch zwei Schichten. Und an vielen Sonntagen schafften wir auch. Es wurde beschlossen, daß jeder zwei Wochen von seinen Sommerferien auf dem Bau arbeiten soll. Bei den Auswärtigen bemühten wir uns, daß die zwei Wochen auf den Anfang oder das Ende der Ferien fielen, aber manche mußten doch mitten in den Ferien auf den Bau – und sie kamen.«

»Das ist ja erstaunlich.«

»Das ist gar nicht so erstaunlich. Erstaunlich ist, wie sich alle benommen haben. Nichts auszusetzen! Die Jungen und Mädchen waren wie ausgewechselt. Nicht nur wir – auch die Bauleute haben sich gewundert. Sie haben mir gesagt: Wir arbeiten schlechter, Ehrenwort.«

»Verblüffend.«

»Sie glauben nicht? Fragen Sie, wen sie wollen.«

»Ich zweifle nicht ... Wahrscheinlich ist die Begeisterung ein natürlicher Zustand des Menschen und wohl auch der schönste. Nur ist das Wort bei uns so ... so abgenutzt, so schal geworden. Wir gehen allzu unbedacht damit um, jedenfalls im Rundfunk. Im Betrieb höre ich meist: Was bekomme ich dafür? Wie wird es berechnet? Geben Sie mir's schriftlich. Und niemand wundert sich. Keiner will zu kurz kommen.«

»Ja, was haben wir noch gemacht: haben den Bauentwurf abgezeichnet, ein Modell vom neuen Technikum angefertigt und es bei der Demonstration vorangetragen – als unser Wahrzeichen.«

»Lidia Georgijewna hat die gefühlsmäßige Seite beleuchtet, um aber richtig zu begreifen, muß man mit der wirtschaftlichen Seite der Frage beginnen. Unser Technikum besteht schon sieben Jahre, und seit man uns damals dieses Gebäude hinter der Eisenbahnlinie zugeteilt hat – damals lag es außerhalb der Stadt –, sind wir hier steckengeblieben. Später wurde ein ebenerdiger Flügel für die Werkstätten angebaut, außerdem bekamen wir ein Häuschen, ein halber Kilometer von hier – aber man konnte sowieso nichts Richtiges damit anfangen. Endlich erreichte Michejitsch, daß uns in der Stadt ein Grundstück überlassen wurde. Dort standen kleine Häuschen, die abgetragen werden mußten ...«

»Das geschah natürlich im Handumdrehn?«

»Die Baugrube wurde ausgehoben und gleich zwei Fundamente auf einmal gelegt – für das Technikum und das Studentenheim nebenan. Als das Erdgeschoß halbwegs aufgeführt war, schlief alles ein. Und drei Jahre hintereinander konnten und konnten keine Mittel für den Weiterbau aufgetrieben werden. Einmal vergaß man, uns in eine Bauobjektliste einzutragen, dann wurde das Ministerium geteilt, dann wieder vereinigt, wir wurden einer andern Instanz unterstellt, inzwischen kamen Frühling, Sommer, Herbst und Winter, und alles blieb beim alten. Kürzlich wurde der Volkswirtschaftsrat gegründet, zu dessen Kompetenzbereich wir nun gehören, der bewilligte uns ab ersten Juli vorigen Jahres das Geld für den Bau, und da ...«

»Tante Dussja, machen Sie doch bitte das Fenster auf, die Männer haben hier ganz unverschämt das Zimmer vollgepafft.«

»Man kann doch nicht wegen jeder Zigarette rausgehen!«

»Das Lehrerzimmer ist nicht dazu da!«

»Und was für Arbeiten haben Sie gemacht?«

»Oh, sehr viele. Gräben vom Kesselhaus ausgehoben ...«

»Ja, Gräben hauptsächlich. Für die Kabel, für ... Und haben selber alles wieder zugegraben!«

»Dann haben wir Ziegel ausgeladen und in die Aufzugsbehälter gestapelt. Aus den Kellern die Erde rausgeschleppt.«

»Und den Bauschutt aus allen Stockwerken ... Heizkörper, Rohre, Parkett in die Zimmer getragen, geschrubbt und gescheuert.«

»Kurz und gut, außer uns arbeiteten nur Baufachleute, keine Hilfsarbeiter.«

»Wir haben sogar unsere eigenen Fachleute angelernt. Eine Brigade von Stukkateurlehrlingen und eine von Anstreicherlehrlingen. Großartig, wie die das raushatten. Eine Augenweide!«

»Verzeihen Sie, kommt das von draußen? Wo wird da gesungen?«

Beim Kienspan zu sitzen
Macht uns keinen Spaß.
Die Kerzen und Leuchten –
Veraltet ist das.

Wir machen Lampen,
Die man nie gesehn hat,
Dioden!
Trioden!
Tetroden!
Pentoden!
Und Röhren aller Art.

»Sind das Ihre Studenten? Was singen sie denn?«

»Ich brauch' gar nicht hinauszugucken und kann Ihnen sagen, daß es der dritte Kursus der Vakuumabteilung ist.«

»Verdammt, gut klingt das. Ich möchte sie gern sehen! Vom Fenster aus?«

»Kommen Sie her... Marianna Kasimirowna, darf ich Ihren Stuhl ein Stückchen rücken?«

»Aber nein, aber nein. Jetzt sind doch Kleider mit der ›Fäßchensilhouette‹ modern, haben Sie noch nicht gesehen? Schmale Taille, darunter hüftbetonte weichdrappierte Falten, nach unten zu wieder eng und bis zur halben Wade...«

»Ja, dort hinter dem Klosterbach, den See kenn' ich, dort war ich oft, wieviel Karauschen hab' ich da gefangen!«

»Lidotschka, drängen Sie nicht so, überall sitzen Leute.«

»Hierher, Anatoli Germanowitsch. Beugen Sie sich mal vor! Sehen Sie dort die Handvoll Mädchen und Jungen?«

Im Flugzeug, auf Raketen,
In jedem Menschenheim,
Auf Erden, auf andern Planeten
Kehrt die Elektronik ein.
Und alles Neue, was man kennt,
Eröffnet das Talent – lent – lent.

»Und wie die schmettern! Hundertprozentig überzeugt.«
»Das ist doch ihr Stolz, ihre Hymne, deshalb singen sie so. Mit diesem Geschmetter haben sie sich bei der städtischen Laienkunstschau den zweiten Preis ersungen! Übrigens beachten Sie: nur die Mädchen singen, die Jungen haben Stimmbruch, sie haben bei der Schau auch nur als Verzierung dagestanden, bloß beim Refrain brüllten sie ohrenbetäubend mit.«
»Ich betrachte sie mit einer gewissen Scheu. Ich hab' immer mit Erwachsenen zu tun. Einmal hielt ich in der Schule, in die mein Sohn geht, einen Vortrag ›Die Errungenschaften in Wissenschaft und Technik.‹ Zu Tode geschämt hab' ich mich vor dem Jungen. Die Kerle hören mir nicht zu und fertig, ich kann mich auf den Kopf stellen. Der Leiter der Lehrabteilung klopft auf den Tisch, aber auf ihn hörte auch keiner. Später freilich hat mir mein Junge den Grund erklärt: die Garderobe war abgeschlossen, und niemand durfte nach Hause. ›Bei uns‹, sagte er, ›macht man das oft, wenn eine Delegation kommt oder bei sonst einer Veranstaltung. Dann reden die Jungen mit Absicht die ganze Zeit.‹«
»Aber das Technikum kann man doch nicht mit einer Schule vergleichen. Hier gibt es keine wohlsituierten Faulpelze, die bloß ihre Jahre auf der Schulbank absitzen. Und hier hat der Direktor auch ganz andere Rechte: Stipendium, Studentenheim ... Übrigens, wir haben seit sieben Jahren kein Studentenheim, die Schüler sind in Privatwohnungen untergebracht.«
»Das Technikum bezahlt die Miete?«
»Das Technikum zahlt jedem drei Rubel, dem Buchstaben nach soll das genügen. Doch eine Schlafstelle kostet zehn Rubel im Monat, eine bessere – fünfzehn. Deshalb mieten manche eine Schlafstelle zu zweit. Und

das nun schon seit Jahren. Natürlich haben sie's satt. So, jetzt sind Sie unserem Enthusiasmus auf den Grund gekommen, da gibt's keinen Zweifel, wir haben's über, schlecht zu leben, wollen's besser haben! War das nicht auch die Ursache der freiwilligen Arbeitssonntage?«
»Richtig!«
»Genauso bei uns. Beugen Sie sich mal aus dem Fenster.«

Und Röhren aller Art.

»Wie weit ist es von hier bis zum Eisenbahnübergang?«
»Sechshundert Meter.«
»Aber diese sechshundert Meter muß man jeden Tag zu Fuß laufen! Und viele sogar zweimal, hin und zurück. Jetzt ist's Sommer, es hat drei Tage lang nicht geregnet – und trotzdem muß man über die Tümpel springen. Nie kann man sich anständig anziehen, das ganze Jahr kommt man aus den Schaftstiefeln nicht heraus. In der Stadt ist es längst trocken, und wir kommen immer schmutzig an.«

Auf Erden, auf andern Planeten!

»Da haben wir uns zusammengesetzt und darüber gesprochen: Wie lange werden wir uns noch herumquälen? Keine Hörsäle, sondern Rumpelkammern! Keine einzige Feier kann man veranstalten, wenn nicht in irgendeinem Klub ein Saal gemietet wird. Und die Abendveranstaltungen fehlen den Jugendlichen am meisten.«

Eröffnet das Talent – lent – lent.

»Lidia Georgijewna! Wo ist Lidia Georgijewna?«
»Hier!«

»Die Studenten möchten Sie unbedingt sprechen. Haben Sie Zeit?«
»Gut. Ich komme! Entschuldigen Sie bitte!«
»Aber das war doch der berühmte Torschuß! Mit dem Rücken zum Tor, über den Kopf weg, aus dem Strafraum – direkt ins Netz!«
»Ist das Ihr Hut? Aber nein! Ganz unmodern. Jetzt trägt man nur umgekehrte Blumentopfform!«
»Marianna Kasimirowna, ich muß Sie mal stören ...«
»Ein Teil des Kellers richte ich als Schießstand ein. Ich habe es schon versprochen.«
»Ich geh' nicht fort, Grigori Lawrentjewitsch, ich bleib' auf der Treppe ...«

2

»... Na, wer will mit mir sprechen? Tag, Kinder! Wen hab' ich noch nicht gesehen – guten Tag, guten Tag!«
»Wir gratulieren zum Finish, Lidia Georgijewna!«
»... Lidia Georgijewna!«
»... Georgijewna!«
»Ich gratuliere euch auch, Jungens. Und euch, Mädchen! Allen zusammen.«
Lidia Georgijewna hob die Hand hoch über den Kopf, damit alle sie sehen konnten, und bewegte die Finger.
»Famos habt ihr gearbeitet! Ich gratuliere euch zum Sieg und zum neuen Schuljahr im neuen Gebäude!«
»Hurra-a-ah!!! ...«
»Wer versteckt sich dort so eifrig vor mir? Lina? Du hast dir den Zopf abgeschnitten! So einen schönen Zopf?!«
»Wer trägt denn so was heute, Lidia Georgijewna!«
»Nicht schön, was die Mode bloß mit uns macht!«

In ihrem blaugrünen Kostüm, den schwarzen Blusenkragen überm Revers, stand Lidia Georgijewna auf dem oberen Treppenabsatz vor dem Lehrerzimmer, schlank, sehr hübsch, mit offenem Gesicht, und blickte auf die Jugendlichen, die sie von drei Seiten umringten – aus dem schmalen Gang rechts, aus dem schmalen Gang links und von unten, von der engen Treppe her. Meistens war es hier recht dämmrig, aber an diesem sonnigen Tag genügte das Licht, um alle Farben auf den Tüchern, Schals, Blusen, Kleidern und Cowboyhemden zu unterscheiden, und es gab wohl jede Schattierung von Weiß, Gelb, Rosa, Rot, Blau, Grün und Braun – in Tupfen, Linien, Streifen, Karos, in ineinanderfließenden Mustern und einfarbigen Flächen.

Die Mädchen vermieden es, eng bei den Jungen zu stehen; sie selbst aber standen Schulter an Schulter, und auch die Jungen standen dicht beieinander, sie schoben das Kinn über die Schulter des Vordermanns und reckten die Hälse, um besser sehen zu können, und das alles strahlte, freute sich, lärmte und erwartete etwas von Lidia Georgijewna.

Sie ließ die Augen umhergehen und entdeckte eine Menge neuer Frisuren, die sich die Mädchen während des Sommers zugelegt hatten: hier und da standen freilich noch kurze Zöpfchen mit bunten Schleifen nach beiden Seiten ab, dazwischen sah man schlicht gescheiteltes Haar, weniger schlichte Tollen und einfach zur Seite gekämmte Locken – doch wie sehr bauschten sich nur scheinbar ungekämmte, vernachlässigte, halbzerzauste, in Wirklichkeit aber mit jeder Strähne genau berechnete hochgetürmte Wuschelfrisuren, in Flachs-, Hafer-, Weizen-, Buchweizenblond und pechfarben. Und die Jungen – die langbeinigen wie die gedrungenen, die dünnen wie die stämmigen – steckten samt und sonders in bun-

ten Hemden, und alle hatten wie auf Verabredung offene Kragen. Die einen trugen unwiderstehliche Tollen, andere hatten das Haar glatt nach hinten gestriegelt, bei manchen stand es bürstenartig in die Höhe.
Die Jüngeren waren nicht da, aber auch die Älteren, die sich um Lidia Georgijewna drängten, befanden sich noch in dem biegsam-formbaren Alter, wo der Mensch noch für alles Gute empfänglich ist, und das leuchtete ihr entgegen.
Lidia Georgijewna sah das sofort, als sie aus dem Lehrerzimmer trat. Sie tauchte gleichsam in die zutraulichen Blicke, in das Lächeln ein, dabei schlug ihr Herz heftiger – die höchste Auszeichnung für einen Lehrer, wenn er so erwartet und umringt wird.
Sie vermochten gar nicht zu sagen, was sie in ihr sahen, aber wie alle jungen Menschen liebten sie das Gerade und Offene. Auf ihrem Gesicht konnte man mühelos lesen, daß sie genau das denkt, was sie sagt. Und vor allem hatten sie sie während der Monate auf dem Bau kennen- und schätzengelernt. Sie kam nicht im Ausgehkleid, sondern in einem dunklen, schlichten, mit einem Tuch um den Kopf, und sie kommandierte nicht herum und verlangte nicht von anderen, was sie selbst nicht tat. Zusammen mit den Mädchen schleppte und schrubbte sie.
Sie war verheiratet, bald dreißig Jahre alt und hatte schon ein zweijähriges Töchterchen, trotzdem nannten sie alle Studenten Lidotschka, natürlich nicht in ihrer Gegenwart, und die Jungen sausten stolz los, wenn sie ihnen mit leichter, sicherer Handbewegung einen Auftrag gab und mitunter sogar – das war ein Zeichen besonderen Vertrauens – dem Betreffenden die Fingerspitzen auf die Schulter legte.
»Lidia Georgijewna, wann ziehen wir um?«

»Wann denn endlich?«
»Jungens, wir haben schon so lange gewartet. Warten wir noch zwanzig Minuten! Gleich kommt Fjodor Michejitsch zurück.«
»Warum sind wir noch nicht umgezogen?«
»Dort sind ... noch Kleinigkeiten fertigzumachen ...«
»Immer diese Kleinigkeiten!«
»Wir machen's selber. Sie sollen uns nur reinlassen!«
Ein schlanker Junge aus dem Komsomolkomitee, in einem rotbraun karierten Hemd, derselbe, der Lidia Georgijewna aus dem Lehrerzimmer geholt hatte, fragte:
»Lidia Georgijewna! Wir müssen besprechen, wie wir den Umzug machen. Wer wird was tun?«
»Ich habe eine Idee.«
»Ruhe, ihr Pinguine!«
»Folgendes: wir werden zwei, drei Lastwagen haben, die schaffen natürlich die Werkbänke und die schwersten Sachen hinüber. Alles andere, Freunde, können wir selbst tragen, wie die Ameisen. Nun, wieviel ist das? Wie groß ist die Entfernung?«
»Anderthalb Kilometer.«
»Tausendvierhundert Meter, ich hab's gemessen!«
»Womit?«
»Mit dem Kilometerzähler vom Fahrrad.«
»Na also, da werden wir doch nicht noch eine Woche auf die Lastwagen warten? Neunhundert Mann! Na, was denn, schaffen wir das etwa nicht an einem Tag?«
»Wir scha-ffen's!«
»Wir scha-affen's!«
»Bloß schneller, dann richten wir hier das Studentenheim ein.«
»Ja, schneller, bevor es anfängt zu regnen!«
»Hör mal, Igor!« Lidia Georgijewna legte mit einer

gebietenden Bewegung die Fingerspitzen auf die Brust des Jungen im rotbraunen Hemd. (Sie machte das wie ein General, der einen Orden aus der Tasche nimmt und ihn an den Waffenrock eines Soldaten heftet.) »Wer ist noch hier vom Komitee?«

»Fast alle. Auf der Straße sind noch welche.«

»Also! Setzt euch mal gleich hin und macht eine Liste der Gruppen, schreibt aber recht deutlich. Daneben gebt an, wieviel Leute in einer Gruppe sind, und überlegt, wer welche Laboratorium- und Arbeitszimmereinrichtung hinüberträgt, wo es schwere und wo es leichte Gegenstände gibt. Wenn möglich, haltet euch an die Klassenlehrer, verteilt aber alles richtig nach dem Alter. Dann gehen wir gleich zu Fjodor Michejitsch, lassen ihn den Plan bestätigen, und jede Gruppe steht sofort zur Verfügung des Lehrers.«

»Wird gemacht!« antwortete Igor, die Schultern straffend. »Famos, unsere letzte Versammlung im Korridor, dort werden wir schon einen ordentlichen Raum haben! Hallo! Komiteemitglieder! Genka! Rita! Wo versammeln wir uns?«

»Und wir gehen ins Freie, Kinder!« rief Lidia Georgijewna mit klingender Stimme. »Dort sehen wir auch Fjodor Michejitsch eher.«

Sie trappelten hinab und hinaus auf die Straße. Die Treppe war nun frei.

Auf dem öden Gelände vor dem Technikum, wo die kleinen Bäumchen gar nicht recht wachsen wollten, warteten ungefähr noch zweihundert Studenten. Der dritte Lehrgang der Vakuumabteilung stand immer noch eng beisammen, die Mädchen umschlungen, und verlangten schallend und sahen sich dabei an:

Und Röhren aller Art!

Die Jüngeren spielten Drittenabschlagen und Fangen. Wenn sie jemand eingeholt hatten, schlugen sie ihm lachend die Hand zwischen die Schulterblätter.
»Warum haust du denn so auf den Rücken?« fragte ein kleiner Dicker empört.
»Nicht auf den Rücken, aufs Rückgrat«, korrigierte gewichtig ein kleiner Kerl mit platter Schirmmütze und einer Volleyballblase im Gürtel: Lidia Georgijewna drohte ihm mit dem Finger, da prustete er los und rannte weg.
Die Jüngsten, die Neuen aus der siebten Klasse, standen gut angezogen und befangen beieinander und ließen die Augen umherwandern.
Ein paar Jungen radelten mit einem Mädchen auf der Lenkstange.
Am Himmel zogen Wolken, sie sahen wie aufgeschüttelte Daunen aus. Ab und zu verdeckten sie die Sonne.
»Wenn es bloß keinen Regen gibt«, riefen die Mädchen seufzend.
Abseits von den andern unterhielten sich drei vom vierten Kursus der radiotechnischen Abteilung – zwei Mädchen in losen Blusen und ein junger Mann, ebenfalls im lose fallenden Sporthemd. Die Blusen der Mädchen hatten ein unauffälliges Streifenmuster. Das Hemd des Jungen war quittegelb und über und über mit tollen Ornamenten aus Palmen und Schiffen bedeckt. Lidia Georgijewna fiel dieser Unterschied auf, und ein Gedanke durchzuckte sie, der sie schon mehrmals verwundert hatte. Ihre älteren Brüder und später ihre Altersgefährten kleideten sich sehr schlicht, unauffällig; alles Bunte, Schmückende, Ausgefallene war den Mädchen vorbehalten; und so mußte es auch sein. Doch dann, ein paar Jahre später, begann ein unnatürlicher Wettstreit – die Jungen zogen sich sorgfältiger, sogar greller und

bunter als die Mädchen an, trugen Socken in den verrücktesten Farben, als ob nicht sie die Werbenden, sondern die Umworbenen wären. Und immer häufiger hakten nicht sie die Mädchen ein, sondern die schoben ihren Arm unter den der Jungen. Lidia Georgijewna sah darin etwas beunruhigend Unnatürliches, und sie befürchtete, daß die Jungen dadurch etwas für sie Wesentliches verlören.

»Na, Valerik«, fragte sie den Jungen im gelben Hemd, »wie steht's, bist du seit dem Sommer ein bißchen klüger geworden?«

Valerik lächelte herablassend.

»I wo denn, Lidia Georgijewna. Dümmer natürlich.«

»Und das macht dir keine Sorgen? Die Mädchen werden doch keine Achtung vor dir haben.«

»Wer-den sie schon!«

Den Gesichtern der beiden Mädchen war abzulesen, daß seine Sicherheit nicht auf Sand gebaut war.

»Was hast du im Sommer gelesen?«

»Fast nichts, Lidia Georgijewna«, antwortete Valerik in demselben überlegenen Ton. Er schien auf die Fortsetzung dieses Gespräches keinen großen Wert zu legen.

»Aber warum denn?« fragte Lidia Georgijewna verstimmt. »Wozu hab' ich dir's denn aufgegeben?«

»Sicher für den Lehrplan«, meinte Valerik.

»Wenn man Bücher liest, dann ade Kino und Fernseher! Wie soll man denn das alles schaffen?« schnatterten die beiden Mädchen los. »Der Fernseher sendet die ganze Woche, ohne freien Tag.«

Ein paar andere aus dem vierten Kursus kamen hinzu.

Lidia Georgijewnas Gesicht verdüsterte sich. Das nach hinten gekämmte dichte, helle Haar ließ ihre hohe Stirn frei, von der alle Kümmernisse und Schwierigkeiten abzulesen waren.

»Natürlich, Kinder, ich werde doch in unserem Technikum, wo ihr Fernsehgeräte studiert, nicht gegen den Fernseher hetzen! Schaut euch die Sendungen an, soviel ihr Lust habt, aber doch... an freien Tagen. Außerdem läßt sich das nicht vergleichen. Die Fernsehsendungen sind wie Eintagsfliegen...«

»Aber dafür interessant und lebendig!« beharrten die Jugendlichen. »Da wird getanzt.«

»Und Ski gelaufen.«

»Und Schanzen springen!«

»Und Motorradrennen!«

»Bücher aber leben – Jahrhunderte!« rief Lidia Georgijewna drohend, lächelte aber dabei.

»Bücher? Bücher leben auch einen Tag!« widersprach ein sehr ernster Junge mit rundem Rücken, der fast wie ein Buckel aussah.

»Wie kommst du darauf?« rief Lidia Georgijewna entsetzt.

»Gehen Sie in eine Buchhandlung«, sagte der Junge mit dem runden Rücken. »In den Schaufenstern vergilben die Romane. Alle Regale sind vollgestellt. Kommt man ein Jahr später wieder hin, stehen sie immer noch da. Ich wohn' in einem Haus, wo eine Buchhandlung ist, und weiß Bescheid: die Bücher werden dann gestapelt und zurückgeschickt. Der Fahrer sagt, man stampft sie ein und macht neues Papier draus. Wozu werden sie dann erst gedruckt?«

Im vorigen Jahr beendeten diese Schüler bei ihr den zweiten Lehrgang, aber sie hatte nichts dergleichen von ihnen gehört. Damals antworteten sie brav, genauso wie man's von ihnen verlangte, und bekamen Einsen und Zweien!

Es entspann sich eine Diskussion, die man nicht hier vor dem Eingang stehend, bei all dem Radau, hätte führen

dürfen. Lidia Georgijewna wollte sie aber auch nicht mittendrin abbrechen; sie durfte es nicht.
»Erst muß man mal feststellen, *welche* Bücher fortgeschafft werden!«
»Ich hab' zugesehen, bitte sehr, ich kann's Ihnen sagen«, beharrte der Junge mit dem krummen Rücken, und eine schräge Denkfalte grub sich in seine Stirn. »Einige Bücher wurden in der Zeitung sogar sehr gelobt...«
Aber andere redeten dazwischen und übertönten ihn. Anikin, ein Beststudent – in allen Fächern Einsen –, ein kerngesunder Bursche mit einem Fotoapparat über der Schulter, drängelte sich nach vorn und sagte (auf ihn hörten alle):
»Lidia Georgijewna, reden wir mal offen. Sie haben uns vor den Ferien eine riesenlange Bücherliste diktiert. Welches Buch man auch nimmt – weniger als fünfhundert Seiten hat keins. Wie lange muß man daran lesen? Zwei Monate? Da gibt's noch Epopöen, Trilogien, Fortsetzung folgt. Für wen werden die gedruckt, sagen Sie bitte?«
»Für die Kritiker«, belehrte ihn einer.
»Um Geld zu verdienen!«
»Ja, nur deshalb«, pflichtete ihm Anikin bei. »Denn ein Mensch mit technischem Beruf – und das sind die meisten in unserem Lande – muß doch auch mal seine technischen Bücher lesen und die Fachzeitschriften, sonst ist er ein zurückgebliebener Tölpel, man jagt ihn aus dem Betrieb, und mit Recht.«
»Richtig«, stimmten die andern zu. »Und wann sollen wir die Sportzeitschriften lesen?«
»Und den ›Sowjetski ekran‹?«
»Lidia Georgijewna«, Anikin geriet in Fahrt, »in unserem Zeitalter dicke Bücher zu schreiben ist meiner Ansicht nach von den Schriftstellern einfach gewissenlos:

Warum sollen *wir* in unseren Schemata immer die knappste Lösung finden? Bei der Verteidigung von Diplomentwürfen – voriges Jahr war ich dabei – wird der Prüfling dauernd unterbrochen: Geht's nicht kürzer? Einfacher? Billiger? Und was schreibt die ›Literaturnaja gaseta‹? Die Gestaltung der Charaktere ist schematisch, die Komposition zerfällt, aber dafür welch erhabene Ideen! Ebenso könnte man bei uns sagen: es wird keinen Strom geben, die ganze Einrichtung wird nicht funktionieren, dafür sind die Verdichter gut gewählt! Warum sagt man nicht offen: dieser oder jener Roman dürfte nur ein Zehntel so lang sein! Ein anderer ist Ballast für die Köpfe.«

»Was die Kürze betrifft, bin ich einverstanden«, rief Lidia Georgijewna entschieden und fuhr mit dem Arm durch die Luft. Ein zufriedenes Grölen antwortete ihr. Deshalb eben liebte sie die Jugend, weil sie nie log. War sie einverstanden, sagte sie es.

»Begreift doch, Kinder, die Bücher verewigen unsere Zeitgenossen, uns selber und unsere großen Taten!«

»Und jetzt die Memoiren«, schrie hastig einer aus der dritten Reihe, ein Junge mit Brille und komisch kurzem Igelhaar. »Jeder, der fünfzig auf dem Buckel hat, veröffentlicht auch seine Memoiren, wie er geboren wurde, wie er geheiratet hat, das kann doch jeder Schafskopf schreiben.«

»Es kommt auf das *Wie* an«, rief die Lehrerin mit Donnerstimme. »Wenn darin die Epoche und die Persönlichkeit des Autors zum Ausdruck kommen.«

»An was die sich alles erinnern«, schimpfte der mit der Brille. »›Ein Fieberanfall ereilte mich im Garten. Ich kam in der Stadt an, kein freies Zimmer im Hotel ...‹«

Er wurde zurückgedrängt und überschrien.

»Zum Thema Kürze, Lidia Georgijewna, geben Sie mir

bitte das Wort!« sagte einer und meldete sich fast wie in der Schule.

»Ich möchte was über die Klassiker sagen«, und auch der hob fast die Hand.

Lidia Georgijewna blickte in die aufgeregten Gesichter und lächelte glücklich. Sollen sie sich aufregen, sollen sie heikle Fragen stellen, wer streitet, den kann man überzeugen. Sie fürchtete nichts so sehr bei der Jugend wie Gleichgültigkeit.

»Rede«, erteilte sie das Wort dem Jungen, der über die Kürze sprechen wollte.

Es war der struppige Tschursanow, ein Junge mit gewendetem und geflicktem Kragen. Sein Vater war gestorben, und die Mutter, eine Hausmeisterin, hatte noch jüngere Kinder, deshalb mußte er nach der siebten Klasse ins Technikum gehen. In Literatur und Russisch freilich pendelte er zwischen mangelhaft und ungenügend, aber schon als kleiner Junge, mit zehn Jahren, hatte er Funkgeräte gebastelt und galt im Technikum als genialer Radiotechniker. Er fand einen Schaden ohne Schema, als ob er fühle, wo er sitzt.

»Hört mal«, rief Tschursanow mit schneidender Stimme. »Anikin hat ganz richtig gesagt: wir müssen Zeit sparen. Was tu' ich deshalb? Ich lese überhaupt keine schöne Literatur.«

Gelächter.

»Du wolltest doch was über die Kürze sagen!«

»Wovon spreche ich denn sonst?« staunte Tschursanow. »Ich stell' den Rundfunk ein, höre die Nachrichten, die außenpolitischen Kommentare, bitte sehr, dabei zieh' ich mich an oder esse zu Mittag oder bring' zu Haus was in Ordnung – so spare ich Zeit.«

Abermals Lachen.

»Warum grölt ihr?« fragte Tschursanow verwundert.

»Gar nichts zum Lachen!« unterstützte ihn Marta Potschtennych, ein großes, häßliches Mädchen mit breiten Gesichtszügen und dicken, schwarzen, nicht bis zu Ende geflochtenen Zöpfen. »Lidia Georgijewna, finden Sie nicht auch, ein Buch ist nur dann interessant, wenn man daraus was erfährt, was man sonst nirgends erfahren kann, nur in diesem Buch! Aber wenn darin dasselbe steht, was wir im Radio hören oder in der Zeitung lesen, wozu brauchen wir es dann? In der Zeitung steht es kürzer, klarer ...«

»Und richtiger! Die Zeitung macht keine Fehler!« riefen andere.

»Und die Form?« fragte kokett ein rosiges Mädchen mit schulterlangen blonden Ringellocken.

»Wieso die Form? Ist in der Zeitung vielleicht die Form schlecht?«

»Die künst-le-ri-sche Form!« antwortete die Rosige und zuckte bei jeder Silbe mit dem hübschen Köpfchen.

»Was heißt die Form?« fragte Tschursanow verdutzt. »Ob sich jemand in wen verliebt hat, das suchst du?«

»Ja, Freunde, natürlich kommt es auf die Form an«, warf Lidia Georgijewna nun auch hitzig ein und führte die zusammengelegten Fingerspitzen an die Brust, gleichsam als Zeichen ihrer festen Überzeugung. »Das Buch soll tiefe psychologische Zusammenhänge aufrollen, es erklärt uns die feinsten ...«

Sie wurde von allen Seiten umringt, nicht alle konnten sie hören, manche redeten miteinander, lärmten.

Lidia Georgijewnas Wangen röteten sich.

»Nein, wartet mal«, beschwichtigte sie die Rebellen. »Das lass' ich euch nicht durchgehen! Wir werden jetzt eine große Aula haben, gleich im September veranstalten wir eine Diskussion darüber, und ich«, sie legte gebieterisch die Hände auf Anikins und Potschtennychs

Schulter, »ich werde alle auf die Tribüne holen, die eben den Mund vollgenommen haben, und daß ihr dann...«
»Er kommt! Er kommt!« schrien die Jüngeren, und die Älteren stimmten ein. Die Jüngeren liefen schneller, die Älteren traten zurück und wandten sich um. Aus den Fenstern des zweiten Stocks schauten die Lehrer und Studenten heraus.
Schwerfällig, über den unebenen Weg schaukelnd, hie und da die Pfützen zu Schmutzfontänen aufwerfend, kam der alte ramponierte Lastwagen des Technikums vom Bahnübergang heran. Durch die Windschutzscheibe sah man schon den Direktor und den Fahrer; beide wurden unbarmherzig hin und her geworfen. Als erste merkten die Schüler, die dem Direktor jubelnd entgegengestürzt waren, daß Fjodor Michejewitschs Gesicht aus unverständlichem Grunde durchaus nicht froh aussah.
Sie schwiegen plötzlich.
Zu beiden Seiten gingen sie neben dem Lastwagen her, bis er hielt. Fjodor Michejewitsch, ein untersetzter, schon recht grauer Mann in einem einfachen, nicht mehr neuen blauen Anzug, stieg ohne Kopfbedeckung aus dem Fahrerhaus und sah sich um. Er hätte jetzt zum Eingang gehen müssen, aber wie eine Mauer standen auf dem graden Weg und von beiden Seiten die Jungen und Mädchen und sahen ihn erwartungsvoll an. Und dem Allerungeduldigsten entrang sich, zuerst leise, die Frage:
»Wie ist's, Fjodor Michejitsch?«
»Wann?«
»Wann?«
Und dann lauter aus den hinteren Reihen:
»Ziehen wir um?«
Sein Blick überflog die vielen wartenden, fragenden Augen. Nein, er konnte die Antwort nicht bis in den zweiten Stock hinauftragen, hier mußte sie gegeben wer-

den. »Wann? Wann ziehen wir um?« Diese Fragen erklangen tagtäglich, den ganzen Frühling und den ganzen Sommer hindurch. Der Direktor und die Klassenlehrer hatten nur gelächelt: »Das hängt von euch ab. Wie ihr arbeitet.« Und nun blieb Fjodor Michejewitsch nichts anderes übrig, als zu seufzen, und er sagte, ohne seinen Verdruß zu verbergen:

»Wir müssen eine Weile warten, Genossen. Die Bauleute haben noch nicht alles fertig.«

Seine Stimme klang immer ein wenig dumpf, wie erkältet.

Die Studenten seufzten:

»Wieder warten...«

»Wieder nicht fertig...«

»Übermorgen ist doch schon der erste September!«

»Was denn? Wieder in Untermiete?«

Der Student in dem giftgelben Sporthemd grinste leicht und sagte zu den beiden Mädchen:

»Hab' ich doch gesagt! Anders geht's nicht. Und das ist noch nicht alles, wartet nur.«

Da wurden Stimmen laut:

»Können wir's nicht selber fertigmachen, Fjodor Michejitsch?«

Der Direktor lächelte schwach.

»Wie? Die Arbeit hat euch also gefallen? Nein, das können wir nicht.«

Die Mädchen aus der ersten Reihe redeten auf ihn ein:

»Fjodor Michejitsch, ziehen wir doch um! Was kann denn da noch zu machen sein?«

Der breitstirnige, breitknochige Direktor sah sie wie in die Enge getrieben an.

»Mädchen, kann ich euch denn alles erklären?... In manchen Räumen sind die Fußböden noch nicht trokken...«

»Dann werden wir eben nicht dorthin gehen!«
»Wir legen Bretter drüber!«
»Es sind noch nicht alle Riegel da...«
»Das macht nichts, jetzt ist Sommer!«
»Die Heizung muß erst ausprobiert werden...«
»Na so was! Das ist für den Winter!«
»Und außerdem noch verschiedene Kleinigkeiten...«
Fjodor Michejewitsch machte eine hilflose Handbewegung. Seine Stirn kräuselte sich in viele Fältchen, alle standen quer. Er konnte ihnen doch nicht sagen, daß ein ganzer Akt für die Übernahme des Gebäudes aufgestellt werden mußte, den der Bauunternehmer und der Auftraggeber zu unterzeichnen haben; der Bauunternehmer würde schon unterschreiben, der will die Sache so schnell wie möglich los sein, und Fjodor Michejewitsch wird jetzt jeder Tag teuer, auch er würde unterschreiben, wenn... ja, wenn das Technikum der Auftraggeber wäre. Jedoch konnte das Technikum nicht der Auftraggeber sein, weil es etatmäßig niemanden für die architekturtechnische Kontrolle anstellen durfte. Statt seiner war die Abteilung für Investbau eines Werkes für Schaltapparatur Auftraggeber, und das Werk hatte überhaupt keine Eile und dachte nicht daran, die geltenden Bestimmungen zu umgehen. Chabalygin, der Direktor des Werkes, hatte Fjodor Michejewitsch den ganzen Sommer fest versprochen, daß er im August bestimmt den Neubau übernimmt, ganz gleich, in welchem Zustand. Kürzlich hatte er aber gesagt: »Das laßt mal, Genossen! Bevor die letzte Schraube nicht eingedreht ist, wird der Akt nicht unterzeichnet!« Und im Grunde genommen hatte er völlig recht.
Doch die Mädchen murrten:
»Ach! Wir möchten so gern umziehen, Fjodor Michejewitsch. Wir haben so drauf gewartet!«

»Worauf habt ihr gewartet?!« Tschursanow, der etwas höher stand als die andern, fuhr die Mädchen an: »Wir fahren sowieso auf vier Wochen in einen Kolchos, ist es da nicht egal, von welchem Gebäude aus – vom neuen oder vom alten?«

»Ja-a richtig! In einen Kolchos!« meinten nun auch andere. Über den Bauarbeiten im Sommer hatten sie es ganz vergessen.

»In diesem Jahr fahren wir nicht«, ertönte weiter hinten Lidia Georgijewnas Stimme.

Fjodor Michejewitsch bemerkte sie erst jetzt.

»Wieso fahren wir nicht, Lidia Georgijewna? Warum?« wurde sie von allen Seiten gefragt.

»Ihr müßt eben die Gebietszeitung lesen, liebe Freunde! Da war ein Artikel drin.«

»Ein Artikel?«

»Und wir fahren trotzdem.«

Fjodor Michejewitsch bahnte sich einen Weg und ging zur Haustür. Auf der Treppe holte ihn Lidia Georgijewna ein. Die Treppe war so schmal, daß nur zwei Leute nebeneinander gehen konnten.

»Fjodor Michejitsch! Aber im September wird das Haus abgenommen?«

»Ja«, erwiderte er zerstreut.

»Wir haben einen guten Plan – wie wir von Sonnabend Mittag bis Montag früh alles hinübertragen werden, so daß kein Unterricht versäumt wird. Die Laboratorien werden unter die Gruppen verteilt. Das Komitee macht das gerade.«

»Sehr schön«, nickte der Direktor abwesend. Es gab ihm doch zu denken, daß es tatsächlich doch kaum nennenswerte Kleinigkeiten waren, die noch ausstanden. Der Auftraggeber hätte das vor zwei oder drei Wochen voraussehen und die Arbeit beschleunigen müssen, so daß man das Gebäude hätte abnehmen können. Doch gewisse Einzelheiten erweckten den Anschein, daß der Auftraggeber selber die Sache hinauszog.

»Noch etwas, Fjodor Michejitsch!... Wir haben im Komsomolkomitee über Engalytschew gesprochen, und er hat uns sein Wort gegeben, so daß wir für ihn bürgen. Geben Sie ihm also vom ersten September an wieder ein Stipendium!« Sie richtete einen bittenden, überzeugten Blick auf den Direktor.

»Die ewige Fürsprecherin!« schüttelte der Direktor den Kopf und sah sie mit seinen hellen blauen Augen an: »Und er – wird's wieder tun?«

»Nein, nein«, versicherte sie, schon auf dem oberen Treppenabsatz, auf dem andere Lehrer und der Sekretär standen.

»Gut, auf Ihre Verantwortung.«

Er ging in sein kleines Arbeitszimmer und ließ den Lehrstuhlleiter und die Leiter der Lehrabteilungen holen. Er wollte von ihnen hören und sich selber überzeugen, daß sie unter allen Umständen für den Beginn des neuen Schuljahres bereit waren und alle dazu notwendigen Vorkehrungen getroffen hatten.

Überhaupt bemühte sich Fjodor Michejewitsch während seiner langjährigen Tätigkeit im Technikum, die Leitung so auszuüben, daß das Räderwerk sich ohne ihn drehte und möglichst wenig persönliche Entscheidung von ihm gefordert wurde. Er hatte schon vor dem Krieg die Hochschule für Verbindungswesen absolviert und konnte sich in den immer neuen Spezialfächern der sich rapide entwickelnden Technik nicht auskennen und klüger sein als seine Ingenieure. Er war ein Mensch von gemäßigtem Temperament, ohne jeden Ehrgeiz, und faßte die Rolle eines Leiters nicht als launenhaftes Herrschertum auf, sondern sozusagen als einen Brennpunkt, wo

sich alles nutzbringend vollzieht, in dem die einander vertrauenden, aufeinander eingearbeiteten Kollegen zusammenfinden.
Die Sekretärin Faina, ein sehr selbstbewußtes, nicht mehr junges Mädchen, die ihr buntes Tüchlein unter dem Kinn festband, so daß das freie Ende beim schnellen Gehen wie ein dreieckiges Fähnchen im Genick flatterte, trat ein, legte ein ausgefülltes Diplomformular auf den Schreibtisch und stellte ein offenes Fläschchen mit Tinte daneben.
»Was ist das?« fragte Fjodor Michejewitsch.
»Das ist das Diplom von Gomosina, die wegen ihrer Krankheit jetzt erst verteidigt hat...«
»Ach so...«
Er probierte die Feder aus, tauchte sie noch mal ein, dann umspannte er mit den Fingern der linken Hand das Gelenk der rechten fest wie ein Armband, erst dann unterzeichnete er.
Bei seiner zweiten Verwundung in Siebenbürgen war ihm das Schlüsselbein zerschossen worden, das dann nicht richtig zusammenwuchs; außerdem hatte er starke innere Verletzungen erlitten. Er hörte seither schlecht, seine Hände zitterten, und bei einer verantwortlichen Unterschrift nahm er die linke Hand zur Hilfe.

3

Anderthalb Stunden später waren schon viele fortgegangen. Es blieben nur die Lehrer und Laboranten, die die praktischen Übungen vorbereiten mußten. In der Buchhaltung drängten sich die Studenten, die ihre Zimmeradressen angaben. Lidia Georgijewna und die Komiteemitglieder stellten den Umzugsplan auf und ließen ihn vom Direktor und den Leitern der Lehrabteilungen bestätigen.

Fjodor Michejewitsch sprach noch mit dem Lehrstuhlleiter, als Faina mit flatterndem Kopftuch ins Zimmer stürzte und die sensationelle Mitteilung machte, zwei »Wolgas« kämen vom Bahnübergang her. Der Direktor schaute aus dem Fenster und sah, daß die beiden Wagen – der eine meergrün, der andere grau – auf dem ausgefahrenen Weg wie ein Schiff im Seegang schaukelnd, tatsächlich auf sie zusteuerten.

Das konnten, ohne Zweifel, nur Vorgesetzte sein, und in diesem Fall gehörte es sich, ihnen entgegenzugehen. Fjodor Michejewitsch erwartete keinerlei Vorgesetzte und blieb deshalb oben am offenen Fenster stehen.

Große, weißgeballte Wolken segelten mit sichtbarer Geschwindigkeit über den Himmel.

Die Wagen hielten am Eingang, und fünf Männer stiegen aus, alle mit Hüten, zwei in steifen grünen, wie sie in dieser Stadt die leitenden Funktionäre zu tragen pflegten, die andern in hellen. Den vordersten erkannte Fjodor Michejewitsch sofort, es war Wsewolod Borissowitsch Chabalygin, der Direktor des Werks für Schaltgeräte und zugleich »juridischer Auftraggeber« beim Neubau. Er war ein Funktionär von Format mit einem ganz anderen Wirkungskreis als Fjodor Michejewitsch, zeigte ihm gegenüber aber stets ein freundliches Verhalten. Heute früh hatte ihn Fjodor Michejewitsch bereits zweimal angerufen, um ihn zu bitten, sich erweichen zu lassen und seiner Investbauabteilung zu gestatten, das neue Gebäude mit Aufzählung der noch zu erledigenden Arbeiten zu übernehmen. Doch beide Male hatte er die Antwort erhalten, Wsewolod Borissowitsch sei abwesend.

In diesem Augenblick durchzuckte Fjodor Michejewitsch

eine Vermutung, und er sagte zu seinem Lehrstuhlleiter, der wie eine Hopfenstange dürr war:

»Hör mal, Grischa! Vielleicht ist das eine Kommission, die die Sache beschleunigt, was? Das wäre großartig!«

Und er eilte zum Empfang der Gäste. Der sachliche, strenge, von den Studenten gefürchtete Lehrstuhlleiter folgte ihm.

Fjodor Michejewitsch war kaum eine halbe Treppe hinabgegangen, als schon die fünf ihm entgegenkamen. Voran der untersetzte Chabalygin. Er war noch keine sechzig, aber außerordentlich korpulent, schon längst wog er über sieben Pud, und seine Fülle machte ihm mächtig zu schaffen. Seine Schläfen glänzten silbrig.

»A-ch«, er streckte dem Direktor des Technikums wohlwollend die Hand hin. Auf dem Treppenabsatz drehte er sich um: »Das ist«, sagte er, »ein Genosse aus unserem Ministerium.«

Der Genosse aus dem Ministerium war viel jünger, aber ebenfalls reichlich dick. Er erlaubte Fjodor Michejewitsch, eine Sekunde lang die Spitzen seiner drei weißen, zarten Finger zu halten, und wandelte weiter.

Übrigens, zu »unserem« Ministerium gehörte das Technikum schon bald zwei Jahre nicht mehr, seitdem es dem Volkswirtschaftsrat zugeteilt worden war.

»Ich habe bei Ihnen angerufen«, lächelte Fjodor Michejewitsch erfreut und berührte Chabalygin leicht am Ärmel. »Ich wollte Sie sehr bitten ...«

»Und das«, sagte Chabalygin, »ist ein Genosse aus dem Komitee für ... angelegenheiten ...« Er nannte, wofür das betreffende Komitee vorhanden war, der verwirrte Fjodor Michejewitsch überhörte es.

Der Genosse aus dem Komitee für ...angelegenheiten war ein blutjunger, schlanker Mann, sah gut aus und war vom Scheitel bis zur Sohle modern gekleidet.

»Und das«, sagte Chabalygin, »ist der Inspektor für Elektronik aus...« Und er nannte »aus«, stieg dabei aber schon die Treppe hinauf, und Fjodor Michejewitsch konnte abermals nicht verstehen.
Der Inspektor für Elektronik war ein kleiner, dunkler, höflicher Mann mit einem kleinen dunklen Schnurrbart.
Als letzter kam der Instrukteur der Industrieabteilung des Gebietsparteikomitees die Stiegen herauf. Fjodor Michejewitsch kannte ihn gut, sie begrüßten sich.
Niemand trug etwas in der Hand.
Auf dem obersten Absatz, wo das Treppenhaus zu Ende war, stand stramm wie ein Soldat der strenge Lehrstuhlleiter. Einige nickten ihm zu, andere nicht.
Auch Chabalygin hatte nun seine auseinandergegangene Leiblichkeit nach oben geschleppt. Auf der schmalen Treppe hätte kaum jemand neben ihm Platz gehabt oder sich an ihm vorbeischlängeln können. Oben angelangt, verschnaufte er. Nur sein immer lebhaftes energisches Aussehen ließ den Wunsch nicht aufkommen, ihn zu bemitleiden – bei jedem Schritt, jeder Bewegung kämpfte er gegen seinen massigen Körper an, gegen die unschöne, von einem guten Schneider notdürftig versteckte Fettleibigkeit.
»Kommen Sie zu mir herein«, lud Fjodor Michejewitsch ein, als alle oben waren.
»Aber nein, wozu herumsitzen«, entgegnete Chabalygin. »Führ uns gleich weiter, Direktor, zeig, wie es bei dir aussieht! Was meinen die Genossen?«
Der Genosse aus dem Komitee für... schob den Ärmel seines Import-Staubmantels zurück, sah auf die Uhr und sagte:
»Natürlich.«
»Ja, wie es bei mir aussieht?« seufzte Fjodor Micheje-

witsch und korrigierte es sofort in den Plural: »Wir leben nicht, wir quälen uns herum. In zwei Schichten. In den Laboratorien sind viel zuwenig Arbeitsplätze. In einem werden mehrere praktische Übungen gleichzeitig durchgeführt, immerfort muß man die Geräte vom Tisch räumen und neue aufstellen.«

Er ließ den Blick von einem zum andern gehen und sprach mit flehendem, wie um Verzeihung bittendem Ausdruck.

»Na, du malst aber schwarz!« kollerte Chabalygin entweder vor Husten oder vor Lachen. Die Speckfalten an seinem Hals wogten mit wie der Rist eines Büffels. »Da muß man ja staunen, wie du sieben Jahre hier gehaust hast!«

Fjodor Michejewitsch zog die buschigen hellen Brauen über den hellen Augen hoch.

»Ja, Wsewolod Borissowitsch, damals gab es doch weniger Abteilungen. Und die Studentenzahl war kleiner.«

»Na, führ uns mal, wollen selber sehen!«

Der Direktor hieß den Lehrstuhlleiter mit einer Kopfbewegung dafür zu sorgen, daß alle Türen aufgeschlossen werden, und begann die Führung. Die fünf behielten die Mäntel an und die Hüte auf dem Kopf.

Sie kamen in ein geräumiges Zimmer, dessen Wände hinter hohen, mit allerhand Geräten vollgepferchten Regalen verschwanden. Ein Lehrer, eine Laborantin in blauem Kittel und ein Student, jener Tschursanow mit seinem geflickten Kragen, bereiteten eine praktische Übung vor. Das Zimmer lag nach Süden und war voll Sonne.

»Na also«, sagte Chabalygin heiter. »Warum ist das schlecht? Ein herrlicher Raum!«

»Aber begreifen Sie doch«, erwiderte Fjodor Michejewitsch gekränkt, »hier arbeiten drei Laboratorien, eins sitzt gewissermaßen auf dem andern. Grundlagen der Radiotechnik und des Antennenbaus, Sende- und Empfangsgeräte.«

»Na und?« Der Genosse aus dem Ministerium drehte ihm gekränkt den großen, imposanten Kopf zu. »Sie denken wohl, daß bei uns im Ministerium nach der Umorganisierung die Schreibtische weiter auseinanderstehen? Ganz im Gegenteil!«

»Und schließlich sind das doch Bereiche, die sich vertragen!« Chabalygin klopfte dem Direktor höchst zufrieden auf die Schulter. »Nun tun Sie mal nicht so, mein Lieber, tun Sie mal nicht so!«

Fjodor Michejewitsch sah ihn betroffen an.

Ab und zu bewegte Chabalygin die Lippen und die schwer hängenden Backen, als habe er eben gut gegessen und zwischen den Zähnen steckten noch Speisereste.

»Wozu ist das?« Der Genosse aus dem Komitee für... stand vor sonderbaren, ungewöhnlich großen, wie für Riesen bestimmte hohe Gummistiefeln mit umgeschlagenen Schäften und berührte sie mit der Spitze seines modischen Halbschuhs.

»Isolationsstiefel«, erklärte der Lehrer leise.

»Stiefel??«

»Gegen Hochspannung!« rief Tschursanow laut, mit der Keckheit eines Menschen, der nichts zu verlieren hat.

»A-a-ah, na ja, na ja«, äußerte der Genosse aus dem Komitee und folgte schnell den andern.

Der Instrukteur aus dem Gebietskomitee, der als letzter aus dem Zimmer ging, fragte Tschursanow:

»Wozu braucht man sie?«

»Zum Reparieren der Sendeanlage«, antwortete Tschursanow.

Fjodor Michejewitsch wollte alle Zimmer zeigen, doch die Gäste gingen an einigen vorbei und traten in einen

Hörsaal ein. An den Wänden hingen Tabellen für die Konjugation englischer Verben und Anschauungsbilder. Die Fächer in den Schränken waren vollgestopft mit Modellen und Attrappen.

Der Inspektor für Elektronik zählte die Tische (es waren dreizehn), strich mit zwei Fingern über seinen stachligen Schnurrbart und fragte:

»Wieviel Schüler sind in einer Gruppe? Dreißig?«

»Ja, im allgemeinen ...«

»Also vier haben keinen Platz.«

Sie gingen weiter.

In dem kleinen Fernsehlabor standen auf den Tischen an die zehn Fernsehgeräte verschiedener Marken, teils funkelnagelneu, teils halb auseinandergenommen.

»Funktionieren sie alle?« fragte der Genosse aus dem Komitee und wies mit dem Kinn auf sie.

»Die, die sollen – funktionieren«, antwortete der junge, ziemlich dandyhafte Laborant. Er trug einen sandfarbenen Anzug mit einem technischen Abzeichen auf dem Revers und einen grellen Schlips.

Ein Päckchen gedruckter Anweisungen lag auf dem Tisch. Der Inspektor blätterte und las halblaut:

»Einstellung des Fernsehgerätes nach der Versuchstabelle«, »Verwendung des Fernsehgerätes als Verstärker«, »Anordnung der Bildsignale«.

»Und hier habt ihr nicht mal Wandbretter und kommt dennoch zurecht?« bemerkte Chabalygin.

Fjodor Michejewitsch begriff immer weniger – was wollte die Kommission eigentlich?

»Weil alles nebenan im Präparationsraum steht. Zeig ihn mal, Wolodja.«

»Ach, ihr habt noch einen Präparationsraum? Großartige Bedingungen!«

Die Tür zum Präparationsraum war niedriger als die

anderen, wie bei einer Kammer. Der schlanke, zierliche Laborant konnte leicht hindurchschlüpfen, der Genosse aus dem Ministerium quetschte sich nicht ohne Mühe durch, spürte aber sogleich, daß das nichts für ihn war. Die andern steckten nur der Reihe nach den Kopf hinein.

Der Präparationsraum entpuppte sich als ein schmaler Gang zwischen zwei Reihen Regalen, die vom Boden bis zur Decke reichten. Der Laborant wies mit der Geste eines Museumsführers von unten nach oben.

»Das ist das Inventar des Fernsehlabors. Hier – des Labors für Stromspeisung. Dort – für radiotechnische Messungen.«

Geräte mit Zeigern; schwarze, braune und gelbe Kästen drängten sich auf den Brettern.

»Und wozu ist das?« Der Genosse aus dem Ministerium tippte auf etwas Bestimmtes. Mit scharfem Auge hatte er erspäht, daß der Laborant dennoch ein Plätzchen an der Wand freigehalten und dort mit einer Reißzwecke ein nach den Konturen ausgeschnittenes buntes Brustbild einer jungen Frau angeheftet hatte. Ob diese Sünderin aus einer sowjetischen oder einer ausländischen Zeitschrift stammte, war ohne Legende nicht festzustellen – es war ganz einfach eine schöne Frau mit kastanienfarbenem Haar, in einer Bluse mit rotbesticktem Ausschnitt. Das Kinn in den übereinandergelegten Händen, die Arme bis zum Ellbogen bloß, mit leicht schräg geneigtem Kopf, sah sie mit keineswegs dienstlichen Blicken auf den jungen Laboranten und den lebenserfahrenen Genossen aus dem Ministerium herab.

»Und da behaupten Sie auch noch, es gäbe nicht genug Platz«, knurrte dieser und schob sich schwerfällig dem Ausgang zu, »und hängen weiß der Kuckuck was an die Wand.«

Er schielte noch ein letztes Mal auf die schöne Frau, dann ging er hinaus.
Die Kunde von der furchtbaren Kommission war schon durch das Technikum geflogen, hier und dort guckte jemand aus der Tür, und im Gang tauchten Gesichter auf.
Lidia Georgijewna stieß im Flur mit der vollzähligen Kommission zusammen. Sie trat zur Seite, klebte gleichsam mit dem Rücken und den Handflächen an der Wand und sah der Kommission mit beunruhigtem Blick hinterher. Sie hörte nicht, was sie sprachen, aber nach dem Aussehen des Direktors begriff sie, daß etwas nicht klappte.
Fjodor Michejewitsch faßte den Instrukteur des Gebietskomitees beim Ellbogen, blieb mit ihm etwas zurück und fragte leise:
»Sag mal: Wer hat diese Kommission eigentlich geschickt? Warum ist niemand aus dem Volkswirtschaftsrat dabei?«
»Viktor Wawilytsch bat mich, sie zu begleiten, mehr weiß ich selber nicht.«
Immer noch auf dem oberen Treppenabsatz hustete Chabalygin und erschütterte ein übriges Mal die gelblichen Speckfalten seines Halses, dann zündete er sich eine Zigarette an.
»Na a-also. Und so weiter im Text.«
Der Genosse aus dem Komitee sah auf die Armbanduhr.
»Im großen und ganzen alles klar.«
Der Inspektor für Elektronik strich mit zwei Fingern über sein Schnurrbärtchen und sagte nichts.
Der Genosse aus dem Ministerium fragte:
»Außer diesem hier – wieviel Gebäude haben Sie noch?«
»Noch zwei, aber ...«
»No-och zwei??«

»Aber was für welche! Ebenerdige. Völlig unbequeme. Und sie liegen weit auseinander. Kommen Sie, ich zeig' sie Ihnen.«

»Dort sind auch noch Werkstätten?«

»Ja, begreifen Sie denn überhaupt, unter welchen Bedingungen wir arbeiten?« begann Fjodor Michejewitsch aufgeregt. Er schien plötzlich die Gehemmtheit abzuwerfen, die ihm die Rolle des Gastgebers aufzwang, oder aus der Hypnose zu erwachen, in die ihn die hohe Stellung der Besucher versetzt hatte. »Sehen Sie, wir haben doch kein Studentenheim. Die Jungen und Mädchen wohnen, über die ganze Stadt verstreut, in Untermiete, manche müssen sich üble Schimpfereien anhören, Saufgelagen zusehen. Unsere ganze Erziehungsarbeit geht vor die Hunde, wo sollen wir sie denn durchführen? Auf dieser Treppe hier?«

»Na! Nana-na!« erhoben sich protestierende Stimmen in der Kommission.

»Die Erziehung liegt in Ihrer Hand«, erklärte streng der junge Mann aus dem Komitee.

»Das können Sie auf niemanden abschieben«, fügte der Instrukteur des Gebietskomitees hinzu.

»Da gibt's wirklich keine Rechtfertigung«, bestätigte Chabalygin und breitete die kurzen Arme aus.

Fjodor Michejewitsch schüttelte unwillkürlich den Kopf und zuckte heftig mit den Achseln – entweder damit sie nicht von allen Seiten über ihn herfielen oder um die hilflose Lage eines Menschen, der immerfort Antwort geben muß, von sich abzuschütteln. Wenn er selbst nichts fragt, wird er offenbar nichts verstehen und nichts erfahren. Seine buschigen hellen Brauen trafen sich überm Nasenbein.

»Entschuldigen Sie. Ich möchte doch wissen – wer hat Sie bevollmächtigt? Und in welcher Angelegenheit?«

Der Genosse aus dem Ministerium lüftete seinen Hut und wischte sich mit dem Taschentuch über die Stirn. Ohne Hut sah er noch imposanter aus. Seine schon schütteren Haare umrahmten hoheitsvoll sein Haupt.

»Ach, Sie wissen noch nicht?« antwortete er mit gelassenem Staunen. »Es liegt ein Beschluß unseres Ministeriums vor und«, ein Nicken zu dem Genossen hin, »des Komitees, daß ein wichtiges Forschungsinstitut hier in der Stadt eröffnet werden soll und in diesen Gebäuden untergebracht wird, die ursprünglich für Ihr Technikum bestimmt waren. So ist es doch, Wsewolod Borissowitsch?«

»Ja, ja!« nickte Chabalygin mit seinem steifen grünen Hut. »Ja, ja«, wiederholte er, blickte mitleidig den Direktor an und klopfte ihm freundschaftlich auf die Schulter. »Zwei Jährchen, mein Lieber, kannst du gut und gerne noch hierbleiben, und bis dahin baut man dir ein neues Gebäude, besser noch als das jetzige. Das ist *notwendig*, mein Lieber, laß den Kopf nicht hängen. Das ist notwendig. Im Interesse der Sache!«

Der ohnehin schon gedrungene Fjodor Michejewitsch sank noch mehr in sich zusammen. Er sah benommen drein, als hätte ihn jemand mit einem Knüppel über den Schädel geschlagen.

»Ja, wie denn«, brachte er heraus, und es war durchaus nicht das Wichtigste, was ihm auf die Zunge kam, »wir haben doch nicht renoviert, nicht gestrichen.« Wenn Fjodor Michejewitsch sich aufregte, sank seine ohnedies stets wie erkältet klingende Stimme tief ab, bis zur Heiserheit.

»Na, das macht doch nichts!« tröstete Chabalygin. »Ihr habt doch sicher erst im vorigen Jahr gestrichen.«

Der Genosse aus dem Komitee setzte seinen Fuß eine Stufe tiefer.

Der Direktor hatte ihnen so viel, so unendlich viel zu sagen, daß er überhaupt nicht wußte, was.
»Aber ich habe doch nichts mit Ihrem Ministerium zu tun!« protestierte er heiser und trat den Gästen in den Weg. »Wir gehören zum hiesigen Volkswirtschaftsrat. Für eine solche Übergabe müssen Sie einen Regierungsbeschluß haben!«
»Ganz richtig«, lautete die Antwort, er wurde sacht beiseite geschoben, die Kommission stieg bereits die Treppe hinab. »Wir bereiten die Begründung für diesen Beschluß vor. In zwei Tagen wird er vorliegen.«
Die fünf entfernten sich, der Direktor stand oben, die Hände ums Geländer geklammert, und sah ihnen mit leerem Blick nach.
»Fjodor Michejewitsch!« Lidia Georgijewna kam vom Gang her, aus unerfindlichem Grund hielt sie die Hand am Hals, den während des Baus gebräunten Hals im offenen Blusenkragen. »Was haben sie gesagt, Fjodor Michejewitsch?«
»Sie nehmen uns das Haus weg«, sagte der Direktor tonlos, kaum hörbar, ohne Ausdruck und sah sie nicht an.
Dann ging er in sein Arbeitszimmer.
»Was? Wa-as?« rief sie erst nach einem Augenblick. »Das neue Haus? Uns wegnehmen?« Und sie rannte, mit den Absätzen klappernd, hinter ihm her. An der Tür prallte sie gegen die Buchhalterin, schob sie beiseite und lief dem Direktor nach.
Er ging langsam an seinen Tisch.
»Hö-ö-ören Sie!« Lidotschka sang es mit einer ganz fremden Stimme fast in seinen Rücken hinein. »Hö-ö-ören Sie! Warum denn so eine Ungerechtigkeit? Das ist doch *ungerecht*!« schrie sie immer lauter, eben das, was er ihnen hätte entgegenschreien sollen, aber er war

ja der Direktor und keine Frau. Ein Strom von Tränen floß plötzlich über ihre Wangen. »Was sagen wir bloß unseren Jungen? Wir haben sie also betrogen?«
Er hatte sie noch nie weinen sehen.
Der Direktor setzte sich auf seinen Stuhl und sah mit leerem Blick vor sich hin auf den Tisch. Seine ganze Stirn war in kleine horizontale Fältchen zerschnitten.
Die Buchhalterin – eine alte dürre Frau mit einem schütteren Dutt am Hinterkopf – stand mit dem Scheckbuch in der Hand vor ihm.
Sie hatte alles gehört und verstanden. Vielleicht wäre sie jetzt taktvoll aus dem Zimmer gegangen, aber sie hatte eben die Bank angerufen und erfahren, daß sie das Geld abholen kann. Der Scheck war ausgefüllt, Summe und Datum waren eingetragen.
Deshalb ging sie trotzdem näher, legte das längliche blaulinierte Büchlein vor den Direktor hin und hielt es mit der Hand fest.
Fjodor Michejewitsch tauchte die Feder ein, umspannte wie ein Armband mit den Fingern der linken das Gelenk der rechten Hand und schickte sich an zu unterschreiben, aber sogar die umklammerte Hand zitterte heftig.
Da versuchte er die Unterschrift auf einem Zettel. Die Feder schrieb anders als sonst, dann ritzte sie das Papier und kleckste.
Fjodor Michejewitsch hob den Blick zur Buchhalterin und lächelte.
Sie biß sich auf die Lippen, nahm das Scheckbuch und ging rasch hinaus.

4

Alles war so plötzlich auf den Direktor eingestürzt, die Kommission hatte in so rapidem Siegesmarsch das Technikum durcheilt, daß er nicht die richtigen Worte gefunden hatte, und selbst als sie schon fort waren, konnte er sich nicht über die zu unternehmenden Schritte klarwerden.

Er rief im Volkswirtschaftsrat in der Abteilung für Lehranstalten an. Dort hörte man die Neuigkeit zum erstenmal, war entrüstet und versprach, die Sache zu klären. Das hätte ihn ermutigen können.

Aber es ermutigte ihn nicht.

Die Kommission mußte schwerwiegende Gründe haben, wenn sie gekommen war...

Fjodor Michejewitsch schämte sich jetzt furchtbar vor den Studenten, den Lehrern, vor allen, die er zum Bauen angefeuert und denen er den Umzug ins neue Gebäude fest versprochen hatte. Alles war zusammengestürzt, alles, was er monate-, ja jahrelang mit seinen Mitarbeitern am Entwurf des neuen Gebäudes überlegt, besprochen hatte. Es schien ihm sogar leichter, seine eigene Wohnung gegen eine schlechte zu tauschen, wenn nur das Technikum das neue Gebäude behalten durfte.

Die Gedanken in seinem Kopf verwirrten sich; er konnte und konnte über irgend etwas keine Klarheit gewinnen.

Ohne jemandem ein Wort zu sagen, ging Fjodor Michejewitsch barhäuptig aus dem Haus, er wollte zu sich kommen.

Er schlug die Richtung zum Bahnübergang ein, ohne es selber gewahr zu werden, und ließ im Geist die Dutzend wichtigen praktischen Dinge vorüberziehen, die das Technikum zusammen mit dem neuen Gebäude verlor.

Vor ihm senkte sich der Schlagbaum – Fjodor Michejewitsch blieb stehen, obgleich er noch schnell hätte durchschlüpfen können. In der Ferne zeigte sich ein endloser Güterzug. Er rollte dröhnend auf dem abschüssigen Gelände vorbei. Nichts davon drang in Fjodor Michejewitschs Bewußtsein. Der Schlagbaum hob sich, er ging weiter.

Erst auf dem Hof des Neubaus wurde ihm klar, wo er sich befand. Seine Füße hatten ihn von selber hingetragen. Das völlig fertige, spiegelblanke Hauptportal war verschlossen. Fjodor Michejewitsch ging über den Hof, der schon eingeteilt, von den Studenten gesäubert und in Ordnung gebracht war. Es war ein großer Hof, auf dem auch ein schöner Turnplatz vorgesehen war.

Ein Lastwagen der Bauleute stand dort, und Arbeiter warfen polternd irgendwelche Konsolen, Rohre und sonstige Gegenstände hinein; aber Fjodor Michejewitsch achtete nicht darauf.

Er betrat das Gebäude und lauschte mit Vergnügen dem Hall seiner Schritte auf den Steinplatten des geräumigen Vorraums mit den zwei Garderoben für tausend Personen zu beiden Seiten. Drehbare Dreiecke aus Aluminiumrohren mit großen Metallhaken und kleinen für die Kopfbedeckungen glänzten ihm entgegen – es war gleichsam, als ob dieser Glanz dem Direktor die einfache, auf der Hand liegende Sache erleuchtete, die ihm bisher nicht in den Sinn gekommen war, weil er die ganze Zeit nur an das Technikum und nicht an den neuen Besitzer dieses Gebäudes gedacht hatte. Ja, was wird denn das Institut mit diesem Bau anfangen? Diese Garderobenständer beispielsweise muß man niederreißen, weil in dem Institut kaum hundert Menschen arbeiten werden. Und was wird mit der Turnhalle, mit den riesigen schwedischen Leitern, den Ringen, Barren, den Stäben und Netzen an den Fenstern? Das alles wird jetzt rausgeworfen und umgekrempelt? Und die Werkstätten mit den Betonfundamenten für die Werkbänke? Und das elektrische Leitungssystem? Und die ganze Planung des Gebäudes nach Hörsälen? Die Wandtafeln? Der große Hörsaal mit den ansteigenden Bänken? Die Aula?

Währenddessen gingen einige Anstreicher an ihm vorbei, zwei Zimmerleute mit ihren Instrumenten, alle eilten zum Ausgang.

»He, hört mal!« besann sich der Direktor. »Genossen!«

Sie gingen weiter.

»Brüder!«

Sie blickten sich um.

»Wohin denn? In der Arbeitszeit?«

»Schluß, Direktor!« sagte fröhlich der jüngere Zimmermann, der ältere ging verdrossen seines Wegs. »Rauch dir ein's! Wir hauen ab!«

»Ja, wohin denn?«

»Wegbeordert! Befehl von oben.«

»Wieso wegbeordert?«

»So wie immer, weißt du nicht? Auf einen anderen Bauabschnitt, wir sollen heute stante pede dort anfangen.«

Und da der Mann schon früher bemerkt hatte, daß der graue kleine Direktor ein umgänglicher Mensch war, kam er noch mal zurück, klopfte ihn auf den Arm und bat:

»Gib mal was zu rauchen, Direktor.«

Fjodor Michejewitsch reichte ihm ein zerdrücktes Zigarettenpäckchen.

»Wo ist denn der Bauleiter?«

»Scho-on längst fort. Als erster.«

»Was hat er gesagt?«

»Feierabend. Das gehört nicht mehr zu uns. Übernimmt 'ne andere Behörde.«

»Und wer soll das alles fertigmachen?« zürnte Fjodor Michejewitsch. »Warum grinst du? Wieviel ist hier noch zu machen, he?« Wenn er die Brauen zusammenzog, bekam sein Gesicht etwas Grimmiges.
»Puh«, rief der Zimmermann, den Rauch durch die Zähne blasend, und eilte seinen Kollegen nach. »Weißt du nicht, wie man's macht? Ein Akt wird zusammengestellt mit Durchschlag, und fertig ist die Laube. Mach's gut!«
Fjodor Michejewitsch sah dem lustigen Zimmermann im verschmierten Arbeitszeug nach. Mit beschlagenen Absätzen blinkend, lief auch der »Wirtschaftsrat« davon, der den drei Jahre lang im Fundament steckengebliebenen Unglücksbau hochgezogen, fertiggebaut und sozusagen auf Hochglanz gebracht hatte.
Der »Wirtschaftsrat« war auf und davon, jedoch der Gedanke an die jetzt notwendigen Umbauten, die törichten Umstellungen in diesem Gebäude gaben dem Direktor die Widerstandskraft zurück. Er begriff, daß das Recht auf seiner Seite war. Nun lief auch er beinah, und auch seine Schritte hallten auf dem Steinboden.
Das Zimmer, in dem sich das einzige funktionierende Telefon befand, war abgeschlossen. Fjodor Michejewitsch eilte auf die Straße. Ein starker Wind wirbelte den Sand auf. Der Lastwagen mit den Arbeitern fuhr schon weg. Der Wächter stand hinter dem Tor, der Direktor aber ging nicht mehr zurück, er fand ein Fünfzehnkopekenstück in seiner Tasche und ging in ein Telefonhäuschen.
Er rief Gratschikow an, den Sekretär des Stadtparteikomitees. Die Sekretärin antwortete, Gratschikow habe eine Sitzung. Er nannte seinen Namen und bat zu erfahren, ob der Sekretär ihn empfangen würde und wann. In einer Stunde, lautete die Antwort.

Fjodor Michejewitsch machte sich auf den Weg, wieder zu Fuß. Während er ging und dann, als er im Vorzimmer wartete, ließ er im Geist jedes Stockwerk und jeden Hörsaal an sich vorüberziehen. Er fand keine einzige Stelle, wo das Institut nicht entweder die Wände niederreißen oder neue aufführen mußte. Und er machte in seinem Notizbuch sogar einen ungefähren Kostenvoranschlag.

Iwan Kapitonowitsch Gratschikow war für Fjodor Michejewitsch nicht nur der Sekretär des Stadtparteikomitees, sondern außerdem sein alter Frontkamerad. Sie hatten zusammen in einem Regiment gekämpft, freilich nicht lange, Fjodor Michejewitsch war Leiter der Verbindungsabteilung vom Regiment gewesen, Gratschikow kam erst später aus dem Lazarett und ersetzte den gefallenen Bataillonskommandeur. Damals stellten sie fest, daß sie Landsleute waren, sie sahen sich manchmal, plauderten auch zuweilen in einer kampfstillen Nacht durchs Telefon und gedachten ihrer Heimat. Dann fiel ein Kompanieführer in Gratschikows Bataillon. Wie stets in einem Regiment müssen die Stabsoffiziere sozusagen alle Löcher zustopfen, und Fjodor Michejewitsch wurde zeitweilig als Kompanieführer eingesetzt. Dieses »zeitweilig« dauerte achtundvierzig Stunden, dann wurde er verwundet, kam ins Lazarett und kehrte später nicht mehr zur Division zurück.

Jetzt saß er wartend vor Gratschikows Arbeitszimmer und ihm fiel ein, daß alle seine Unannehmlichkeiten immer in den letzten Augusttagen passierten; die Verwundung damals in Gratschikows Bataillon 1942 hatte sich am neunundzwanzigsten August, also gestern, ereignet. Und 1944 traf ihn am dreißigsten August eine Kugel.

Gerade heute.

Jetzt kamen Leute aus dem Arbeitszimmer, und Fjodor Michejewitsch wurde hereingerufen.
»Eine schlimme Sache, Iwan Kapitonowitsch!« sagte der Direktor mit dumpfer, gepreßter Stimme schon an der Schwelle. »Eine schlimme Sache!«
Er setzte sich auf einen Stuhl (Gratschikow hatte aus seinem Zimmer alle Polstersessel entfernt, in denen die Leute förmlich versinken und kaum das Kinn bis zum Tischrand heben können) und begann mit seinem Bericht. Gratschikow stützte den Kopf auf die Hand und hörte zu.
Von Natur aus war das Gesicht von Iwan Kapitonowitsch grob gemeißelt: Die Lippen waren dick, die Nase breit, die Ohren groß. Obgleich sein Haar schwarz war und etwas schräg in die Höhe stand, was ihm ein strenges Aussehen verlieh, war sein Gesicht so typisch russisch, daß man ihn in jedem noch so ausländischen Anzug, in jeder Uniform sofort als waschechten Russen erkannt hätte.
»Sag selbst, Iwan Kapitonowitsch«, fragte der Direktor aufgeregt, »ist das nicht verrückt. Ich rede nicht nur vom Technikum, sondern auch aus der Sicht des Staates – ist das nicht dumm?«
»Jawohl, dumm!« bestätigte Gratschikow überzeugt, ohne seine Haltung zu ändern.
»Hör mal, wieviel der Umbau kosten wird, ich hab's schnell mal überschlagen. Der ganze Bau kostet vier Millionen, stimmt's? Der Umbau wird, wenn nicht zwei Millionen, dann doch anderthalb erfordern, schau her...«
Und er las aus seinem Notizbuch die Umbauarbeiten und den jeweiligen Kostenaufwand vor und spürte dabei immer stärker, daß er unanfechtbar im Recht war.
Gratschikow hörte ruhig zu und überlegte. Er hatte

früher einmal zu Fjodor Michejewitsch geäußert, daß er sich nach diesem verfluchten Krieg vor allem deshalb erleichtert gefühlt habe, weil er nun nicht mehr gezwungen war, allein und sofort Entschlüsse zu fassen – ob sie richtig oder falsch waren, würde sich im Jenseits herausstellen. Es entsprach durchaus Gratschikows Charakter, nichts übereilt zu entscheiden, sondern klug zu erwägen, allseits zu überlegen, er liebte es, nachzudenken und sich die Meinungen von andern anzuhören. Es widerstrebte ihm, Unterredungen oder Sitzungen mit Befehlen abzuschließen. Er bemühte sich, seine Gesprächspartner ganz zu überzeugen und dann von ihnen zu hören: »Ja, das ist richtig«, oder man mußte ihn umgekehrt davon überzeugen, daß er unrecht habe. Und wie hartnäckig man ihm auch widersprach, er verlor nie seine freundliche Selbstbeherrschung. Das kostete natürlich Zeit. Und Knorosow, der Erste Sekretär des Gebietskomitees, bemerkte alsbald diese Schwäche und warf ihm in seiner lakonischen, keinen Widerspruch duldenden Art ins Gesicht: »Ein Schlappschwanz bist du, kein Funktionär! Du hast keinen sowjetischen Arbeitsstil!« Doch Gratschikow beharrte: »Warum? Im Gegenteil. Ich arbeite *sowjetisch, berate* [1] mich mit den Werktätigen.« Gratschikow war auf der letzten Konferenz zum Sekretär des Stadtkomitees gewählt worden, nachdem der Betrieb, in dem er Parteisekretär gewesen war, große und allseitige Erfolge erzielt hatte.

»Hast du schon was von diesem Forschungsinstitut gehört, Iwan Kapitonowitsch? Woher kommt es auf einmal?«

»Ja, ich hab' davon gehört.« Gratschikow hielt immer noch den Kopf auf die Hand gestützt. »Schon im Früh-

1 Wortspiel: Sowjet – Rat. Anm. d. Übers.

jahr wurde davon gesprochen. Dann hat sich's hingezogen.«

»Ja-ah«, sagte der Direktor in klagendem Ton. »Hätte Chabalygin das Gebäude abgenommen, wären wir am zwanzigsten August eingezogen, dann hätte uns niemand was anhaben können.«

Beide schwiegen.

Bei diesem Schweigen hatte Fjodor Michejewitsch das Gefühl, daß seinen Händen, seinen Füßen, seinem ganzen Körper jene Festigkeit entwich, an die er sich eben noch gehalten hatte.

Die anderthalb Millionen für den Umbau hatten das Arbeitszimmer nicht in seinen Grundpfeilern erschüttert, Gratschikow hatte nicht mit beiden Händen nach den zwei Telefonhörern gepackt, war nicht vom Stuhl aufgesprungen, rannte nirgends hin.

»Ist es ein sehr wichtiges Institut?« fragte Fjodor Michejewitsch mit versagender Stimme.

Gratschikow seufzte.

»Wenn es nur durch eine Deckadresse zu erreichen ist, dann frag erst gar nicht. Alles ist bei uns wichtig.«

Nun seufzte auch der Direktor.

»Iwan Kapitonowitsch, was kann man machen? Die holen sich eine Regierungsverordnung, und dann ist's aus. Wir haben vielleicht noch zwei Tage Zeit, das hat Eile.«

Gratschikow überlegte.

Fjodor Michejewitsch drehte sich ganz zu ihm um, so daß seine Knie an den Schreibtisch stießen, er legte die Ellbogen auf die Tischplatte und hielt den Kopf mit beiden Händen.

»Hör mal. Und wenn wir nun direkt an den Ministerrat ein Telegramm schicken. Der Augenblick ist passend ... In meinem Namen. Ich habe keine Furcht.«

Gratschikow sah ihn eine Minute lang aufmerksam an.

Und plötzlich zuckte etwas in seinem Gesicht, die Strenge schwand, sie löste sich in einem mitfühlenden Lächeln. Gratschikow begann zu sprechen – in seiner leicht singenden Art, mit langen, abgeschliffenen Sätzen und gastfreundlichem Ton.

»Fjodor Michejewitsch, mein Herzensfreund, wie stellst du dir so eine Regierungsverordnung vor? Glaubst du, da sitzt der ganze Ministerrat an einem langen Tisch und grübelt darüber nach, was mit deinem Gebäude geschehen soll? Sonst hätten sie nichts zu tun! Und in solch einem Augenblick wird dein Telegramm angebracht. Eine Regierungsverordnung bedeutet, daß in den nächsten Tagen dieser oder jener Minister, dieser oder jener Vorsitzende eines Komitees von einem der stellvertretenden Vorsitzenden empfangen wird. Der Minister erscheint mit einigen Dienstpapieren zum Referat und sagt so nebenbei: Dieses Forschungsinstitut, Sie wissen doch, von vordringlicher Wichtigkeit, soll in die Stadt verlegt werden, und da wird gerade ein passendes Gebäude fertig. Der Stellvertretende fragt: Für wen wurde es erbaut? Der Minister sagt: Für ein Technikum, aber das ist vorläufig ganz erträglich untergebracht, wir haben eine kompetente Kommission beauftragt, die Genossen haben die Frage an Ort und Stelle geklärt. Nun, und bevor er seine Unterschrift gibt, fragt der Stellvertretende noch: und das Gebietskomitee hat nichts dagegen? Verstehst du, das Gebietskomitee! Und dein Telegramm wird prompt dorthin zurückgeschickt. »Tatsachen prüfen!« Gratschikow schnalzte mit seinen dicken Lippen: »In solchen Sachen liegt, genau betrachtet, die ganze Entscheidung beim Gebietsparteikomitee.«

Er legte die Hand auf den Hörer, hob ihn aber noch nicht ab.

»Mir gefällt nicht, daß ein Instrukteur des Gebietskomitees anwesend war und nicht widersprochen hat. Wenn Viktor Wawilytsch auch schon seine Einwilligung gegeben hat – dann steht's schlecht. Der ändert niemals seinen Beschluß.

Vor Viktor Wawilowitsch Knorosow empfand Gratschikow natürlich eine gewisse Furcht – ja, wer im Gebiet fürchtete ihn nicht!

Er nahm den Hörer ab.

»Konewski? Hier Gratschikow. Hör mal, ist Viktor Wawilytsch da? Wann kommt er zurück? ... Ach so ... Aber falls er heute doch noch zurückkommt, sag ihm, daß ich ihn sehr bitte, mich zu empfangen. Ich bin jederzeit zu erreichen, abends bin ich zu Haus ...«

Er legte den Hörer auf und rollte ihn noch ein Weilchen auf der Gabel. Dabei sah er auf die schwarze, abgestumpfte Pyramide des Apparats, dann richtete er den Blick auf Fjodor Michejewitsch, der den Kopf in den Händen vergraben hatte.

»Überhaupt, Michejewitsch«, sagte Gratschikow herzlich, »ich hab' was übrig für die Techniken. Ja, ich liebe diese Fachschulen. Bei uns will jeder Akademiemitglied sein, weniger als Diplomingenieur gilt überhaupt nichts. Aber wir brauchen in der Industrie doch vor allem Fachkräfte. Und die Techniken werden hintenan gestellt. Nicht nur deins. Dabei nehmt ihr solche Knirpse auf (er hielt die Hand etwas höher als der Tisch, solche Kinder hatte Fjodor Michejewitsch nie aufgenommen), und nach vier Jahren (er spreizte den Daumen) macht ihr Spezialisten aus ihnen. Ich war doch bei einer Diplomverteidigung bei dir, im Frühjahr, erinnerst du dich?«

»Erinnere mich«, nickte Fjodor Michejewitsch unfroh.

Hinter seinem mächtigen Schreibtisch, an dem in rechtem Winkel noch ein anderer Tisch mit grüner Decke anschloß, sprach Iwan Kapitonowitsch so aufmundernd, wohlwollend, als stünden auf diesen Tischen nicht Tintenfässer, Kalender, Löscher, Telefonapparate, Wasserkaraffe mit Untersatz und Aschenbecher, sondern als wären auf weißem Tischtuch Schüsseln mit Mariniertem, Gebratenem und Gesülztem aufgefahren, und der Hausherr fordere seinen Gast auf, doch tüchtig zuzulangen und sich sogar noch etwas mitzunehmen.

»Irgend so ein Bürschchen, an die neunzehn, vielleicht trug er zum erstenmal einen Schlips, und die Jacke paßte nicht zur Hose – oder ist das jetzt Mode? –, hängte über die ganze Wandtafel Zeichnungen, stellte so ein Regelungs-Anzeige-Kontrollgerät, das er selber gebastelt hatte, auf den Tisch. Das Anzeigegerät blinkt und knackt, der Junge geht auf und ab, fährt mit einem Zeigestock über die Zeichnungen und redet wie geölt. Ich hab' ihn direkt beneidet! Und was für Worte, welche Begriffe! Die Mängel der vorhandenen Anzeigegeräte; das Funktionsprinzip meines Geräts: die planmäßige Spannung des Anodenstroms; die Geberdaten; der Nutzwert; der Koeffizient der Verwertung vorhandener Konstruktionen. Da soll doch gleich mal der Teufel dreinfahren, was? So ein Bengel. Ich saß da und ärgerte mich. Da trample ich so ein halbes Jahrhundert auf unserer Erde herum, dachte ich, und was hab' ich eigentlich für ein Spezialfach? Daß ich vor langer Zeit mal an der Werkbank gestanden habe? Diese Maschinen sind längst verschrottet. Daß ich Parteigeschichte und dialektischen Materialismus beherrsche – das können alle, da habe ich nichts voraus. Schluß damit! Jetzt ist eine Zeit, wo man ohne Spezialfach kein Parteifunktionär mehr sein kann. Solche Jungens wie der haben bei mir im Betrieb die ganze Kiste geschmissen. Wie ist mir da zumute, wenn ich ihnen Anweisung gebe, die Arbeits-

produktivität zu erhöhen? Ich habe die Augen und Ohren aufgesperrt. Wäre ich jünger, Michejitsch, ich käme mit dem größten Vergnügen zu dir ins Technikum, in den Abendkursus ...«
Und als er merkte, daß der Direktor ganz verzagt dreinschaute, lachte er.
»... ins alte Gebäude!«
Aber Fjodor Michejewitsch lächelte nicht. Er hatte den Kopf zwischen die Schultern gezogen und saß wie verprügelt da.
Die Sekretärin meldete, daß Leute auf Gratschikow warteten.

5

Niemand hatte den Studenten etwas gesagt, aber am nächsten Tag wußten es alle schon.
Der Morgen war grau. Regenwolken zogen herauf.
Die Ankommenden standen in Gruppen auf der Straße, aber es war kalt. In die Hörsäle ließ man sie nicht hinein – die diensthabenden Studenten räumten auf, in die Labors ließ man sie schon gar nicht – dort wurde alles vorbereitet –, und so standen sie auf der Treppe herum.
Die Luft hallte wider von Lärm. Die Mädchen seufzten und jammerten. Alle sprachen nur von dem neuen Gebäude, dem Studentenheim, den Zimmern. Der kräftige Mischka Simin, der beim Grubenausheben die Rekorde aufgestellt hatte, brüllte:
»Ja, was denn, Jungens, haben wir also umsonst geschuftet? Umsonst, so kommt's doch heraus? Na, Igor? Wie wirst du das jetzt erklären?«
Der brünette Igor, im rotbraun karierten Sporthemd,

Mitglied des Komsomolkomitees, der gestern die Umzugsliste aufgestellt hatte, stand sichtlich bestürzt auf dem oberen Treppenabsatz.
»Warte mal, alles wird sich klären!«
»Wer wird es klären?«
»Nun, wir... Vielleicht schreiben wir wohin...«
»Richtig«, legte das Mädchen mit dem dünnen gescheitelten Haar und dem strengen Gesicht einer beflissenen Bestschülerin los. »Schreiben wir eine Beschwerde nach Moskau: Das wäre doch gelacht, wenn wir nichts erreichen!«
Sie war die gehorsamste von allen, aber ihr stand das Wasser sozusagen bis zum Hals – sie müßte das Studium aufgeben, jedenfalls konnte sie nicht länger die sieben Rubel für eine Schlafstelle abzwicken.
»Ach, das drehen wir«, rief eine andere, ein hübsches Mädchen mit kohlschwarzen weichen Locken in einer losen Sportjacke, und knallte die Hand aufs Treppengeländer: »Alle neunhundert unterschreiben, was?«
»Machen wir!...«
»Richtig!...«
»Zuerst erkundigt euch mal, ob man solche Unterschriften überhaupt sammeln darf?« folgte eine kalte Dusche von einer andern Seite.
Valka Rogoskin, der beste Leichtathlet des Technikums, der beste Läufer für hundert und vierhundert Meter, der erste Springer und größte Schreihals, lag fast auf dem abfallenden Treppengeländer. Ein Fuß stand auf der Stufe, das andere Bein hatte er übers Geländer geschwenkt und preßte die Brust darauf. Sein Kinn lag auf den verschränkten Armen, in dieser nicht sehr stabilen Stellung, ohne auf das mißfällige Zischen der Mädchen zu achten, sah er nach oben, wo Igor stand. Auf der Geländerbiegung saß unerschrocken, als spüre er die Sechs-

metertiefe hinter seinem Rücken überhaupt nicht, der dunkle breitschultrige, stets ruhige Valka Gugujew.

»Hört mal alle her!« schrie Valka Rogoskin schrill: »Das ist alles Unsinn! Machen wir's lieber so – morgen gehen wir alle Mann nicht zum Unterricht!«

»Ins Stadion!« unterstützten ihn einige.

»Wer erlaubt dir das?« fuhr Igors abwehrbereite Stimme dazwischen.

»Wer soll mir's erlauben?« Rogoskin riß die Augen auf. »Natürlich erlaubt's niemand! Aber wir schwänzen einfach. Immer mit der Ruhe, Jungens.« Er geriet in Feuer und schrie noch lauter: »Bald kommt dann eine andere Kommission und gibt uns unser neues Gebäude zurück und noch was dazu!«

Alle waren erregt.

»Und das Stipendium entzieht man uns nicht?«

»Das wäre ja noch schöner!«

»Und wenn sie uns rausschmeißen?«

»Das ist keine Methode«, überschrie Igor alle. »Das ist nicht unsere Methode. Schlagt euch das aus dem Kopf!«

In dem Radau merkte niemand, daß Tante Dussja mit ihrem Zinkeimer die Treppe heraufkam. Bei Rogoskin angelangt, nahm sie den Eimer in die andere Hand, holte mit der freien aus und wollte ihm mit Schwung eine dorthin kleben, wo der Rücken in einen andern Körperteil übergeht. Doch er merkte es rechtzeitig und sprang ab. Tante Dussjas Hand streifte ihn nur.

»Na, na, Tante Dussja«, rief Rogoskin. »Das ist keine Methode! Ein andermal werd' ich...«

»Leg dich bloß noch mal so hin«, drohte Tante Dussja mit der Faust. »Ich vermöbel dich, daß dir die Puste wegbleibt. Ist das Geländer vielleicht dazu da, was?«

Lautes Lachen. Tante Dussja war wegen ihrer beherzten Art sehr beliebt.

Sie stieß die Studenten auseinander und stieg weiter die Treppe hinauf. Ihr Gesicht war runzlig, doch sehr beweglich und lief in einem energischen Kinn aus. Vielleicht hätte Tante Dussja ihrer Natur nach etwas ganz anderes werden können als Aufräumefrau.

»Das ist alles Höhenblödsinn, Tante Dussja!« rief Mischka Simkin und hielt sie an, die Redensart war gerade im Technikum Mode geworden. »Sagen Sie lieber, warum nimmt man uns das Gebäude fort?«

»Das weißt du nicht?« verstellte sich Tante Dussja. »Dort gibt es so viel Parkettböden. Wenn ich die alle bohnern soll, muß ich doch verrückt werden.«

Mit dem Eimer rasselnd ging sie weiter.

Alle lachten.

»Valka! Leg eine Extranummer hin!« feuerten die Jungens Gugujew an, als ein paar Mädchen vom Hof ins Treppenhaus traten. »Lusska kommt!«

Valka Gugujew sprang vom Geländer und schob die Kameraden zur Seite. Mit ernster Miene stand er nun vor dem hier gerade verlaufenden Treppengeländer, legte die Handflächen auf, schätzte mit einem Blick den Abstand, umspannte die Geländerstange, und plötzlich schwang er mit einem leichten Abstoßen der Füße seinen schlanken Körper senkrecht in die Luft und streckte ihn biegsam und sicher im Handstand über der Tiefe.

Es war ein Kunststück auf Leben und Tod.

Ein Murmeln wurde hörbar. Alles starrte nach oben. Die Jungens bewundernd, die Mädchen entzückt und reglos vor Entsetzen.

Die Lussja, für die das alles geschah, stand schon auf den unteren Stufen, jetzt drehte sie sich um und blickte mit weit aufgerissenen himmelblauen Augen empor, wo ein junger Mann kopfabwärts, direkt auf sie und auf die Steinplatten fiele, wenn er abstürzen würde – aber er stürzte nicht ab. Kaum merklich balancierend, fast ohne Bewegung, hielt er sich im Handstand über der Treppentiefe und schien es gar nicht eilig zu haben, in die normale Lage zu gelangen. Sein Rücken war ungeschützt dem Leeren zugewandt. Die straff gestreckten, zusammengelegten Beine schoben sich, wie um die Gefahr zu erhöhen, im Bogen über die Tiefe, während sich der Kopf, zuunterst in diesem Fall, ebenfalls zurückbog. So konnte Valka auf Lussja blicken, auf die kleine zierliche Lussja, in ihrem hellen Wettermantel mit aufgeschlagenem Kragen, ohne Baskenmütze – das stand ihr besonders gut –, mit dem blonden kurzgeschnittenen regenfeuchten Haar.

Aber sah er nur sie? Sogar im Dämmerlicht des Treppenhauses war zu erkennen, daß das Gesicht und der Hals des Tollkopfs puterrot anliefen.

Plötzlich ertönte es halblaut von allen Seiten.

»Achtung! Dicke Luft!«

Im Nu schwang sich Gugujew leichtfüßig auf den Treppenabsatz und stützte sich mit wahrer Unschuldsmiene aufs Geländer.

Das Zirkusstück hätte ihn glatt sein Stipendium kosten können, was ihm schon einmal passiert war, als er zehn Minuten vor Unterrichtsschluß für das ganze Technikum zur Pause geläutet hatte. (Sie wären sonst zu spät ins Kino gekommen.)

Die Studenten schwiegen noch und machten respektvoll Platz, als Grigori Lawrentjewitsch, der düstere, lang aufgeschossene Lehrstuhlleiter, die Treppe emporstieg.

Er hatte den Warnruf gehört und wußte gut, daß die Stille ringsum verdächtig war. Aber den Schuldigen entdeckte er nicht.

Um so weniger als Rogoskin, der ewige Streithammel, ihn sogleich bestürmte:

»Grigori Lawrentitsch!« Er schrie schrill durch das ganze Treppenhaus. »Warum hat man uns das neue Gebäude weggenommen? Wir haben's doch mit eigenen Händen gebaut!«
Mit absichtlich albernem Ausdruck legte er den Kopf schief und wartete auf Antwort.
Er hatte noch von der Mittelschule her die Angewohnheit, andre zum Lachen zu bringen, besonders während des Unterrichts.
Aber alle schwiegen und horchten, was der Lehrstuhlleiter sagen würde.
So geht es den Lehrern ein Leben lang: vor aller Augen müssen sie immer sofort die richtige Antwort finden, und jedesmal eine neue.
Grigori Lawrentjewitsch heftete einen langen strafenden Blick auf Rogoskin. Der hielt stand, den Kopf immer noch schief.
»Also«, sagte der Lehrstuhlleiter gedehnt, »du beendest das Technikum ... das heißt ... wirst du es überhaupt beenden?«
»Sie spielen auf den Sport an?« schoß Rogoskin los. (Jeden Frühling und jeden Herbst versäumte er eine Menge Unterricht – mal wegen der gesamtrussischen, mal wegen der Gebietswettspiele. Aber er holte das Versäumte nach und hatte kein Ungenügend.) »Warum sagen Sie das, warum? In mir, wissen Sie«, er drehte komisch den Zeigefinger an der Schläfe, »reift schon eine Idee für meine Diplomarbeit!«
»Sooo? Das ist gut. Wenn du das Technikum beendet hast, wo wirst du dann arbeiten?«
»Wo man mich hinschickt«, meldete Rogoskin mit übertriebener Forschheit, dabei hob er den Kopf und nahm stramme Haltung an.
»Dann wird man dich vielleicht in diesem neuen Gebäude

einsetzen. Oder andere kommen dorthin. Jedenfalls geht eure Arbeit dort nicht verloren. Alles gehört ja uns.«
»Oh! Das ist großartig! Einverstanden! Danke schön!« sagte Rogoskin hoch erfreut.
Der Lehrstuhlleiter ging seines Wegs. Aber ehe er noch in den Gang eingebogen war, lehnte Rogoskin bereits mit derselben Leichtigkeit ab:
»Hallo! Grigori Lawrentitsch! Ich hab' mir's überlegt! Ich will nicht in das Gebäude!«
»Sondern wohin?« fragte der Lehrstuhlleiter mit einem Seitenblick.
»Ins Neuland!« rief Rogoskin.
»Na schön, schreib ein Gesuch.« Der Lehrstuhlleiter lächelte kaum merklich.
Er ging durch den Korridor zum Direktorzimmer.
Fjodor Michejewitsch war nicht da. Gestern hatte man ihn nicht vorgelassen, und so wartete er heute wieder im Gebietskomitee. Doch ein paar Lehrer, die im Direktorenzimmer auf seinen Anruf warteten, hatten die Hoffnung auf einen Erfolg schon aufgegeben.
Hier und da zersprangen Regentropfen an den Scheiben. Das unebene Gelände bis zum Bahnübergang lag regennaß und dunkel.
Die Abteilungsleiter hatten die langen Stundenpläne vor sich, reichten einander Buntstifte, Radiergummis und einigten sich über die Räume, Stunden und Mitarbeiter. Jakow Ananjewitsch, der Parteisekretär, saß an einem kleinen Tisch am Fenster neben dem Partei-Safe und blätterte in Schnellheftern. Lidia Georgijewna stand an demselben Fenster. Mit der blitzartigen Geschwindigkeit, mit der Frauen sich verändern können, sah die gestern noch lustige, flinke, junge Frau heute wie ein ältlicher, kranker Mensch aus, und sie trug auch nicht ihr blaugrünes Kostüm, sondern etwas Dunkles.

Der kleine, schon ziemlich kahle, pedantisch ordentliche, stets tipptopp rasierte Jakow Ananjewitsch mit seiner rosigen Gesichtshaut unterhielt sich, unterbrach aber dabei seine Arbeit nicht. Er blätterte jeden Bogen, ohne ihn zu knicken, im Hefter behutsam um, als wären es Lebewesen, und wo der Text auf dünnem Papier getippt war, faßte er das Blatt geradezu zärtlich an.

Er sprach sehr sanft, nicht laut, dabei aber klar und verständlich.

»Nein, Genossen. Nein. Keine allgemeine Versammlung. Und wir werden aus diesem Anlaß auch keine Versammlungen in den Abteilungen, Kursen oder sogar in den Klassen veranstalten. Das hieße, die Aufmerksamkeit viel zu sehr auf die Frage zu lenken. Ganz unnötig. Sie werden es schon von selber erfahren.«

»Sie wissen es schon«, versetzte der Lehrstuhlleiter. »Sie verlangen eine Erklärung.«

»Warum nicht«, antwortete Jakow Ananjewitsch gelassen, er fand keinen Widerspruch dabei. »Sie können in Privatgesprächen darauf antworten, das ist unvermeidlich. Aber wie antworten? Folgendermaßen: Da ist ein Institut von außerordentlicher Wichtigkeit für unser ganzes Land. Es bearbeitet ein uns verwandtes Fachgebiet. Die Elektronik ist heute die Grundlage des technischen Fortschritts, niemand darf ihr Schwierigkeiten machen, im Gegenteil, sämtliche Hindernisse müssen aus dem Wege geräumt werden.«

Alle schwiegen, und Jakow Ananjewitsch wendete mit zarten Fingern noch zwei, drei Blätter um, ohne das Gesuchte zu finden.

»Schließlich muß man ja nicht viel erklären, man antwortet kurz: das Institut ist von staatswichtiger Bedeutung, und es ist nicht unsere Sache, über die Zweckmäßigkeit zu diskutieren.«

Er blätterte um, fand, was er suchte, und hob nochmals die klaren, ruhigen Augen.

»Aber Versammlungen? Die vorliegende Frage lang und breit auswalzen? Nein, das wäre ein politischer Fehler. Sogar im Gegenteil: wenn die Schüler oder das Komsomolkomitee eine Versammlung verlangen, muß man sie davon abbringen.«

»Ich bin nicht einverstanden«, wandte sich Lidia Georgijewna mit einer heftigen Bewegung um, ihre kurzgeschnittenen zurückgekämmten Haare bebten.

Jakow Ananjewitsch sah sie mit seinen kühl vernünftigen Augen an und fragte in demselben sanften Ton:

»Womit können Sie nicht einverstanden sein, Lidia Georgijewna?«

»Vor allem«, ihr Oberkörper, der Arm, der Kopf – alles strebte vor, »vor allem ... Schon mit Ihrem Ton! Sie haben sich nicht nur damit abgefunden, Sie scheinen sogar ... zufrieden zu sein! Ja! Ganz einfach *zufrieden*, daß man uns das Gebäude weggenommen hat!«

Jakow Ananjewitsch breitete fragend die Hände aus – nicht die Arme, nur die Hände.

»Aber Lidia Georgijewna, wenn es staatsnotwendig ist, soll ich dann unzufrieden sein?«

»Und hauptsächlich bin ich mit Ihrem ... Prinzip nicht einverstanden!« Sie konnte nicht mehr stehenbleiben und lief heftig gestikulierend in dem kleinen Raum auf und ab. »So viel wie ich hat keiner von euch mit der Jugend zu tun, ich bin von früh bis abends mit den Komsomolzen zusammen! Und ich weiß, wie das, was Sie von uns fordern, aufgefaßt werden wird. Die Jugendlichen werden der Meinung sein – und mit Recht –, daß wir die Wahrheit fürchten! Werden sie uns dafür achten, was glauben Sie? Wenn etwas Gutes geschieht, dann trompeten wir es aus, schlagen es an den Wänden an, verbreiten es durch den Hausfunk. Aber etwas Schweres oder Unangenehmes – sollen sie's erfahren, woher sie wollen, und darüber munkeln, wie sie wollen? Nein!« Ihre Stimme klang metallhell. Doch leider stiegen ihr zum zweitenmal an diesem Tag Tränen in die Augen.

»Nein! So macht man das nicht, vor allem mit jungen Menschen nicht! Lenin lehrt: Fürchtet nicht, alles offen auszusprechen. Das ist ein heilsames Schwert.«

Aber die Tränen schnürten ihr schon wieder die Kehle zu, sie drehte sich um, lief hastig hinaus, um nicht loszuweinen.

Jakow Ananjewitsch sah ihr verdutzt nach und schüttelte mit geschlossenen Augen in großer Betrübnis den Kopf.

Lidia Georgijewna aber hastete durch den halbdunklen Gang, sie zerknüllte das Taschentuch in der Hand. Ein paar Jungen räumten auf, sie trugen die vorjährigen Bildschilder weg, auf denen noch die Resultate des Wettbewerbs, Karikaturen auf Bummler und alte Wandzeitungen zu sehen waren.

Vor der Kammer, wo die Kisten mit den Vakuumröhren standen, wurde sie von zwei Jungen aus dem dritten Kursus gerufen. Beim Aufräumen hatten sie vom oberen Regal ein Modell herabgenommen und wußten jetzt nicht, was damit anfangen – eben jenes schöne Modell, das sie hoch auf vier Stangen bei der Oktober- und Maidemonstration stolz vor der Kolonne ihres Technikums getragen hatten.

Auf den Kisten prangte nun das bis ins kleinste vertraute und geliebte Bauwerk: weiß mit bläulichen und grünlichen Schattierungen, mit den zwei charakteristischen, auf Pfeilern sich erhebenden Halbtürmen; mit den Portalen, dem Haupt- und dem Nebeneingang, mit den riesigen Aulafenstern und der genauen Anzahl gewöhn-

licher Fenster, angeordnet in vier Stockwerken, von denen jedes schon für jemand bestimmt war.
»Vielleicht sollen wir's...«, fragte einer der Jungen, die Augen wie schuldbewußt zögernd abwendend, »... zerhacken? Warum nicht! Man kann sich schon so kaum rühren...«

6

Iwan Kapitonowitsch Gratschikow liebte Kriegserinnerungen nicht, erst recht nicht die eigenen. Und zwar deshalb, weil er im Krieg Schlimmes scheffelweise und Gutes nur tröpfchenweise erlebt hatte. Weil sich jeder Tag und jeder Schritt im Krieg in sein Infanteriegedächtnis mit Leiden, Opfern und dem Tod prächtiger Menschen eingegraben hatte.
Und ebensowenig litt er darunter, wenn man fast zwei Jahrzehnte nach dem Krieg noch mit militärischen Ausdrücken um sich warf, wo sie durchaus nicht am Platz waren. Im Betrieb hatte er nie solche Redewendungen wie: »In der Angriffsfront der Einführung moderner Technik...«, »in die Bresche werfen...«, »eine Stellung stürmen...«, »Reserven heranziehen...« usw. benutzt, und rügte es bei andern. Er war der Ansicht, daß diese Redeweise eine Kriegsatmosphäre mitten im Frieden schafft und die Menschen nur ermüdet. Die reiche russische Sprache kommt wunderbar ohne sie aus.
Aber heute wurde er seiner Regel untreu. Er saß mit dem Direktor des Technikums im Vorzimmer vom Ersten Sekretär des Gebietskomitees, während in seinem eigenen Empfangszimmer viele Leute auf ihn warteten. Gratschikow wurde nervös, rief seine Sekretärin an und rauchte zwei Zigaretten. Dann fiel sein Blick auf Fjodor

Michejewitsch, seinen freudlos zwischen die Schultern gezogenen Kopf, und es schien ihm, daß die Silberfäden gestern noch viel spärlicher waren als heute. Um ihn nicht ganz in seinem Kummer versinken zu lassen, erzählte ihm Gratschikow eine komische Geschichte, die sich 1943, als Fjodor Michejewitsch schon verwundet war, mit Leuten zugetragen hatte, die sie beide gut kannten, während der kurzen Zeit, als ihre Division in der zweiten Staffel lag.

Doch er bemühte sich vergeblich. Fjodor Michejewitsch lächelte nicht mal. Gratschikow wußte ja selber, daß man die Kriegserlebnisse lieber nicht aufrühren sollte. Aber unwillkürlich, rein assoziativ, kam ihm der auf diese Begebenheit folgende Tag wieder in Erinnerung, als die Division den Befehl erhielt, den Sosh zu überschreiten und die Truppen in Stellung zu bringen.

Die Brücke war zerstört. Nachts reparierten die Pioniere sie, und Gratschikow stand als diensthabender Offizier an der Anfahrt Wache mit der strikten Anordnung, niemanden hinüberzulassen, bis ihre Division drüben war. Die Brücke war schmal, das Geländer zerbrochen, der Brückenbelag schadhaft, und man durfte es nicht zu einem Andrang kommen lassen, weil schon zweimal einmotorige »Junkers« angegriffen und im Sturzflug Bomben geworfen hatten, allerdings ins Wasser. Die Division begann mit dem Übergang vor Sonnenaufgang und war gegen Mittag noch nicht übern Fluß. Inzwischen waren andere Truppenteile hinzugekommen, die auch hinüber wollten, doch in einem kleinen Gehölz warteten, bis sie an die Reihe kamen. Plötzlich rollten sechs gedeckte funkelnagelneue völlig gleiche Wagen an (Gratschikows Ordonnanz sagte »verdeckte«), überholten, ohne zu stoppen, die Kolonne der Division und wälzten sich auf die Brücke zu. »Halt!« schrie Gratschikow wütend dem ersten Fahrer zu und wollte ihm den Weg verstellen. Aber der fuhr weiter. Gratschikows Hand zuckte schon nach der Revolvertasche. Da riß ein älterer Offizier den Schlag des vorderen Wagens auf und schrie ebenso grimmig: »Hierher, Major!« Mit einem ungehaltenen Schwung seiner Schulter warf er das Wettercape halb ab, da stellte sich heraus, daß es ein Generalleutnant war. Gratschikow lief erschrocken hin. »Wonach hast du gegriffen?« schrie drohend der General. »Willst du vors Kriegsgericht? Los, laß meine Wagen durch!« Noch bevor er befehlen konnte, die Wagen durchzulassen, war Gratschikow innerlich bereit gewesen, die Sache im guten beizulegen, ohne Geschrei, und hätte vielleicht sogar die Autos rübergelassen. Aber als Recht und Unrecht sozusagen mit den Stirnen aufeinanderprallten – und das Unrecht hat von Natur aus die härtere Stirn –, waren Gratschikows Beine auf einmal wie in den Boden hineingewachsen, und es war ihm ganz egal, was mit ihm geschehen würde. Er grüßte und hackte die Worte hin: »Ich lasse Sie nicht durch, Genosse Generalleutnant!« »Ja, du bist wohl ...«, brüllte der General und stieg aufs Trittbrett. »Dein Name?« – »Major Gratschikow, Genosse Generalleutnant. Erlauben Sie, Ihren zu erfahren!« »Morgen marschierst du ins Strafbataillon!« tobte er. »Schön, heute aber stellen Sie sich bitte in die Reihe!« versetzte Gratschikow und pflanzte sich vor dem Kühler auf; dabei spürte er, daß ihm Gesicht und Hals purpurrot anliefen. Aber er wußte, daß er nicht nachgeben würde. Der General riß wütend das Wettercape zusammen, dachte einen Augenblick nach, dann knallte der Wagenschlag, und die sechs Wagen kehrten um.

Endlich kamen ein paar Leute aus Knorosows Zimmer – einer von der Gebietslandwirtschaftsverwaltung und einer von der Landwirtschaftsabteilung des Gebietsparteikomitees. Konewski, Knorosows Sekretär, zeigte ein Auftreten und eine Haltung an seinem Schreibtisch, daß Neulinge ihn ohne weiteres für den Sekretär des Gebietskomitees halten konnten, er verschwand in Knorosows Arbeitszimmer und kam gleich darauf wieder zurück.

»Viktor Wawilowitsch empfängt nur Sie«, verkündete er unerbittlich.

Gratschikow zwinkerte Fjodor Michejewitsch zu und ging hinein.

Bei Knorosow befand sich noch der Chefzootechniker. Sein Kopf war, so weit es eben ging, zur Seite gedreht, und sein Körper wand sich, als ob selbst die Knochen biegsam wären. In dieser Haltung sah er auf einen vor Knorosow liegenden großen Bogen, der mit schön ausgeführten farbigen Diagrammen und Zahlen bedeckt war.

Gratschikow grüßte.

Der hochgewachsene, kahlgeschorene Knorosow drehte sich nicht zu ihm um, sondern äußerte nur mit einem Seitenblick:

»Mit der Landwirtschaft hast du nichts zu tun. Und läufst herum, belästigst andere. Könntest doch in Ruhe dein Leben genießen.«

Die Landwirtschaft rieb er Gratschikow oft und gern unter die Nase, als ob die Industrie der Stadt sich nicht redlich ihr Brot verdiente. Jetzt aber, Gratschikow wußte es, hatte Knorosow vor, sich nicht nur speziell auf die Landwirtschaft zu werfen, sondern überdies mit ihr Ehre einzulegen.

»Also«, sagte Knorosow dem Zootechniker und senkte langsam und gewichtig seine fünf gespreizten Finger im Halbkreis auf den Bogen, als drücke er einen riesigen Stempel auf. Er saß aufrecht, ohne sich anzulehnen, und harte, kantige Linien umrissen seine Gestalt, sowohl für den ihn von vorn wie von seitwärts Betrachtenden. »Also. Ich sage Ihnen, was Sie jetzt brauchen. Und Sie brauchen, was ich Ihnen jetzt sage.«

»Klar, Viktor Wawilowitsch«, der Zootechniker verbeugte sich.

»Nimm das hier.« Und Knorosow nahm die Hand von der Zeichnung.

Der Zootechniker zog zaghaft mit beiden Händen den Bogen vom Schreibtisch, rollte ihn zusammen und durchquerte mit gesenktem Kopf, die Glatze voran, den mit zahlreichen Stühlen versehenen, für große Sitzungen bestimmten saalartigen Raum.

Gratschikow glaubte, er werde den Direktor des Technikums gleich hereinrufen, daher setzte er sich nicht, sondern legte nur den Arm auf die Lehne des vor ihm stehenden Ledersessels.

Sogar am Schreibtisch wirkte Knorosow imposant. Der längliche Kopf ließ ihn noch größer erscheinen. Obgleich längst nicht mehr jung, machte ihn das Fehlen jeglichen Haarwuchses nicht alt, im Gegenteil, es verjüngte ihn. Er führte keine einzige unnötige Bewegung aus, und auch die Haut seines Gesichtes bewegte sich nicht ohne zwingende Notwendigkeit, wodurch es für ewig in Erz gegossen schien und nicht die geringsten Augenblicksempfindungen ausdrückte. Ein breites, zerfließendes Lächeln würde dieses Gesicht deformiert, seine Vollkommenheit zerstört haben.

»Viktor Wawilowitsch«, sagte Gratschikow, alle Vokale und Konsonanten voll aussprechend. Mit seiner halb singenden Redeweise schien er gleichsam auch den andern nachgiebig und entgegenkommend stimmen zu wollen. »Ich bin nur kurz hier. Mit dem Direktor – es handelt sich um das Gebäude des Elektronentechnikums. Eine

Kommission aus Moskau war dort und behauptete, daß das Gebäude einem Forschungsinstitut übergeben wird. Geschieht das mit Ihrer Einwilligung?«
Knorosow sah Gratschikow auch jetzt nicht. Er sah starr vor sich hin, in jene Fernen, die ihm allein sichtbar waren; er öffnete die Lippen nur so weit wie nötig, um abgehackt auszustoßen:
»Ja.«
Damit war eigentlich das Gespräch beendet.
»Ja?«
»Ja!«
Knorosow war stolz darauf, daß er einmal Gesagtes nie zurücknahm. Wie früher in Moskau das Wort Stalins, so wurde auch hier in diesem Gebiet das Wort Knorosows nie zurückgezogen und eine Entscheidung von ihm nie geändert. Stalin war längst nicht mehr da, aber Knorosow war da. Er war einer der prominenten Vertreter des »harten Leitungsstils« und sah darin ein großes Verdienst. Er konnte sich gar nicht vorstellen, daß sich auch auf andere Weise leiten ließe.
Gratschikow begann sich aufzuregen, deshalb zwang er sich um so freundlicher und wohlwollender zu reden.
»Viktor Wawilowitsch! Warum kann denn nicht ein spezielles, für diesen Zweck geeignetes Haus gebaut werden? Was hier allein schon die Umbauten der Innenräume ...«
»Der Termin«, fuhr Knorosow dazwischen. »Die Themen sind gestellt. Das Objekt muß unverzüglich eröffnet werden.«
»Aber lohnen denn die ganzen Umbauten, Viktor Wawilowitsch? Und ...«, er hastete, damit Knorosow das Gespräch nicht abbreche, »die Hauptsache, die erzieherische Seite! Die Studenten haben unentgeltlich mit Begeisterung ein Jahr lang auf dem Bau gearbeitet, sie ...«

Knorosow drehte den Kopf, nur den Kopf, nicht die Schulter, zu Gratschikow hin, er sprach, und es war, als klirre Metall:

»Ich begreife nicht. Du bist Sekretär des Stadtparteikomitees. Muß ich dir erklären, wie man um die Ehre seiner Stadt kämpft! In unserer Stadt gab und gibt es kein WFI. Es war nicht so leicht, das zu erreichen. Bevor sich's das Ministerium anders überlegt, müssen wir zugreifen. Dadurch rücken wir mit einem Schlag in eine andere Kategorie auf, werden eine Stadt vom Rang der Städte Gorki oder Swerdlowsk.«

Er machte die Augen schmal. Vielleicht sah er seine Stadt schon im Rang von Swerdlowsk. Oder er fühlte sich innerlich schon auf einen neuen hohen Posten versetzt.

Doch Gratschikow war weder überzeugt noch fassungslos durch die Argumente, die wie Eisenbalken auf ihn niederrasselten. Im Gegenteil, er fühlte einen jener entscheidenden Augenblicke seines Lebens nahen, wo seine Beine wie in den Boden hineinwachsen und er um keinen Schritt weicht.

Weil Recht und Unrecht aufeinanderprallten.

»Viktor Wawilowitsch!« Er sagte es schroffer, als er wollte: »Wir sind keine mittelalterlichen Barone, die ihr Wappen möglichst pompös schmücken. Die Ehre unserer Stadt liegt darin, daß diese jungen Menschen freudig auf dem Bau gearbeitet haben, und wir müssen sie unterstützen! Wenn man ihnen das Gebäude wegnimmt, dann wird das Gefühl des Betrogenseins ein ganzes Leben lang in ihnen fressen – einmal betrogen, das heißt, man kann sie wieder betrügen.«

»Da gibt es nichts zu diskutieren«, abermals krachte ein Eisenträger nieder, noch schwerer als vorher. »Der Entschluß ist bestätigt.«

Ein gelbroter Funken entzündete sich sekundenschnell

in Gratschikows Augen. Das Blut stieg ihm in Gesicht und Hals.
»Was ist uns schließlich und endlich wertvoller? Die Steine oder die Menschen?« Er schrie es. »Wir zittern um diese Steine, was?«
Knorosow erhob sich in seiner imposanten Stattlichkeit. Und da offenbarte sich, daß er ganz aus Stahl war, ohne Scharniere.
»De-ma-go-gie!« dröhnte es über den Unbotmäßigen hinweg.
Und eine solche Kraft, ein so eiserner Wille war in ihm, daß es schien, er brauche nur die Hand auszustrecken, und schon rollt Gratschikows Kopf zu Boden.
Aber es hing nicht mehr von Gratschikow ab, ob er weitersprach oder schwieg. Es ging mit ihm durch.
»Nicht für Steine, sondern für Menschen wird der Kommunismus aufgebaut, Viktor Wawilowitsch!« schrie er wie besessen. »Das dauert länger und ist schwerer. Auch wenn wir morgen alles in Stein aufbauen, haben wir doch noch keinen Kommunismus!!«
Beide schwiegen.
Und standen voreinander, ohne sich zu rühren.
Iwan Kapitonowitsch spürte plötzlich, daß seine Finger, die die Sessellehne umklammerten, schmerzten. Er ließ los.
»Du bist nicht reif zum Sekretär des Stadtkomitees«, äußerte Knorosow leise. »Wir haben das übersehen.«
»Na, dann werd ich's eben nicht sein, was soll das schon!« entgegnete Gratschikow schon viel leichter, denn die Hauptsache war gesagt. »Arbeit find' ich.«
»Was für eine?« fragte Knorosow lauernd.
»Irgendeine Hilfsarbeit. Jede Arbeit ehrt den Mann«, versetzte Gratschikow mit voller Stimme.
Er hatte es tatsächlich gründlich satt, daß man sich nicht

mit ihm beriet, nichts besprach, sondern ihm von oben herab Befehle erteilte. Im Betrieb hatte eine andere Arbeitsweise geherrscht.
Mit einem langen, halb pfeifenden Laut blies Knorosow die Luft durch die Zähne. Legte die Hand auf den Hörer. Hob ihn ab. Setzte sich.
»Sascha. Verbinde mich mit Chabalygin.«
Er wurde verbunden.
Im Zimmer schwiegen beide.
»Chabalygin? ... Sag mal, was wirst du mit dem für das Institut nicht eingerichteten Gebäude anfangen?«
(Wer wird anfangen? Chabalygin?)
»Was, keine großen? Sehr große ... Der Termin – das versteh' ich. Übrigens hast du vorläufig genug damit zu tun, dir über *ein* Gebäude den Kopf zu zerbrechen ...«
(»... hast du genug zu tun? ...«)
»Das nebenan geb' ich nicht. Baust dir selber ein besseres.«
Er legte den Hörer auf.
»Rufe den Direktor herein.«
Gratschikow ging, ihn zu holen, dabei beschäftigte ihn schon ein neuer Gedanke. Chabalygin geht ins WFI über?
Er kam mit dem Direktor zurück.
Fjodor Michejewitsch reckte sich und heftete seinen Blick auf den Sekretär des Gebietskomitees. Er hatte ihn gern. Er bewunderte ihn immer. Er freute sich, wenn er zu einer Sitzung geladen wurde, weil der allumfassende Wille und die Energie Knorosows ihm jedesmal etwas gaben und er gewissermaßen innere Kraft auflud. Bis zur nächsten Versammlung bemühte er sich dann, stramm zu erfüllen, was ihm auf der vorhergehenden aufgetragen worden war. Unterrichtsqualität zu erhöhen, Kartoffeln zu buddeln oder Schrott einzusammeln. Und das

schätzte Fjodor Michejewitsch gerade an Knorosow – sein Ja war ja, und sein Nein war nein. Dialektik schön und gut, aber Fjodor Michejewitsch liebte wie so viele das eindeutig Bestimmte.
Und auch jetzt war er nicht hier, um zu streiten, sondern um sich den Urteilsspruch über sein neues Gebäude anzuhören.
»Na, hat man dich gekränkt?« fragte Knorosow.
Fjodor Michejewitsch versuchte ein schwaches Lächeln.
»Kopf hoch«, sprach Knorosow leise und fest. »Bei so unbedeutenden Schwierigkeiten verlierst du gleich die Fassung.«
»Ich verlier' sie nicht!« erwiderte Fjodor Michejewitsch heiser und hüstelte.
»Du hast doch nebenan noch ein Studentenheim angefangen? Das baust du fertig und hast dann dein Technikum. Klar?«
»Klar. Jawohl«, bestätigte Fjodor Michejewitsch.
Aber diesmal erhielt er keine Ladung von Mut und Zuversicht. Beunruhigende Gedanken durchstürmten ihn: daß der Winter vor der Tür steht; daß er das neue Schuljahr im alten Bau bleiben und das neue Technikum wieder keine Aula, keine Turnhalle haben wird; und ein Studentenheim wird es auch nicht geben.
»Aber Viktor Wawilowitsch«, sagte Fjodor Michejewitsch bekümmert, »dann muß der Bauentwurf geändert werden. Die Zimmer sind doch klein. Für vier Menschen, daraus müssen Hörsäle und Laboratorien gemacht werden ...«
»Regelt das in den Instanzen!« schnitt Knorosow mit einer Handbewegung ab und entließ sie. Mit Kleinigkeiten brauchte man ihn wahrlich nicht zu behelligen.
Bei der Garderobe klopfte Gratschikow dem Direktor auf den Rücken.

»Na, Michejewitsch, auch das ist was! Wirst es schon bauen!«
»Und die Kellerdecke muß gewechselt werden«, dämmerten dem Direktor immer neue Sorgen auf. »Für die Werkbänke muß sie massiver sein. Und wegen der Kellerdecke muß das ganze Erdgeschoß, das schon fertig ist, niedergerissen werden.«
»Ja-a«, meinte Gratschikow. »Betrachte die Sache so, als ob man dir an einer guten Stelle ein Grundstück gegeben hat, wo die Baugrube schon ausgehoben und das Fundament gelegt ist. Eine sichere Sache. Im Frühjahr habt ihr den Bau fertig und zieht ein; wir und der Volkswirtschaftsrat werden helfen. Sag selber, noch gut, daß wir wenigstens dies Gebäude gerettet haben.«
Sie traten auf die Straße, beide in dunklen Regenmänteln und Mützen. Ein kühler, doch angenehmer Wind blies, der ihnen feine erfrischende Regentröpfchen entgegentrieb.
»Übrigens, weißt du nicht«, sagte Gratschikow, und sein Gesicht verdüsterte sich, »wie ist Chabalygin eigentlich im Ministerium angeschrieben?«
»Wsewolod Borissowitsch? O-oh! Großartig: Unlängst sagte er mir, er habe dort gute Freunde; meinst du, er könnte ein Wörtchen einlegen?« fragte Fjodor Michejewitsch in sekundenschnell aufflackernder Hoffnung. Aber er verwarf sie sofort. Nein. Wenn er wollte, hätte er gleich bei der Kommission den Mund aufgetan. Er war einverstanden gewesen...
Fest und breitbeinig dastehend, sah Gratschikow die Straße hinunter. Er fragte noch:
»Was ist er? Fachmann für Schaltgeräte?«
»Aber nein, was für ein Fachmann! Früher hatte er mit Umformern zu tun. Er ist einfach... ein erfahrener Leiter.«

»Warum war er übrigens bei der Kommission dabei, weißt du das nicht?«

»Richtig!« Erst jetzt dämmerte die Frage in dem seit gestern völlig verstörten Hirn Fjodor Michejewitschs auf. »Warum eigentlich?«

»Na, leb wohl«, seufzte Gratschikow und drückte nach einem Schwung seines Arms dem Direktor kräftig die Hand.

Während er in sein Amt ging, dachte er die ganze Zeit über Chabalygin nach. Natürlich, so ein WFI war kein Fabrikchen für Schaltgeräte. Da ist das Direktorengehalt höher und das Ansehen größer, und man kann sich auch mit einigem Geschick zum Staatspreisträger hinauflavieren.

Gratschikow war der festen Meinung, daß man nicht erst warten dürfe, bis ein Parteimitglied gegen das Strafgesetz verstößt. Auch diejenigen, die sich keine Luxuslandhäuser bauen, sondern auch nur den geringsten privaten Vorteil aus ihrer hohen Stellung oder ihren Verbindungen ziehen, müssen unverzüglich aus der Partei ausgestoßen werden. Kein Verweis, keine Rüge, nur Parteiausschluß, denn es handelt sich nicht um eine Verfehlung, einen Irrtum, eine Schwäche, sondern um völlig fremdes, feindliches Bewußtsein, um den inneren Kapitalisten, der in einem Menschen sitzt.

Irgendeinen Fahrer mit seiner Frau, einer Lehrerin, hat man ertappt, die bei ihrem Haus einen Blumengarten angelegt und die Blumen auf dem Markt verkauft hatten. Sie wurden in der Gebietszeitung angeprangert.

Aber wie erwischt man einen Chabalygin?

Fjodor Michejewitsch ging langsam zu Fuß, damit der Wind ihm tüchtig um den Kopf wehe. Von der Schlaflosigkeit, den zwei Schlafpulvern und alldem, was er in den letzten vierundzwanzig Stunden in seinen Gedanken gewälzt hatte, steckte ihm etwas wie ein giftiger Klumpen in der Kehle. Aber der frische Wind blies es stückchenweise aus ihm heraus.

Na schön! dachte er, wir fangen also alles wieder von vorn an. Rufen die neunhundert zusammen und erklären ihnen: ein Gebäude haben wir nicht. Man muß es bauen. Helfen wir, dann geht es schneller.

Zuerst wird man murren.

Dann werden sie mitgerissen, wie eben die Arbeit Menschen mitreißt.

Sie werden glauben.

Und bauen.

Ein Jährchen, nichts zu machen, halten wir's noch im alten aus.

...Seine Füße trugen ihn, ohne daß er es merkte, zu dem von Metall und Glas glitzernden neuen Gebäude. Das zweite stand nebenan, es ragte kaum aus dem Boden und war mit Sand und Lehm überschüttet.

In dem ohne Argwohn schlichten Herzen Fjodor Michejewitschs tauchten nach Gratschikows Fragen gewisse Zweifel über Chabalygin auf. Die Erinnerungen regten sich wie abgerissene Fäden, deren Enden sich zu einem Knoten knüpfen wollten. Wie er die Abnahme des neuen Gebäudes im August hinausgeschoben hatte, und sein auffallend vergnügtes Aussehen bei der Kommission.

Und seltsam, den Mann, über den ihm unterwegs ein Licht aufgegangen war, sah er als ersten auf dem großen Hinterhof des Baugrundstücks: Wsewolod Borissowitsch Chabalygin, im steifen grünen Hut und teuren braunen Mantel, stapfte entschiedenen Schrittes durch den aufgeweichten Lehm, ohne darauf zu achten, daß seine Halbschuhe schmutzig wurden, und gab einigen Arbeitern, offenbar aus seinem Betrieb, Anweisungen. Zwei Leute und der Fahrer schleppten aus einem Lastwagen

Pfähle, teils frisch gestrichene, teils solche, die in langjährigem Pfahldienst ergraut und von denen die morschen Enden abgehackt waren. Zwei andere machten gebückt etwas, das Chabalygin ihnen mit einer Feldherrnbewegung seines kurzen Armes befahl.
Fjodor Michejewitsch näherte sich und sah, daß sie Pflöcke einschlugen – aber nicht ehrlich, in grader Linie, sondern in einem listigen breiten Bogen, damit sie vom Hof mehr für das Institut abschnitten und dem Technikum weniger ließen.
»Aber Wsewolod Borissowitsch! Haben Sie denn kein Gewissen? Was tun Sie da?« schrie der übervorteilte Direktor. »Junge Menschen von fünfzehn, sechzehn müssen doch frische Luft atmen! Müssen laufen! Wohin sollen sie denn in der Pause?«
Chabalygin hatte gerade einen entscheidenden Punkt eingenommen, von dem aus die letzte Linie seines bösartigen Zaunes verlaufen sollte. Mit beiden Beinen wuchtig und fest zu beiden Seiten der künftigen Grenzlinie, hatte er schon die Hand zum Befehl erhoben, als die Stimme Fjodor Michejewitschs an sein Ohr drang, der nah herangekommen war. Und so, die Hand in der Luft, drehte er den Kopf ein wenig (ja, sein Hals und Nacken waren derart beschaffen, daß sie seinem Kopf keine große Bewegungsfreiheit erlaubten), zog mit der Oberlippe die schweren Backen etwas an, wobei die Zähne sichtbar wurden, und brummte:
»Was? Was-was?«
Ohne die Antwort abzuwarten, drehte er sich weg, prüfte, die Hand mit gespreiztem Daumen vor den Augen, seine Arbeiter, die die Grenze markierten, gab einem mit einer Bewegung seiner vier aneinandergelegten Finger einen Wink, dann hieb er wie in endgültigem Entschluß mit seinem kurzen Arm durch die Luft.

Nicht nur durch die Luft, es war, als zerhacke er den Erdball. Nein, er zerhackte ihn nicht – er schwenkte den Arm, als weise er eine ungeheuer wichtige Richtung an. Er schwenkte ihn wie ein antiker Feldherr, der seinem Heer den Weg zeigt. Wie der erste Kapitän, der endlich den Kurs zum Nordpol angibt.

Und erst als er so seine Pflicht getan, wandte er sich Fjodor Michejewitsch zu und erklärte ihm:

»Es muß so sein, werter Genosse!«

»Warum *muß es sein*?« wehrte sich Fjodor Michejewitsch. Sein Kopf zitterte. »Im Interesse der Sache? Ja? Ja? Na, warte nur!« er ballte die Faust. Aber er konnte nicht weitersprechen, die Stimme versagte. Er drehte sich um, ging raschen Schrittes zur Straße und murmelte: »Na, warte nur, du Schwein! Na, warte nur, Schweinehund ...«

Die Arbeiter brachten die Pfähle.

Sachar mit der großen Tasche

Ihr bittet mich, Freunde, etwas aus dem Sommerlichen, aus unsren Fahrradtagen zu erzählen. Nun denn, wenn euch die Zeit nicht lang wird, laßt mich über das Feld von Kulikowo berichten. Lange schon winkte es uns als Ziel, doch irgendwie führten uns die Wege immer zu anderen Orten. Auch locken ja keine bunten Plakate in jene Gegend, Wegweiser sucht ihr umsonst, und auf den Karten findet ihr es nicht immer, obwohl diese Schlacht im vierzehnten Jahrhundert dem russischen Leib und dem russischen Geist teurer zu stehen kam als Borodino im neunzehnten. Solche Schlachten entfallen nicht nur auf uns allein, auf ganz Europa in einem halben Jahrtausend – eine. Nicht zwischen Fürstentümern war dies eine Schlacht und nicht eine zwischen Staat und Staat – eine Schlacht war es zweier Kontinente.

Mag sein auch, daß wir die Zufahrt ungeschickt wählten: von Jepifanj über Kasanowka und Monastyrstschina. Nur weil es trocken war die Tage zuvor, mußten wir nicht aus dem Sattel. Lediglich am Don, der noch nicht an Tiefe gewonnen hatte, und an der Neprjadwa hieß es absteigen: über Bretterstege führten wir unsere »Einspurigen« hinüber.

Lange vorher, von einer Höhe hinab, sahen wir auf einer anderen, ebenso ausgedehnten Anhöhe gleichsam eine Nadel in den Himmel ragen. Hinabfahrend – verloren wir sie. Erst als wir uns von neuem in die Höhe schoben, zeigte sich wieder, nun bereits deutlicher, die graue Nadel, und neben ihr glaubten wir eine Kirche zu erkennen, eine seltsame jedoch, von ungewöhnlicher Bauart, wie sie uns sonst nur im Märchen vorschweben kann: leicht, wie durchsichtig waren ihre Kuppeln, flimmernd und täuschend in den Strömen des heißen Augusttages – rate, ob es sie gibt oder nicht.

Gut, daß wir uns in weiser Voraussicht am Brunnen in der Senke satt getrunken und unsere Feldflaschen gefüllt hatten – es kam uns später sehr zustatten. Auf die Frage aber, wo das Feld von Kulikowo sei, starrte uns das Bäuerlein, von dem wir den Eimer geliehen hatten, höchst verächtlich an.

»Doch nicht Kulikówo, sondern Kulíkowo. Liegt ja beim Dorf Kulíkowka, das Feld, und das Dorf Kulikówka, ha, das ist drüben, am anderen Ufer.«

Nach dieser Begegnung zogen wir über verschlagene Feldwege noch einige Kilometer hin und trafen bis zur Gedenkstätte keine Menschenseele. Es hat sich einfach so gefügt an jenem Tag – keine Menschenseele weit und breit; abseits irgendwo klapperte ein Getreidemäher, und auch hier müssen einmal Menschen gewesen sein, und nicht selten, und auch wiederkommen würden sie, denn wohin das Auge blickte, war alles ringsum bebaut und schon im Reifen – Buchweizen hier und Rüben dort, Klee und Hafer, Roggen auch und Erbsen (deren junge Schoten wir kosteten) – und doch war niemand zu sehen an jenem Tag, und wir schritten einher wie durch eine geheiligte, stumme, museale Landschaft. Ungestört wanderten unsere Gedanken zu den dunkelblonden Kriegern, zu den neunen von zehnen, die hergezogen waren und eben hier, einen Klafter tief unter der heutigen Anschwemmung, zu liegen kamen, bis auf die Knochen in der Erde sich auflösten, damit nur Rußland die fremde Plage abschüttle.

Der sanfte und breite Anstieg zur Mamajew-Höhe

dürfte seine Umrisse auch in den sechs Jahrhunderten kaum verändert haben, es sei denn, daß Wald ihn früher bedeckte. Und irgendwo hier, genau in dem nun überschaubaren Umkreis, lagerte, den Don überschreitend, am Abend des siebenten September und in der Nacht darauf das russische Heer: um die Pferde zu füttern (doch war das Fußvolk in der Überzahl), die Schwerter noch einmal zu schärfen, den Geist zu stärken, zu beten und zu weissagen – bald eine Viertelmillion Russen, mehr als zweihunderttausend. Unser Volk war damals wohl nur zum siebenten Teil so reich an Menschen wie heute, und nicht vorstellbar ist die gewaltige Heerschar – zweihunderttausend Mann!

Und von je zehn Kriegern warteten neun auf ihren letzten Morgen.

Aber auch über den Don setzten unsere Leute damals nicht aus freien Stücken – wer wird sich denn gern zur Schlacht stellen, wenn ein Fluß das Hinterland abschneidet? Bitter ist die Wahrheit der Geschichte, doch besser scheint es, sie auszusprechen, als zu verheimlichen: nicht nur Tscherkessen und Genueser hatte der Tatarenchan Mamaj mit sich, nicht nur die Litauer waren mit im Bunde, sondern auch der Rjasaner Fürst Oleg. (Auch Oleg muß verstanden werden: wie sollte er sein Land anders vor den Tataren bewahren, da es das Durchzugsland war auf ihrem Weg und niedergebrannt worden war im siebenten, dritten und zweiten Jahr vordem?) Darum hatten die Russen über den Fluß gesetzt, damit der Fluß ihnen Schutz biete gegen die eigenen Leute, die Rjasaner: daß sie ihnen nicht in den Rücken fielen, die Rechtgläubigen.

Die Nadel winkte uns von ferne, keine Nadel mehr, genaugenommen, sondern ein schlanker, mit nichts vergleichbarer Turm. Aber es dauerte, bis wir uns durch-

schlugen zu ihm. Die Wege führten nicht weiter, mündeten in Saaten, wir schoben unsere Räder über Raine, bis endlich, nirgendwo beginnend, aus der Erde eine grasbewachsene, verkommene, verlassene alte Straße zum Vorschein kam – und je näher zum Monument, desto mehr Straße, mit Straßengräben sogar.
Die Kornfelder waren jäh zu Ende, auf der Höhe begann das wahre Naturschutzgebiet, ein Stück verödeter, verwilderter Heide, doch nicht von Priemengras bewachsen, sondern von stacheligen Steppengräsern – und keine Huldigung für diesen altehrwürdigen Flecken paßte besser: atme die wilde Luft, sieh dich um und schau! – wie mit Sonnenaufgang Telebej und Peressmet aufeinanderprallen, wie die Fahnen gegeneinanderstehen, wie die mongolische Reiterhorde die Bogen spannt, die Speere schwenkt und sich mit verzerrten Gesichtern auf das russische Fußvolk wirft, die Menschen niedertrampelt, die Geschosse erbeutet – und uns dorthin jagt, woher wir gekommen, dorthin, wo über dem Don und über der Neprjadwa die milchige Wolke des Nebels aufsteigt.
Und wir sinken hin wie gemähtes Korn. Und verkommen unter den Pferdehufen.
Eben da, im ärgsten Strudel des bösen Gemetzels – wenn jemand den richtigen Platz zu erraten verstand –, ist das Denkmal errichtet und die Kirche mit den überirdischen Kuppeln, die uns von weitem in Staunen versetzten. Das Rätsel jedoch war schnell gelöst: Von den fünf Kuppeln hatten die Bewohner der anliegenden Dörfer zum Eigenbedarf das Blech heruntergerissen, und die Kuppeln wurden transparent, ihre zarte Form blieb unverletzt, geprägt allerdings nur in Draht, ein Trugbild so dem Wanderer in der Ferne.
Das Denkmal aber läßt auch in seiner Nähe staunen.

Ehe du nicht hintrittst, es zu betasten, begreifst du gar nicht, wie das geschaffen wurde. Im vorigen Jahrhundert, vor mehr als hundert Jahren, der Einfall aber – einen Turm aus gegossenen Stücken zu bauen – ist ganz von heute, bloß daß man heute nicht Gußeisen dazu verwendet hätte. Zwei Podeste, eines über dem anderen, darauf ein zwölfeckiger Giebelaufbau, der allmählich rund wird, zunächst gestützt und umschlungen von ebenfalls gußeisernen Schilden, Schwertern, Helmen, gußeisernen slawischen Inschriften, bald verjüngt er sich, wie ein Fernrohr aufstrebend in vier Stufen (das Rohr selbst wie aus aneinandergeschmiegten Orgelpfeifen), darauf ruht ein Russenhelm, kerbschnittverziert, und über alldem ragt, stolz auf dem Halbmond aufgepflanzt, ein vergoldetes Kreuz. All dies ist gut dreißig Meter hoch, all dies ist aus Kunstplatten zusammengefügt, dazu noch fest verschraubt von innen, daß nicht die winzigste Schraube, nicht der schmalste Spalt zu finden ist, so als sei das Monument in einem Stück gegossen – so lange, bis die Zeit und mehr noch die Enkel und Urenkel da und dort das Bauwerk durchlöcherten.

Weithin über leeres Feld wandernd, waren wir auch hierher wie an einen leeren Ort gekommen, ohne Erwartung, jemanden anzutreffen. Wir überlegten, während wir gingen: Warum das? Nahm nicht von hier das Schicksal Rußlands seinen Lauf? Vollzog sich nicht hier die Wende in Rußlands Geschichte? War es denn immer nur so, daß die Feinde über Smolensk und Kiew gegen uns aufbrachen? Und nun dies alles vergessen, niemand hier, danach zu fragen?

Wie froh waren wir, uns geirrt zu haben! Zuerst erblickten wir unweit des Denkmals ein grauhaariges Männlein mit zwei jungen Burschen. Sie lagen im Gras, die Rucksäcke daneben, und schrieben etwas in ein großes dickes

Heft vom Umfang eines regelrechten Klassenbuches. Wir traten zu ihnen und erfuhren, daß der Alte an einer Schule Literatur unterrichtete; die Buben hatte er irgendwo in der Nähe aufgelesen und mitgenommen, das dicke Heft jedoch stammte mitnichten aus einer Schule, es war nicht mehr und nicht weniger als das örtliche Gästebuch. So es aber kein Museum gab – wo wurde es dann inmitten des freien Feldes aufbewahrt?
Da, just legte sich ein korpulenter Schatten auf uns. Wir wandten uns um. Es war der Wärter des Feldes von Kulikowo! – jener Mann, dem es beschieden war, über unseren Ruhm zu wachen.
Ach, daß wir nicht rechtzeitig das Objektiv zogen! Gegen die Sonne ging es ja nicht. Auch hätte sich der Wärter nicht dem Apparat gestellt. (Er kannte seinen Preis und wich später beständig dem Knipsen aus.) Doch soll ich ihn zuerst beschreiben? Nicht lieber mit seinem Sack anfangen? (Dem einfachen Bauernsack, den er in der Hand hielt und der nur zur Hälfte voll und offensichtlich nicht schwer war, da er ihn ohne Mühe trug.)
Der Wärter war ein robuster Muschik, einem Räuber nicht ganz unähnlich. Arme und Beine waren gewichtig geraten, dazu das lässig geöffnete Hemd, die Mütze schräg aufgesetzt und darunter ein roter Haarschopf. Zum letztenmal rasiert hatte er sich nicht in dieser Woche, bestenfalls in der vorigen, doch quer über die Wange brach eine frische rote Schramme durch die Bartstoppeln.
»Ah!« grüßte er unwirsch, und sein drohender Schatten blieb über uns. »Angekommen? Aber wie?«
Er tat verwundert, als sei das Feld von einem Zaun umgeben, in dem wir einen Durchschlupf gefunden hatten. Wir deuteten auf die aneinandergelehnten Räder im Gestrüpp. Obwohl er mit seinem Sack wie zur Abfahrt

eines Zuges parat stand, drückte sein Gehabe die absolute Bereitschaft aus, uns auf der Stelle die Pässe abzuverlangen. Sein Gesicht war hager, nach unten zugespitzt, ohne Mangel an Entschlossenheit.

»Ich warne Sie! Nichts zertreten! Mit den Rädern!«

Womit sofort festgehalten war, daß hier auf dem Feld von Kulikowo mit milden Floskeln nicht zu rechnen war.

Der Wärter trug einen offenen Rock – langschoßig und weit wie ein Matrosenumhang, da und dort mit Flicken versehen, in der Farbe aber, wie ein Sprichwort sagt – graubraundunkelrot. Am Rockaufschlag strahlte ein Stern – wir hielten ihn zuerst für einen Orden, doch nein, es war ein Stern, wie ihn die Schulkinder tragen, mit einem Lenin im Kreis. Unter dem Rock aber hatte er ein langes Russenhemd, blau mit weißen Streifen, von der Art, wie man sie nur in den Dörfern noch näht; gegürtet war das Hemd mit einem Armeeriemen samt fünfzackigem Stern als Schnalle. Die Hosen, Offiziersschnitt, im dritten Lebensalter, steckten in kunstledernen Stiefeln, die an den Bugstellen schon abgewetzt waren.

»Nun?« fragte er den Lehrer, ungleich sanfter. »Schreibt Ihr?«

»Sofort, Sachar Dmitritsch«, sprach ihn jener respektvoll an. »Gleich sind wir fertig.«

»Und ihr« – (wieder streng) – »werdet auch schreiben?«

»Später.« Und nur, um irgendwie seinem Drängen zu widerstehen, lenkten wir ab: »Wann dieses Denkmal errichtet wurde – wissen Sie das?«

»Wie denn nicht!« Er warf beleidigt den Kopf hoch, krächzte und verschluckte sich vor lauter Kränkung. »Wozu wär' ich denn sonst hier?«

Behutsam den Sack auf die Erde setzend (etwas wie Flaschen – war's möglich? – klirrte drinnen), zog der

Wärter des Feldes aus der Tasche einen Beleg hervor und entfaltete ihn: Auf dem Blatt aus einem Schulheft war in Druckbuchstaben, über die Zeilen hinauslaufend, eine Widmung an Dmitrij Donskoj aufgezeichnet und dazu das Datum – 1848.

»Was soll das sein?«

»Tja, Genossen«, seufzte Sachar Dmitritsch und offenbarte somit in aller Freimütigkeit, daß er mitnichten so bewandert war, wie er sich anfangs den Anschein gab, »versteht es, wie ihr wollt. Das hab' ich aus eigenem von der Platte abgeschrieben, weil ein jeder zu wissen verlangt: Wann und wie? Auch die Stelle kann ich euch zeigen, wo die Platte stand.«

»Wohin kam sie denn?«

»Geklaut hat sie ein Lump aus unserem Dorf – und wir können nichts gegen ihn tun.«

»Sie wissen, wer?«

»Und ob ich's weiß! Na, einen Teil der Buchstaben hab' ich ihm schon abgeknöpft, das ist gelungen, der Rest ist bis heute bei ihm. Mir wär' schon mit den Buchstaben gedient, ich hätt' sie da angebracht.«

»Ja wozu braucht er denn die Platte?«

»Für die Wirtschaft.«

»Na und, ist da nichts zu machen?«

»Ha-ha«, Sachar warf den Kopf hoch bei solch einer blöden Frage. »Sie sagen es – nichts! Woher nehm' ich die Macht dazu? Nicht einmal ein Gewehr gibt man mir. Dabei brauchte ich bald eine Maschinenpistole hier!«

Angesichts seiner zerschundenen Wange dachten wir uns: schon recht, daß er kein Gewehr bekommt.

Da war der Lehrer mit dem Schreiben fertig und gab das Gästebuch zurück. Wir glaubten, Sachar Dmitritsch würde es unter die Achsel klemmen oder in den Sack stecken – falsch geraten. Er schlug seinen umfangreichen

Rock zurück, und dort, an der Innenseite, war, wie sich herausstellte, aus Sackleinwand eine Tasche geschneidert, ein Mittelding zwischen Tasche und Futtersack – eine Kalita [1] eben, ein riesiger Beutel, dem Gästebuch genau angepaßt, so daß es wohlverwahrt darin lag. Dazu hing an jener Kalita eine Schnur für den stumpfen Tintenblei, der ebenfalls dem Besucher ausgehändigt wurde.
Nachdem sich Sachar-Kalita überzeugt hatte, daß wir zu würdigen verstanden, nahm er seinen Sack (es klirrte tatsächlich Glas darin) und ging mit krummem Rücken, mit den Füßen nach innen schaufelnd, zum nahen Gesträuch. Von der piratenhaften Wildheit, mit der er uns anfangs zurechtgewiesen hatte, war nichts mehr übrig. Er setzte sich, sank noch vergrämter zusammen, rauchte eine an und rauchte mit so ungestillter Betrübnis, mit solcher Verlorenheit, als seien alle auf diesem Feld Gefallenen erst gestern gefallen, als seien sie alle seine Brüder, Schwäger oder Söhne gewesen, so daß er nun nicht mehr weiterzuleben wußte.
Wir entschlossen uns, bis zum Ende des Tages und über Nacht noch hierzubleiben, um zu erleben, wie sie wirklich war, die von Block besungene Kulikower Nacht. Wir wandelten also ohne Eile zwischen Denkmal und verwüsteter Kirche, schlenderten über die Heide und versuchten uns dabei vorzustellen, wer wo gestanden hatte am 8. September, und kletterten auf die gußeisernen Stufen des Denkmals.
O da waren schon welche vor uns gewesen! Nichtig unsere Klage über das vergessene Denkmal. Die Wilden waren nicht zu faul gewesen, mit dem Meißel dem Eisen an den Leib zu rücken, es mit Nägeln zu beritzen; wer aber schwächer ausgerüstet war, kritzelte mit Kohle an die

1 Titel des russischen Originals: »Sachar-Kalitá«. Anm. d. Übers.

Kirchenmauer: »Hier waren der Gatte der Polunejewa Maria und Lasarew Nikolaj vom 8.5.50 bis 24.5.«, »Die Delegierten der Bezirksberatung...«, »Die Belegschaft der PTT-Station von Krimowo am 23.6.52...«, »Die...«, »Die...«

Da kamen drei Arbeiterburschen aus Nowomoskowski mit dem Motorrad angefahren. Sie schwangen sich behend auf die Podeste des Monuments, beguckten es von allen Seiten, beklopften zärtlich seinen sonnendurchglühten grauschwarzen Körper, voll Staunen über die Geschicklichkeit seiner Erbauer und voll Eifer, uns dies zu erklären. Dafür zeigten wir ihnen von der oberen Plattform aus, was wir über die Schlacht wußten.

Allerdings, wozu braucht einer heutzutage genau zu wissen – wo und wie dieses und jenes geschah? Die alten Chroniken berichten, daß sich die berittenen Mongolo-Tataren in unsere Fußregimenter hineinkeilten, deren Reihen lichteten und uns hinjagten zu den Furten am Don, der nunmehr aufhörte, Schutz zu sein für Oleg, und in tödliche Bedrohung sich wandelte. Ein Donskoj wäre Dmitrij auch in diesem Falle geworden, aber vom anderen Ende her. Doch was er ausgeklügelt hatte, war richtig, und er selbst schlug sich, wie kaum ein andrer Großfürst es verstanden hätte. Unter seinem Banner ließ er einen Bojaren im vollen Ornate zurück, er aber kämpfte wie seine Männer, und die sahen es auch: Er focht gegen vier Tataren auf einmal. Allein, das großfürstliche Banner wurde in Stücke gehauen, und Dmitrij, im zerbeulten Harnisch, schleppte sich mit Mühe bis zum Wald: die Russen waren in die Flucht geschlagen. Da stieß aus dem Hinterhalt, aus waldigem Versteck, ein anderer Dmitrij mit seinem Heer vor, der Moskauer Wojewode Wolynski-Bobrok, und er fiel den außer Atem geratenen Tataren in den Rücken, trieb sie weiter, so wie sie herangesprengt waren, schwenkte scharf ein und warf sie in die Neprjadwa. Von Stund an schöpften die Russen Mut, sie wandten sich gegen die Tataren wie ein Mann, Liegende richteten sich auf, und sie jagten die ganze Schar mit allen ihren Chans und dem Mamaj höchstpersönlich über vierzig Werst bis zum Fluß Potudanj und weiter zur Krassnaja Metschj. (Doch auch hier widerspricht Legende der Legende, und ein Alter aus dem Nachbardorf Iwanowka erzählte alles auf seine Art: daß der Nebel nimmer steigen wollte und Mamaj in diesem Nebel einen weiten Eichenhain für ein russisches Heer hielt, worauf er mächtig erschrak: »O wie stark ist der Christen Gott« – und die Flucht ergriff.)

Auf dem Schlachtfeld aber hatten die Russen danach alle Hände voll zu tun, um die Leichen zu begraben – acht volle Tage lang.

»Na, eine haben sie aber liegengelassen, wo er war«, äußerte sich der witzige Schlosser aus Nowomoskowski.

Wir sahen uns um – und konnten nicht anders als lachen. Wahrhaftig, da lag bis zum heutigen Tag neben dem Denkmal ein geschlagener Recke. Er lag darnieder, mit dem Gesicht zur Mutter Erde, das kühne Haupt an sie geschmiegt, die Glieder ellenweit von sich gestreckt, weder Schild noch Schwert waren ihm geblieben, nur anstatt des Helmes ein zerknittertes Käppi und neben der Hand – ein Sack. (Dennoch sei vermerkt, daß er jenen Rockschoß, wo in der Kalita das Gästebuch verwahrt war, sorgsam neben sich auf das Gras ausgebreitet hatte, um es nicht unter seinem Gewicht zu zerknüllen.) Und vorausgesetzt, daß er nicht gerade aus Trunkenheit so dalag, sondern schlief oder nachsann, war in seiner ausgebreiteten Aufgelöstheit – Trauer. Es paßte dies sehr zum Feld. Die Gestalt in Eisen nachzugießen und dort hinzulegen – das wäre es.

Bloß, daß Sachar trotz seines enormen Wuchses für einen Recken zu schmächtig war.
»Der mag im Kolchos nicht arbeiten, hat sich ein besseres Pöstchen gefunden – in der Sonne zu dösen«, brummte ein anderer von den dreien.
Uns aber mißfiel am meisten, wie Sachar jeden neuen Besucher anfiel, vor allem solche, denen er ihrem Aussehen nach einen bösen Streich zumutete. Im Laufe des Tages kamen noch mehrere vorbei – bei jedem nahenden Motorengeräusch sprang er sogleich auf die Beine, putzte die Erde von seinem Gewand und machte sich bereit, die Eindringlinge mit aller Strenge zu empfangen, so als sei nicht er für das Denkmal verantwortlich, sondern sie. Ihnen zuvorkommend und ärger als sie ereiferte sich Sachar über das vernachlässigte Gelände; so überschäumend war seine Entrüstung, daß wir es gar nicht zu fassen vermochten, wo dies alles in seiner Brust Platz fand.
»Was habt ihr euch denn vorgestellt?!« bestürmte er die vier Insassen eines *Saporoshez* und fuchtelte mit den Armen. »Meine Geduld ist bald am Ende, dann geh' ich glatt über die Kulturabteilung vom Bezirk hinweg! (Seine Beine waren durchaus danach geschaffen.) Da nehm' ich Urlaub und fahr nach Moskau, geradewegs zur Furzewa [1]! Alles werd' ich erzählen!«
Doch sobald er bemerkte, daß die Besucher kleinlaut beigaben vor seiner Übermacht, nahm er seinen Sack auf (so behutsam-bedeutungsvoll wie ein hohes Tier im Amt seine Aktentasche) und trollte sich, streckte sich abseits im Gras aus und rauchte.
Während wir umherstrichen kreuz und quer über das Feld, stießen wir mehrmals am Tage auf Sachar. Dabei fiel uns auf, daß er auf einem Fuß hinkte, und wir fragten ihn, warum, worauf er stolz versetzte:

1 Kulturminister der UdSSR. Anm. d. Übers.

»Ein Frontandenken!«
Und wieder glaubten wir ihm nicht: schlaue Finten, welch ein Fuchs!
Unsere Feldflaschen waren leergesaugt, wir suchten Sachar: Wo's wohl ein Wasser gebe. Was-ser? Das ist es ja, wurden wir belehrt, daß es keinen Brunnen gibt, auch kein Geld, einen ausheben zu lassen, so daß ein Mensch auf dem ganzen berühmten Felde nur aus Pfützen trinken könne. Ein Brunnen war im Dorf.
Wir hatten bereits Gnade vor seinen Augen gefunden, er stand nicht mehr auf, wenn wir näherkamen.
Er hörte uns über die Inschriften fluchen, die eingemeißelten, eingeritzten, und parierte im Nu:
»Seht doch hin – welche Jahre sind es? Wenn ihr ein einziges frisches Jahr findet – lass' ich mich strafen. Jene üble Sitten herrschten *vor* meiner Zeit. Jetzt soll's einer probieren! Na, in der Kirche vielleicht, daß einer schreibt, der sich drinnen versteckt; hab' ja auch nur zwei Beine!«
Die Kirche, geweiht dem Sergius von Radoneshsk, der die russischen Heere zum Kampf einigte und bald danach Dmitrij Donskoj mit Oleg von Rjasan verbrüderte, ist als rechte Festung aufgeführt – als Ganzes aus eng zusammengerückten wuchtigen Blöcken: der abgestumpften Pyramide der eigentlichen Kirche, dem Durchgang mit einer Warte und zwei runden Wehrtürmen. Die wenigen Fenster gleichen Schießscharten.
Innen war nicht nur alles abgerissen und angeschlagen, auch der Boden fehlte: man spazierte auf Sand. Wir befragten Sachar.
»Ha-ha! Sie kommen aber auch auf alles!« verhöhnte er uns. »Da haben die Unsrigen, die Kulikower, noch im Krieg alle Platten herausgestemmt und damit zu Hause die Höfe gepflastert wegen des Drecks. Bei mir

ist alles aufgeschrieben, wer wieviel Platten hat... Na, lief halt gerade die Front vorbei, die Leute sind nicht auf den Kopf gefallen. Noch vor den Unsrigen haben die Soldaten mit den Brettern von der Ikonenwand ihre Unterstände verschalt und die Öfen geheizt.«
Sachar, der von Stunde zu Stunde größeres Zutrauen faßte, kümmerte sich nicht mehr um uns, wenn er seinen Sack aufknüpfte, etwas hineinlegte oder hervorholte, und wir kapierten allmählich, was er in jenem Sack mit sich herumschleppte. Er trug darin die aufgeklaubten Flaschen (zwölf Kopeken) und Einmachgläser (fünf Kopeken), die nach den Picknicks der Besucher im Gestrüpp zurückblieben. Und noch verwahrte er im Sack eine Flasche mit Wasser, denn eine andere Quelle, seinen Durst zu stillen, fand er den ganzen Tag nicht. Zwei Laib Roggenbrot waren darin, er brach mitunter ein Stück ab und kaute es, ohne etwas dazu.
»Den ganzen Tag lang drängen sich die Leute, wann finde ich Zeit, im Dorf Mittag zu essen?«
Mag sein, daß sich an manch einem Tag auch ein heimliches Viertel Wodka in dem Sack fand oder eine Dose Fischkonserven, warum er auch stets in Sorge war um seine Habe. An jenem Tag, als die Sonne schon unterging, kam auf dem Motorrad Besuch für Sachar; gut anderthalb Stunden saßen die zwei Freunde unter den Sträuchern beisammen, dann fuhr der andre ab, Sachar humpelte herbei, ohne Sack, sprach lauter als zuvor, schlenkerte kräftiger mit den Armen und verwarnte mich, als er merkte, daß ich etwas notierte.
»Aber Aufsicht gibt's doch! Doch! Siebenundfünfzig wollten sie so ein Ding konstruieren. Sehen Sie die Pfosten dort, rund um das Denkmal? Die stehen seit damals. Wurden in Tula gegossen. Da sollten noch von Pfosten zu Pfosten Ketten gespannt werden, aber die kamen nie

an. Na, und ich wurde sozusagen gegründet, bekomme Geld bezahlt. Ginge ja auch alles drunter und drüber ohne mich!«

»Wieviel bekommen Sie denn, Sachar Dmitritsch?«

Er seufzte tief wie ein Blasebalg und wollte lieber gar nichts sagen. Drückte herum und ließ sich schließlich leise vernehmen:

»Siebenundzwanzig Rubel.«

»Das kann doch nicht sein. Dreißig sind Minimum.«

»Na eben doch... Ohne freien Tag, das auch noch. Von früh bis spät ohne Pause. Und nachts bin ich wieder zur Stelle.«

Ach Sachar, was du nicht alles erzählst!

»Nachts wozu?«

»Na, wie denn anders?« gab er gekränkt zurück. »Wie soll ich es nachts allein lassen? Gerade in der Nacht heißt es die Augen offenhalten. Wenn ein Auto kommt – die Nummer aufschreiben.«

»Wozu die Nummer?«

»Ein Gewehr gibt man mir ja nicht! Die haben Angst, ich schieße die Besucher über den Haufen. Das ist meine ganze Macht: die Nummer aufzuschreiben. Und wenn er Unfug treibt?«

»Aber wohin dann mit der Nummer?«

»Na, nirgendwohin, die bleibt mir... Jetzt haben sie ein Haus für Fremde gebaut, haben Sie's gesehn? Ist auch wieder zu bewachen.«

Natürlich sahen wir das Haus. Ebenerdig, mit ein paar Zimmern, war es beinahe fertig, doch an der Tür hing ein großes Schloß. Auch Glas war schon in den Fensterrahmen und auch schon wieder hier und dort eins zerschlagen. Der Fußboden war gelegt, der Verputz erst begonnen.

»Lassen Sie uns über Nacht hinein?« (Mit Sonnenunter-

gang kam Kühle auf, die Nacht versprach kalt zu werden.)
»Ins Gästehaus? Um keinen Preis!«
»Für wen steht es dann?«
»Um keinen Preis. Ich hätte auch nicht die Schlüssel. Überflüssig, mich darum zu bitten. In meine Bretterbude – gern.«
Seine windschiefe niedrige Bude glich einem halben Dutzend Schafe. Geduckt schauten wir hinein. Totes, verwittertes Heu lag am Boden ausgebreitet, daneben standen ein Kessel mit Resten von etwas Eßbarem, einige leere Flaschen und ein gänzlich vertrocknetes Stück Brot. Aber unsere Räder ließen sich mit einigem Glück unterbringen, wir konnten uns daneben ausstrecken – und auch für den Hausherrn blieb noch Platz genug.
Der war aber nicht so dumm, über Nacht hierzubleiben.
»Ich gehe Abend essen. Nach Hause ins Dorf. Muß was Warmes in den Magen kriegen. Sie brauchen nur den Riegel vorzuschieben.«
»Dann klopfen Sie fest, wenn Sie zurück sind!« lachten wir.
»Gemacht.«
Sachar-Kalita schlug abermals seine wunderliche Jacke auf, doch nicht jene Schoßseite, in der das Gästebuch verwahrt lag, sondern die andre, an der, wie sich zeigte, ebenfalls zwei Schlingen angenäht waren. Aus seinem Tischlein-deck-dich-Sack holte er eine Axt mit gestutztem Griff hervor und verstaute sie fest und akkurat in den Schlingen.
»Das wär's«, sagte er düster. »Ist auch alles. Mehr erlauben die mir nicht.«
Er äußerte dies mit so aufrichtiger Verzagtheit, als erwarte er Nacht für Nacht Horden mongolischer Landsknechte, die herbeistürmten, um das Denkmal zu zer-

stören – und nur er allein war da, ihnen entgegenzutreten, mit der einzigen kurzen Axt. Er sagte es in einem Ton, der uns zusammenfahren ließ in der Dämmerung: Vielleicht war er gar nicht so ein Maulheld? Vielleicht glaubte er ehrlich daran, daß das Feld ohne sein nächtliches Wachen zugrunde ginge?

Doch als er sich, müde vom Wodka, vom Gelärme des langen Tages und seiner Emsigkeit, humpelnd und mit hängenden Schultern heimwärts in Trab setzte, da lachten wir nochmals über ihn.

Wie wir es uns gewünscht hatten, blieben wir auf dem Feld von Kulikowo allein. Nacht wurde und ein voller Mond. Wie schwarze Wehren erhoben sich gegen ihn der Turm des Monuments und die burgähnliche Kirche. Der Mond überblendete die schwachen fernen Lichter von Kulikowka und Iwanowka. Kein Flugzeug zog vorbei. Kein Automotor knatterte vorbei. Kein entfernter Zug ratterte von irgendwoher. Im Licht des Mondes waren die Grenzen der nahen Saaten nicht mehr auszunehmen. Diese Erde, dieses Gras, dieser Mond und die Öde, sie waren dieselben wie 1380. Die Jahrhunderte standen still; wir konnten uns, über das Feld wandelnd, alles herbeidenken: die Lagerfeuer und die dunklen Haufen der Pferdekoppel, und Blocks Schwäne waren zu hören von der Neprjadwa her.

Und der Wunsch war in uns, die Schlacht von Kulikowo in ihrer Ganzheit und Endgültigkeit zu erfassen, fortzuwischen die zweifelnden Vorbehalte der Chronisten: daß dies alles nicht mit einemmal und nicht so einfach geschah, daß die Geschichte zurückkehrte auf ihrer Irrbahn und das Volk in ihren Würgegriff nahm. Daß die russischen Lande karg an Kriegsmännern wurden nach dem teuren Sieg. Daß Chan Mamaj sogleich von Chan Tochtamysch abgelöst wurde, der zwei Jahre nach

Kulikowo gegen Moskau sich in Marsch setzte, worauf Dmitrij Donskoj nach Kostroma floh und jener Tochtamysch ein weiteres Mal Rjasan und Moskau verwüstete, den Kreml mit List eroberte, Siedlungen brandschatzte, Köpfe rollen ließ und wie früher mit Stricken gebundene Gefangene in die Goldene Horde schleifte.
Jahrhunderte vergehen, die Windungen der Geschichte glätten sich, und sie zeigt sich dem entfernten Blick als gestrafftes Meßband eines Topographen.
Die Nacht wurde bitter kalt; kaum hatten wir uns in der Bude eingesperrt, da schliefen wir auch schon fest und ohne aufzuwachen. Wegfahren aber wollten wir möglichst zeitig. Es dämmerte, als wir die Räder hervorholten und zähneklappernd das Gepäck aufluden.
Rauhreif hatte das Gras weiß überzogen, von Kulikowka her, über das kleine, mit Strohmandeln bestückte Feld in der Niederung zog in Spindeln Nebel auf.
Doch wir hatten uns noch nicht von der Bretterwand unseres Nachtlagers gelöst, um aufzusitzen und loszufahren, als von einer Strohmandel her lautes und zorniges Gebell ertönte und ein grauer zottiger schnauziger Hund auf uns zugesprungen kam. Hinter ihm zerfiel die ganze Mandel: Durch das Bellen aus dem Schlaf geweckt, reckte sich dort jemand lang in die Höhe, rief den Hund zurück und begann das Stroh abzuklopfen. Es war hell genug, um trotz eines übergezogenen schäbigen Mäntelchens mit viel zu kurzen Ärmeln unseren Sachar-Kalita erkennen zu können.
Er hatte im Freien übernachtet, in dieser durchdringenden Kälte! Wozu? Welche Unruhe oder welche Ergebenheit trieben ihn dazu?
Verflogen war alles Spöttische und Herablassende, mit dem wir ihn gestern betrachteten. So wie er sich an diesem frostigen Morgen aus der Strohmandel empor-

streckte, war er nicht mehr der Wärter, war er der Geist dieses Feldes, gleichsam ein wachsamer, seit jeher gegenwärtiger Faun.

Er kam auf uns zu, noch im Gehen sich putzend und die Hände reibend, und war uns auf einmal, so unter der in die Stirn gezogenen Kappe, ein guter, vertrauter Freund.

»Ja warum haben Sie denn nicht angeklopft, Sachar Dmitritsch?«

»Wozu hätt' ich stören sollen?« Er zog fröstelnd die Schultern hoch und gähnte. Lauter Strohschuppen klebten noch an ihm, er knöpfte den Mantel auf, um sie abzuschütteln – und wir gewahrten an ihrem Platze sowohl das Gästebuch als auch die einzig bewilligte Axt.

Ja, und der zähnebleckende Hund war an seiner Seite.

Wir nahmen herzlichen Abschied und traten schon in die Pedale... er aber stand da, mit weit erhobenem Arm, und rief uns beruhigend nach:

»Nei-ei-ein! Nei-ei-ein, ich lasse nicht locker! Ich gehe bis zur Furzewa! Bis zur Furzewa!«

*

Dies war vor zwei Jahren. Vielleicht sieht es dort heute ordentlicher aus und betreuter. Doch es war ja kein Feuilleton zu schreiben aus bestimmtem Anlaß, bloß eine Erinnerung an dieses unser ewiges Feld und an seinen Wärter, seinen rothaarigen Geist.

Zu schreiben und hierbei zu bedenken, daß es für uns Russen nicht sonderlich vernünftig wäre, diesen Ort geringzuschätzen.

Die rechte Hand

Nach Taschkent kam ich in jenem Winter schon als toter Mann. Dazu war ich auch hergekommen – zu sterben.

Man holte mich zurück, noch eine Weile zu leben.

Das dauerte einen Monat, noch einen Monat und wieder einen Monat. An den Fenstern war der unbändige Taschkenter Frühling vorbeigezogen und zum Sommer geworden, die Bäume standen in dichtem Grün, und die Tage waren richtig warm, als auch ich mich ins Freie traute auf unsicheren Beinen.

Noch wagte ich mir selbst nicht einzugestehen, daß ich gesund wurde, noch maß ich in den wagemutigsten Träumen die mir zugeschlagene Frist nicht mit Jahren, sondern mit Monaten – aber ich bewegte mich, schwerfällig, Schritt für Schritt, über die kiesbestreuten, über die asphaltbedeckten Wege des Parks, der sich üppig zwischen den Pavillons der Klinik ausbreitete. Ich mußte mich oft setzen, manchmal, wenn Übelkeit mich plagte, auch niederlegen, so daß der Kopf möglichst tief hinabhing.

Ich war wie die übrigen Patienten und anders doch: ich war viel rechtloser als sie und notgedrungen schweigsamer. Für sie gab es Besuchtstage, an ihren Betten weinten Verwandte, ihre einzige Sorge, ihr einziges Ziel war – gesund zu werden. Ich aber fand zum Gesundwerden kaum einen Grund: mit meinen fünfunddreißig Jahren besaß ich in jenem Frühjahr auf der ganzen Welt keinen einzigen Menschen. Auch fehlte mir ein Paß, und wenn ich sogleich gesund geworden wäre, ich hätte dieses Grünen verlassen müssen, diese vielfach fruchtbare Gegend, um heimzukehren in die Wüste, den Ort meiner ewigen Verbannung, wo ich mich jede zweite Woche bei der Kommandantur zu melden und diese Kommandantur sich lange Zeit ungnädig gezeigt hatte, mich Sterbenden überhaupt in die Klinik ziehen zu lassen.

Über all dies konnte ich mit den freien Menschen um mich her nicht sprechen. Hätte ich es versucht, sie hätten mich nicht verstanden.

Ihnen voraus jedoch hatte ich zehn Jahre des Grübelns und Denkens, die mich lehrten, daß sich das Leben in Wahrheit nicht am Vielen, sondern am Geringen auskosten läßt. An ebendiesem vorsichtigen Voransetzen der noch schwachen Beine. An jedem behutsamen Atemzug, behutsam, damit es nicht schmerzt in der Brust. An einer einzigen vom Frost nicht angeschlagenen Kartoffel, die man aus der Suppe fischt.

So war dieses Frühjahr für mich zugleich das qualvollste und das wunderbarste meines Lebens.

Ich hatte so vieles vergessen oder niemals gesehen, alles schien mir anregend und neu: selbst der Karren der Eisverkäuferin; selbst der Straßenfeger mit der Wasserspritze; selbst die Marktfrauen und ihre Radieschen; und schon gar das Fohlen, das durch eine Bresche in der Mauer hin zum Rasen geschlüpft war.

Mit jedem Tag wagte ich mich weiter von der Klinik fort, tiefer in den Park hinein, der wohl noch Ende des vorigen Jahrhunderts angelegt worden war, ebenso wie die soliden Ziegelbauten mit der frei sichtbaren Mauerung der Fugen. Von der Stunde an, da die feierliche Sonne aufzog, über den ganzen südlichen Tag hin bis spät noch in das Gelb des elektrischen Abends hinein war der Park erfüllt von lebhafter Bewegung. Geschäftig huschten die Gesunden hin und her, gemächlich promenierten die Kranken.

Dort, wo einige Alleen zu einer einzigen zusammenflossen, die dann im Haupttor mündete, stand weiß schimmernd ein alabasterner Stalin, das steinerne Lächeln im Schnurrbart. Auf dem weiteren Weg zum Tor waren in gleichmäßigen Abständen andere kleinere Büsten postiert.

Danach folgte ein Kiosk für Schreibwaren. Verkauft wurden Plastikbleistifte und verlockende Notizhefte. Doch meine Geldmittel waren karg bemessen, dies zum ersten, und zum zweiten hatte ich solche Hefte schon einmal besessen, die aber waren dann an den Falschen geraten, worauf ich entschied, mir lieber keine mehr zuzulegen.

Direkt am Tor befanden sich ein Obststand und ein kleines Teehaus. Wir, die Patienten in den gestreiften Pyjamas, durften nicht hinein, doch die eine Wand war offen, so daß wir sehen konnten, wie es drinnen zuging. Ein leibhaftiges Teehaus, das sah ich zum erstenmal – eigene Teekannen für jeden Gast eine, mit grünem oder schwarzem Getränk. Es gab in der Teestube einen europäischen Teil mit Tischchen und einen usbekischen, wo über den ganzen Raum ein Bretterpodest errichtet war. An den Tischen aß man rasch und trank man rasch, ließ ein paar Münzen als Zahlgeld in der geleerten Schale zurück und ging seines Weges. In der anderen Hälfte, wo über den Sitzmatten für die heißen Tage ein Schilfdach gespannt wurde, saß man stunden-, bisweilen tagelang; da schlürfte man, halb hingestreckt, Teekanne um Teekanne leer, da wurde eifrig gewürfelt, geradeso, als hielte der lange Tag für die Gäste dieser Hälfte keinerlei Pflichten bereit.

Der Obststand verkaufte auch an Patienten; meinen Kopeken allerdings, den spärlichen Ersparnissen eines Strafgefangenen, wollten die Preise nicht behagen. Ich inspizierte die Berge von gedörrten Aprikosen, Rosinen, frischen Kirschen – und ging weiter.

Dahinter zog sich eine hohe Mauer, auch durch das Tor wurden die Patienten nicht gelassen. Zwei- und auch dreimal am Tag wälzten sich über die Mauer orchestrale Trauermärsche auf das Gelände der Klinik (denn es war eine Millionenstadt, und der Friedhof lag hier, nebenan). Jeweils bis zu zehn Minuten lang tönte die Musik, ehe die langsame Prozession die Anstalt passiert hatte. Die Trommel schlug einen entsagenden Rhythmus. Auf die Menge übte dieser Rhythmus keine Wirkung aus, sie bewegte sich schneller. Die Gesunden sahen sich nur flüchtig um und hasteten weiter, wohin sie eben zu hasten hatten. (Sie alle wußten genau, was und wohin.) Die Kranken aber hielten an, lauschten lange, streckten die Köpfe aus den Fenstern der Pavillons.

Je fühlbarer ich mich von der Krankheit befreite, je sicherer es wurde, daß mir das Leben blieb, desto wehmütiger sah ich um mich: schon tat es mir leid, diesen Ort zu verlassen.

Auf dem Sportplatz der Klinik warfen weiße Gestalten einander weiße Tennisbälle zu. Ich hatte immer Tennis spielen wollen, doch es war nie dazu gekommen. Am Fuße des steilen Ufers brodelte und schäumte das schmutziggelbe Wasser des rasenden Salar. Und das Leben im Park: vielverzweigte Eichen, Schatten gewährende Ahornbäume, zarte japanische Akazien... Und ein achtstrahliger Springbrunnen, der feine frische Silberfäden aus Wasser hoch hinauf schleuderte. Und das Gras auf dem Rasen! Welch ein Gras – saftig, längst vergessen. (In den Lagern gab's Befehl, es zu tilgen, wie einen Feind, und dort, wo ich in Verbannung war, da wuchs überhaupt keines.) Einfach bäuchlings darauf liegen, die Luft atmen, die sonnendurchglüht von der Erde

aufsteigt und nach Gras riecht, Frieden empfinden – das war Seligkeit genug.
Hier im Gras lag ich nicht allein. Da und dort, ganz Anmut auch während des Lernens, saßen Studentinnen über dicken Lehrbüchern der Medizin. Oder sie überstürzten sich im Erzählen. Oder sie fanden sich nach Prüfungen hier ein. Oder, geschmeidigen Ganges, Trainingsköfferchen schwenkend, kamen sie aus den Duschräumen des Sportplatzes. Nur undeutlich zu sehen an den Abenden und dreifach anziehend daher, bogen die Mädchen in ihren lichten Kleidern, den berührten und unberührten, um den Springbrunnen und raschelten über den Kies der bestreuten Wege.
Irgendwer tat mir ätzend leid: waren es meine Altersgenossen – die bei Demjansk erfroren, die in Auschwitz verbrannten, die in Dshezkazgan vergifteten, die in der Taiga noch sterbenden –, weil nicht uns diese Mädchen gehören würden? Oder waren's die Mädchen? Beklagte ich sie um das, was ich ihnen niemals würde erzählen können und sie – niemals erfahren würden?
Und den ganzen Tag lang strömten über die mit Kies bestreuten und die mit Asphalt überzogenen Wege Frauen, Frauen, Frauen – junge Ärztinnen, Schwestern, Laborantinnen, Mädchen aus der Kanzlei, Frauen von der Wäscheausgabe, Köchinnen und weibliche Verwandte, die ihre Patienten besuchten. Sie zogen vorbei, in schneeweißen Mänteln, in südlich bunten Kleidern, in oft fast durchsichtigen Kleidern, und wer vermögender war, ließ über dem Kopf einen modischen chinesischen Sonnenschirm kreisen, sonnige, himmelblaue, rosa Gebilde auf dünnen Bambusstäben. Jede, die da in Sekunden vorbeiglitt, umfaßte ein ganzes Sujet: ihres vor mir gelebten Lebens, ihrer möglichen (unmöglichen) Bekanntschaft mit mir.

Ich war jämmerlich anzusehen: meinem ausgemergelten Gesicht war alles Erlebte aufgeprägt – die Runzeln erzwungener düsterer Lagereinsamkeit, die tödliche Fahlheit der gegerbten Haut, die frühere Vergiftung durch die Krankheit und die spätere durch Medikamente, die der Farbe der Wangen einen grünlichen Ton beigegeben hatte. Die erworbene Gewohnheit, sich zu ducken und zu verstecken, hatte meinen Rücken gekrümmt. Der gestreifte Narrenkittel reichte mir kaum bis über den Bauch, die gestreifte Hose endete oberhalb der Knöchel, aus den klobigen Lagerschuhen baumelten die Enden der altersbraunen Fußlappen.
Die Letzte dieser Frauen wäre davor zurückgeschreckt, sich mit mir zu zeigen! Doch ich, ich sah mich nicht. Und meine Augen waren durchsichtig wie die ihren und ließen in mein Inneres die Welt ein.
So stand ich einmal gegen Abend vor dem Haupttor und schaute. Vorbei strebte der übliche Strom: Schirme, sich wiegend im Takt, schimmerndes Durcheinander von glänzenden Kleidern, rohseidene Hosen an hellen Gürteln, bestickte Hemden und bestickte Usbekenkäppchen. Stimmen vermischten sich, der Obsthandel florierte, hinter dem Zaun wurde Tee getrunken, Würfel klapperten, am Zaun aber, wie ein Bettler, lehnte ein kleiner ungestalter Mann und rief von Zeit zu Zeit mit erstickender Stimme: »Genossen ... Genossen ...«
Die bunte beschäftigte Menge hörte nicht auf ihn. Ich trat näher.
»Was gibt's, Bruderherz?«
Der Mann hatte einen übermäßigen Bauch, gewölbter als der einer Schwangeren, und der Bauch hing sackig hinab und fand keinen Platz unter der feldgrauen, grauschmutzigen Uniformbluse und in den schmutzigen feldgrauen Hosen. Seine Stiefel mit genagelten Sohlen waren

schwer und staubig. Der Mantel, den er da auf den Schultern schleppte, aus schwerem Stoff, mit speckigem Kragen und abgewetzten Ärmeln, der war für anderes Wetter gedacht. Und auf dem Kopf klebte ein uraltes fetziges Käppi, einer Vogelscheuche würdig.
Seine hervorquellenden Augen blickten trübe.
Mühsam hob er die eine zur Faust geballte Hand, und ich zog ein schweißfeuchtes zerknülltes Papier heraus. Es war ein mit eckiger Schrift und kratzender Feder geschriebenes Gesuch des Bürgers Bobrow mit der Bitte um Aufnahme in Spitalpflege. Auf dem Gesuch, schräg über dem Blatt, prangten zwei Entscheidungen, die eine in roter, die andere in blauer Tinte. Die blaue Tinte gehörte zum städtischen Gesundheitsamt und drückte eine vernünftig begründete Absage aus. Die rote Tinte jedoch gebot der Klinik der medizinischen Hochschule die Aufnahme des Bürgers Bobrow in stationäre Behandlung. Die blaue Tinte stammte von gestern, die rote – von heute.
»Na also«, redete ich laut auf ihn ein, als wäre er taub, »da müssen Sie halt zur Aufnahme, Pavillon eins. Gehen Sie nur immer geradeaus, an diesen ... Denkmälern vorbei.«
Da merkte ich jedoch, daß ihn knapp vor dem Ziel die Kräfte verlassen hatten: nicht nur sich weiterzufragen und sich weiterzuschleppen über den glatten Asphalt war er außerstande – selbst den anderthalb Kilo schweren schmuddligen Proviantsack vermochte er nicht mehr zu halten. Was blieb mir übrig?
»Ist gut, Alter, ich begleite dich, komm. Gib her den Sack.«
Sein Gehör war in Ordnung. Erleichtert reichte er mir den Sack, legte sich schwer auf meinen dargebotenen Arm und setzte sich in Bewegung. Seine Stiefel schleif-

ten über den Asphalt: er hob die Beine kaum. Durch den Mantel, der rostig aussah vor Staub, griff ich ihn am Ellbogen. Wegen des gedunsenen Bauches glaubte ich immer wieder, er würde das Übergewicht bekommen. Er atmete schwer und heftig.

So zogen wir, zwei Bettelgestalten, eben über jene Allee, durch die mich meine Träume Hand in Hand mit den schönsten Mädchen von Taschkent dahinspazieren ließen. Langsam schleppten wir uns an den alabasternen Büsten entlang; bogen endlich ein. Am Weg stand eine Bank mit Rückenlehne. Mein Gefährte bat, sich niedersetzen zu dürfen. Auch in mir kam wieder die Übelkeit hoch: ich war schon zu lang auf den Beinen. Von hier aus konnten wir den Springbrunnen sehen, denselben.

Schon unterwegs hatte der Alte mehrmals zu einem Gespräch angesetzt, nun, da er verschnaufte, fuhr er fort. Er mußte in den Ural, dort war er gemeldet, wie auch in seinem Paß vermerkt, und darin bestand ja das ganze Mißgeschick. Denn die Krankheit hatte ihn irgendwo bei Tachia-Tasch gepackt (wo man, wie ich mich erinnerte, einen Kanal zu bauen begann). In Urgentsch hatten sie ihn einen Monat im Spital behalten und versucht, das Wasser aus Bauch und Beinen zu ziehen, am Ende aber war's schlimmer als zuvor. Da hatten sie ihn heimgeschickt. In Tschardshou war er aus dem Zug gestiegen und auch in der Station Ursatjewskaja – doch nirgends war er im Spital aufgenommen worden, von überall weitergeschickt, in den Ural, wo er doch gemeldet war. Im Zug fahren, das war ihm aber schon zuviel, das konnte er nicht mehr, und Geld für die Fahrkarte blieb ihm auch keins. Erst hier, in Taschkent, hatte er in zwei Tagen das Spital durchgesetzt.

Was er im Süden getrieben, was er dort verloren hatte – ich fragte erst gar nicht danach.

Den Befunden nach zu urteilen, war seine Krankheit die komplizierteste der Welt, seinem Aussehen nach – wohl die letzte. Ich hatte an Kranken genug gesehen, um klar zu erkennen, daß sich in ihm kein Wille zum Leben mehr hielt. Die Lippen hingen schlaff, seine Sprache war ein Blabbern, und seine Augen überzog matte Glasigkeit.

Selbst die Kappe fiel ihm zur Last. Mit Mühe hob er die Hand und zog sie herab auf die Knie. Hob wieder die Hand und wischte sich mit dem unsauberen Ärmel den Schweiß von der Stirn. Die Kuppel seines Schädels war kahl, aber rund um den Scheitel waren ihm Haare geblieben, ungekämmte, staubverfilzte, noch blonde Haare. Nicht das Alter hatte ihn fertiggemacht, sondern die Krankheit.

An seinem Hals, einem kümmerlich dünnen Hühnerhals, hing viel überflüssige Haut, und der dreikantige Adamsapfel davor führte ein Eigenleben.

Wie sollte der Kopf da einen Halt finden? Kaum saßen wir, da schlappte er nach vorne, so daß das Kinn gegen die Brust stieß.

Er regte sich nicht, saß still, die Kappe in der Hand, mit geschlossenen Augen, als hätte er vergessen, daß unsere Rast nur kurz sein sollte und er zur Aufnahme mußte.

Nahe vor uns bäumte sich silberfädig und beinahe lautlos der Strahl des Springbrunnens auf. Drüben spazierten zwei Mädchen vorbei, die eine in einem rotgelben, die andere in einem weinroten Rock. Beide gefielen mir sehr.

Mein Nachbar schnaufte geräuschvoll, ließ den Kopf über die Brust rollen und schielte unter graugelben Lidern zu mir empor.

»Hätten Sie nicht vielleicht was zum Rauchen, Genosse?«

»Das schlag dir aus dem Kopf, Alter!« fuhr ich ihn an. »Wir zwei sollten froh sein, auch ohne das Kraut noch eine Weile über die Erde zu stiefeln. Schau dich im Spiegel an. Rauchen!«
(Ich selbst hatte das Rauchen vor einem Monat aufgegeben; war mir ziemlich schwergefallen, davon loszukommen.)
Er schnaubte. Und sah mich wieder an, unter den gelben Lidern hervor, von unten nach oben hündisch irgendwie.
»Aber drei Rubel, die kannst du mir doch geben, Genosse!«
Ich überlegte hin und her. Wie man's auch nahm, ich blieb doch der Strafgefangene und er, trotz allem, ein freier Mann. Wie viele Jahre ich dort auch gearbeitet habe – einen Lohn bekam ich nie. Später, da begannen sie wohl zu zahlen, aber auch abzuziehen: für die Bewachung, für die Lagerbeleuchtung, für die Spürhunde, für die Chefs, für den Fraß.
Ich holte den aus Wachstuch genähten Geldbeutel aus der kleinen Brusttasche meines Narrenkittels und prüfte den Inhalt. Seufzte, reichte dem Alten einen Dreierschein.
Er krächzte ein Danke. Hob mühsam die Hand an, nahm das Geld, schob es in die Tasche – und sofort plumpste die entlastete Hand auf das Knie zurück. Das Kinn stemmte sich wieder gegen die Brust.
Eine Weile Schweigen.
Eine Frau und dann zwei Studentinnen waren inzwischen an uns vorbeigegangen. Alle drei hatten mir ausnehmend gut gefallen.
Jahre hindurch bekam unsereins so etwas nicht zu hören: weder ihre Stimmen noch das Absatzgeklapper.
»Noch Glück gehabt mit dem Entscheid. Sonst könnten

Sie leicht noch eine Woche hier herumsitzen. Ganz einfach. Geht vielen so.«
Er löste das Kinn von der Brust und wandte den Kopf. Seine Augen wurden in einem Anflug von Verstehen heller. Seine Stimme flackerte auf, und sein Sprechen wurde verständlicher.
»Mein lieber Junge! Man nimmt mich, weil ich ein verdienter Mann bin. Ein Veteran der Revolution. Mir hat Sergej Mironowitsch Kirow bei Zarizyn persönlich die Hand gedrückt. Eine Ehrenpension hätt' mir gebührt.«
Ein schwaches Zucken von Wange und Lippen, der Schatten eines stolzen Lächelns glitt über sein unrasiertes Gesicht.
Ich musterte die Fetzen, in die er gekleidet war, und danach wieder ihn.
»Warum wird denn nichts daraus?«
»So hat's das Leben gerichtet«, seufzte er. »Die wollen mich heute nicht anerkennen. Na, und die Archive, die sind zum Teil verbrannt, zum Teil verloren. Wo soll ich Zeugen zusammensuchen? Und Sergej Mironowitsch, den haben sie umgebracht... Bin selbst schuld, hab' mich um den Papierkram zuwenig gekümmert. Da, das hab' ich...«
Er schleppte seine Rechte – die Fingergelenke waren rund geschwollen, und die Finger behinderten einander – zur Tasche und mühte sich, sie hineinzubekommen; da versiegte seine jähe Lebhaftigkeit, er ließ die Hand wieder fallen, den Kopf, und sank in sich zusammen.
Die Sonne legte sich bereits hinter die Vierecke der Pavillons, Eile tat not. An Betten herrschte in den Kliniken, seitdem ich dort war, ewiger Mangel. Zur Aufnahmekanzlei waren es noch hundert Schritt.
Ich packte den Alten an der Schulter.
»Komm, Vater, wach auf! Siehst du die Tür dort? Schau

doch! Ich gehe einstweilen voraus, um vorzufühlen. Wenn's geht, komm du nach, und geht's nicht, dann wart eben auf mich. Deinen Sack nehme ich mit.«

Er nickte, hatte scheint's verstanden.

Die Aufnahmekanzlei, der durch grob gezimmerte Holzwände abgetrennte Winkel eines großen schäbigen Saales (hinter dem Verschlag irgendwo lagen das Bad, die Umkleideräume und die Friseurstube), war tagsüber stets erfüllt von Gedränge und dem zähen Warten auf freie Plätze. Doch nun fand ich seltsamerweise keine Menschenseele vor. Ich klopfte an das verschlossene Schalterfenster. Eine junge Schwester schob die Sperrholzscheibe beiseite und guckte hervor; sie hatte eine zierlich aufgestülpte Nase und benutzte einen Lippenstift, der nicht rot, sondern kräftig lila war.

»Was gibt's?« Sie saß an einem Tisch und las, soweit ich sehen konnte, in einem Schundheftchen über Spione.

Sie hatte so flinke, rasche Äuglein.

Ich reichte ihr das Gesuch mit den zwei Resolutionen darauf und sagte:

»Er kann kaum gehen. Ich bringe ihn gleich her.«

»Unterstehen Sie sich!« fuhr sie mich barsch an, ohne auch nur einen Blick auf den Zettel zu werfen. »Kennen Sie die Regeln nicht? Aufnahme von Patienten nur bis neun Uhr morgens.«

Sie war es, die die »Regeln« nicht kannte. Ich zwängte meinen Kopf durch das Guckfenster und, soweit der Platz reichte, den Arm dazu, damit sie mir's nicht überm Kopf zuschlagen konnte. Einmal drinnen, ließ ich meine Unterlippe schief herabhängen, zog die Grimasse eines Gorillas und sagte mit leicht zischender Ganovenstimme:

»Hör mal, Fräuleinchen! Hältst mich wohl für deinen Stift?...«

Sie bekam es mit der Angst, schob ihren Sessel weiter in die Kammer hinein und schraubte den Ton etwas zurück:

»Wir haben jetzt keine Aufnahme, Genosse! Um neun Uhr!«

»Da, lies den Zettel«, riet ich ihr mit nachdrücklicher, unheilvoller Stimme.

Sie tat's.

»Na und! Die Vorschrift ist für alle gleich. Und morgen wird's vielleicht auch keine Plätze geben. Heute gab's keinen.«

Daß es heute früh kein freies Bett gab, sagte sie gleichsam mit Vergnügen – wie um mir eins zu versetzen.

»Aber der da draußen ist auf der Durchreise, begreifen Sie das nicht? Wo soll er denn hin?«

In dem Maße aber, in dem ich mich wieder aus dem Fenster herauszwängte und den hantigen Lagerton aufgab, nahm ihr Gesicht den früheren Ausdruck fröhlicher Grausamkeit an.

»Bei uns sind alle von auswärts! Wohin denn mit ihnen? Alle warten! Soll er sich ein Quartier suchen!«

»Aber – kommen Sie doch heraus, schauen Sie sich an, in welchem Zustand er ist.«

»Das wär' ja noch schöner. Hat mir gerade noch gefehlt, herumzulaufen und die Patienten einzusammeln! Bin ich eine Sanitäterin?«

Und ihr aufgestülptes zartes Näschen bebte stolz. Die Worte kollerten aus ihr heraus, als wäre sie mit Hilfe einer Feder auf die richtige Antwort eingestellt worden.

»Ja, für wen sitzen Sie denn da?« brüllte ich und schlug mit der flachen Hand gegen die Sperrholzwand, und feiner Farbstaub rieselte herab. »Dann sperrt doch die Tür zu!«

»Gerade Sie werden wir fragen! Frechheit!« Nun war sie explodiert, sprang auf, lief umher und tauchte in der Tür auf. »Wer sind Sie denn? Kommandieren Sie mich gefälligst nicht hier herum! Wir sind für die Rettung da!«

Hätte sie nicht diesen lila Lippenstift um den Mund und dazu im gleichen ordinären Ton den Nagellack, sie wäre gar nicht unhübsch gewesen. Das Näschen stand ihr gut. Auch verstand sie es, sehr bedeutungsvoll mit den Augenbrauen zu manövrieren. Wegen der Hitze hatte sie den weißen Mantel über der Brust weit zurückgeschlagen, und da blinkte freundlich ein nettes Halstuch in Rosa hervor und daneben ein Komsomolabzeichen.

»Wie? Wäre er nicht von selbst gekommen, sondern auf der Straße aufgelesen worden von der Rettung, dann hätten Sie ihn aufgenommen? Ist das die Vorschrift?«

Sie ließ einen hochmütigen Blick über meine wunderliche Figur gleiten. Ich starrte zurück. Ich hatte vollkommen vergessen, daß meine Fußlappen aus den Schuhen hingen. Sie prustete, fing sich aber und schloß trocken und streng:

»Ja, Patient! Das ist die Vorschrift!«

Und verschwand hinter der Wand.

Auf ein Geräusch hinter dem Rücken drehte ich mich um. Mein Gefährte stand schon im Raum. Er hatte gehört und verstanden. Während er sich an die Wand klammerte, schob er seinen Leib zu der großen Gartenbank hin, die für die Wartenden bestimmt war, und winkte kraftlos mit der rechten Hand, die eine zerschlissene Brieftasche hielt.

»Da ...«, stammelte er erschöpft, »... da, zeigen Sie's ihr ... soll sie ... da ...«

Ich konnte ihn eben noch auffangen und half ihm, sich auf der Bank niederzusetzen. Mit hilflosen Fingern ver-

suchte er aus der Brieftasche sein einziges Dokument herauszuziehen, doch vergeblich.
Ich nahm das vergilbte Papier an mich und faltete es auseinander. An den Bugstellen klebten Papierstreifen, die verhinderten, daß es sich auflöste. Maschinengeschriebene violette Zeilen, mit Buchstaben, die nach oben und unten aus der Reihe tanzten, gaben kund und zu wissen:

»PROLETARIER ALLER LÄNDER, VEREINIGT EUCH!
Bestätigung
Dem Überbringer, N.K. Bobrow, wird hiermit bescheinigt, daß derselbe im Jahre 1921 im Gouvernement... tatsächlich in der ruhmreichen Spezialabteilung zur besonderen Verwendung, der »Weltrevolution«-Abteilung, gedient und mit eigener Hand viel übriggebliebenes konterrevolutionäres Gezücht niedergesäbelt hat.
Der Kommissar...« Unterschrift
und ein blasser violetter Stempel.

Mit der Hand über meine Brust streichend, fragte ich leise:
»Was heißt das: ›zur besonderen Verwendung‹? Wofür?«
»Ja, ja«, gab er zurück, kaum imstande, die Lider offenzuhalten. »Zeigen Sie's ihr.«
Ich sah seine Hand, seine Rechte: sie war so klein, mit aufgequollenen dunkelroten Venen, mit runden geschwollenen Gelenken, diese Hand, die kaum noch ein Papier aus der Brieftasche zu ziehen vermochte. Und ich erinnerte mich an jene Mode: vom Pferd aus mit ausholendem schrägem Säbelhieb einen Mann niederzumachen.
Merkwürdig... In vollem Schwung vollführte sie eine winzige Drehung des Säbels und trug einen Kopf ab,

einen Hals, den Teil einer Schulter – diese rechte Hand. Jetzt konnte sie nicht mal mehr eine Brieftasche halten...

Ich stand wieder vor dem Sperrholzschalter und drückte ihn auf. Das Fräulein las in ihrem Schundheft und hob den Kopf nicht. Auf dem Kopf stehend schwang sich auf dem Bild ein Mann in schmucker Uniform behend auf ein Fensterbrett; in der Hand hielt er eine Pistole.

Still legte ich den Fetzen Papier auf das Buch, machte kehrt und ging zum Ausgang, immer wieder über die Brust streichend, wo die Übelkeit saß. Ich mußte mich rasch niederlegen, den Kopf möglichst tief.

»Was fällt Ihnen ein, mir Zettel zuzustecken? Nehmen Sie das fort, Patient!« hallte es mir wie ein Schuß aus dem Schalter nach.

Der Veteran versank schwer in der Bank. Kopf und auch Schultern schrumpften gleichsam in den Leib. Gespreizt baumelten die hilflosen Finger. Der offene Mantel hing herab. Unwirklich lastete der runde geblähte Bauch auf den Schenkelbeugen.

Die Osterprozession

Es lehren uns heute die Kenner, nicht alles zu malen, wie es ist, dies wäre farbige Fotografie – vielmehr sei mit verzerrten Linien und ineinandergefügten Dreiecken und Quadraten die Idee einer Sache wiederzugeben und nicht die Sache selbst.
Ich aber vermag nicht, mir auszudenken: Welche Farbaufnahme wählte für uns mit Verstand die notwendigen Gesichter und bannte auf ein einziges Bild die Osterprozession vor der Patriarchenkirche in Peredelkino, ein halbes Jahrhundert nach der Revolution? Allein dieser österliche, heutige Umzug würde uns vieles erklären, gestalteten wir ihn auch mit ältesten Kunstgriffen, ganz ohne Hilfe der Dreiecke sogar.
Eine halbe Stunde vor dem Geläut gleicht der Vorhof der Verklärung-Christi-Kirche dem Rummelplatz vor dem Tanzboden in einer abgelegenen, ausgelassenen Arbeitersiedlung. Die jungen Dinger in bunten Kopftüchern und langen Hosen – wohl auch einige in Röcken –, allesamt mit kräftigen Stimmen, spazieren zu dritt, zu fünft umher, drinnen in der Kirche eine Schar, eine andere in der Vorhalle, wo ein paar alte Weiblein seit dem frühen Abend Plätze besetzt halten – die werden im Vorbeigehen angekläfft –, und draußen, da kreisen sie um den Hof, quietschen ungeniert und hemmungslos, rufen einander von weitem an und bestaunen die grünen, rosaroten, weißen Lichter vor den äußeren Wandikonen und den Grabplatten vieler Erz- und Oberpriester. Und die Burschen – die stämmigen und die schwächlichen –, sie

tragen durchweg siegreiche Mienen (wen bezwangen sie denn mit ihren achtzehn oder zwanzig Jahren? Es sei denn mit dem kleinen Puk das Tor), fast alle haben Kappen, Mützen auf, und wer barhäuptig geht, der tut es nicht nur hier, der geht halt immer so; jeder vierte ist angeheitert, jeder zehnte betrunken, jeder zweite raucht, raucht widerwärtig, der Stummel klebt an der Unterlippe fest. Noch vor dem Weihrauch, statt des Weihrauchs steigt im elektrischen Licht graublauer Rauch auf, vom Kirchplatz zum österlichen Himmel, den dunklen reglosen Wolken entgegen. Da spucken sie auf den Boden, dort rempeln sie sich übermütig an, da Pfiffe und dort lästerliches Fluchen; die einen heizen mit Transistoren zum Tanzen an, und die dort knutschen ihre Puppen ab, mitten im Durchgang, zerren die Mädchen vom anderen weg, plustern sich auf wie die Hähne – gib nur acht, daß sie das Messer nicht ziehen: gegeneinander zuerst und dann gegen die Gläubigen auch. Die Jungen blicken um sich, als wären sie nicht die Jüngeren vor den Älteren, nicht Gäste bei Bewirtenden, sondern die Hausherren, für die die Umstehenden lästig wie Fliegen sind.
Zum Messer kommt es nicht – drei, vier Milizmänner stapfen anstandshalber umher. Und der Mutterfluch wird nicht über den Hof gebrüllt, er wird im Ton gedrosselt, zum herzhaften russischen Zwiegespräch. So sieht denn auch die Miliz keinen Mißstand und lächelt der heranwachsenden Generation friedfertig zu. Mitnichten ist es Sache der Miliz, Zigaretten von den Lippen oder Mützen von den Köpfen zu schlagen. Wir befinden uns auf der Straße, und das Recht, nicht an Gott zu glauben, verbrieft die Verfassung. Die Miliz verhält sich vorschriftsmäßig: kein Grund, sich einzumischen, ein krimineller Tatbestand liegt nicht vor.
Verloren im Gedränge drücken sich die Gläubigen an die

Umfriedung des Kirchplatzes, an die Mauern der Kirche, kein Gedanke an Widerstand, nur angstvolles Umherblicken; froh sind sie, nicht angerempelt zu werden, zufrieden schon, daß man ihnen nicht die Uhren abverlangt, von denen sie die Minuten ablesen bis zur Auferstehung Christi. Hier, außerhalb des Gotteshauses, ist ihre, der Gläubigen Zahl um vieles geringer als die der feixenden, spottenden, drängelnden Freibeuter. Bedrückt sind die Gläubigen und eingeschüchtert, ärger als unter den Tataren. Die Tataren haben gewiß der lichten Frühmesse nie derart zugesetzt.

Der Bereich des Gesetzlosen wird nicht betreten, die Gewalttat ist unblutig, die Kränkung trifft die Seele: die vulgär verzogenen Münder, das dreiste Gerede, das Geknutsche und Gerupfe, das Rauchen und Spucken keine zwei Schritt von der Passion Christi entfernt; der siegessichere, verächtliche Blick, mit dem die Flegel auszogen, um mitanzusehen, wie ihre Großväter die Bräuche der Ahnen pflegen.

Hier und da taucht unter den Gläubigen ein jüdisches Gesicht auf. Ob Getaufte oder Fremde, verängstigt blicken sie drein und harren, auch sie, der Prozession. Auf die Juden schimpfen wir alle, die Juden sind uns immerzu ein Dorn, doch besser wär's, sich umzusehen mit Bedacht – was für Russen haben wir uns derweil herangezogen? Du schaust in die Runde und erstarrst. Das sind doch, will man meinen, nicht mehr die Schläger der dreißiger Jahre, nicht mehr jene, die den Gläubigen den geweihten Osterkuchen aus den Händen rissen und johlend den Teufel spielten – nein! Diese hier trieb die Neugierde her: Vorbei ist die Hockeysaison im Fernsehen, die Fußballsaison hat noch nicht begonnen. Langeweile! Darum drängen sie zum Kerzenstand und schieben die Christenmenschen wie Strohsäcke auseinander

und kaufen, auf das Kirchenbusineß schimpfend, wer weiß wozu, die Kerzen.
Seltsam ist nur: alle kommen sie von auswärts, und doch kennt jeder den anderen, selbst seinen Namen. Wie konnte sich das nur so treffend fügen? Stammen sie nicht gar vom selben Werk? Spaziert nicht gar der Komsomolleiter unter ihnen? Sollten ihnen diese Stunden als Ordnungsdienst angemerkt werden?
Da schlägt über den Häuptern die Glocke mit mächtigen Schlägen – volle tiefe Töne, kein blechernes Ersatzgebimmel. Die Glocke tönt und kündet die Prozession an.
Nun ein Drängen! Doch nicht die Gläubigen sind's, nein, wieder ist's die grölende Schar. Doppelt und dreifach so zahlreich stürmen sie in den Hof, laufen, drängen, wissen selbst nicht, was sie suchen, welchen Platz sie sich freikämpfen sollen, um die Prozession besser zu sehen. Sie zünden die roten Osterkerzen an und daran ihre Zigaretten, so sieht das aus! Sie stoßen einander, wie in Erwartung eines Foxtrotts. Fehlt nur noch der Bierstand, damit die langmähnigen hochgeschossenen Kerls – unsere Gattung schrumpft mitnichten – den weißen Schaum auf die Gräber blasen.
Über die Kirchenstufen herab schreitet indes das Haupt der Prozession und schwenkt hierher, begleitet vom feinen Geläut der Gebetsglocke. Voran zwei gewichtige Männer, sie bitten die jungen Genossen zurückzutreten, soweit es geht. Drei Schritte dahinter folgt ein kahles ältliches Männlein, wohl der Kirchenvorsteher, und trägt schwer an der Stange, die geschliffene Ampel mit der Kerze daran. Er schielt ängstlich zur Ampel hinauf, ob sie auch gerade hänge, und ebenso ängstlich zur Seite ...
Und hier beginnt das Bild, das ich so gerne malen würde, wenn ich es könnte: der Ampelträger, fürchtet er vielleicht, daß ihn die Erbauer der neuen Gesellschaft zu

Boden trampeln, daß sie ihn prügeln werden? Das Grauen überkommt auch den Betrachter.

Die jungen Weibsbilder in Hosen und mit Kerzen und die Burschen mit Zigaretten zwischen den Zähnen, den Kopf bedeckt, die Mäntel offen (Gesichter ohne Prägung, dumm, dreist, Selbstsicherheit für einen Rubel und Verstand für fünf Kopeken, einfältige darunter mit kindlich vollen Lippen und zutrauliche – eine Menge solcher Gesichter soll aufs Bild), ein dichtes Spalier, so begaffen sie eine Vorstellung, wie sie sonst auch für Geld nirgends zu sehen ist.

Hinter der Ampel schwanken zwei Banner, nicht einzeln, jedes für sich, sondern eng beieinander in ihrer Bedrängnis.

Und dahinter, in fünf Reihen zu zweit, zehn singende Frauen mit dicken Kerzen. Sie alle gehören aufs Bild! Die Frauen, schon in Jahren, mit festen, weltabgewandten Gesichtern, bereit, auch zu sterben, wenn die Tiger auf sie losgehen, und zwei von den zehn sind junge Mädchen, Mädchen, so alt wie jene, die mit den Burschen rundum sich drängen, doch wie rein ist ihr Gesicht, wie hell der Glanz darauf.

Die Frauen ziehen singend in geschlossener Reihe. Feierlich sind sie, als schritten sie durch eine Gemeinde, die betet, das Kreuz schlägt, bekennt, aufs Knie sinkt. Diese Frauen atmen nicht den Tabakrauch, ihre Ohren sind taub für die Flüche, ihre Sohlen fühlen nicht, daß sich der Kirchhof in einen Tanzplatz verwandelt hat.

So nimmt die wahre Osterprozession ihren Anfang. Etwas davon erfaßt auch die jungen Wilden zu beiden Seiten; der Lärm läßt nach.

Den Frauen folgen, in hellen Ornaten, die Priester und Diakone, sieben an der Zahl. Doch wie beengt sie gehen, wie sie einander stoßen, einander stören: kaum bleibt

Platz, den Weihrauchkessel zu schwingen, das Gebettuch zu heben. Und hier hätte – wäre ihm nicht abgeraten worden – der Patriarch von ganz Rußland durchgehen und zelebrieren sollen!

Zusammengepfercht und hastig ziehen sie vorbei; und damit schließt die Prozession. Da gibt es niemanden mehr! Keine Kirchgänger sind im Umzug, denn ein Durchbruch zurück in die Kirche gelänge nicht mehr.

Keine Betenden mehr, doch schon beginnt das Getümmel von neuem, die fröhliche Horde will auch hinein! Wie durch die zertrümmerten Tore eines Lagerhauses zwängen sich, stoßend und pressend, die Burschen und Mädchen, scheuern vorbei an den steinernen Säulen, vorwärts, rückwärts, kreisen im wirbelnden Strom und überstürzen sich, als gelte es, die Beute zu fassen, das Geraubte zu teilen – und wozu? Sie wissen es selbst nicht. Die Popen begaffen und ihren Hokuspokus? Oder einfach herumrudern in der Menge? Geht es ihnen darum?

Eine Kreuzprozession ohne Betende! Eine Kreuzprozession ohne Betende, eine Kreuzprozession ohne Sichbekreuzigende! Eine Kreuzprozession in Mützen, mit Zigaretten, mit Transistoren vor der Brust – die ersten Reihen dieses Publikums, wie sie sich hineinzwängen in die Umfriedung – das muß auch noch aufs Bild. Und damit wäre es vollständig.

Abseits bekreuzigt sich eine der Alten und sagt zu ihrer Nachbarin: »Diesmal ist's schön, gar kein Radau, und so viel Miliz ...«

So ist das also! Dies Jahr ist noch ein besseres Jahr ... Was soll denn aus diesen von uns geborenen und aufgezogenen Millionen werden? Wozu die aufklärerischen Bemühungen und die tröstlichen Prophezeiungen grübelnder Geister? Was erwarten wir Gutes von unserer Zukunft?

Wahrlich, eines Tages werden sie sich wenden und uns alle zertreten: und auch jene nicht verschonen, die sie hierhergehetzt!

10. April 1966,
am ersten Tag des Osterfestes

Prosa-Miniaturen

Atmen

Nachts war Regen gefallen, und nun wandern Wolken über den Himmel – ab und zu sprüht Nässe herab.
Ich stehe unter einem Apfelbaum, der zu verblühen beginnt, und atme.
Nicht allein der Apfelbaum, sondern auch die Gräser ringsumher haben die Feuchtigkeit des Regens aufgesogen – kein Name läßt sich finden für jenen süßen Duft, der die Luft erfüllt. Ich sauge ihn ein mit der vollen Kraft meiner Lunge, meine ganze Brust spürt den Wohlgeruch. Ich atme, atme – einmal mit offenen Augen, dann wieder mit geschlossenen Augen. Ich weiß nicht zu sagen, was schöner ist.
Dies ist wohl jene einzigartige, allerkostbarste Freiheit, deren uns das Gefängnis beraubt: so zu atmen, hier zu atmen. Keine Speise dieser Erde, kein Wein, ja nicht einmal der Kuß einer Frau erscheint mir süßer als diese Luft – diese Luft, gesättigt von Blühen, Feuchtigkeit, Frische.
Ist es auch nur ein winziges Gärtchen, eingezwängt zwischen den Käfigen fünfstöckiger Häuser.
Das Knattern der Motorräder, das Geheul der Plattenspieler, das Getrommel der Lautsprecher entschwinden meinem Bewußtsein. Solange man noch unter einem Apfelbaum nach dem Regen atmen kann – so lange läßt es sich auch leben.

Der See Segden

Über diesen See wird nicht geschrieben und nicht laut gesprochen. Auch sind alle Wege zu ihm versperrt, als wäre er ein Zauberschloß. Über allen Wegen hängt ein Verbotszeichen, ein einfacher, stummer Strich.
Mensch oder wildes Tier, wer immer diesen Strich über seinem Weg wahrnimmt – kehre um! Dieses Zeichen wurde von irdischer Gewalt gesetzt. Dieser Strich bedeutet: man darf nicht fahren und nicht fliegen, man darf nicht gehen und nicht kriechen.
In der Nähe der Wege im Kieferndickicht sitzen bewaffnete Posten im Hinterhalt.
Man irrt durch den stummen Wald; man irrt im Kreise und sucht eine Möglichkeit, zum See zu gelangen. Er ist nicht zu finden, und niemand ist da, den man fragen könnte. Das Volk ist verängstigt. Kein Mensch wagt sich in jenen Wald. Und nur wenn man dem dumpfen Klang einer Kuhglocke folgt, kann man zur Mittagsstunde an einem regnerischen Tag auf dem Viehpfad zum See vordringen. Kaum siehst du ihn blinken, riesengroß zwischen den Stämmen – noch hast du ihn nicht im Lauf erreicht, und du weißt bereits – dieses Fleckchen auf der Welt wirst du für dein ganzes Leben mit deiner Liebe umfangen.
Der Segdener See ist rund, wie mit dem Zirkel abgestochen. Wenn du von einem Ufer rufst (doch du wirst nicht rufen, damit man dich nicht bemerkt), so dringt zum anderen Ufer nur ein verschwommenes Echo.
Weit erstreckt sich der See. Er wird vom Uferwald um-

schlossen. Der Wald ist ebenmäßig – ein Stamm wie der andere, kein einziger Baum, der nachstehen würde. Wenn du am Wasser stehst, erblickst du den gesamten Kreis des abgeschlossenen Ufers – hier ein kleiner, gelber Sandstreifen, dort graues, spitzes Schilf und dort junges, grünes Gras. Die Wasseroberfläche ist glatt – spiegelglatt, eine Fläche ohne Regung. Hier und dort bedeckt Entengrütze das Wasser in der Nähe des Ufers. Sonst aber ist es durchsichtig weiß, und auch der Grund schimmert weiß.

Verschlossen das Wasser, verschlossen der Wald. Der See schaut in den Himmel, der Himmel blickt in den See. Ob es noch etwas auf der Welt gibt – man weiß es nicht, hinter dem Wald sieht man es nicht. Und wenn es etwas gibt, so gehört es nicht hierher – es ist überflüssig.

Hier müßte man sich für immer ansiedeln. Hier würde die Seele zitternd wie Luft zwischen Wasser und Himmel dahinströmen, und die Gedanken würden tief und rein.

Unmöglich – der grimmige Fürst, der schiefäugige Unhold hat sich des Sees bemächtigt. Dort ist seine Datscha und sein Badehaus. Die kleinen Unholde fangen Fische und töten die Enten vom Boot aus. Erst ein blaues Rauchfähnchen über dem See, dann fällt der Schuß.

Dort hinter den Wäldern buckelt und plagt sich die ganze Umgebung. Sie aber dürfen von niemandem gestört werden. Darum sind alle Wege versperrt. Fische und Wild werden nur für sie gezüchtet. Hier sind Spuren zu erkennen: jemand hat ein Lagerfeuer anzünden wollen. Man erstickte es jedoch im Beginn und jagte sie fort.

Ein einsamer See. Ein See, der mir lieb ist.

Heimat.

Das Entlein

Vor mir her watschelt ein gelbes Entlein, wobei es den kleinen weißlichen Bauch auf komische Weise durch das feuchte Gras schleift, dahinstolpert und dabei fast von seinen dünnen Beinchen fällt. Es piepst: »Wo ist meine Mama? Wo seid ihr alle?«

Es gibt aber keine richtige Mutter. Ein Huhn, dem Enteneier unterlegt wurden, brütete sie zusammen mit den eigenen Eiern aus und gab allen die gleiche Wärme.

Jetzt, vor dem Unwetter, hat man ihr Häuschen – einen umgedrehten Korb ohne Boden – unter ein Dach getragen und mit Sackleinen zugedeckt. Alle sind sie da. Nur das eine hat sich verirrt. Nun, mein Kleines, komm auf meine Hand.

Wo hält sich hier das Leben? Es hat kaum Gewicht, die Augen sind wie schwarze Glasperlen, die Füße winzig wie die eines Spatzen. Man brauchte nur ein wenig zuzudrücken – und das Leben wäre ausgelöscht.

Dabei ist das Entchen warm. Sein kleiner, zartrosa Schnabel sieht aus wie manikürt und zeigt schon etwas Breite. An den Füßchen hat es bereits Schwimmhäute. Es ist gelb, wie es seiner Gattung zukommt, und man sieht seine kleinen, flaumigen Flügel. Und sein Charakter unterscheidet sich sogar schon von dem seiner Geschwister.

Wir – wir werden bald zur Venus fliegen. Wir werden, wenn wir alle miteinander zupacken, innerhalb von zwanzig Minuten die ganze Welt umpflügen.

Aber mit unserer ganzen Atommacht werden wir niemals, niemals imstande sein – selbst wenn man uns die Federn und Knochen geben würde –, dieses kleine, gewichtlose, hilflose Entlein in einer Retorte zusammenzufügen.

Die Asche des Dichters

Heute ist es das Dorf Ljgowo, früher war es die uralte Stadt Oljgow, die sich auf dem hohen Ufer der Oka [1] erhob. Nach dem Trinkwasser und fließenden Wasser schätzte der russische Mensch jener Zeiten an zweiter Stelle die Schönheit.

Ingwar Igorewitsch, wie durch ein Wunder dem Messer der Brüder entkommen, errichtete hier zum Zeichen dieses Wunders das Uspenskij-Kloster.

An klaren Tagen kann man von hier aus über die Weite der überschwemmten Wiesen das Land schauen. Fünfunddreißig Werst entfernt liegt auf einer gleichen Erhebung der hohe Glockenturm des Klosters Ioann Bogoslow.

Der abergläubische Batyi [2] verschonte sie beide.

Diesen Ort hatte sich Jakow Petrowitsch Polonskij [3] als seinen einzigen Platz ausgesucht und ließ sich hier begraben. Immer noch will uns scheinen, der Geist schwebe über dem Grab und umfange mit seinem Blick die stillen Weiten.

Aber es gibt hier keine Kuppeln und auch keine Kirchen mehr. Die Steinwand ist nur noch zur Hälfte erhalten und mittels eines Bretterzaunes mit Stacheldraht ergänzt. Über all dieser Altehrwürdigkeit stehen Wachttürme – widerwärtige Menschenscheuchen, nur zu gut bekannt, sattsam bekannt... Im Tor des Klosters – die

1 Nebenfluß der Wolga.
2 Mongolenfürst z. Z. der Tatarenherrschaft (13. Jahrhundert).
3 Russischer Dichter (1819–1898).
Anm. d. Übers.

Wache. Ein Plakat: »Für den Frieden unter den Völkern!« – ein russischer Arbeiter hält ein Negerkind auf dem Arm.
Wir tun so, als verstünden wir nichts. Zwischen den Baracken der Wache erklärt uns ein Aufseher im Unterhemd, der gerade dienstfrei hat: »Hier befand sich ein Kloster – es war das zweite in der Welt. Das erste war, glaube ich, in Rom und das dritte in Moskau. – Als hier ein Kinderheim eingerichtet wurde, haben die Jungens – sie wußten es nicht besser – alle Wände beschmiert und die Ikonen zerschlagen. Später kaufte die Kolchose beide Kirchen für 40 000 Rubel – der Ziegel wegen. Man wollte einen sechsreihigen Kuhstall bauen. Ich verdingte mich auch. Für einen heilen Ziegelstein zahlte man uns 50 Kopeken, 20 Kopeken für einen halben. Aber die Ziegelsteine ließen sich sehr schlecht abtragen – sie hingen an Klumpen von Zement. Unter der Kirche stieß man auf eine Gruft, in der ein Erzpriester lag. Von ihm selbst war nur der Schädel da, aber das Gewand war gut erhalten. Zu zweit versuchten wir es zu zerreißen – wir brachten es nicht fertig...«
»Aber sagen Sie mir, hier muß, der Karte nach zu schließen, das Grab Polonskijs sein – des Dichters. Wo ist es?«
»Zu Polonskij kann man nicht. Sein Grab liegt auf dem Lagergelände. Man darf nicht zu ihm. Was ist dort denn auch zu sehen? Ein verfallener Grabstein. Aber halt –«, der Aufseher wendet sich an seine Frau, »den Polonskij, hat man den nicht ausgegraben?«
»Doch, nach Rjasanj haben sie ihn gebracht«, nickt die Frau vom überdachten Hauseingang her, indem sie Sonnenblumenkerne knackt. Dem Aufseher selbst ist lustig zumut:
»Er ist also entlassen worden...«

Der Ulmenstamm

Wir sägten Holz, griffen dabei nach einem Ulmenbalken und schrien auf. Seit im vorigen Jahr der Stamm gefällt wurde, war er vom Traktor geschleppt und in Teile zersägt worden, man hatte ihn auf Schlepper und Lastwagen geworfen, zu Stapeln gerollt, auf die Erde geworfen – aber der Ulmenbalken hatte sich nicht ergeben!
Er hatte einen frischen grünen Trieb hervorgebracht – eine ganze künftige Ulme oder einen dichten, rauschenden Zweig.
Wir hatten den Stamm bereits auf den Bock gelegt, wie auf einen Richtblock; doch wagten wir nicht, mit der Säge in seinen Hals zu schneiden. Wie hätte man ihn zersägen können? Wie sehr er doch leben will – stärker als wir!

Das Spiegelbild im Wasser

Die Oberfläche einer raschen Strömung läßt keine Spiegelungen erkennen – weder nahe noch entfernte. Auch wenn sie klar ist und frei von Schaum, bleiben doch die widergespiegelten Bilder verzerrt, unklar und unverständlich im ständigen Fluß der kräuselnden Oberfläche und durch den ungestümen Wechsel des Wassers.
Erst wenn der Strom über Flüsse und wieder neue Flüsse zu einer breiten stillen Mündung gelangt, wenn er in einer flachen Bucht verweilt oder in einem ruhigen, kleinen See, wo keine Welle sich rührt – dann erst gewahren wir in der spiegelnden Glätte ein jedes Blättchen des nahen Baumes, ein jedes Federchen des zarten Gewölks und die volle blaue Tiefe des Himmels.
Dies gilt für dich und gilt für mich. Wenn wir die unsterbliche, klare Wahrheit bis zum heutigen Tage nicht sehen, wenn wir sie auf keine Weise widerzuspiegeln vermögen – liegt es nicht daran, daß wir uns noch irgendwohin bewegen? Daß wir noch leben? …

Kniende Engel mit Leuchten in den Händen umgeben die byzantinische Kuppel der Isaakskathedrale.
Drei goldene, spitze Nadeln[1] tauschen Zurufe über die Newa[2] und die Mojka[3] hinweg, Löwen, Greife und Sphinxe bewachen hier und dort Schätze oder schlummern. Das Sechsergespann der Siegesgöttin stürmt über den arglistigen, geschwungenen Bogen von Rossi[4]. Hunderte von Säulenhallen, Tausende von Säulen, aufbäumende Pferde, sich stemmende Stiere...
Welch ein Glück, daß hier nichts mehr gebaut werden kann! Kein Wolkenkratzer im Zuckerbäckerstil läßt sich in den Newskij[5] hineinpressen – keine fünfstöckigen Kasten kann man am Gribojedow-Kanal zusammenpfuschen. Kein einziger Architekt, sei er noch so unbegabt, wird – sollte er auch seinen ganzen Einfluß geltend machen – eine Baustelle vor der Tschernaja Retschka oder Ochta[6] erhalten.
Uns fremd – und doch unsere ruhmreichste Pracht! Welch ein Genuß, jetzt über die Prospekte[7] zu schlendern! Aber mit zusammengebissenen Zähnen, unter Flüchen, verkommend im finsteren Moor, bauten Russen diese Schönheit. Die Knochen unserer Ahnen lagerten, verschmol-

1 Vergoldete Spitzen auf berühmten Gebäuden in Leningrad (früher Petersburg).
2 Fluß, an dessen Mündung Leningrad liegt.
3 Arm der Newa innerhalb der Stadt.
4 Architekt, der in Petersburg wirkte (1775–1849).
5 Hauptstraße Leningrads.
6 Tschernaja Retschka und Ochta – Nebenflüsse der Newa.
7 Prospekt – Russische Bezeichnung für eine breite Prachtstraße.
Anm. d. Übers.

zen, versteinerten zu Palästen – gelblichen, rotbraunen, schokoladenfarbenen, grünen ...
Ein schrecklicher Gedanke – werden auch unsere ungereimten, hoffnungslosen Leben, alle Ausbrüche unserer Auflehnung, das Stöhnen der Erschossenen und die Tränen der Frauen – wird dies alles auch endgültig in Vergessenheit geraten? Wird all dies auch eine so vollendete, ewige Schönheit schenken?

Scharik

Bei uns im Hof hält ein Junge den kleinen Köter Scharik als Kettenhund, von klein auf.
Eines Tages brachte ich dem kleinen Hund warme, duftende Hühnerknochen. Gerade hatte der Junge das arme Kerlchen losgemacht, um es etwas im Hof laufen zu lassen. Der Schnee ist weich und tief. Scharik sauste in Sprüngen wie ein Hase, ist einmal auf den Hinterbeinen, dann wieder auf den Vorderpfoten, aus einer Ecke des Hofes in die andere – von einer Ecke zur anderen – die Schnauze im Schnee.
Er lief auf mich zu, zottig wie er war, umsprang mich, beschnupperte den Knochen und – fort war er wieder, bis zum Bauch im Schnee.
Eure Knochen, die brauche ich nicht – gebt mir nur Freiheit!

Der alte Blecheimer

Oh, wie weh wird es einem alten Soldaten ums Herz, wenn er durch den Wald von Kartun streift. Der Boden hier scheint so beschaffen, daß er durch nunmehr achtzehn Jahre nicht bloß die Linien der Schützengräben, nicht bloß die Feuerstellungen der Geschütze unversehrt erhält, allenfalls hier und da eine Wand abrutschen läßt, sondern auch das einzelne Schützenloch, das enge, worin ein unbekannter Iwan in verdrecktem kurzem Uniformmantel seinen schweren Körper vergrub. Die Deckenbalken der Unterstände waren natürlich längst in die umliegenden Dörfer verschleppt worden, doch die Löcher selbst blieben unversehrt.

In diesem Wald habe ich nicht gekämpft, aber ganz in der Nähe, in einem ähnlichen. Ich wandere von Unterstand zu Unterstand und versuche zu begreifen, wo was gewesen sein mochte. Da stoße ich plötzlich am Eingang eines Erdlochs auf einen alten, seit achtzehn Jahren rostenden und wohl auch schon vor diesen achtzehn Jahren ausgedienten Blecheimer.

Er muß schon damals, im ersten Kriegswinter, undicht gewesen sein. Ein pfiffiger Kerl von Soldat wird ihn in einem niedergebrannten Dorf im Vorbeilaufen aufgehoben haben: dann brauchte er nur noch die Wände gegen den Boden hin zu einem Konus zusammenzudrücken – und fertig war das Zwischenteil von Blechofen und Ofenrohr. Neunzig Tage und Nächte jenes bangen Winters, vielleicht auch alle hundertfünfzig, solange eben die Front hier stillstand, war es dieses löchrigen Eimers

Pflicht, Rauch durch sich hindurchjagen zu lassen. Er wurde höllisch heiß, die Männer hielten ihre Hände in seine Nähe, zündeten sich an ihm ihre Selbstgedrehte an und ließen das Brot knusprig werden. Soviel Rauch der Eimer durch sich hindurchgelassen hat, so viel unausgesprochene Gedanken gab es auch und ungeschriebene Briefe – von Menschen, die vielleicht schon lange unter der Erde liegen.

Dann, eines Morgens – die Sonne schien fröhlich –, wurde die Truppe an einen anderen Ort verlegt und der Unterstand geräumt; der Offizier drängte seine Leute zur Eile – »rasch, rasch!« –, die Ordonnanz legte den Ofen um und schob ihn, so wie er war, in das Auto, dazu alle Rohre, einzig für den rostigen Eimer blieb kein Platz. »Laß ihn liegen, den Mist!« brüllte der Wachtmeister. »Wirst schon einen neuen finden!« Zu fahren hatten sie weit, und nach Frühling sah es auch schon aus, noch hielt der Soldat den rostigen Eimer, zögerte, seufzte – und legte ihn hin, neben den Eingang.

Und alle lachten.

Später wurden die Balken aus den Fugen gerissen, die Pritschen demoliert und auch der Holztisch – nur der rostige getreue Blecheimer blieb vor dem Unterstand liegen, zu dem er gehörte.

Ich stehe davor, da überfällt es mich. Brüder, Kameraden aus den Schützengräben! Was unser Leben ausmachte und was unsre Hoffnung war und unsre Freundschaft ohne Eigennutz – alles ist verweht wie Rauch, und niemals, niemandem wird er je wieder dienstbar sein, der rostige, vergessene...

Jessenins Heimat

Vier Dörfer ziehen sich eines nach dem anderen gleichförmig an der Straße entlang. Gärten gibt es nicht. Auch kein Wald ist in der Nähe. Verkommene kleine Vorgärten. Hier und da grellfarbige Fensterverkleidungen. Ein gewichtiges, hoheitsvolles Schwein schabt sich mitten auf der Straße an einer Wasserpumpe. Die in gemächlicher Karawane einhermarschierenden Gänse drehen sich alle gleichzeitig in der Richtung des vorübersausenden Schattens eines Radfahrers um und schicken ihm gemeinsam einen kriegerischen Ruf nach. Emsige Hühner kratzen auf der Straße und in den Gärten auf der Suche nach Futter.

Einem schäbigen Hühnerhaus gleicht die Verkaufsbude des Dorfes Konstantinowo. Heringe, alle erdenklichen Sorten; Bonbons, zusammengeklebte kleine Kissen, wie man sie seit fünfzehn Jahren nirgends mehr ißt. Dunkle Brotlaibe, wie Pflastersteine, doppelt so schwer als in der Stadt, denen man nicht mit dem Messer, sondern mit der Axt zu Leibe rücken muß.

Die Hütte der Jessenins hat ärmliche Trennwände, die bis zur Decke nicht reichen – winzige Zimmer, Käfige, von denen man keinen als Zimmer bezeichnen kann. Im Gemüsegarten steht ein verwitterter kleiner Schuppen. Auch ein kleines Dampfbad war früher da. Hierher, in diese Dunkelheit, stahl sich Sergej und schrieb seine ersten Verse. Jenseits des Gatters liegt ein gewöhnliches kleines Feld.

Ich gehe durch dieses Dorf, wie es deren viele gibt, in

denen heute noch die Gedanken aller Einwohner auf Broterwerb, Geldverdienst und Ehrgeiz vor den Nachbarn gerichtet sind, und bin erregt: ein himmlisches Feuer versengte einst diese Gegend, und noch heute spüre ich es an diesem Ort auf meinen Wangen brennen. Ich trete auf den Hang an der Oka, blicke in die Weite und staune: kann man denn von diesem dunklen, fernen Streifen dürftigen Waldes so rätselvoll sagen: »Im Forst hört man den Klang der schluchzenden Auerhähne...«, und von der in ruhigen Windungen durch die Wiese fließenden Oka: »Sonnengarben im tiefen Wasser?«
Welch eine geballte Begabung warf der Schöpfer hierher, in diese Hütte, in dieses Herz eines rauflustigen Bauernburschen, damit er voll Ergriffenheit so reichen Stoff an Schönheit fand – am Ofen, auf der Tenne, hinter dem Dorf – einer Schönheit, die Tausende von Jahren getreten und nicht bemerkt wird!

Der Kolchosrucksack

Wenn ihr seine harten Ecken während einer Fahrt im Vorstadtbus in Brust oder Seite schmerzhaft spürt, dann müßt ihr nicht fluchen, sondern ihn euch genau ansehen, dieses geflochtene Gestell am breiten, zerschlissenen Segeltuchband. Er dient dazu, Milch, Weißkäse und Tomaten auch für zwei Nachbarinnen in die Stadt zu befördern und ein halbes Hundert Weißbrote für mindestens drei Familien aus der Stadt zu holen.

Er ist geräumig, stabil und billig, dieser Weiberrucksack. Seine vielfarbigen, sportlichen Brüder mit ihren Täschchen und blanken Schnallen lassen sich mit ihm nicht vergleichen. Er faßt einen derart gewichtigen Inhalt, daß sogar eine derbe Bauernschulter unter der wattierten Jacke den Druck des Riemens nicht aushält. Darum haben sich die Weiber folgende Mode erdacht: den Rucksack werfen sie über den Rücken und legen sich den Riemen wie ein Pferdegeschirr um den Kopf. So verteilt sich das Gewicht gleichmäßig auf Schultern und Brust.

Brüder der Feder! Ich sage euch nicht: versucht, solch einen Sack auf den Rücken zu nehmen. Hat euch aber einer gestoßen – so nehmt doch ein Taxi.

Das Feuer und die Ameisen

Ich warf ein morsches Holzstück in das Feuer. Ich hatte nicht bemerkt, daß es innen dicht von Ameisen bevölkert war. Als das Holz zu knacken begann, stürzten die Ameisen heraus und liefen verzweifelt umher. Sie liefen das Holz entlang und krümmten sich, wenn die Flamme sie verbrannte. Ich angelte nach dem Holz und rollte es zur Seite. Nun konnten sich viele Ameisen retten. Sie liefen auf den Sand und über die Kiefernnadeln.

Doch seltsam: sie liefen nicht vom Feuer fort.

Nach eben überstandenem Entsetzen kehrten sie um. Irgendeine Macht zog sie zurück zur verlassenen Heimat! Zahlreiche unter ihnen liefen wieder auf das brennende Holz, stürzten hin und her und kamen um.

Gewitter in den Bergen

In einer stockfinsteren Nacht überraschte es uns, bevor wir den Gebirgspaß erreichten. Wir krochen aus den Zelten und kauerten uns zusammen.
Es zog über den Bergrücken auf uns zu.
Alles dunkel – kein Oben, kein Unten, kein Horizont. Blitze zuckten flammend auf, und die Finsternis schied sich vom Licht. Die Bergriesen Belolakaja und Dshuguturljutschat und die riesigen Kiefern neben uns, deren Wuchs hohen Bergen glich, hoben sich aus der Finsternis. Nur für Augenblicke schien es, daß es schon einen festen Boden gab, und wieder war alles Finsternis und Abgrund.
Die Flamme des Blitzes rückte heran. Lichtschein und Dunkel folgten einander im Wechsel – ein weißes Leuchten, ein rosa Leuchten, ein violettes Leuchten –, und immer an den gleichen Stellen traten Berge und Kiefern hervor, überwältigend in ihrer Größe. Verschluckte sie aber die Finsternis, so mochte man kaum glauben, daß es sie gab.
Die Stimme des Donners füllte die Schluchten und übertönte das ständige Brüllen der Flüsse. Wie Pfeile Zebaoths trafen die Blitze den Bergkamm, zersprangen in kleine Schlangen, in einzelne Strahlen, so, als zersplitterten sie an den Felsen oder als schlügen und zersprengten sie dort etwas Lebendes.
Und wir – wir vergaßen, uns vor Blitz, Donner und peitschendem Regen zu fürchten, wie ein Tropfen im Meer, der ja auch den Sturm nicht fürchtet. Wir wurden

zu einem nichtigen, dankbaren Teilchen dieser Welt – einer Welt, die heute zum erstenmal erschaffen wurde – vor unseren Augen.

Am Oka-Fluß entlang

Wer die Dörfer Zentralrußlands durchwandert, findet den Schlüssel zur Friedsamkeit der russischen Landschaft.
Es sind die Kirchen. Sie gleichen weißen und roten Prinzessinnen, die hügelan eilten, Höhen bestiegen und an das Ufer der breiten Ströme traten, geschmückt mit schlanken, spitzen, vielfältigen Glockentürmen, die sich über die Strohdächer und Holzhütten des Alltags erheben. Sie nicken einander von weitem zu. Aus verstreuten Ortschaften, die für einander unsichtbar bleiben, erheben sie sich zum gleichen Himmel. Und wo du auch durch Feld oder Wiesen streifen magst – weit von menschlichen Behausungen –, bist du doch nie allein: Jenseits der Wand des Waldes und aufgetürmter Heuschober, über die Wölbung der Erde hinweg, lockt dich immer die Spitze eines Türmchens, sei es aus Gorki Lowezkije, sei es aus Ljubitschi oder aus Gawrilowskoje.
Beim Betreten des Dorfes jedoch erfährst du, daß nicht Lebende, sondern Erschlagene dich von weitem grüßten. Die Kreuze sind längst zerschlagen oder schief, aus der zerstörten klaffenden Kuppel ragen die Stümpfe des verrosteten Gerüstes. Auf den Dächern und in den Mauerritzen wuchert Unkraut. Kaum ein Friedhof ist noch rings um die Kirche erhalten. Meist sind die Kreuze umgestoßen, die Gräber zerwühlt. Die Altarbilder – vom Regen der Jahrzehnte verwaschen – sind mit schamlosen Aufschriften verschmiert.
Dicht vor der Kirchentür stehen Fässer mit Dieselöl. In

ihre Richtung wendet ein Traktor. Dort wieder fährt ein Lastwagen zum Tor der Kirchenvorhalle hinein und wird mit Säcken beladen. In einer dritten Kirche dröhnen Werkzeugmaschinen. Eine andere ist abgeschlossen – stumm. Noch eine und wieder eine andere sind zu Klubs geworden. »Laßt uns hohe Milcherträge erzielen!«, »Die Dichtung vom Frieden«, »Große Ruhmestat«.

Immer waren die Menschen selbstsüchtig und oft wenig gut. Aber das Abendläuten erklang, schwebte über dem Dorf, über den Feldern, über dem Wald. Es mahnte, die unbedeutenden, irdischen Dinge abzulegen, Zeit und Gedanken der Ewigkeit zu widmen. Dieses Läuten, das nur noch in einem alten Lied erhalten ist, bewahrte die Menschen davor, zu vierbeinigen Kreaturen zu werden.

In diese Steine, in diese Glockentürme legten unsere Ahnen ihr Bestes, die ganze Erkenntnis eines Lebens.

So wühl doch, Witjka! Hack nur zu! Hab keine Bedenken!

Das Kino fängt um sechs Uhr an, der Tanz um acht.

Tagesbeginn

Bei Sonnenaufgang liefen dreißig Jugendliche auf die Wiese, stellten sich in Abständen auf, das Gesicht der Sonne zugewendet, und begannen sich zu bücken, hinzuhocken, zu verbeugen, auszustrecken, die Arme auszubreiten, die Arme zu heben, kniend den Körper hintenüber zu werfen.
Dies dauerte eine Viertelstunde lang.
Von weitem hätte man meinen können, sie beten.
In unseren Tagen wundert es niemand, daß der Mensch Tag für Tag geduldig und aufmerksam seinem Körper dient.
Wir wären aber gekränkt, wenn er so seinem Geist diente.
Nein, dies ist kein Gebet. Es ist die Morgengymnastik.

Am allermeisten jedoch fürchten wir heute die Toten und den Tod. Stirbt jemand in einer Familie, so vermeiden wir es, dorthin zu schreiben oder zu gehen. Was man über den Tod sagen soll – wir wissen es nicht...

Man schämt sich sogar, den Friedhof als etwas Ernstes zu bezeichnen. Seinen Berufskollegen wird man nicht sagen: »Ich kann nicht zur Sonntagsarbeit kommen – ich muß die *Meinen* auf dem Friedhof besuchen.« Ist es denn *wichtig*, diejenigen zu besuchen, die nicht mehr um Essen bitten?

Einen Toten aus einer Stadt in die andere zu bringen – was ist das für ein Unsinn! Man bekommt keinen Eisenbahnwagen dafür. Sie werden heutzutage auch nicht zu den Klängen einer Kapelle durch die Stadt getragen, wenn es sich um jemand Unbedeutendes handelt, man bringt sie schnell auf einem Lastwagen fort.

Es gab Zeiten, da ging man sonntags auf unseren Friedhöfen zwischen den Gräbern umher – helle Lieder erklangen und duftender Weihrauch erfüllte die Luft. Es wurde einem still ums Herz – die Narbe des unabänderlichen Todes drückte es nicht mehr schmerzhaft zusammen. Es war, als lächelten uns die Verstorbenen kaum merklich von den grünen Hügeln her zu: »Laß nur gut sein! Laß nur!«

Heute aber findet man am Eingang des Friedhofs – falls er überhaupt noch geöffnet ist – einen Aushang: »Besitzer von Grabstellen! Bei Strafandrohung ist der Abfall des Vorjahres wegzuräumen!« Noch häufiger jedoch

werden die Friedhöfe dem Erdboden gleichgemacht, von Bulldozern eingeebnet – sie werden zu Sportfeldern und Kulturparks.
Es gibt auch solche, die für das Vaterland starben – nun ja, so wie du oder ich einmal werden sterben müssen. Unsere Kirche setzte einen Tag für sie fest – dem Gedenken der auf dem Schlachtfeld Gefallenen bestimmt. England gedenkt ihrer am Tag der Mohnblume.
Alle Völker haben einen solchen Tag, an dem man derer gedenkt, die für uns starben. Für *uns* aber haben die meisten ihr Leben geopfert, doch einen Gedenktag gibt es bei uns nicht.
Wenn man aller Gefallenen gedenkt – wer wird dann Stein auf Stein setzen? In drei Kriegen haben wir Männer, Söhne und Verlobte verloren. Verschwindet, ihr Lästigen, unter euren hölzernen, bemalten Grabstücken! Hindert uns nicht daran zu leben!
Denn wir – wir werden nicht sterben!

Ein Tag des Iwan Denissowitsch

Um fünf Uhr morgens wurde das Wecksignal gegeben – Hammerschläge auf ein Stück Eisenbahnschiene, das neben der Stabsbaracke hing. Die abgehackten Töne drangen nur gedämpft durch die fingerdick vereisten Fensterscheiben und verstummten bald: es war kalt, der Aufseher hatte keine Lust, lange zu hämmern.

Die Töne waren verstummt. Draußen war es noch immer so stockfinster wie mitten in der Nacht, als Schuchow zur Barackenlatrine gegangen war, nur drei Lampen schienen gelb durchs Fenster: zwei brannten in der Außenzone, eine im Lager.

Schuchow verschlief das Wecken nie, er stand immer sofort auf, denn bis zum Ausmarsch hatte man anderthalb Stunden Zeit, die einem ganz allein gehörten, und wer das Lagerleben kannte, der konnte sich stets etwas nebenher verdienen: aus altem Futterstoff dem oder jenem Kappen auf die Fausthandschuhe nähen, einem reichen Aktivisten die trockenen Filzstiefel auf die Pritsche stellen, damit er nicht barfuß herumtappen und seine Stiefel aus dem Haufen heraussuchen mußte; rasch zu den Ausgabestellen laufen und sehen, wo man sich beliebt machen konnte, indem man den Fußboden fegte oder Sachen herbeitrug; in der Kantine die Blechnäpfe von den Tischen räumen und die Stapel in die Spülküche bringen – dabei fiel manchmal etwas zu essen ab, nur gab's dort zu viele Anwärter; und außerdem: wenn man in einem Napf noch ein Restchen entdeckte, dann leckte man ihn sofort aus, man konnte sich einfach nicht beherrschen. Schuchow hatte sich die Worte seines ersten Brigadiers Kusjomin gut gemerkt – der war ein alter Lagerfuchs, hatte 1943 schon zwölf Jahre gesessen. Am Lagerfeuer auf einer Schneise hatte er einmal zu den Neuen gesagt, die gerade von der Front gekommen waren: »Hier herrscht das Gesetz der Taiga, Jungs. Aber auch hier kann man leben. Nur der geht im Lager vor die Hunde, der Schüsseln ausleckt, auf die Krankenbaracke spekuliert oder andere beim Gevatter[1] verpfeift.«

Das mit dem Gevatter stimmte natürlich nicht. Spitzel gehen immer auf Nummer Sicher. Wenn auch auf Kosten anderer.

Sonst stand Schuchow nach dem Wecksignal immer sofort auf, heute nicht. Schon seit gestern abend war ihm nicht wohl in seiner Haut, mal fröstelte ihn, mal taten ihm alle Glieder weh. Und nachts konnte er nicht warm werden. Im Halbschlaf war ihm zumute, als sei er richtig krank geworden, dann fühlte er sich wieder etwas besser. Er wünschte sich nur, daß der Morgen nicht anbrach.

Aber der Morgen kam, nahm seinen Lauf.

Wo sollte man sich hier auch wärmen – das Fenster vereist und an den Wänden entlang der Deckenfuge durch die ganze Baracke – eine Riesenbaracke war's! – weiße Spinnweben. Rauhreif.

Schuchow stand also nicht auf. Er lag auf der oberen Pritsche, hatte sich die Decke und die Wattejacke über die Ohren gezogen und beide Füße in die Weste, in einen umgekrempelten Ärmel, gesteckt. Er hielt die Augen geschlossen, aber die Geräusche ließen ihn wahrnehmen, was in der Baracke und in der Ecke, wo seine

1 Gevatter – Lagerausdruck für den operativen Bevollmächtigten (»Operativ«), Beauftragter der Zentrale aller oder mehrerer Lager, der das Lager inspiziert, Verhöre führt und Beschwerden entgegennimmt.

Brigade lag, geschah. Schwer den Gang hinunerstapfend, schleppten die Männer vom Barackendienst eine Latrine hinaus – acht Kübel. Das soll leichte Arbeit sein, für Invaliden, aber trag so ein Ding mal 'raus, ohne daß es überschwappt! In der 75. Brigade poltert gerade ein Bündel Filzstiefel aus dem Trockenraum auf den Fußboden. Jetzt auch bei uns (wir waren heute mit Stiefeltrocknen an der Reihe). Der Brigadier und der Hilfsbrigadier ziehen schweigend die Filzstiefel an, ihre Pritschen knarren. Der Hilfsbrigadier geht gleich zur Brotausgabe, der Brigadier in die Stabsbaracke, zu den Arbeitsleitern.

Aber es ist kein Routinegang wie jeden Tag – erinnert sich Schuchow: Heute fällt die Entscheidung – ob die 104. Brigade von den Werkstätten zur neuen Baustelle der »Sozsiedlung« abgeschoben wird. Diese Sozsiedlung ist bisher noch ein Stück kahles Feld, mit Schneewächten, und vor Beginn der Bauarbeiten heißt es Löcher buddeln, Pfähle einrammen und eigenhändig Stacheldraht ziehen – damit keiner türmen kann. Dann erst wird gebaut.

Bestimmt gibt es dort einen ganzen Monat nichts, wo man sich aufwärmen kann, nicht mal eine Bretterbude. Und ein Feuer kann man dort auch nicht machen – kein Holz da. Schuften – die einzige Rettung.

Der Brigadier macht sich Sorgen, er versucht die Sache abzubiegen. Sollen sie doch irgendeine andere, dümmere Brigade dorthin verfrachten. Mit leeren Händen kann man natürlich nichts erreichen. Ein halbes Kilo Speck muß der oberste Arbeitsleiter schon bekommen. Vielleicht sogar ein ganzes Kilo.

Ein Versuch kann nichts schaden, ob Schuchow nicht doch probieren sollte, im Krankenbau unterzuschlüpfen, sich einen Tag zu drücken? Alle Knochen taten ihm weh.

Aber – welcher Aufseher hat heute Dienst?
Der ›Anderthalb-Iwan‹ – fällt ihm ein, der dürre, baumlange Sergeant mit den schwarzen Augen. Wenn man ihn zum erstenmal sieht, trifft einen fast der Schlag, aber wenn man ihn näher kennt, ist er von allen Aufsehern der gutmütigste: Er bringt einen nicht in den Bunker, schleppt einen nicht zum diensthabenden Natschalnik[1]. Man kann also ruhig liegenbleiben, bis Baracke 9 in die Kantine geht.
Die Doppelpritsche begann zu wackeln und schaukeln. Zwei standen gleichzeitig auf: oben Schuchows Nachbar, der Baptist Aljoschka, unten Bujnowskij, ehemaliger Fregattenkapitän.
Die Alten, die den Barackendienst machten und die Latrinenkübel hinaustrugen, stritten sich, wer von ihnen heißes Wasser zu holen hatte. Sie keiften wie alte Weiber. Der Elektroschweißer aus der 20. Brigade brüllte sie an:
»He, ihr Verrecker!« und schmiß einen Filzstiefel nach ihnen. »Ich mach euch kalt!«
Der Filzstiefel polterte dumpf gegen einen Pfosten. Sie verstummten. In der Nachbarbrigade knurrte der Hilfsbrigadier leise:
»Wassilij Fjodorytsch! In der Proviantausgabe haben sie uns übers Ohr gehauen, diese Schweine: Wir hatten immer vier Zweipfundbrote, und jetzt sind's nur drei. Wem zieh' ich da was ab?«
Er hatte leise gesprochen, aber die ganze Brigade hatte es natürlich gehört und hielt den Atem an: einer von ihnen würde abends zuwenig bekommen.
Schuchow lag immer noch auf seiner Matratze mit dem zusammengedrückten Sägemehl. Wenn doch irgendwas passierte – entweder sollte ihn der Schüttelfrost

1 Natschalnik – Leiter, Vorgesetzter (nicht nur der Lagerkommandant).

packen oder das Gliederreißen vergehen. Aber so war's nichts Halbes und nichts Ganzes.

Während der Baptist seine Gebete flüsterte, kam Bujnowskij von draußen zurück und sagte fast schadenfroh vor sich hin:

»Auf, rote Matrosen! Bestimmt dreißig Grad!«

Und Schuchow entschied sich für den Krankenbau.

In diesem Augenblick riß ihm eine offiziell dazu befugte Hand Weste und Decke vom Körper. Schuchow zog die Wattejacke vom Gesicht und richtete sich auf. Vor ihm, den Kopf in Höhe der Pritschenkante, stand der dürre Tatarin.

Er machte also außer der Reihe Dienst und hatte sich leise hereingeschlichen.

»S – achthundertvierundfünfzig!« las Tatarin vom weißen Lappen auf dem Rücken der schwarzen Wattejacke ab. »Drei Tage Bunker mit Arbeit!«

Kaum hatte er mit seiner merkwürdig gepreßten Stimme zu sprechen begonnen, da wurde es in der halbdunklen, nur von wenigen Glühbirnen beleuchteten Baracke, wo auf fünfzig verwanzten zweistöckigen Doppelpritschen zweihundert Mann schliefen, lebendig, und alle, die noch nicht aufgestanden waren, zogen sich hastig an.

»Wofür, Bürger Natschalnik?« fragte Schuchow und ließ seine Stimme kläglicher klingen, als er sich fühlte.

Bunker mit Arbeit ist halb so schlimm, man bekommt warmes Essen und hat keine Zeit zum Grübeln. Bunker ohne Arbeit – das ist Strafe.

»Nach dem Wecken liegengeblieben. Los, in die Kommandantur«, sagte Tatarin träge, weil er wie Schuchow und alle andern wußte, wofür es die Strafe gab.

Das bartlose faltige Gesicht Tatarins war vollkommen ausdruckslos. Er sah sich suchend nach einem zweiten Opfer um, aber alle Männer – die einen im Halbdunkel,

die andern im Schein der Glühbirne, die auf den unteren und die auf den oberen Pritschen – zogen die schwarzen wattierten Hosen mit der Nummer auf dem linken Knie über; wer fertig war, verzog sich eilig nach draußen, um Tatarin im Freien zu erwarten.
Wenn Schuchow den Arrest wenigstens verdient hätte, würde es ihn jetzt nicht so ärgern. Es wurmte ihn besonders, weil er sonst immer als einer der ersten aufstand. Aber Tatarin zu bitten, ihn laufenzulassen, hatte keinen Zweck. Das wußte er. Während er also nur aus Gewohnheit darum bat, zog Schuchow, der die wattierten Hosen nachts anbehielt (über dem linken Knie war auch ein verschlissener, schmutziger Flicken aufgenäht und mit schwarzer, jetzt verblaßter Farbe die Nummer S-854 gemalt), seine Weste an (sie hatte zwei Nummern – eine auf der Brust und eine auf dem Rükken), suchte seine Filzstiefel aus dem Haufen auf dem Fußboden, setzte die Mütze auf (auch sie trug vorn einen Flicken mit der Nummer) und ging hinter Tatarin her nach draußen.
Die ganze 104. Brigade sah, wie Schuchow abgeführt wurde, aber niemand sagte etwas: Es wäre doch umsonst, und was sollte man auch sagen? Der Brigadier hätte für ihn eintreten können, aber er war schon fort. Auch Schuchow sagte kein Wort, er wollte Tatarin nicht reizen. Die anderen würden schon so schlau sein und das Frühstück für ihn aufheben.
So gingen die beiden hinaus.
Es war kalt und diesig, die Luft benahm einem den Atem. Die Strahlen der beiden großen Scheinwerfer auf den fernen Ecktürmen kreuzten sich über der Lagerzone. Überall, außerhalb des Stacheldrahtes und im Lager, brannten die Lampen. Sie standen so dicht, daß sie die Sterne überstrahlten.

Der Schnee knirschte unter den Filzstiefeln der Häftlinge, die eilig ihren Geschäften nachgingen – zur Latrine, in die Magazine, zur Paketausgabe, in die Küche, um dort Graupen abzugeben, aus denen man sich seine eigene Grütze kochen ließ. Alle zogen den Kopf ein, die Wattejacken waren fest zugeknöpft, alle froren schon bei dem Gedanken, den ganzen Tag in dieser Kälte verbringen zu müssen. Nur Tatarin in seinem alten Uniformmantel mit den speckigen hellblauen Kragenspiegeln schritt gleichmäßig aus, als wäre er gegen den Frost gefeit.

Sie gingen vorüber an dem hohen Bretterzaun, der den Strafblock umgab – das aus Stein gebaute Lagergefängnis; vorüber an dem Stacheldraht, der die Lagerbäckerei gegen die Häftlinge schützte; vorüber an der Ecke der Stabsbaracke, wo die bereifte Eisenschiene mit einem dicken Drahtseil an einem Pfosten hing; vorüber an einem anderen Pfosten in einer windstillen Ecke, wo das Thermometer hing, damit es nicht zu niedrige Temperaturen anzeigte. Es war dick bereift. Schuchow warf einen hoffnungsvollen Blick auf das milchweiße Röhrchen: Wenn es einundvierzig zeigte, durften sie nicht zur Arbeit hinausgejagt werden. Aber heute wollte es nicht einmal auf vierzig sinken.

Sie betraten die Stabsbaracke und gingen sofort in den Aufseherraum. Dort bestätigte sich, was Schuchow schon unterwegs geahnt hatte: Er bekam überhaupt keinen Bunker, sondern der Fußboden im Aufseherraum war nicht gewischt. Jetzt erklärte Tatarin, daß er Schuchow verzeihe, und befahl ihm, den Boden zu wischen.

Diese Arbeit war eigentlich die Aufgabe eines bestimmten Häftlings, des Stubendienstes in der Stabsbaracke, der nicht draußen zu arbeiten brauchte. Da er schon so lange in der Stabsbaracke diente, hatte er Zutritt zu

den Arbeitszimmern des Majors, des diensthabenden Natschalniks und des Gevatters; er erwies ihnen manche Gefälligkeit und bekam zuweilen Dinge zu hören, die nicht einmal die Aufseher erfuhren, und seit einiger Zeit fand er, daß es unter seiner Würde sei, bei den einfachen Aufsehern den Fußboden zu wischen. Sie forderten ihn einmal auf, ein zweites Mal, begriffen dann, was los war, und schnappten sich von da an einen einfachen Arbeitshäftling für ihren Fußboden.
Der Ofen im Aufseherraum war glühend heiß. Nur in schmutzigen Uniformblusen spielten zwei Aufseher Dame, ein dritter lag im Pelzmantel und Filzstiefeln auf einer schmalen Bank und schlief. In einer Ecke stand ein Eimer mit einem Putzlumpen.
Schuchow sagte zu Tatarin, erfreut über dessen Großzügigkeit:
»Danke, Bürger Natschalnik! Ich werde nie mehr zu lange liegenbleiben.«
Hier herrschte ein einfaches Gesetz: Bist du fertig – dann kannst du gehen. Jetzt, da man Schuchow Arbeit zugewiesen hatte, schienen seine Gliederschmerzen aufzuhören. Er nahm den Eimer und ging ohne Fausthandschuhe (in der Eile hatte er sie unter seinem Kopfkissen vergessen) zum Brunnen.
Die Brigadiers, die in der Plan- und Produktionsabteilung gewesen waren, drängelten sich um den Thermometerpfosten, ein jüngerer Brigadier, ehemaliger Held der Sowjetunion, kletterte hinauf und rieb das Röhrchen ab.
Die unten Stehenden rieten ihm:
»Danebenhauchen, sonst steigt's!«
»Steigen! Einen Scheißdreck steigt's... ist doch sowieso egal.«
Tjurin, Schuchows Brigadier, war nicht dabei.

Schuchow, der den Eimer hingestellt und die bloßen Hände in die Ärmel gesteckt hatte, sah interessiert zu.
Der Mann oben am Pfosten sagte heiser:
»Siebenundzwanzig einhalb, schöne Scheiße.«
Nachdem er noch einen prüfenden Blick aufs Thermometer geworfen hatte, sprang er hinunter.
»Das funktioniert doch gar nicht – fauler Zauber«, sagte einer, »die würden hier nie eines aufhängen, das funktioniert.«
Die Brigadiere gingen weg. Schuchow eilte zum Brunnen.
Unter den herabhängenden, aber nicht zusammengebundenen Ohrenklappen zwickte ihn der Frost in die Ohren.
Das Wasserloch im Brunnen hatte eine dicke Eiskruste angesetzt, so daß der Eimer kaum hineinpaßte. Und das Seil war stocksteif gefroren.
Mit tauben Händen trug Schuchow den dampfenden Eimer in den Aufseherraum. Dort tauchte er die Hände ins Brunnenwasser, allmählich wurden sie wieder warm.
Tatarin war nicht da, aber die Aufseher saßen jetzt zu viert in dem kleinen Raum, sie hatten Damespiel und Schläfchen beendet und stritten sich darum, wieviel Hirse sie im Januar bekommen würden. (In der »freien« Siedlung waren die Lebensmittel knapp, aber die Aufseher bekamen immer etwas, auch ohne Marken, und billiger als die anderen.)
»Tür zu, Scheißkerl! Es zieht!« brüllte einer von ihnen und unterbrach damit das Gespräch.
Es war schlecht, sich schon morgens die Filzstiefel naßzumachen, denn er hatte keine zum Wechseln. In den acht Jahren Haft hatte Schuchow, was das Schuhwerk anging, alles mögliche erlebt: Einmal bekamen sie den

ganzen Winter keine Filzstiefel, ein andermal hatten sie überhaupt keine festen Schuhe, nur Bastschuhe und eine Art Gummischuhe, aus Autoreifen gemacht. Jetzt schien es mit der Versorgung besser zu klappen: Im Oktober hatte Schuchow Stiefel erhalten (aber nur, weil er im Magazin nicht von der Seite des Hilfsbrigadiers gewichen war), stabile Stiefel, mit festen Kappen und Platz genug für zwei warme Fußlappen. Eine Woche ging er stolz in den Schuhen herum, als seien sie ein Geburtstagsgeschenk, klapperte laut mit den neuen Absätzen. Und im Dezember gab es gerade zur rechten Zeit Filzstiefel – so ließ es sich schon aushalten. Aber irgendein Schwein in der Buchhaltung flüsterte dem Lagerkommandanten ein: »Die Filzstiefel sollen sie haben, aber die Lederstiefel abliefern. Es ist nicht in Ordnung, daß ein Sträfling zwei Paar auf einmal hat.« Also mußte Schuchow sich entscheiden: entweder den ganzen Winter in Lederstiefeln herumlaufen oder Filzstiefel tragen – auch bei Tauwetter – und die Lederschuhe abgeben. Er hatte sie geschont, mit Solidol eingerieben, um das Leder weich zu machen, ach, die schönen neuen Stiefel! – In den ganzen acht Jahren hatte es ihm um nichts so leid getan wie um diese Stiefel. Sie waren mit allen anderen auf einen Haufen geworfen worden, er würde sie im Frühjahr nicht mehr herausfinden.

Jetzt wußte sich Schuchow folgendermaßen zu helfen: Er schlüpfte flink aus den Filzstiefeln, stellte sie in eine Ecke, warf die Fußlappen obendrauf (der Löffel, der immer im Stiefel steckte, fiel klirrend auf den Boden; so hastig er sich zum Bunker fertiggemacht hatte, den Löffel hatte er nicht vergessen), stellte sich barfuß hin, verteilte mit dem Putzlappen reichlich Wasser und fuhr den Aufsehern flugs unter die Filzstiefel.

»Langsam, du Mistvieh!« Einer hatte es gemerkt und zog die Füße hoch.

»Reis? Reis fällt unter eine andere Norm, Reis kannst du nicht damit vergleichen!«

»Wieviel Wasser brauchst du eigentlich zum Wischen, du Idiot?«

»Bürger Natschalnik! Anders kriegt man den Boden nicht sauber. Der Dreck sitzt zu fest...«

»Hast du schon mal zugeschaut, wie deine Alte den Boden wischt, du Ferkel?«

Schuchow richtete sich auf, in einer Hand den triefenden Lappen. Er grinste gutmütig. Man sah, daß ihm ein paar Zähne fehlten – sie waren ihm 1943 in Ust-Ischma durch Skorbut ausgefallen. Damals wäre er fast krepiert. Die Ruhr hatte ihn fertiggemacht, der gequälte Magen konnte nichts mehr aufnehmen. Jetzt erinnerte nur noch sein leichtes Nuscheln an jene Zeit.

»Von meiner Alten, Bürger Natschalnik, bin ich Einundvierzig weggeholt worden. Ich weiß überhaupt nicht mehr, wie sie aussieht.«

»Da sieht man's, wie sie aufwischen... Diese Schweine, können nichts und wollen nichts tun. Sie sind das Brot nicht wert, das sie bekommen. Scheiße sollte man ihnen zu fressen geben.«

»Jeden Tag hier putzen, verdammter Blödsinn! Der Boden wird ja gar nicht trocken. He du, Achthundertvierundfünfzig! Wisch nur ein bißchen drüber, sonst wird's zu naß, und dann hau ab!«

»Reis! Du kannst Hirse doch nicht mit Reis vergleichen!«

Schuchow machte seine Arbeit schnell fertig.

Die Arbeit ist wie ein Stock, sie hat zwei Enden: Machst du sie für vernünftige Menschen, dann muß sie etwas taugen, machst du sie für einen Dummkopf, dann tu nur so als ob.

Anders wären sie alle längst krepiert, klare Sache.
Schuchow wischte den Fußboden so, daß keine trockenen Stellen mehr blieben, warf den nassen Lappen hinter den Ofen, zog auf der Türschwelle seine Filzstiefel an, schüttete das Wasser auf den Weg, den die Vorgesetzten benutzten – und rannte quer übers Gelände, vorbei an der Sauna, vorbei an der dunklen ungeheizten Klubbaracke zur Kantine.
Er mußte ja noch in den Krankenbau, wieder tat ihm alles weh. Und vor der Kantine durfte er keinem Aufseher in die Hände laufen: Der Lagerkommandant hatte strikten Befehl gegeben, zu spät kommende Einzelpersonen aufzugreifen und in den Bunker zu stecken.
Heute morgen war kein Gedränge vor der Kantine – ein seltenes Ereignis –, niemand mußte Schlange stehen. Hinein!
Drinnen ein Dampf wie in der Sauna – von der Eingangstür strömte die scharfe Frostluft in Schwaden herein, auf den Tischen dampfte die heiße Suppe. Die Brigaden saßen an den Tischen oder zwängten sich durch die Gänge, warteten auf freie Plätze. Laut rufend trugen zwei, drei Mann von jeder Brigade ihre Schüsseln mit Gemüsesuppe und Grütze auf Holzbrettern durchs Gedränge und versuchten, sie auf den Tischen abzustellen. Hört einfach nichts, dieser Tölpel, dieser Holzklotz, da, jetzt stößt er auch noch ans Tablett! Schwapp, schwapp! Mit der freien Hand kriegt er eine ins Genick, noch eine! Ganz richtig! Steh andern nicht im Weg, glotz nicht herum, wo's etwas auszulecken gibt.
Dort am Tisch, den Löffel noch neben der Suppenschüssel, bekreuzigt sich ein junger Bursche. Also ein Westukrainer, Neuling obendrein. Die Russen haben längst vergessen, mit welcher Hand man das Kreuz schlägt.
Man spürt die Kälte, wenn man stillsitzt, die meisten

behalten ihre Mütze auf, essen aber ohne Eile, angeln sich die fast zerkochten Fischbrocken unter den fauligen Kohlblättern hervor und spucken die Gräten auf den Tisch. Wenn sich ein Häufchen angesammelt hat, fegt einer sie auf den Fußboden, ehe die nächste Brigade kommt, dann werden sie zertreten.
Die Gräten direkt auf den Boden zu spucken gilt als unfein. Quer durch die Baracke zogen sich zwei Reihen Pfosten oder Stützbalken, an einem Balken saß Fetjukow, einer aus Schuchows Brigade, er hatte ihm das Frühstück aufgehoben. In der Brigade war er schlecht angesehen, viel schlechter als Schuchow. Mit ihren schwarzen Wattejacken und den Nummern sahen alle gleich aus, dabei gab es erhebliche Unterschiede – Rangstufen. Bujnowskij würde niemandem die Suppenschüssel hüten, aber Schuchow übernahm auch nicht jede Arbeit, es gab noch niedriger Stehende.
Fetjukow hatte Schuchow bemerkt und seufzte, als er ihm den Platz überließ.
»Ist ganz kalt geworden. Ich wollte schon die Suppe für dich essen, dachte – du bist im Bunker.«
Und er wartete nicht länger, weil er wußte, daß Schuchow ihm nichts übrigließ, beide Schüsseln würde er sauber leerputzen.
Schuchow zog seinen Löffel aus dem Stiefelschaft. Er hing sehr an diesem Löffel, der ihn durch den ganzen Norden begleitet hatte. Schuchow hatte ihn aus Aluminiumdraht im Sand gegossen und eingekratzt: »Ust-Ischma 1944.«
Dann nahm Schuchow die Mütze vom kahlgeschorenen Kopf – es mochte noch so kalt sein, er brachte es nicht über sich, beim Essen die Mütze aufzubehalten –, und während er die abgestandene Suppe umrührte, prüfte er schnell, was er abbekommen hatte. Es ging, mittelmäßig.

Der Schlag war nicht oben aus dem Kübel, aber auch nicht vom Grund. Fetjukow wäre zuzutrauen, daß er sich beim Aufpassen auf die Schüssel eine Kartoffel herausgefischt hatte.
Das einzig Gute an dieser dünnen Suppe war, daß sie meistens heiß war, aber was Schuchow jetzt bekam, war ganz kalt. Trotzdem aß er ebenso langsam, ebenso aufmerksam wie sonst. Und wenn die Baracke abbrennt – kein Grund zur Eile. Vom Schlaf abgesehen, der Lagerinsasse hat morgens beim Frühstück ganze zehn Minuten für sich selbst, beim Mittagessen und Abendbrot nur fünf.
Die Gemüsesuppe blieb Tag für Tag die gleiche, je nachdem, welches Gemüse für den Winter eingelegt worden war. Im vorletzten Jahr hatten sie nur Mohrrüben eingesalzen – also gab es von September bis Juni Mohrrübensuppe. Und in diesem Winter – Kohl. Für den Häftling ist die fetteste Zeit der Juni: Dann gibt es kein Gemüse mehr, nur Graupen. Die magerste Zeit ist der Juli, dann werden Brennesseln in den Kessel geschnitten.
Vom Fisch hatte er vor allem Gräten erwischt, das Fleisch war zerkocht und zerfallen, nur am Kopf und Schwanz hing noch etwas. Schuchow, der an dem spröden Fischskelett kein Schüppchen, keine Faser gelassen hatte, zerkaute die Gräten, sog sie aus – und spuckte sie auf den Tisch. Er aß jeden Fisch restlos auf, mit Kiemen, Schwanz und Augen, wenn sie noch im Kopf steckten, waren sie aber herausgekocht und schwammen in der Suppe herum – große Fischaugen –, aß er sie nicht. Die anderen machten sich darüber lustig.
Heute konnte Schuchow sparen: da er nicht in die Baracke gegangen war, hatte er seine Brotration nicht bekommen und aß jetzt seine Suppe ohne Brot. Das Brot

würde er später verdrücken – dann sättigt es noch mehr.

Als zweites gab es Fenchelhirse. Sie war zu einem festen Kloß zusammengepappt, Schuchow bröckelte einzelne Stückchen davon ab. Ob kalt oder warm, das Zeug schmeckte nach nichts, und es machte nicht satt, reines Gras, nur gelb wie Hirse. Man hatte den großartigen Einfall gehabt, diese Hirse statt Graupen auszugeben. Sie kam angeblich von den Chinesen. Jeder bekam einen Schlag von dreihundert Gramm – und damit basta: Ob Grütze oder nicht, das Zeug lief unter Grütze.

Nachdem Schuchow den Löffel abgeleckt und ihn wieder in den Filzstiefel gesteckt hatte, setzte er die Mütze auf und ging in die Krankenbaracke.

Der Himmel, dessen Sterne die Lagerbeleuchtung verdrängte, war immer noch dunkel. Und immer noch zerschnitten die breiten Strahlen der Scheinwerfer die Lagerzone. Als dieses Lager, ein Sonderlager, angelegt wurde, besaß die Wachmannschaft noch Unmengen von Leuchtraketen aus dem Krieg, kaum setzte die Dämmerung ein – ließen sie einen Regen von Raketen über dem Lager niedergehen, weiße, grüne, rote, wie im Krieg. Später hörten sie auf, Raketen zu verschießen. Vielleicht wurde es ihnen zu teuer.

Obwohl es noch so dunkel wie beim Wecken war, konnte ein erfahrenes Auge an verschiedenen Zeichen ablesen, daß bald das Signal zum Ausmarsch gegeben würde. Chromojs Gehilfe (der Kantinendienst Chromoj hielt sich einen Gehilfen und fütterte auch ihn durch) holte die Baracke sechs, die sogenannte Invalidenbaracke, zum Frühstück – alle, die nicht außerhalb des Lagers arbeiteten. Der alte Maler mit dem Bärtchen trottete langsam in die Kultur- und Bildungsabteilung – Farbe und Pinsel besorgen, um Nummern zu malen. Tatarin

überquerte schon wieder eilig die Lagerstraße in Richtung Stabsbaracke. Nur wenige Menschen waren im Freien zu sehen – alle hatten sich noch einmal verkrochen und genossen die letzten Minuten im Warmen.
Schuchow versteckte sich schnell hinter einer Barackenecke: Wenn er Tatarin noch einmal in den Weg läuft, kassiert der ihn wieder ein. Man muß immer auf Draht sein. Darauf achten, daß die Aufseher einen nie allein sehen, sondern immer nur im Haufen. Vielleicht braucht so ein Aufseher jemanden für eine Arbeit, vielleicht möchte er auch nur seine schlechte Laune abreagieren. In allen Baracken wurde die Anordnung verlesen – daß man fünf Schritte vor dem Aufseher die Mütze abzunehmen hat und sie zwei Schritte entfernt erst wieder aufsetzen darf. Manche Aufseher tappen wie Blinde dahin, ihnen ist das ganz gleichgültig, anderen aber ist das eine reine Lust. Wie viele Häftlinge sind wegen dieser dummen Mütze schon im Bunker gelandet! Ach nein, lieber ein Weilchen hinter der Ecke stehenbleiben.
Tatarin war weitergegangen – und Schuchow schon fest entschlossen, in den Krankenbau zu gehen. Plötzlich fiel ihm ein, daß er heute früh vor dem Ausmarsch mit dem langen Letten aus Baracke sieben verabredet war, der ihm zwei Gläser Eigenbau verkaufen wollte. Schuchow war so beschäftigt gewesen, daß er es glatt vergessen hatte. Der lange Lette hatte gestern abend ein Paket bekommen, morgen besaß er vielleicht schon keinen Tabak mehr, dann mußte man wieder einen ganzen Monat auf das nächste Paket warten. Der Tabak war sehr gut, nicht zu scharf und aromatisch. Graubraun.
Schuchow ärgerte sich heftig und blieb unschlüssig stehen. Sollte er nicht lieber in die Baracke sieben umkehren? Aber zur Krankenbaracke waren es nur noch ein

paar Schritte, und er lief im Trab zum Treppenaufgang. Der Schnee knirschte laut unter seinen Füßen. Der Flur im Revier war, wie immer, so sauber, daß er kaum wagte, ihn zu betreten. Die Wände waren mit weißer Emailfarbe gestrichen. Auch die Möbel waren alle weiß.

Aber die Türen der Behandlungsräume waren geschlossen. Naja, die Ärzte hatten sich noch nicht aus ihren Betten erhoben. Im Dienstzimmer saß der Heilgehilfe, der junge Kolja Wdowuschkin, in einem frischen weißen Kittel an einem sauberen Tisch – und schrieb irgendwas.

Außer ihm war niemand da.

Schuchow nahm wie vor einem Natschalnik die Mütze ab, und da er aus alter Lagergewohnheit Dinge zu erspähen suchte, die man eigentlich nicht sehen sollte, bemerkte er natürlich auch, daß Nikolaj regelmäßige Zeilen untereinander schrieb und jede Zeile, in leichtem Abstand vom Rand des Blattes, säuberlich mit einem großen Buchstaben begann. Schuchow begriff sofort, daß dies keine offizielle Arbeit, sondern eine Nebenbeschäftigung war, aber das ging ihn ja nichts an. »Also, Nikolaj Semjonytsch... ich bin gewissermaßen... krank«, sagte Schuchow bekümmert, als habe er kein Recht dazu.

Wdowuschkin sah mit seinen ruhigen, großen Augen von der Arbeit auf. Er trug eine weiße Kappe, einen weißen Kittel, eine Nummer war nicht zu sehen.

»Warum kommst du so spät? Warum bist du nicht gestern abend gekommen? Du weißt doch, daß morgens keine Sprechstunde ist. Die Krankenliste ist schon in der Planabteilung.«

Schuchow wußte das alles. Er wußte, daß es auch abends nicht einfacher war, sich krank schreiben zu lassen.

»Aber Kolja ... gestern abend hatte ich noch nicht solche Schmerzen ...«
»Was für Schmerzen? Was hast du denn?«
»So richtige Schmerzen sind es auch gar nicht. Mir ist einfach nicht wohl.«
Schuchow gehörte nicht zu denen, die ständig versuchen, im Krankenbau unterzuschlüpfen, das wußte Wdowuschkin. Aber er durfte morgens nur zwei Mann krank schreiben – unter der grünlichen Glasplatte auf dem Tisch waren die Namen dieser zwei bereits notiert und ein Strich daruntergezogen.
»Du hättest es dir früher überlegen müssen. Warum kommst du direkt vor dem Ausmarsch her? Da, nimm!«
Wdowuschkin nahm eines der Thermometer heraus, die in einem Glas mit Gaze steckten, wischte die aseptische Lösung ab und reichte es Schuchow.
Schuchow setzte sich auf eine Bank an der Wand, auf die äußerste Kante, gerade so, daß die Bank nicht kippte. Er setzte sich nicht absichtlich so unbequem, aber unwillkürlich machte er damit deutlich, daß ihm das Revier fremd war und daß er nur wegen einer Kleinigkeit gekommen war.
Wdowuschkin schrieb weiter.
Der Krankenbau befand sich im entferntesten Winkel der Lagerzone, und von draußen drang kein Laut herein. Keine Wanduhr tickte hier – Häftlingen stehen Uhren nicht zu, die Lagerleitung weiß die Zeit für sie. Nicht einmal Mäuse raschelten irgendwo – alle hatte die eigens dazu angeschaffte Katze gefangen.
Schuchow war merkwürdig zumute, in einem so sauberen Zimmer, in einer solchen Stille, bei so hellem Lampenlicht ganze fünf Minuten dazusitzen und nichts zu tun. Er betrachtete die Wände ringsum – aber da war nichts. Er besah sich seine Jacke – die Nummer auf der

Brust war abgescheuert, er mußte sie erneuern lassen, damit sie ihn nicht einbuchteten. Mit der freien Hand fuhr er über sein Gesicht – der Bart war seit der letzten Sauna, vor mehr als zehn Tagen, ganz schön gewachsen. Aber das störte ihn nicht. In drei Tagen ist wieder Sauna, dann wird er abrasiert. Warum stundenlang beim Friseur warten und Zeit verschwenden? Er brauchte sich ja für niemand schönzumachen.

Während Schuchows Blick an Wdowuschkins schneeweißer Mütze hängenblieb, erinnerte er sich an das Feldlazarett am Fluß Lowatj, wohin er mit einer Kieferverletzung kam und sofort – idiotische Ungeduld – freiwillig zu seiner Einheit zurückkehrte. Fünf Tage hätte er dort liegen dürfen!

Und jetzt träumt er davon: für zwei, drei Wochen krank werden, nicht lebensgefährlich und ohne Operation, aber im Krankenbau liegen müssen – er würde seine drei Wochen dort bleiben, ohne sich zu rühren, würde Bouillon zu essen bekommen – nicht schlecht. Aber dann fiel Schuchow ein, daß man jetzt auch im Krankenbau keine Ruhe mehr hatte. Mit irgendeinem Transport war ein neuer Doktor angekommen – Stepan Grigorjitsch, ein übereifriger Angeber, der immer geschäftig herumrannte und auch den Kranken keine Ruhe gönnte: Er war auf die Idee gekommen, alle Patienten, die nicht liegen mußten, zur Arbeit in Nähe des Lazaretts hinauszutreiben; sie mußten Zäune errichten, Wege anlegen, Erde für die Beete herbeischaffen und im Winter – Schnee schippen. Er sagte, Arbeit sei die beste Medizin.

Gäule können an zuviel Arbeit krepieren. Aber das muß man erst mal wissen. Wenn er selbst mal als Maurer geschuftet hätte, würde er sicher gern stillsitzen.

Wdowuschkin schrieb immer noch. Er war wirklich mit einer Schwarzarbeit, einer für Schuchow unverständlichen Arbeit, beschäftigt. Er schrieb ein langes Gedicht ins reine, das er gestern vollendet hatte und heute Stepan Grigorjitsch, jenem Verfechter der Arbeitstherapie, zu zeigen versprochen hatte.

Wie es nur im Lager passieren konnte, hatte Stepan Grigorjitsch Wdowuschkin geraten, sich als Arztgehilfe auszugeben, und ihm dann diesen Posten verschafft. So lernte Wdowuschkin, ungebildeten »Arbeitern«, denen es bei ihrer Gutgläubigkeit nie in den Sinn gekommen wäre, daß der Arztgehilfe in Wirklichkeit gar keiner war, intravenöse Spritzen zu geben. Kolja hatte Literatur studiert, im zweiten Studienjahr war er verhaftet worden. Stepan Grigorjitsch wollte, daß er im Gefängnis schrieb, was er in der Freiheit nicht schreiben durfte.

... Durch die mit einer hellen Eisschicht bedeckten Doppelfenster drang kaum hörbar das Signal zum Ausmarsch. Schuchow stand seufzend auf. Er hatte noch immer leichten Schüttelfrost, aber anscheinend gelang es ihm nicht, sich zu drücken. Wdowuschkin streckte die Hand nach dem Thermometer aus, sah es an.

»Siehst du, nichts Ganzes und nichts Halbes, siebenunddreißig zwei. Wenn du achtunddreißig hättest, wäre die Sache jedem klar. Ich kann dich nicht krank schreiben. Wenn du es riskieren willst, kannst du hierbleiben. Wenn der Doktor nach der Untersuchung meint, daß du krank bist, stellt er dich zurück. Wenn nicht, fliegst du als Drückeberger in den Bunker. Geh lieber arbeiten.«

Schuchow antwortete nicht, nickte nicht einmal, stülpte die Mütze auf und ging hinaus.

Wer im Warmen sitzt, kann einen Frierenden nicht verstehen.

Die Kälte benahm ihm den Atem. Beißender Nebel umhüllte ihn; er mußte husten. Draußen waren siebenund-

zwanzig Grad, Schuchow hatte siebenunddreißig. Mal sehen, wer der Stärkere ist.
Im Trab rannte Schuchow zu seiner Baracke. Die Lagerstraße war leer, das ganze Lager schien ausgestorben. Es war jener kurze, täuschende Augenblick, in dem schon alle zum Aufbruch bereit sind und doch jeder so tut, als sei gar nichts, als gebe es heute keinen Ausmarsch. Die Soldaten der Begleitmannschaft sitzen in ihren warmen Räumen, lehnen schlaftrunken die Köpfe an die Gewehre – auch für sie ist es kein Zuckerlecken, bei diesem Frost auf den Wachtürmen herumzustehen. Die Posten auf der Hauptwache schütten noch einmal Kohlen auf. Die Aufseher sitzen noch in ihrer Baracke und rauchen die letzte Selbstgedrehte zu Ende. Dann gehen sie die Sträflinge filzen. Und die Häftlinge, in ihrem abgerissenen Zeug, alle möglichen Stricke und Schnüre um den Leib gebunden, das Gesicht vom Kinn bis zu den Augen gegen den Frost mit Lappen umwickelt – liegen wie erstarrt, mit geschlossenen Augen, in ihren Filzstiefeln auf den Decken ihrer Pritschen. Bis der Brigadier brüllt: »Aufstehen!«
Auch die 104. Brigade in Baracke neun döste vor sich hin. Nur der Hilfsbrigadier Pawlo bewegte leise die Lippen, während er mit dem Bleistiftstummel etwas ausrechnete, und auf einer oberen Pritsche las Schuchows Bettnachbar, der Baptist Aljoschka, ordentlich und sauber gewaschen, in seinem Notizbuch, in das er sich das halbe Neue Testament abgeschrieben hatte.
Obwohl Schuchow in höchster Eile hereingestürzt kam, bewegte er sich fast geräuschlos und – geradewegs zur Pritsche des Hilfsbrigadiers.
Pawlo sah auf.
»Nicht im Bunker, Iwan Denissytsch?« (Die Westukrainer können es sich einfach nicht abgewöhnen, sogar

im Lager reden sie einen noch mit Vatersnamen und Sie an.)

Er reichte ihm die Ration vom Tisch. Auf dem Brot war ein Häufchen Zucker wie ein kleiner weißer Berg.

Schuchow hatte es sehr eilig, trotzdem antwortete er höflich (auch der Hilfsbrigadier ist ein Natschalnik, von ihm hängt mehr ab als vom Lagerkommandanten). Aber bei aller Eile – er schnappte den Zucker mit den Lippen auf, leckte das Brot ab, einen Fuß schon auf dem unteren Pritschenrand, um nach oben zu klettern und das Bett zu bauen – fand er noch Zeit, die Ration genau zu besehen, in der Hand abzuwiegen, ob sie auch die ihm zustehenden 550 Gramm hatte. Tausende solcher Rationen hatte Schuchow schon in verschiedenen Gefängnissen und Lagern bekommen, und obwohl er noch keine einzige auf der Waage hatte kontrollieren können, obwohl er als schüchterner Mensch nicht gewagt hätte, Krach zu schlagen und auf sein Recht zu pochen, wußte er wie jeder Häftling, daß die Leute von der Brotausgabe schummeln mußten, weil sonst das Brot nicht für alle reichen würde. An jeder Ration fehlte ein bißchen – die Frage war nur, wieviel? So betrachtete man jeden Tag sein Stück, um die Seele zu beruhigen: Vielleicht haben sie mich heute nicht so unverschämt übers Ohr gehauen? Vielleicht stimmt die Ration ungefähr? Ungefähr zwanzig Gramm zuwenig – dachte Schuchow und brach das Stück Brot in zwei Hälften. Eine Hälfte steckte er sich vorn unter die Weste, dort war eine kleine weiße Tasche eingenäht (die Westen für die Häftlinge hatten normalerweise keine Taschen). Die andere, beim Frühstück eingesparte Hälfte, hätte er am liebsten sofort gegessen, aber was man eilig hinunterschlingt, setzt nicht an, sättigt nicht. Er streckte schon den Arm aus, um die halbe Ration in den Kasten zu legen, überlegte sich's aber anders, denn ihm fiel ein, daß den Leuten vom Barackendienst schon zweimal Prügel verpaßt worden waren, weil sie geklaut hatten. Die Baracke war groß, ein Absteigequartier.

Ohne das Brot hinzulegen, zog Iwan Denissowitsch die Filzstiefel aus, ließ geschickt die Fußlappen mitsamt dem Löffel darin, kletterte barfuß nach oben, zerrte in der Matratze ein kleines Loch auseinander und versteckte die halbe Ration in dem Sägemehl. Er riß sich die Mütze vom Kopf, nahm Nadel und Faden heraus (sie waren tief im Futter versteckt, weil beim Filzen auch die Mützen abgetastet wurden: Einmal hatte sich der Aufseher an der Nadel gestochen und vor Wut Schuchow fast den Schädel eingeschlagen). Ein Stich, noch einer, noch einer – und das Loch war zu. Inzwischen hatte sich der Zucker im Mund ganz aufgelöst. Alles in Schuchow war aufs äußerste gespannt – gleich wird der Einsatzleiter an der Tür losbrüllen. Schuchows Finger bewegten sich flink, seine Gedanken eilten schon voraus, er überlegte, was weiter zu tun sei. Der Baptist las nicht leise, sondern flüsternd in seinem Testament (vielleicht tat er es absichtlich für Schuchow, diese Baptisten machen gern Propaganda):

»Niemand aber unter euch leide als ein Mörder oder Dieb oder Übeltäter oder der in ein fremdes Amt greift. Leidet er aber als ein Christ, so schäme er sich nicht; er ehre aber Gott in solchem Fall.«

Eins bewunderte er an Aljoschka: er versteckte sein Notizbuch so geschickt in einer Wandritze, daß es noch bei keiner Filzung gefunden worden war.

Mit denselben raschen Bewegungen hängte Schuchow seine Wattejacke über einen Querbalken, zog seine Handschuhe unter der Matratze hervor, außerdem ein Paar abgetragene Fußlappen, eine Schnur und einen

Lappen mit zwei Streifen daran. Er verteilte das Sägemehl möglichst gleichmäßig in der Matratze (sie waren klumpig zusammengepreßt), stopfte die Decke rundum fest, warf das Kopfkissen an seinen Platz – kletterte mit bloßen Füßen wieder hinunter und zog die Stiefel an, zuerst aber die guten Fußlappen, darüber die abgetragenen.

In diesem Augenblick räusperte sich der Brigadier laut, stand auf und bellte:

»Aufstehen, Hundertvierte! Raustreten!«

Sofort erhob sich die ganze Brigade, ob sie noch gedöst hatte oder nicht, gähnte und marschierte zum Ausgang. Der Brigadier saß schon neunzehn Jahre, er jagte keinen auch nur eine Minute zu früh hinaus. Wenn er »Raustreten!« schrie, war es wirklich höchste Zeit.

Während die anderen seiner Brigade einer nach dem anderen wortlos hinausstapften, durch den Korridor, dann durch den Vorraum auf die Vortreppe, und der Brigadier der 20. ebenso wie Tjurin »Raustreten!« brüllte, war Schuchow mit den doppelt gewickelten Fußlappen in die Filzstiefel geschlüpft, hatte die Wattejacke über die Weste gezogen und mit einem Strick gegürtet (hatte einer Lederriemen, so nahm man sie ihm ab, Lederriemen sind im Sonderlager nicht erlaubt). Schuchow hatte glücklich alles erledigt und holte im Vorraum die letzten aus seiner Brigade ein; ihre Rücken mit den Nummern verschwanden durch die Tür zur Vortreppe. Dicklich, schwerfällig, weil sie alle Kleidungsstücke anhatten, die sie besaßen, gingen die Männer im Gänsemarsch zur Lagerstraße, bestrebt, einander nicht zu überholen. Ihre Stiefel knirschten auf dem Schnee.

Es war immer noch dunkel, obwohl der Himmel im Osten schon heller wurde und grünlich schimmerte. Von Osten wehte ein dünner, bösartiger Wind. Das war der bitterste Augenblick – dieser Ausmarsch am Morgen. In die Dunkelheit hinaus, durch den Frost, mit hungrigem Bauch, für einen ganzen Tag. Die Zunge ist wie gelähmt, man mag nicht reden.

An der Lagerstraße rannte der stellvertretende Einsatzleiter hin und her.

»Na, Tjurin, wie lange sollen wir noch warten? Hinkst du wieder mal nach?«

Diesen Unteroffizier fürchtete Schuchow vielleicht, nicht aber Tjurin. Der würde bei dieser Kälte seinetwegen nicht den Mund aufmachen, wenn's nicht nötig war. Er stapfte schweigend weiter. Und die Brigade ihm nach durch den Schnee: tapp-tapp, knarr-knarr.

Das Kilo Speck hatte er offenbar abgeliefert – denn die Hundertvierte kam wieder zu ihrer alten Kolonne, man sah es an den Nachbarbrigaden. In die Sozsiedlung würden sie Ärmere und Dümmere abschieben. Das mußte heute entsetzlich sein: siebenundzwanzig Grad, dazu dieser Wind und nirgends ein Unterschlupf!

Der Brigadier braucht viel Speck: für die Plan- und Produktionsabteilung und für den eigenen Wanst. Er selbst bekommt zwar keine Pakete geschickt – trotzdem sitzt es niemals auf dem trockenen. Wer von der Brigade etwas bekommt – bringt ihm gleich seinen Anteil. Nur so kann man überleben.

Der oberste Einsatzleiter notiert etwas auf seinem Brett:

»Von deinen Leuten ist einer krank, Tjurin, dreiundzwanzig rücken aus?«

»Ja«, nickt der Brigadier.

Wer fehlt denn? Pantelejew. Der ist doch nicht krank!

Sofort geht ein Flüstern durch die Brigade: Pantelejew, dieser Hund, bleibt schon wieder im Lager. Er ist gar nicht krank, der Politoffizier hat ihn freigestellt. Wird wieder jemand verpfeifen.

Tagsüber können sie ihn ungestört holen, stundenlang dortbehalten, kein Mensch hat etwas gesehen oder gehört.
Und hier wird er als Kranker eingetragen ...
Die ganze Lagerstraße war schwarz von Wattejacken – langsam rückten die Brigaden zum Filzen vor. Da fiel es Schuchow ein, daß er die Nummer auf seiner Weste erneuern lassen mußte, er drängelte sich quer durch die Kolonne auf die andere Seite der Lagerstraße. Dort standen schon ein paar Häftlinge beim Maler Schlange. Auch Schuchow stellte sich an. Diese Nummer bringt unsereinem nur Ärger, der Aufseher erkennt einen schon von weitem daran, jeder Konvoisoldat kann sie sich notieren, und wenn man sie nicht rechtzeitig erneuern läßt – kriegt man Bunker: Warum kümmerst du dich nicht um die Nummer?
Im Lager gibt es drei Maler, sie malen für die Chefs kostenlos Bilder, außerdem kommen sie abwechselnd morgens zum Ausmarsch, um Nummern zu pinseln. Heute ist der Alte mit dem grauen Bärtchen dran. Wenn er mit seinem Pinsel die Nummer auf der Mütze nachzieht – denkt man, der Pope salbt einem die Stirn mit Öl.
Er pinselt und pinselt und haucht in seinen Handschuh. Der Handschuh ist gestrickt, dünn, die Hand erstarrt, bringt die Nummern kaum zustande.
Der Maler hatte das »S–854« auf Schuchows Weste erneuert, und Schuchow rannte seiner Brigade nach, ohne die Wattejacke zuzuknöpfen, und mit dem Strick in der Hand, weil sie ja doch gleich gefilzt wurden. Und er bemerkte sofort, daß Caesar, einer aus seiner Brigade, rauchte. Er rauchte nicht Pfeife wie sonst, sondern eine Zigarette – also konnte man einen Zug bei ihm schnorren. Aber Schuchow bat ihn nicht geradeheraus darum,

er blieb nur dicht neben Caesar stehen und streifte ihn mit einem halben Blick.
Scheinbar gleichgültig sah er an ihm vorbei, aber er beobachtete genau, wie die Zigarette allmählich kürzer wurde (Caesar zog nur ab und zu gedankenverloren daran), wie sich der Rand rotglühender Asche weiterbewegte und allmählich der Zigarettenspitze näherte.
Da machte sich Fetjukow heran, dieser Schakal, stellte sich genau vor Caesar hin und starrte ihm auf den Mund, mit glühenden Augen.
Schuchow besaß kein Krümelchen Tabak mehr, und bis zum Abend hatte er keine Aussicht, sich welchen zu beschaffen. Er zitterte innerlich vor Spannung, und der Zigarettenstummel schien ihm kostbarer als die Freiheit zu sein, aber er würde sich nie so erniedrigen wie Fetjukow und einem anderen auf den Mund starren.
In Caesar hatten sich wohl alle Rassen gemischt: Es ließ sich nicht ausmachen, ob er Grieche, Jude oder Zigeuner war. Er war noch jung. Hatte Filme gedreht. Aber er hatte den ersten noch nicht beendet, als er verhaftet wurde. Er trug einen dichten schwarzen Schnurrbart. Den hatte man ihm hier nicht abrasiert, weil er auf dem Foto in seinen Akten genauso aussah.
»Caesar Markowitsch!« Fetjukow, der es nicht mehr aushielt, sagte sabbernd: »Lassen Sie mich nur einmal ziehen!«
Sein Gesicht war von Gier verzerrt.
... Caesar hob die Augenlider ein wenig, die halb geschlossen über den schwarzen Augen lagen, und sah Fetjukow an. Deswegen hatte er sich angewöhnt, Pfeife zu rauchen, damit ihn niemand störte und um den Zigarettenstummel bat. Es tat ihm nicht um den Tabak leid, sondern um den unterbrochenen Gedankengang. Er rauchte, um sich auf einen wichtigen Gedanken zu kon-

zentrieren und ihn auszuspinnen. Aber kaum zündete er sich eine Zigarette an, las er in mehreren Augenpaaren: »Laß mir was übrig.«

... Caesar drehte sich zu Schuchow um und sagte:

»Da nimm, Iwan Denissytsch!«

Mit Daumen und Zeigefinger drehte er den glühenden Zigarettenstummel aus der kurzen Bernsteinspitze.

Schuchow zuckte zusammen (er hatte damit gerechnet, daß Caesar ihm die Kippe von selber anbieten würde), mit einer Hand nahm er hastig, dankbar das Zigarettenende, die andere hielt er schützend darunter, damit es nicht auf die Erde fiel. Er war nicht beleidigt, daß Caesar ihn nicht aus der Bernsteinspitze rauchen ließ (die einen haben einen sauberen Mund, die anderen einen stinkigen), und seine schwieligen Finger waren unempfindlich gegen die Glut. Hauptsache – er hatte diesem Schakal Fetjukow eins ausgewischt. Und nun zog er den Rauch ein, bis er sich die Lippen an der Glut versengte. Hmmm! Der Rauch durchdrang den hungrigen Körper, Schuchow spürte es sofort in den Beinen und im Kopf.

Kaum hatte das Wohlgefühl seinen ganzen Körper durchströmt, als Iwan Denissowitsch die anderen rufen hörte:

»Sie nehmen uns die Unterhemden ab.«

So ist das Leben des Sträflings. Schuchow hatte sich daran gewöhnt: Sieh dich nur vor, daß sie dir nicht an die Gurgel fahren.

Warum die Hemden? Der Kommandant selbst hat sie doch ausgeben lassen?... Da stimmt was nicht...

Vor ihnen mußten noch zwei Brigaden gefilzt werden, und jetzt konnte die ganze 104. sehen: Der diensthabende Natschalnik, Leutnant Wolkowoj, war aus der Stabsbaracke herübergekommen und schrie den Aufsehern etwas zu. Und die Aufseher, die eben noch nachlässig gefilzt hatten, wurden wild, stürzten sich wie Tiere auf die Häftlinge, und der Oberaufseher brüllte: »Hemden aufknöpfen!«

Nicht nur die Häftlinge und die Aufseher fürchteten Wolkowoj, es hieß sogar, der Lagerkommandant hätte Angst vor ihm. Gott hatte den Schurken gekennzeichnet, hatte ihm einen schönen Namen gegeben! – Wolkowoj sah wirklich aus wie ein Wolf. Dunkelhaarig, lang aufgeschossen, mit finsterem Gesicht – und überall zur gleichen Zeit. Tauchte plötzlich hinter einer Baracke auf: »Was soll die Versammlung hier?« Man konnte ihm einfach nicht entgehen. Anfangs trug er immer eine Peitsche bei sich, armlang, aus Leder geflochten. Es hieß, daß er im Lagergefängnis Häftlinge damit prügelte. Oder abends, wenn die Häftlinge sich zum Zählappell vor der Baracke zusammendrängten, schlich er sich von hinten an sie heran und schlug einem mit der Peitsche ins Genick: »Warum stehst du nicht im Glied, Sauhund!« Wie eine Welle wich die Menge vor ihm zurück. Der Getroffene faßte sich in den Nacken, wischte schweigend das Blut ab: damit er ihn nicht auch noch in den Bunker steckte.

Aus irgendwelchen Gründen trug er jetzt die Peitsche nicht mehr bei sich. Bei Frost waren die normalen Filzungen, wenigstens morgens, nicht besonders streng: Der Häftling knöpfte seine Wattejacke auf und schlug die Rockschöße seitwärts zurück. Zu fünft traten sie vor, fünf Aufseher standen ihnen gegenüber. Sie tasteten die umgürteten Westen an den Seiten ab, klopften auf die einzige erlaubte Tasche über dem rechten Knie – sie trugen Handschuhe, und wenn sie etwas Verdächtiges fühlten, zogen sie es nicht sofort heraus, sondern fragten träge: »Was ist das?«

Was soll man auch morgens bei einem Häftling suchen?

Ein Messer? Die trägt man doch nicht aus dem Lager hinaus, sondern hinein. Morgens muß kontrolliert werde, ob nicht einer drei Kilo Proviant bei sich hat, um damit zu türmen. Eine Zeitlang waren sie wegen dem bißchen Brot, diesen zweihundert Gramm zum Mittag, so hysterisch, daß folgende Anordnung erlassen wurde: Jede Brigade muß sich einen Holzkoffer machen und darin das gesamte Brot der Brigade transportieren, jeder hat sein Stückchen abzugeben. Was sie sich davon versprachen, war unerfindlich, wahrscheinlich wollten sie die Häftlinge nur quälen, ihnen eine zusätzliche Sorge aufladen: man versucht, sich die angebissene Ration zu merken, wenn man sie in den Koffer legt, aber ein Stück sieht doch wie das andere aus, alles das gleiche Brot, und den ganzen Weg denkt man unruhig daran, daß man nicht sein eigenes Stück wiederbekommt; deswegen gibt's später Streitereien, manchmal sogar eine Schlägerei. Aber dann türmten eines Tages drei Mann mit einem Auto von der Arbeitsstelle und nahmen einen Brotkoffer mit. Da kam die Lagerleitung wieder zur Vernunft, und die Koffer wurden auf der Wache kurz und klein gehackt. Jeder soll seine Ration wieder selbst tragen, hieß das. Morgens müssen sie auch kontrollieren, ob nicht jemand unter seiner Häftlingskleidung einen Zivilanzug trägt. Aber alle Zivilklamotten sind ja längst kassiert worden. Nach Verbüßung der Strafe bekommt man sie zurück, hieß es. Aber bis jetzt ist noch keiner aus diesem Lager entlassen worden.

Außerdem wird kontrolliert, ob nicht jemand Briefe bei sich hat, um sie durch einen »Freien« abschicken zu lassen. Aber wenn man jeden einzelnen nach Briefen filzen wollte, dann ginge der ganze Vormittag drauf.

Nun hat Wolkowoj den Aufsehern den Befehl zum Filzen zugebrüllt – und sie ziehen schnell die Handschuhe aus, befehlen den Häftlingen, die Westen zu öffnen (die noch ein wenig Barackenwärme speicherten), die Hemden aufzuknöpfen, und dann tasten sie jeden ab, ob er nicht vorschriftswidrig noch etwas darunter anhat. Dem Sträfling stehen zwei Hemden zu, ein Unter- und ein Oberhemd, alles Übrige ausziehen! so gaben die Häftlinge Wolkowojs Befehl von einer Reihe zur anderen weiter. Die Brigaden, die bereits gefilzt waren, hatten Glück gehabt, einige waren auch schon außerhalb des Lagertors, aber die noch hier standen – los, Jacke aufmachen! Wer zuviel anhatte, mußte es sofort ausziehen, hier in dieser Kälte!

Aber mit dieser Prozedur kamen sie heute nicht weit: Am Lagertor gab's schon Luft, die Wachtposten brüllten: »Vorwärts, vorwärts!« Bei der 104. ließ Wolkowoj Gnade vor Recht ergehen: aufschreiben, wer zuviel anhat, abends muß der Betreffende das Zeug selber in der Kammer abliefern, mit einer schriftlichen Erklärung, wie und warum er es verheimlicht hat.

Schuchow trug nur Lagerkleidung, da, fühl nach – nur Brust und Seele drunter, aber bei Caesar schrieben sie ein Flanellhemd auf und bei Bujnowskij eine Art Weste oder Seelenwärmer. Da brüllt Bujnowskij los, wie er es auf seinen Torpedobooten gewöhnt war – er war erst drei Monate im Lager:

»Ihr habt kein Recht dazu, die Leute bei dieser Kälte auszuziehen! Ihr kennt Artikel Neun des Strafgesetzbuches nicht!...«

Haben sie. Kennen sie. Du weißt noch nicht, was hier los ist, mein Lieber!

»Ihr seid keine Sowjetmenschen!« donnert der Kapitän sie an. »Ihr seid keine Kommunisten!«

Das mit Artikel Neun hatte Wolkowoj noch geschluckt, aber jetzt schoß er wie ein schwarzer Blitz dazwischen:

»Zehn Tage verschärften Arrest!«
Und etwas leiser zum Sergeanten:
»Meldung erst heut abend.«
Morgens stecken sie einen nicht gern in den Bunker, weil dann ein Arbeitstag verlorengeht. Der Kerl soll erst seinen Tag abschuften, abends in den Bau mit ihm!
Linkerhand von der Lagerstraße war das Gefängnis, ein Steinbau mit zwei Flügeln. Der zweite Flügel wurde erst in diesem Herbst angebaut, weil einer nicht ausreichte. Das Gefängnis hatte achtzehn Blöcke, die in Einzelzellen unterteilt waren. Das ganze Lager bestand aus Holzbaracken, nur das Gefängnis war aus Stein.
Die Kälte war unters Hemd gekrochen, jetzt kriegte man sie nicht mehr heraus. Wie sehr sich die Häftlinge auch eingemummt hatten – alles für die Katz. Und Schuchow spürt im Rücken immer noch dieses Ziehen. Jetzt im Krankenbau liegen – und schlafen. Mehr möchte er nicht. Nur noch eine möglichst schwere Bettdecke.
Die Häftlinge stehen vor dem Tor, knöpfen sich wieder zu, binden ihre Stricke um, draußen schreien die Soldaten:
»Vorwärts! Vorwärts!«
Und der Einsatzleiter knufft sie in den Rücken: »Vorwärts! Vorwärts!«
Das erste Tor. Die Vorzone. Das zweite Tor. Und neben der Wache an beiden Seiten Absperrungen.
»Halt!« schreit der Posten. »Wie eine Hammelherde! In Fünferreihen aufstellen!«
Es dämmert schon. Das Feuer, das die Begleitmannschaft hinter der Wache angezündet hatte, war fast niedergebrannt. Vor dem Ausmarsch machen sie immer ein Feuer – um sich daran zu wärmen und um besser abzählen zu können.
Ein Wachtposten zählte mit lauter, scharfer Stimme:

»Eins! Zwei! Drei!«

Die Fünferreihen lösten sich von der Kolonne und gingen in Abständen vorwärts, so daß man sie von hinten wie von vorn gleich gut sehen konnte: fünf Köpfe, fünf Rücken, fünf Paar Beine.

Der zweite Wachtposten steht schweigend an der Absperrung, er kontrolliert noch einmal, ob die Zahl stimmt.

Und ein Leutnant steht daneben, sieht zu.

Das ist die Lagerkontrolle.

Ein Mensch ist kostbarer als Gold. Wenn hinter dem Stacheldraht auch nur einer fehlt, kommst du selber ins Loch. Die Brigade schließt sich wieder zusammen.

Jetzt zählt der Sergeant der Begleitmannschaft ab:

»Eins! Zwei! Drei!«

Wieder trennen die Fünferreihen sich voneinander und gehen einzeln vorwärts.

Und der stellvertretende Mannschaftsführer zählt von der andern Seite nach.

Und dann noch ein Leutnant.

So kontrolliert die Begleitmannschaft.

Ein Fehler wäre verhängnisvoll. Quittiert man für einen fehlenden Kopf, dann muß man den eigenen dafür hinhalten.

Und erst das Aufgebot an Begleitsoldaten! Im Halbkreis umstehen sie die Kolonne für das Wärmekraftwerk, die Maschinenpistolen im Anschlag, zielen einem genau in die Visage. Dann die Hundeführer mit den grauen Hunden. Einer fletscht die Zähne, als ob er die Häftlinge auslache. Die Soldaten tragen alle Halbpelze, nur sechs von ihnen haben lange Pelzmäntel an. Die Pelzmäntel bekommen immer die Posten auf den Wachttürmen.

Noch einmal zählte die Begleitmannschaft die ganze

Kolonne für das Kraftwerk ab und brachte die Brigaden durcheinander.
»Bei Sonnenaufgang ist die Kälte immer am größten«, erklärte der Kapitän, »weil da der tiefste Punkt der nächtlichen Abkühlung erreicht ist.«
Der Kapitän gibt gern solche Erklärungen. Welchen Mond wir haben, ob er zu- oder abnimmt – das kann er dir für jeden Tag in jedem beliebigen Jahr berechnen.
Man sieht es dem Kapitän an, wie dreckig es ihm geht, sein Gesicht ist ganz eingefallen – trotzdem ist er guten Muts.
Hier draußen im Freien, wo ständig ein leichter Wind wehte, brannte der Frost sogar auf Schuchows Gesicht, das doch jedes Wetter gewöhnt war. Da er schnell heraus hatte, daß der Wind ihm auf dem ganzen Weg zum Kraftwerk ins Gesicht wehen würde, beschloß er, sich den Lappen vorzubinden. Diesen Lappen mit zwei langen Streifen daran trug er wie viele andere Häftlinge bei sich. Sie fanden, daß der Lappen den Gegenwind abhielt. Schuchow deckte das Gesicht bis zu den Augen damit zu, führte die Streifen unter den Ohren entlang bis in den Nacken und band sie zusammen. Dann zog er den Umschlag der Mütze in den Nacken und stellte den Kragen der Wattejacke hoch. Den vorderen Aufschlag der Mütze zog er tief in die Stirn. Nur die Augen waren noch sichtbar. Die Wattejacke band er in der Taille mit dem Strick fest zusammen. Jetzt war alles in Ordnung – bis auf die abgetragenen Fausthandschuhe und die froststarren Hände darin. Er rieb und schlug sie gegeneinander, weil er wußte, daß er sie den ganzen Weg auf dem Rücken halten mußte.
Der Mannschaftsführer verlas das tägliche »Gebet«, das allen zum Hals heraushing:

»Achtung, Strafgefangene! Während des Marsches ist in der Kolonne strengste Ordnung einzuhalten! Nicht zurückbleiben, nicht zu dicht aufrücken, nicht aus einer Fünferreihe in eine andere überwechseln, nicht miteinander reden, nicht zur Seite blicken, die Hände immer auf dem Rücken halten! Ein Schritt nach links oder rechts gilt als Fluchtversuch, die Soldaten eröffnen das Feuer ohne vorherige Warnung! Kolonnenführer, Schritt marsch!«

Die beiden vorderen Konvoisoldaten hatten sich anscheinend in Bewegung gesetzt. Die Kolonne schwankte vorwärts, die Schultern wogten auf und ab, in zwanzig Schritt Entfernung gingen rechts und links die Soldaten, immer zehn Schritte Abstand haltend, die Maschinenpistolen schußbereit.

Seit einer Woche hatte es nicht mehr geschneit, der Schnee auf dem Weg war festgetreten. Sie gingen im Bogen um das Lager herum – der Wind fuhr ihnen jetzt schräg ins Gesicht. Die Arme auf dem Rücken, die Köpfe gesenkt, marschierte die Kolonne wie zu einer Beerdigung. Die Beine von zwei, drei Leuten vor einem und ein Fleckchen zertrampelten Bodens unter den eigenen Füßen – das war alles, was man sah. Ab und zu brüllte ein Posten: »J-48! Hände auf den Rücken!«, »B-502! Aufschließen!« Dann schrien sie immer seltener: der schneidende Wind behinderte die Sicht. Sie durften sich keine Lappen vors Gesicht binden. Auch kein beneidenswerter Dienst ..

Wenn es wärmer war, unterhielten sich alle in der Kolonne, ob man sie anbrüllte oder nicht. Heute aber gingen alle mit eingezogenem Kopf, jeder versteckte sich hinter dem Rücken seines Vordermannes und hing den eigenen Gedanken nach.

Auch die Gedanken des Häftlings sind unfrei, konzentrieren sich immer wieder auf eins, drehen sich ständig um dasselbe: Hoffentlich entdeckt niemand die Ration in der Matratze! Ob sie mich abends krank schreiben? Muß der Kapitän nun in den Bunker oder nicht? Wo hat Caesar die warme Unterwäsche her? Sicher aus der Kammer, hat dort einen geschmiert.

Weil Schuchow nur die kalte Suppe ohne Brot gegessen hatte, fühlte er sich heute noch hungrig. Damit sein Magen nicht zu knurren anfing und nicht nach Essen verlangte, dachte Schuchow nicht mehr ans Lager, sondern an den Brief, den er bald nach Hause schreiben wollte.

Die Kolonne passierte das Holzverarbeitungswerk, das die Häftlinge gebaut hatten, dann ein Wohnviertel (auch diese Baracken hatten die Häftlinge aufgestellt, jetzt wohnten Freie darin), dann den neuen Klub (vom Fundament bis zum Anstrich alles Häftlingsarbeit, aber ins Kino dort gehen nur die Freien), und dann marschierte die Kolonne, dem Wind und dem Sonnenaufgang direkt entgegen, in die Steppe hinaus. Zu beiden Seiten bis zum Horizont nur die kahle weiße Schneefläche, in der ganzen Steppe nicht ein einziger armseliger Baum.

Das Jahr, Einundfünfzig, hatte gerade begonnen, in diesem Jahr durfte Schuchow zwei Briefe schreiben. Den letzten hatte er im Juli abgeschickt, die Antwort im Oktober erhalten. In Ust-Ischma war es anders gewesen, dort konnte man, wenn man wollte, jeden Monat schreiben. Aber was sollte er viel schreiben? Damals hatte Schuchow auch nicht öfter als jetzt nach Hause geschrieben.

Am dreiundzwanzigsten Juni Einundvierzig hatte Schuchow seine Familie verlassen müssen. Am Sonntag kamen die Leute von Polomna aus der Messe und sagten: Es ist Krieg. Der Postbeamte in Polomna hatte es

erfahren, in Temgenjowo besaß vor dem Krieg noch kein Mensch ein Radio. Jetzt lärmt in jedem Haus ein Radio, Drahtfunk, schreiben sie.
Einen Brief schreiben, das ist, wie wenn man Steinchen in ein tiefes Wasser wirft. Was dort hineinfällt, ist spurlos verschwunden – nichts erinnert mehr daran. Soll man etwa schreiben, in welcher Brigade man arbeitet, wie der Brigadier Andrej Prokofjewitsch Tjurin ist? Mittlerweile hat man mit Kilgas, dem Letten, mehr zu bereden als mit den eigenen Angehörigen.
Sie schreiben auch nur zweimal im Jahr – man kann sich ihr Leben da draußen gar nicht mehr vorstellen. Sie berichten von einem neuen Kolchosvorsitzenden – jedes Jahr haben sie doch einen neuen. Die Kolchose ist vergrößert worden – früher wurden die Kolchosen auch zusammengelegt und dann wieder geteilt. Ja, und wer seine Arbeitsnorm nicht erfüllt, muß sein Hofland bis auf fünfzehn Ar abgeben, manchmal sogar alles.
Was Schuchow dagegen nicht in den Kopf will: Auf der Kolchose arbeitet seit dem Krieg nicht eine Seele mehr als früher. Wie seine Frau schreibt, gehen die Burschen und Mädchen, wenn sie es irgendwie schaffen, fast ausnahmslos als Fabrikarbeiter in die Stadt oder in den Torfbruch. Von den Männern ist die Hälfte nicht aus dem Krieg zurückgekehrt, die übrigen wollen mit der Kolchose nichts mehr zu tun haben: Sie wohnen noch im Dorf, arbeiten aber auswärts. Die einzigen Männer in der Kolchose sind der Brigadier Sachar Wassiljitsch und der Zimmermann Tichon mit seinen vierundachtzig Jahren, vor kurzem hat er noch geheiratet, Kinder sind auch schon da. Die Frauen, die schon seit Neunzehnhundertdreißig die Kolchose bestellen, rackern sich heute noch dort ab.
Das kann und kann Schuchow nicht begreifen: im Dorf

wohnen, auswärts arbeiten. Schuchow kannte das Leben eines Einzelbauern und eines Kolchosarbeiters, aber daß die Bauern nicht im eigenen Dorf arbeiten, kann er nicht gutheißen. Gingen sie auf Saisonarbeit oder so was? Und was machen sie während der Heumahd?

Saisonarbeit, antwortete seine Frau ihm, gibt's schon lange nicht mehr. Die Männer gehen nicht mehr als Zimmerleute, wofür ihre Gegend früher berühmt war, flechten keine Bastkörbe mehr, weil sie niemand verlangt. Dafür gibt es jetzt ein neues, kurzweiliges Gewerbe – Teppiche pinseln. Irgend jemand brachte Malschablonen aus dem Krieg mit, seitdem ist es weit verbreitet, und immer mehr dieser kunstfertigen Pinsler tauchen auf: Sie sind nirgendwo fest angestellt, arbeiten nirgendwo, einen Monat helfen sie auf der Kolchose, zur Zeit der Heumahd und der Ernte, dann gibt die Kolchose ihnen für die übrigen elf Monate eine Bescheinigung, daß der Kolchosangehörige Soundso privater Angelegenheiten wegen beurlaubt ist und keine Forderungen an ihn bestehen. Sie reisen kreuz und quer durchs Land, sogar mit dem Flugzeug, weil sie mit ihrer Zeit haushalten, Tausende streichen sie auf diese Weise ein, und überall malen sie Wandteppiche: das Stück für fünfzig Rubel, auf jedem alten Bettlaken – für einen Teppich braucht man ungefähr eine Stunde, nicht mehr. Und seine Frau hegt die feste Hoffnung, daß Iwan eines Tages heimkehrt und auch solch ein Maler wird. Dann kommen sie endlich aus der Armut heraus, die ihr das Leben schwermacht, die Kinder können aufs Technikum gehen, und anstelle der alten, morschen Hütte bauen sie sich eine neue. Alle diese Pinsler bauen sich Häuser, in der Nähe der Eisenbahn kostet ein Haus jetzt nicht mehr fünftausend wie früher, sondern fünfundzwanzig.

Da bat er seine Frau, ihm zu beschreiben – wie er denn

ein Maler werden sollte, wo er doch überhaupt nicht zeichnen konnte? Und was für merkwürdige Wandteppiche das seien, was darauf gemalt sei? Die Frau antwortete ihm, nur ein Dummkopf könne sie nicht bemalen: Man legt die Schablone aufs Tuch und streicht mit dem Pinsel über die Löcher. Es gibt drei verschiedene Teppichschablonen: »Troika« – ein Dreigespann mit schönem Geschirr zieht einen Schlitten, in dem ein Husarenoffizier sitzt, dann »Der Hirsch«, und die dritte hat ein persisches Motiv. Andere Muster gibt es nicht, aber mit diesen sind die Leute überall sehr zufrieden und reißen sie einem aus der Hand. Weil ein echter Teppich nicht fünfzig, sondern Tausende kostet.

Schuchow möchte zu gern einmal einen Blick auf diese Teppiche werfen...

Während seiner Lager- und Gefängniszeit hatte Iwan Denissowitsch es sich ganz abgewöhnt zu überlegen, was morgen, was in einem Jahr sein wird und wovon er die Familie ernähren soll. Über alles denkt die Lagerleitung für ihn nach – so ist es auch einfacher. Zwei Winter und zwei Sommer muß er ja noch sitzen. Aber diese Teppiche haben es ihm angetan...

Anscheinend ein leichter, schneller Verdienst. Und außerdem wäre es kränkend, hinter den andern im Dorf zurückzustehen. Aber ehrlich gestanden, Iwan Denissowitsch hatte keine Lust, sich auf dieses Teppichgeschäft einzulassen. Dazu brauchte man Dreistigkeit und Unverfrorenheit, mußte den oder jenen schmieren. Schuchow hatte seine vierzig Jahre auf dem Buckel, nur noch die Hälfte seiner Zähne und eine Glatze, er hatte noch nie jemand geschmiert und sich von niemand schmieren lassen, selbst im Lager hatte er es nicht gelernt.

Leichtverdientes Geld hat kein Gewicht, man spürt gar

nicht, daß man dafür gearbeitet hat. Die Alten hatten mit ihrem Spruch ganz recht: Was man nicht bezahlt, trägt man auch nicht heim. Schuchow hat noch kräftige Hände, die zupacken können, es wäre doch gelacht, wenn er nach seiner Entlassung nicht eine Arbeit als Ofensetzer oder Tischler oder Klempner finden würde!
Aber da gab's ein Hindernis: Wer unter Aberkennung der bürgerlichen Ehrenrechte verurteilt worden war, bekam nirgends Arbeit und durfte nicht an seinen alten Wohnsitz zurückkehren.
Inzwischen hatte die Kolonne vor der Wache der ausgedehnten Baustelle haltgemacht. Schon vorher, an einer Ecke der Bauzone, hatten sich zwei Soldaten in Pelzmänteln von der Kolonne getrennt und waren über das Feld zu ihren entfernt gelegenen Wachttürmen gestapft. Ehe nicht alle Türme mit Posten besetzt waren, wurde niemand in die Zone gelassen. Der Begleitkommandoführer ging mit der Maschinenpistole über der Schulter zur Wache. Aus dem Schornstein steigt ununterbrochen dicker Rauch: Ein Freier sitzt dort die ganze Nacht, damit nicht Bretter oder Zement von der Baustelle gestohlen werden.
Genau hinter dem Gittertor, hinter der Baustelle und dem weit entfernten Stacheldrahtzaun auf der gegenüberliegenden Seite, geht die Sonne groß, rot, dunstverschleiert auf. Aljoschka, neben Schuchow, sieht in die Sonne und freut sich, ein Lächeln um die Lippen. Sein Gesicht ist eingefallen, er muß mit seiner Ration auskommen, verdient sich nirgendwo etwas dazu – worüber freut er sich? Sonntags hockt er mit den anderen Baptisten zusammen. Sie schütteln das Lager von sich ab wie die Gans das Wasser.
Der Gesichtsschutz, dieses Läppchen, war während des Marsches vom Atmen ganz feucht geworden und in der

Kälte zu einer Eiskruste erstarrt. Schuchow streifte ihn vom Gesicht, ließ ihn um den Hals hängen und stellte sich mit dem Rücken gegen den Wind. Er hatte den Marsch ganz gut überstanden, nur die Hände in den abgetragenen Fausthandschuhen waren durchfroren, und die Zehen am linken Fuß taub vor Kälte: Der linke Stiefel war versengt und schon zweimal geflickt.

Im Kreuz und im Rücken bis zu den Schultern hinauf zieht und reißt es – wie soll er heute arbeiten?

Er sah sich um – dem Brigadier, der in der Fünferreihe hinter ihm marschiert war, gerade ins Gesicht. Der Brigadier ist breitschultrig und hat ein breites Gesicht. Er sieht finster aus. Er geht mit seiner Brigade nicht gerade zimperlich um, aber er kümmert sich um die Verpflegung, sorgt für große Rationen. Er sitzt schon zum zweitenmal, als besonderer Liebling der GULAG[1] kennt er die Lagersitten in- und auswendig.

Der Brigadier ist im Lager alles: ein guter Brigadier schenkt dir ein zweites Leben, ein schlechter bringt dich unter die Erde. Schuchow kannte Andrej Prokofjewitsch schon in Ust-Ischma, nur war er damals noch nicht in seiner Brigade. Als dann die Achtundfünfziger aus dem gewöhnlichen Lager hierher, ins Sonderlager, geschafft wurden, nahm Tjurin ihn in seine Brigade. Mit dem Lagerkommandanten, der Plan- und Produktionsabteilung, den Bauführern und Ingenieuren hat Schuchow nichts zu tun: überall steht der Brigadier für ihn ein, er hat eine stählerne Brust. Aber wenn er nur eine Braue runzelt oder mit dem Finger winkt – tu sofort, was er dir sagt. Hau alle im Lager übers Ohr, nur nicht Andrej Prokofjitsch. Dann bleibst du am Leben.

Schuchow möchte den Brigadier fragen, ob sie an ihrer gestrigen Arbeitsstelle bleiben oder woanders hinkom-

1 GULAG – Hauptverwaltung der Straflager.

men – aber er fürchtet sich, seinen hohen Gedankenflug zu unterbrechen. Gerade erst hat er sie vor der Sozsiedlung bewahrt, jetzt überschlägt er vermutlich die Prozente, denn von der Normerfüllung hängt die Verpflegung für die folgenden fünf Tage ab.

Das Gesicht des Brigadiers ist mit breiten Pockennarben bedeckt. Er steht gegen den Wind – verzieht das Gesicht nicht, die Haut ist wie Eichenrinde.

Die Männer in der Kolonne schlagen die Arme gegeneinander, trampeln mit den Füßen. Gemeiner Wind! Sie hocken doch schon alle auf den Wachttürmen, die sechs Kakadus, und trotzdem dürfen die Häftlinge immer noch nicht in die Zone. Übertriebene Wachsamkeit.

Na endlich! Der Mannschaftsführer und der Kontrollposten kamen aus der Wache, stellten sich zu beiden Seiten des Tores auf, und das Tor wurde geöffnet.

»In Fünferreihen antreten! Eins! Zwei!«

Die Sträflinge marschierten wie bei einer Parade. Nichts wie rein, und dort braucht uns niemand zu belehren, was wir zu tun haben.

Gleich hinter der Wache ist das Kontor, vor dem Kontor steht der Bauführer und winkt die Brigadiere herbei, die sich ohnehin an ihn wenden. Auch der Häftling Derr, ein Vorarbeiter, geht zu ihm hin, ein gemeiner Lump, hetzt seinesgleichen schlimmer als ein Wachhund. Acht Uhr, fünf nach acht (eben hat der Werkszug gepfiffen), die Vorgesetzten haben nur die eine Sorge, die Häftlinge könnten Zeit vertrödeln, sich in die Wärmeräume verziehen, denn die Sträflinge haben einen langen Tag vor sich und lassen sich Zeit. Wer die Bauzone betritt, bückt sich oft: hier ein Span, dort ein Span, Feuer für unseren Ofen. Und dann verschwinden sie in ihren Schlupflöchern. Tjurin befahl seinem Gehilfen Pawlo, mit ins Kontor zu kommen. Auch Caesar schlug

diese Richtung ein. Caesar ist reich, zwei Pakete im Monat, wenn nötig, steckt er jemandem etwas zu – er drückt sich im warmen Kontor herum, als Gehilfe des Normberechners.
Die anderen von der 104. verschwinden sofort.
Dunstig rot ging die Sonne über der öden Bauzone auf: Hier unterm Schnee liegen die Platten für die Fertighäuser, dort ist ein Stück Mauerwerk und ein Fundament zu erkennen, ein zerbrochener Baggerausleger liegt herum, ein Kübel, Eisengerümpel, irgendwo ist ein Graben ausgehoben, sind Gruben ausgebaggert, das Autoreparaturwerk ist bis zum Dach hochgeführt, und auf dem Hügel steht das Kraftwerk, dessen Obergeschoß noch im Bau ist.
Alle haben sich verkrochen. Nur die sechs Posten stehen auf ihren Wachtürmen, und rings um das Kontor ist Hochbetrieb. Dieser Augenblick gehört den Häftlingen! Der oberste Bauleiter hat angeblich schon zigmal gedroht, die Arbeitsbefehle für die Brigaden bereits abends auszugeben, aber das passiert nie. Weil sie's sich vom Abend bis zum Morgen immer anders überlegen.
Dieser Augenblick gehört uns! Bis die Vorgesetzten alles geklärt haben, muß man sich ein möglichst warmes Eckchen suchen, sich still hinsetzen, abschinden kann man sich noch lange genug. Gut, wenn man einen Platz am Ofen findet – man kann die Fußlappen neu wickeln und sich aufwärmen. Das hält die Füße eine Zeitlang warm. Aber selbst ohne Ofen tut die Ruhe gut.
Die hundertvierte Brigade hat sich in die große Halle der Autoreparaturwerkstatt gesetzt, die schon im Herbst verglast worden ist und wo die achtunddreißigste Brigade Betonplatten gießt. Ein Teil der Platten liegt noch in den Schalungen, andere stehen hochkant, daneben liegen die Armierungen. Die Halle ist sehr hoch, der Boden

aus festgestampfter Erde, der Raum läßt sich nicht gut heizen, trotzdem sparen sie hier nicht mit Kohlen: nicht damit die Männer sich hier wärmen können, sondern damit der Beton schneller abbindet. Sogar ein Thermometer hängt hier, und an den Sonntagen, an denen die Häftlinge nicht zur Arbeit ausrücken, muß ein »Freier« hier heizen.

Die Achtunddreißigste läßt natürlich niemand an den Ofen heran, die Brigade sitzt im Kreis um das Feuer, trocknet die Fußlappen. Na schön, bleiben wir hier in der Ecke, macht nichts.

Mit dem Hinterteil seiner abgewetzten Wattehose machte es sich Schuchow auf dem Rand einer Verschalung bequem, mit dem Rücken lehnte er sich an die Wand. Als er sich zurücklehnte, spannten sich Wattejacke und Weste, und auf der linken Seite, nahe dem Herzen, spürte er den Druck von etwas Hartem. Es war eine Kante von dem Stück Brot, das er in der inneren Brusttasche aufbewahrte, seine halbe Frühstücksration, die er sich zum Mittagessen mitgenommen hatte. Er nahm immer ein Stück zur Arbeit mit und rührte es bis Mittag nicht an. Die andere Hälfte aß er sonst immer zum Frühstück, heute hatte er noch kein Brot gegessen. Schuchow merkte, daß er gar nichts gespart hatte: Es verlangte ihn so heftig danach, das Brot jetzt im Warmen zu essen. Bis zum Mittag waren es noch fünf lange Stunden.

Der ziehende Schmerz war jetzt vom Rücken in die Beine gewandert, sie waren ganz schlapp. Ach, wenn er doch am Ofen sitzen könnte! Schuchow legte die Fausthandschuhe auf die Knie, knöpfte sich die Jacke auf, band den vereisten Gesichtsschutz vom Hals los knickte den Lappen ein paarmal zusammen und steckte ihn in die Tasche. Dann zog er das eingewickelte Brot aus der

Brusttasche, und während er den weißen Lappen darunterhielt, damit kein Krümelchen verlorengehe, biß er winzige Stücke ab und zerkaute sie langsam. Das Brot hatte er unter zwei Kleidungsstücken getragen, es mit seinem Körper gewärmt – deshalb war es kein bißchen gefroren.

Im Lager dachte Schuchow oft daran, wie man früher im Dorf gegessen hatte: Kartoffeln – ganze Pfannen voll, Grütze – ganze Töpfe voll und noch früher: Fleisch – Riesenstücke. Und Milch hatten sie gesoffen, bis ihnen fast der Bauch platzte. Im Lager hatte Schuchow gelernt, daß es nicht auf die Mengen ankam. Die Gedanken müssen ganz beim Essen sein – wenn er jetzt die winzigen Stücke abbeißt, sie mit der Zunge zerdrückt, sie aussaugt –, wie gut schmeckt das feuchte Schwarzbrot dann. Das Schuchow nun schon acht Jahre ißt, ein neuntes noch? Macht nichts. Widert's ihn nicht an?Hoho!

Schuchow war mit den zweihundert Gramm beschäftigt, und in seiner Nähe hatte sich die ganze 104. niedergelassen.

Zwei Esten, die wie Brüder aussahen, saßen auf einer niedrigen Betonplatte und rauchten abwechselnd eine halbe Zigarette aus einer Spitze. Beide waren hellblond, hochgewachsen und hager, beide hatten lange Nasen und große Augen. Sie waren immer zusammen, als könnte einer ohne den anderen nicht atmen. Selbst der Brigadier trennte sie nie voneinander. Sie teilten ihr Essen und schliefen nebeneinander auf den oberen Pritschen. Wenn sie in der Kolonne standen, auf den Ausmarsch warteten oder abends schlafen gingen – immer sprachen sie miteinander leise und ohne Hast. Und doch waren sie keine Brüder, sie hatten sich erst hier, in der 104., kennengelernt. Der eine, hieß es, war ein Fischer von der Küste, den andern hatten die Eltern als kleinen

Jungen zu Beginn der Sowjetmacht nach Schweden mitgenommen. Als Erwachsener kehrte er aus eigenem Entschluß nach Estland zurück, um dort sein Studium zu beenden.

Man sagt zwar, Nationalität bedeute nichts, in jedem Volk gebe es schlechte Menschen. Aber wie viele Esten Schuchow auch kennengelernt hatte, schlechte waren ihm nie begegnet.

Die Häftlinge saßen noch immer herum, auf Platten, Gußformen oder einfach auf der Erde. Frühmorgens war keiner zum Sprechen aufgelegt, jeder hing seinen Gedanken nach und schwieg. Fetjukow, dieser Schakal, hatte irgendwo Zigarettenstummel aufgesammelt (er ekelte sich nicht einmal davor, sie aus dem Spucknapf herauszuholen), zupfte sie auf den Knien auseinander und schüttete den Rest brauchbaren Tabaks auf ein Papier. Fetjukow hatte drei Kinder, aber als er eingelocht wurde, sagten sich alle von ihm los, und seine Frau heiratete wieder: Er hatte also niemand, der ihn unterstützte.

Bujnowskij schielte lange zu Fetjukow hinüber, dann schnauzte er ihn an:

»Na, hast du genug Dreck zusammen? Hol dir nur die Syphilis! Schmeiß das verdammte Zeug weg!«

Der Kapitän war es gewohnt, Befehle zu geben, deshalb sprach er mit allen Leuten im Befehlston.

Aber Fetjukow war in keiner Weise auf Bujnowskij angewiesen – der Kapitän erhielt keine Pakete. Seinen fast zahnlosen Mund zu einem hämischen Grinsen verziehend, sagte er:

»Wart nur, Kapitän, wenn du erst mal acht Jahre gesessen hast, dann sammelst auch du Kippen. Es sind schon ganz andere Leute als du ins Lager gekommen...«

Fetjukow schloß von sich auf andere, aber der Kapitän hatte vielleicht genug Widerstandskraft...
»Was-was?« Der schwerhörige Senjka Klewschin hatte nicht alles verstanden. Er dachte, das Gespräch drehe sich darum, wie Bujnowskij heute früh beim Ausmarsch reingerasselt war. »Du hättest nicht so aus der Haut fahren dürfen!« Er schüttelte bekümmert den Kopf: »Dann wäre alles gutgegangen.«
Senjka Klewschin war ein Pechvogel. Ein Trommelfell war ihm geplatzt, schon im Jahr einundvierzig. Dann geriet er in Gefangenschaft, türmte, wurde geschnappt, kam nach Buchenwald. In Buchenwald entging er wie durch ein Wunder dem Tod, und jetzt saß er ohne zu murren seine Zeit ab. Wer aus der Haut fährt, meint er, der ist verloren.
Das stimmt, stöhne und beuge dich. Wenn du dich widersetzt, zerbrichst du.
Alexej hat das Gesicht in die Hände vergraben, er schweigt, betet. Schuchow hatte sein Stück Brot fast ganz gegessen, nur von der Kruste, der halbrunden oberen Kruste, hatte er etwas übriggelassen. Weil man mit keinem anderen Löffel die Schüssel so sauber leer essen kann wie mit Brot. Er wickelte die Kruste sorgfältig in den weißen Lappen, fürs Mittagessen, steckte ihn in die Tasche unter der Weste, knöpfte die Jacke wegen der Kälte zu und war bereit; jetzt konnten sie ihn zur Arbeit schicken. Wenn sie noch eine Weile warteten, dann um so besser.
Die achtunddreißigste Brigade stand auf, die Männer verteilten sich: die einen gingen an die Betonmischmaschine, die anderen Wasser holen, wieder andere zu den Stahlgeflechten.
Weder Tjurin noch sein Gehilfe Pawlo ließen sich bei der Brigade sehen. Obwohl die 104. Brigade nur knapp

zwanzig Minuten dagesessen hatte und ihr winterlicher, verkürzter Arbeitstag bis sechs Uhr dauerte, empfanden alle, daß sie großes Glück hatten, und der Tag kam ihnen nicht mehr so lang vor.

»Es gibt überhaupt keinen Schneesturm mehr!« seufzte der wohlgenährte, rotbackige Kilgas, »den ganzen Winter nicht ein einziger Schneesturm! Das ist doch kein Winter!«

»Ja... Schneestürme... Schneestürme«, seufzten alle der Reihe nach. Wenn in dieser Gegend der Schneesturm tobt, fällt nicht nur die Arbeit aus, die Männer dürfen nicht einmal aus der Baracke heraus: Wenn von der Baracke bis zur Kantine kein Seil gespannt wird, verirrt man sich. Wenn ein Häftling im Schnee erfriert, dann sollen ihn die Hunde fressen. Aber wenn er versucht zu fliehen! Das ist öfter vorgekommen. Bei einem solchen Sturm ist der Schnee pulverfein, die Schneewehen sind steinhart. Einmal sind Häftlinge über eine Schneewehe entkommen, die quer über den Stacheldraht führte. Sie kamen allerdings nicht weit.

Wenn man es sich genau überlegt, haben die Häftlinge gar nichts vom Schneesturm: Sie sitzen hinter Schloß und Riegel; die Kohlen kommen nicht rechtzeitig, die ganze Wärme wird aus der Baracke hinaus geblasen; die Mehllieferungen für das Lager verzögern sich – es gibt kein Brot; in der Küche fehlt es an allem. Und wie lange der Schneesturm auch anhält – drei Tage oder eine Woche –, die Tage werden als Feiertage gezählt, und ebenso viele Sonntage hintereinander müssen die Häftlinge zur Arbeit.

Trotzdem wünschen sie den Schneesturm sehnlich herbei. Kaum weht ein scharfer Wind, starren alle zum Himmel: ein bißchen Stoff! Nur ein bißchen Stoff!

Schnee, bedeutet das.

Denn aus einem Wind, der flach über die Erde pfeift, entsteht niemals ein richtiger Schneesturm.

Einer versuchte, sich an den Ofen der 38. Brigade heranzumachen, er wurde weggescheucht.

Da kam Tjurin in die Halle. Er sah finster aus. Seine Leute begriffen sofort: Jetzt mußten sie an, und zwar schnell.

»So-o«, Tjurin blickte sich um, »die ganze Hundertvierte hier?«

Ohne sie zu kontrollieren oder nachzuzählen, denn aus seiner Brigade machte sich nie jemand davon, erteilte Tjurin schnell seine Anweisungen. Die beiden Esten, Klewschin und Goptschik, schickte er fort, eine große Mörtelpfanne holen und ins Kraftwerk tragen. Damit war klar, daß die Brigade am halbfertigen Kraftwerk arbeiten sollte, das seit dem Spätherbst verlassen dastand. Zwei Männer schickte er zur Werkzeugausgabe, wo Pawlo bereits die Werkzeuge in Empfang nahm. Vier sollten vor dem Kraftwerk, am Eingang in die Maschinenhalle, in der Maschinenhalle und auf den Leitern Schnee fegen. Zwei Mann sollten in der Halle den Ofen mit Kohle heizen, Bretter organisieren und zerhacken. Einer sollte mit dem Schlitten Zement dorthin transportieren. Zwei – Wasser tragen, zwei andere – Sand, einer – den gefrorenen Sand vom Schnee freiräumen und ihn mit dem Brecheisen kleinschlagen.

Schließlich hatten nur Schuchow und Kilgas – die besten Arbeiter der Brigade – noch nichts zu tun. Der Brigadier rief sie zu sich und sagte:

»Also, Jungs!« (Er war nicht älter als sie, aber er redete alle so an.) »Nach der Mittagspause werdet ihr mit Blocksteinen im ersten Stock die Wände hochziehen, da, wo die sechste Brigade im Herbst aufgehört hat. Aber als erstes muß die Maschinenhalle geheizt werden. Sie

hat drei große Fenster, die müssen wir irgendwie dicht machen. Ich gebe euch ein paar Mann mit, überlegt erst mal, womit wir die Fenster abdichten können. In der Maschinenhalle müssen wir Mörtel mischen und uns aufwärmen. Sonst erfrieren wir dort wie die Hunde, klar?«
Vielleicht wollte er noch mehr sagen, aber Goptschik, ein sechzehnjähriger Bursche, rosig wie ein Ferkel, kam angelaufen und beschwerte sich, daß die andere Brigade die Mörtelpfanne nicht abgeben wollte und sogar eine Schlägerei anfing. Tjurin stürzte sofort dorthin.
So schwer es auch war, den Arbeitstag bei schneidender Kälte zu beginnen, wenn man erst den Anfang hinter sich hatte, war alles in Ordnung.
Schuchow und Kilgas sahen sich an. Sie hatten schon oft zusammen gearbeitet und achteten einander als Zimmermann und Maurer. Es war nicht leicht, jetzt im Schnee etwas zu finden, womit man die Fenster abdichten konnte. Da sagte Kilgas:
»Wanja! Bei den Fertighäusern weiß ich eine Stelle – da liegt eine dicke Rolle Dachpappe. Ich selber habe sie dort versteckt. Also los!«
Kilgas ist Lette, aber Russisch spricht er wie seine Muttersprache – in der Nachbarschaft war ein Altgläubigen-Dorf, dort hatte er schon als Kind Russisch gelernt. Im Lager ist Kilgas erst seit zwei Jahren, aber das Wichtigste hat er schon begriffen: Hilf dir selbst, so hilft dir Gott. Kilgas heißt Johann, Schuchow nennt ihn auch Wanja.
Sie beschlossen, die Dachpappe herzuschaffen. Aber vorher lief Schuchow noch schnell in die halbfertige Autoreparaturwerkstatt, um sich seine Kelle zu holen. Die Maurerkelle ist ein herrliches Werkzeug, wenn sie gut in der Hand liegt und leicht ist. Aber auf jeder Baustelle galt die gleiche Anweisung: morgens werden die

Werkzeuge ausgegeben, abends wieder eingesammelt. Und was für ein Werkzeug man am nächsten Tag erwischt – ist reiner Zufall. Aber einmal gelang es Schuchow, bei der Abgabe zu schummeln und die beste Maurerkelle zu behalten. Jetzt versteckte er sie jeden Abend woanders und holte sie morgens heraus, wenn er sie brauchte. Natürlich, wenn sie die Hundertvierte heute in die Sozsiedlung geschickt hätten, wäre Schuchow wieder ohne Kelle. Er schob einen kleinen Stein beiseite, steckte die Finger in einen Spalt – und zog die Kelle heraus.

Schuchow und Kilgas verließen die Reparaturwerkstatt und gingen auf die Fertighäuser zu. Ihr Atem bildete dichte Dampfwolken. Die Sonne war schon aufgestiegen, aber ihr Licht war gedämpft wie durch einen Nebelschleier, zu beiden Seiten der Sonne schienen Pfähle zu stehen.

»Sind das Pfähle oder nicht?« sagte Schuchow.

»Das ist uns doch egal«, winkte Kilgas ab und lachte, »nur wenn sie von einem Pfahl zum andern Stacheldraht ziehen, dann sieh dich vor.«

Wenn Kilgas den Mund auftut, macht er einen Witz. Deshalb liebt ihn auch die ganze Brigade. Und erst die Letten im Lager, die verehren ihn geradezu! Naja, Kilgas kann sich auch normal ernähren, jeden Monat zwei Pakete, er sieht so gesund aus, als wäre er nicht im Lager. Da ist gut scherzen.

Die Bauzone ist ganz schön groß, wenn man sie erst durchquert. Unterwegs trafen sie ein paar Mann aus der 82. Brigade, die sollten wieder Gruben aufhacken. Keine besonders großen: fünfzig mal fünfzig und fünfzig tief, aber die Erde ist schon im Sommer hart wie Stein und jetzt auch noch gefroren, etwas zum Zähneausbeißen. Die Männer bearbeiten sie mit der Spitzhacke – die Hacke rutscht ab, Funken stieben, alles umsonst. Jeder steht auf seinem Viereck, sieht sich um – ringsherum nichts zum Aufwärmen, den Arbeitsplatz dürfen sie nicht verlassen – also weiterhacken. Dabei wird einem wenigstens warm.

Schuchow entdeckte unter ihnen einen Bekannten aus Wjatka und gab ihm den Rat:

»Hört mal, macht doch ein Feuer über jedem Loch, dann taut die Erde auf.«

»Ist nicht erlaubt«, sagte der aus Wjatka seufzend, »wir bekommen auch kein Holz.«

»Sucht euch doch welches.«

Kilgas spuckte nur aus.

»Sag mal, Wanja, wenn die Lagerleitung Verstand hätte – würde sie ihre Leute dazu anstellen, bei dem Frost den Boden mit Spitzhacken zu bearbeiten?«

Kilgas stieß noch ein paar unverständliche Flüche aus und verstummte, die Kälte macht nicht gesprächig. Sie gingen weiter, bis sie schließlich zu dem Platz kamen, wo die Platten für die Fertighäuser unter dem Schnee lagen.

Schuchow arbeitet gern mit Kilgas zusammen, Kilgas hat nur einen Fehler – er raucht nicht, und deshalb bekommt er niemals Tabak geschickt.

Wirklich, Kilgas hat ein gutes Gedächtnis: Sie hoben ein Brett hoch, noch eins – darunter lag die Rolle Dachpappe.

Sie zogen sie heraus. Was nun? Wie sollen sie sie tragen? Von den Wachttürmen aus kann man sie sehen – aber das ist gleichgültig: die »Kakadus« haben nur eine Sorge, daß die Häftlinge nicht fliehen. In der Bauzone können sie ruhig Platten zu Kleinholz machen. Wenn der Lageraufseher ihnen über den Weg läuft, passiert auch nichts: der hat selber einen Blick für alles, was er gebrauchen kann. Den »Arbeitern« sind die Fertighäuse sowieso egal. Den Brigadieren auch. Nur der Bauführer, ein Freier, und der Vorarbeiter, selbst ein Häftling, und der schlaksige Schkuropatenko interessieren sich dafür. Und wer ist dieser Schkuropatenko? Ein Häftling! Seine ganze Arbeit besteht darin, die Fertighäuser vor den Sträflingen zu bewachen, damit sie nichts wegschleppen. Dieser Schkuropatenko könnte sie als einziger in dem offenen Gelände erwischen.

»Weißt du was, Wanja, wir dürfen sie nicht waagerecht tragen«, überlegte Schuchow, »wir nehmen sie hochkant zwischen uns und gehen ganz gemütlich, verdecken sie von beiden Seiten. Von weitem kann er sie nicht erkennen.«

Das war eine gute Idee von Schuchow. Die Rolle ließ sich schlecht halten, also klemmten sie sie zwischen sich ein, wie einen dritten Mann – und gingen los. Von der Seite sah es aus, als ob zwei Männer dicht nebeneinanderher gingen.

»Aber wenn der Bauführer die Dachpappe an den Fenstern sieht, weiß er doch Bescheid«, meinte Schuchow.

»Was geht uns das an?« fragte Kilgas verwundert. »Als wir ins Kraftwerk kamen, war sie schon da. Sollten wir sie etwa abreißen?«

Da hatte er recht.

Die Finger in den dünnen Handschuhen sind steif geworden, man spürt sie überhaupt nicht mehr. Aber der linke Filzstiefel hält. Die Stiefel sind die Hauptsache. Die Hände werden bei der Arbeit wieder warm.

Sie gingen durch den unberührten Schnee und stießen dann auf eine Schlittenspur, die von der Werzeugausgabe zum Kraftwerk führte. Anscheinend hatten die andern schon Zement geholt.

Das Kraftwerk steht auf einem Hügel, dahinter hört

die Bauzone auf. Wochenlang ist niemand hier gewesen, alle Zugangswege sind mit einer gleichmäßigen Schneeschicht bedeckt. Um so deutlicher zeichnen sich die Schlittenspur und der frischgetretene Pfad mit den tiefen Fußspuren ab – hier sind die anderen aus der Brigade entlanggegangen. Sie räumen bereits mit Holzschaufeln den Schnee vor dem Kraftwerk weg und machen die Zufahrt für die Lastwagen frei.
Schön wär's, wenn der Aufzug im Kraftwerk funktionierte. Aber im Motor ist etwas durchgeschmort und anscheinend noch nicht repariert worden. Also müssen sie alles selbst ins erste Stockwerk hinaufschleppen. Den Mörtel. Die Blocksteine.
Zwei Monate hat das Kraftwerk wie ein graues Skelett verlassen im Schnee gestanden. Aber jetzt ist die Hundertvierte gekommen. Und womit halten diese Männer Leib und Seele zusammen? – um den leeren Bauch haben sie einen Segeltuchgürtel geschlungen; beißende Kälte; kein Wärmeraum, kein Fünkchen Feuer. Aber die Hundertvierte ist jetzt hier, und das Leben fängt wieder an.
Vor dem Eingang in die Maschinenhalle ist die Mörtelpfanne in ihre Bestandteile zerfallen. Sie war schon ziemlich morsch, Schuchow hatte nicht erwartet, daß sie noch heil ankommen würde. Der Brigadier stößt ordnungshalber ein paar kräftige Flüche aus, aber er sieht, daß niemand daran schuld ist. Da kommen Kilgas und Schuchow, tragen die Dachpappe zwischen sich. Der Brigadier freut sich und ändert sofort den Arbeitsplan: Schuchow soll das Ofenrohr instandsetzen, damit schnell geheizt werden kann, Kilgas die Mörtelpfanne reparieren, die beiden Esten können ihm dabei helfen, und Senjka Klewschin bekommt die Axt in die Hand gedrückt, er soll Latten zurechthauen, auf die man die

Dachpappe nageln kann, denn sie ist nur halb so breit wie das Fenster. Woher aber die Latten nehmen? Der Bauführer würde ihnen keine Genehmigung ausschreiben, wenn er erführe, daß sie die Bretter für einen Wärmeraum brauchten. Der Brigadier sieht sich im Raum um, alle sehen sich um; es gibt nur einen Ausweg: die beiden Bretter losschlagen, die als Geländer an den Leitern zum Obergeschoß angebracht sind. Nur darf man dann nicht schlafen, wenn man raufsteigt, sonst fällt man hinunter. Was anderes bleibt gar nicht übrig.

Wozu eigentlich soll sich ein Häftling zehn Jahre lang im Lager abschuften? Ich will nicht und damit basta. Der Tag vergeht schon irgendwie, und die Nacht gehört mir.

Aber diese Rechnung geht nicht auf, weil's nämlich Brigaden gibt. Nicht solche Brigaden wie außerhalb des Lagers, wo Iwan Iwanytsch seinen Lohn erhält und Pjotr Petrowitsch den seinen. Im Lager gibt es Brigaden, damit nicht die Vorgesetzten die Häftlinge, sondern die Häftlinge sich gegenseitig antreiben. Hier heißt es: Entweder arbeiten alle zusätzlich, oder alle können krepieren. Du arbeitest nicht, du Schwein, und ich soll deinetwegen hungern? Los, pack an, du Sauhund!

Und in einem Augenblick wie jetzt, wo es ums Ganze geht, sitzt erst recht keiner faul herum. Ob du willst oder nicht, spring und rühr dich, beweg dich. Wenn wir in zwei Stunden mit dem Wärmeraum nicht fertig sind, können wir uns alle begraben lassen.

Die Werkzeuge hat Pawlo schon gebracht, jetzt müssen sie noch aussortiert werden. Auch ein paar Ofenrohre. Klempnerwerkzeug ist zwar nicht dabei, aber ein kleiner Schlosserhammer und ein Beil. Es wird schon gehen. Schuchow schlägt die Hände in den Fausthandschuhen gegeneinander, setzt die Ofenrohre zusammen und klopft sie an den Fugen fest. Wieder schlägt er die Hände gegeneinander, wieder hämmert er drauflos (er hat seine Maurerkelle hier in der Nähe wieder versteckt. Auch wenn er alle in der Brigade gut kennt, irgendeiner könnte sie doch heimlich vertauschen. Sogar Kilgas).

Alle Gedanken waren wie fortgeblasen. An nichts dachte Schuchow jetzt, um nichts anderes machte er sich Sorgen als um das Knie des Ofenrohrs, wie man es am besten zusammensetzt und zum Fenster hinausführt, damit es nicht qualmt. Er hatte Goptschik weggeschickt. Draht suchen, damit er das Rohr am Fenster über dem Ausgang befestigen konnte.

In der Ecke steht noch ein niedriger Ofen mit einem gemauerten Abzug. Er hat eine Eisenplatte, der Sand kann darauf tauen und trocknen. Dieser Ofen ist schon angeheizt, der Kapitän und Fetjukow bringen den Sand in Tragkästen herein. Um Sand zu schleppen, braucht man keinen Verstand. Deswegen stellt der Brigadier für diese Arbeit ehemalige Vorgesetzte an. Fetjukow war wohl mal ein leitender Angestellter gewesen, dem ein Wagen zur Verfügung gestanden hatte. In den ersten Tagen hatte Fetjukow versucht, den Kapitän anzubrüllen. Aber der Kapitän gab ihm einen Kinnhaken, dann vertrugen sich die beiden.

Die Männer drängten sich um den warmen Ofen mit dem Sand, aber der Brigadier drohte:

»He, ich werd' euch gleich einheizen! Macht erst mal den Raum fertig!«

Einem geprügelten Hund braucht man nur die Peitsche zu zeigen. Der Frost ist unerbittlich, der Brigadier aber ist unerbittlicher. Die Männer gingen wieder an die Arbeit.

Schuchow hörte, wie der Brigadier leise zu Pawlo sagte: »Du bleibst hier, halt sie zusammen. Ich muß jetzt gehen, die Prozente festlegen.«

Von den Prozenten hängt mehr ab als von der Arbeit. Ein kluger Brigadier legt sich dafür ins Zeug. Davon leben wir. Wenn etwas nicht getan ist, beweise, daß es getan wurde; wenn für eine Arbeit wenig gezahlt wird, dann dreh und wende es so, daß du mehr dafür bekommst. Dazu muß der Brigadier Grips haben und mit den Normenberechnern gutstehen. Aber sie müssen auch geschmiert werden.

Und wenn man's sich richtig überlegt, wem kommen diese Prozente eigentlich zugute? Dem Lager. Das Lager holt auf diese Weise Tausende aus dem Bau heraus, und die Offiziere bekommen die Prämien. Auch dieser Wolkowoj mit seiner Peitsche. Und für unsereinen gibt es zweihundert Gramm Brot mehr zum Abendessen. Diese zweihundert Gramm bestimmen dein Leben.

Zwei Eimer Wasser wurden hereingetragen, unterwegs war es zu Eis gefroren. Pawlo sagte, es sei sinnlos, Wasser zu holen. Lieber den Schnee schmelzen lassen. Sie stellten die Eimer auf den Ofen. Goptschik brachte nagelneuen Aluminiumdraht. Für Stromleitungen. Er meldet: »Iwan Denissytsch! Der Draht ist für Löffel. Zeigen Sie mir, wie man Löffel gießt?«

Iwan Denissytsch liebt Goptschik, diesen kleinen Gauner (sein eigener Sohn war als kleiner Junge gestorben, zu Hause hat er nur noch zwei erwachsene Töchter). Goptschik sitzt, weil er den Banderaleuten Milch in den Wald gebracht hat. Er bekam die gleiche Strafe wie ein Erwachsener. Er ist ein netter Junge, wie ein kleines Kalb, schmeichelt sich bei allen Männern ein. Aber er hat es faustdick hinter den Ohren: Seine Pakete frißt er heimlich allein auf und kaut manchmal auch nachts.

Für alle würde es ja doch nicht reichen.
Sie brachen ein Stück Draht für die Löffel ab und versteckten es in einer Ecke. Schuchow setzte zwei Bretter zu einer Art Leiter zusammen und ließ Goptschik hinaufklettern, um das Ofenrohr aufzuhängen. Goptschik kletterte flink wie ein Eichhörnchen die Sprossen hinauf, schlug einen Nagel ein, machte den Draht daran fest und führte ihn unter dem Rohr hindurch. Schuchow war inzwischen auch nicht faul, er machte noch ein Knie an den Abzug des Ofenrohrs. Heute ist es windstill, morgen vielleicht nicht – der Rauch soll ja nicht in den Raum ziehen. Denn dieser Ofen ist schließlich für sie selbst bestimmt!
Senjka Klewschin hatte schon die Latten zurechtgeschlagen, Goptschik sollte sie annageln. Er klettert am Fenster hoch, dieser kleine Teufel, schreit herunter.
Die Sonne stand nun höher, glühte jetzt dunkelrot. Sie hatte den Dunst vertrieben, die Pfähle waren verschwunden. Sie heizten den Ofen mit gestohlenem Holz an. So war es schon viel besser.
»Nur Ochsen wird's im Januar von der Sonne warm«, sagte Schuchow.
Kilgas hatte die Mörtelpfanne zusammengenagelt, klopfte noch einmal mit dem Beil darauf und rief:
»Hör, Pawlo, für diese Arbeit kriege ich vom Brigadier hundert Rubel, billiger mache ich es nicht!«
Pawlo lacht:
»Hundert Gramm bekommst du.«
»Den Rest tut der Staatsanwalt dazu!« schreit Goptschik von oben.
»Finger weg, Finger weg!« rief Schuchow plötzlich. Sie waren im Begriff, die Dachpappe falsch zu zerschneiden. Er zeigte ihnen, wie sie es machen mußten.
Die Männer hatten sich um den kleinen Ofen geschart,

Pawlo jagte sie wieder weg. Er gab Kilgas einen Gehilfen und ließ sie Mörtelkästen machen – damit man den Mörtel nach oben tragen konnte. Zum Sandschleppen wurden noch zusätzlich zwei Mann eingesetzt. Andere schickte Pawlo nach oben, das Gerüst und die Mauer vom Schnee zu säubern. Und einer mußte in der Halle den trockenen Sand vom Ofen in die Mörtelpfanne schütten.
Draußen brummte ein Motor – die Blocksteine wurden gebracht, der Lastwagen bahnte sich mühsam einen Weg durch den Schnee. Pawlo rannte hinaus und fuchtelte mit den Armen, um ihnen zu zeigen, wo die Steine abgeladen werden sollten.
Sie nagelten einen Streifen Dachpappe fest, dann den zweiten. Was aber nützt die Dachpappe schon? Ist doch nur aus Papier. Und trotzdem wirkt sie wie eine feste Wand. Im Raum ist es dunkler als vorhin, deshalb leuchtet der Ofen jetzt heller.
Aljoschka hat Kohlen gebracht. Die einen rufen ihm zu: »Aufschütten!« Die andern: »Wart noch! Uns genügt das Holzfeuer!« Er hält inne, weiß nicht, auf wen er hören soll.
Fetjukow hatte es sich am Ofen bequem gemacht und streckte die Beine in den Filzstiefeln direkt bis zum Feuer aus, der Idiot. Der Kapitän packte ihn am Kragen und stieß ihn vor sich her zum Tragkasten:
»Sand holen, du Schweinehund!«
Für den Kapitän war die Lagerarbeit wie der Dienst bei der Marine: Befehl ist Befehl – also richte dich danach! Der Kapitän ist im vergangenen Monat stark abgemagert, aber er zieht den Karren noch.
Schließlich waren alle drei Fenster mit Dachpappe verkleidet. Nur durch die Türen kam noch Licht herein. Aber auch die Kälte. Da befahl Pawlo, den oberen Teil

der Tür zu vernageln, den unteren nur so weit offen zu lassen, daß man mit gesenktem Kopf hindurchkonnte. Draußen waren inzwischen drei Wagenladungen Blocksteine angekommen. Jetzt hieß es, sie ohne Aufzug ins erste Stockwerk zu befördern!

»He, ihr Maurer! Wir gehen mal 'rauf!« rief Pawlo.

Ehrensache. Schuchow und Kilgas stiegen mit Pawlo hinauf. Die Leiter war ziemlich schmal, und nun hatte Senjka auch noch das Geländer abmontiert – drück dich an die Wand, damit du nicht abstürzt. Außerdem war der Schnee an den Leitersprossen festgefroren, so daß die Füße keinen Halt fanden. Wie sollte man da den Mörtel hinaufschaffen? Sie sahen sich um, was noch zu mauern war, andere schaufelten schon die Wände frei. Hier also. Vom alten Mauerwerk mußten sie noch das Eis losschlagen und mit dem Besen abfegen.

Sie überlegten, von wo aus Blocksteine zugereicht werden sollten und warfen einen Blick nach unten. Dann beschlossen sie: Statt die Steine die Leiter hinaufzuschleppen, werfen vier Mann sie aufs untere Gerüst, dort sollen zwei stehen und sie weiterreichen, und im Obergeschoß werden zwei Mann sie zu den Maurern tragen – so geht es am schnellsten.

Hier oben weht der Wind nicht besonders stark, aber es zieht. Beim Mauern geht das durch und durch. Wenn man hinter die halbhochgezogene Mauer tritt, hat man Schutz – ganz gut, da ist es erheblich wärmer.

Schuchow warf einen Blick auf den Himmel und konnte es nicht fassen: Der Himmel war klar, die Sonne stand schon fast im Mittag. Wirklich seltsam: wie schnell die Zeit bei der Arbeit vergeht! Wie oft hatte Schuchow das schon festgestellt: die einzelnen Tage im Lager vergehen im Nu. Aber die Haftzeit selber schien überhaupt nicht zu vergehen, sie wurde einfach nicht weniger.

Sie stiegen hinunter. Dort saßen alle schon am Ofen, nur der Kapitän und Fetjukow schleppten noch Sand. Da wurde Pawlo fuchsteufelswild, jagte acht Mann hinaus an die Steine, zwei mußten Zement in die Mörtelpfanne schütten und mit Sand mischen, einer mußte Wasser holen, ein anderer Kohlen. Und Kilgas sagte zu seiner Mannschaft:

»Na, Jungs, die Tragkästen sollten auch mal fertig werden.«

»Kann ich vielleicht noch was helfen?« Schuchow bittet Pawlo um Arbeit.

»Kannst du«, nickt Pawlo.

Sie brachten eine Tonne, um darin Schnee für den Mörtel aufzutauen. Irgendeiner sagte, es sei schon zwölf Uhr.

»Natürlich ist es zwölf«, erklärte Schuchow, »die Sonne hat ihren höchsten Stand erreicht.«

»Wenn sie ihren höchsten Stand erreicht hat«, erwiderte der Kapitän, »ist es nicht zwölf, sondern eins.«

»Wieso denn?« fragte Schuchow verblüfft. »Unsere Großväter wußten doch schon, daß die Sonne mittags am höchsten steht.«

»Die Großväter wohl!« fiel ihm der Kapitän ins Wort. »Aber inzwischen ist eine Verordnung erlassen worden, und jetzt steht die Sonne um ein Uhr am höchsten.«

»Wer hat diese Verordnung erlassen?«

»Die Sowjetmacht!«

Damit nahm der Kapitän seinen Tragkasten und ging hinaus, obgleich Schuchow ihm gar nicht mehr widersprochen hätte. Es ist doch nicht möglich, daß sich auch die Sonne nach ihren Erlassen richtet!

Sie klopften und hämmerten noch eine Weile, dann waren vier Tragkästen zusammengezimmert.

»Genug, jetzt können wir uns hinsetzen und uns aufwärmen«, sagte Pawlo zu den beiden Maurern. »Senjka, nach dem Essen mauern Sie auch mit. Setzen Sie sich her.«

Jetzt war es ihr gutes Recht, sich um den Ofen zu setzen. Vor der Mittagspause lohnte es nicht mehr, mit dem Mauern anzufangen. Den Mörtel anzurühren, hatte auch keinen Sinn, er würde gefrieren.

Die Kohlenglut verbreitet eine gleichmäßige Wärme. Aber man spürte sie nur unmittelbar am Ofen, in der Halle bleibt es so kalt wie bisher. Sie ziehen die Fausthandschuhe aus, halten alle vier die Hände dicht an den Ofen.

Aber die Füße in den Schuhen dürfen nicht zu dicht ans Feuer kommen, das muß man erst lernen. Bei Stiefeln wird das Leder rissig, und Filzstiefel werden feucht, fangen an zu dampfen, ohne die Füße zu wärmen. Und wenn man sie noch näher ans Feuer hält, versengt man sie. Dann kann man bis zum Frühjahr mit einem Loch drin herumlaufen, neue gibt's nicht.

»Was macht denn Schuchow da?« hänselt Kilgas, »Schuchow ist mit einem Fuß schon zu Hause.«

»Ja, mit dem nackten da«, warf einer ein. Sie lachten laut. (Schuchow hatte seinen linken, angesengten Filzstiefel ausgezogen und wärmte die Fußlappen.)

»Schuchows Zeit ist bald um.«

Kilgas hat fünfundzwanzig bekommen. In den Jahren davor hatten sie mehr Glück gehabt: Alle wurden über einen Kamm geschoren und zu zehn Jahren verknackt. Aber von neunundvierzig an bekamen sie ohne Unterschied fünfundzwanzig. Zehn konnte man noch aushalten, ohne abzukratzen – aber fünfundzwanzig?!

Schuchow findet es ganz angenehm, daß alle mit dem Finger auf ihn zeigen: Der hat's bald hinter sich – aber so ganz glaubt er selbst nicht daran. Denn alle, deren

Haftzeit im Krieg schon abgelaufen war, wurden »zur besonderen Verwendung« bis sechsundvierzig festgehalten. Wer drei Jahre bekommen hatte, saß schließlich fünf Jahre länger. Das Gesetz ist dehnbar. Sind die zehn Jahre vorbei, heißt es vielleicht, sitzt noch mal zehn ab. Oder Verbannung.

Und dann wieder verschlägt's einem den Atem bei dem Gedanken: Die Zeit verstreicht wirklich, die Spule ist abgelaufen... Herrgott! Hier 'raus – und in die Freiheit?

Aber ein alter Lagerhase redet nicht laut darüber, das schickt sich nicht. Und Schuchow sagt zu Kilgas:

»Zähl deine fünfundzwanzig nicht. Ob du wirklich solange sitzt oder nicht, das ist noch gar nicht heraus. Ich habe schon acht Jahre abgesessen!« So lebt man, mit dem Gesicht zur Erde, und hat keine Zeit darüber nachzudenken: Warum sitze ich eigentlich? Wie komme ich einmal hier heraus?

Offiziell saß Schuchow wegen Landesverrat. Er selbst hatte ausgesagt, daß es so war, er habe sich gefangennehmen lassen, um seine Heimat zu verraten, und er sei zurückgekehrt, um einen Auftrag des deutschen Geheimdienstes auszuführen. Was für einen Auftrag, das wußte weder Schuchow noch der Untersuchungsrichter. So blieb es einfach bei »einem Auftrag«.

Schuchows Überlegungen waren einfach: Unterschreibst du nicht – Holzkiste, unterschreibst du – hast du vielleicht noch ein bißchen zu leben. Er unterschrieb.

In Wirklichkeit war es so gewesen: Im Februar zweiundvierzig war ihre Armee am Nordwestabschnitt eingeschlossen, und von den Flugzeugen warf man ihnen nichts zu fressen herunter, denn diese Flugzeuge existierten gar nicht. Es kam so weit, daß sie die Hufe der verendeten Pferde abschabten, das Horn in Wasser einweichten und aßen. Munition war auch keine mehr da. Und so jagten die Deutschen sie in kleinen Gruppen durch die Wälder und fingen sie schließlich. Mit solch einer Gruppe war Schuchow ein paar Tage in Gefangenschaft geraten, dann flohen sie zu fünft. Sie versteckten sich im Wald, krochen durch Sümpfe und kamen wie durch ein Wunder zu ihren Leuten zurück. Zwei von ihnen legte ein MP-Schütze sofort um, der dritte starb an seinen Verletzungen – zwei erreichten lebend die Stellung. Es wäre klüger gewesen zu sagen, sie seien durch die Wälder geirrt – und nichts wäre ihnen passiert. Aber sie sagten ehrlich: Wir sind aus deutscher Gefangenschaft ausgerissen. Aus Gefangenschaft? Ihr verfluchten Hurensöhne! Wenn sie zu fünft gewesen wären, hätte man vielleicht ihre Aussagen verglichen und ihnen geglaubt, aber zweien – ausgeschlossen: diese Schweinehunde haben ihre Flucht miteinander abgesprochen!

Senjka Klewschin hörte mit seinem fast tauben Ohr, daß von Flucht aus der Gefangenschaft gesprochen wurde und sagte laut:

»Ich bin dreimal aus Gefangenschaft getürmt. Und dreimal haben sie mich erwischt.« Senjka, der Dulder, sagt nur noch selten ein Wort: Er kann die anderen nicht verstehen und beteiligt sich daher nicht am Gespräch. Daher wissen sie wenig von ihm, nur, daß er in Buchenwald saß und dort zu einer Untergrundorganisation gehörte und daß er Waffen für den Aufstand ins Lager schmuggelte. Und daß die Deutschen ihn mit auf den Rücken gebundenen Händen aufhängten und mit Stökken prügelten.

»Wanja, du hast acht Jahre gesessen – aber in was für Lagern!« widerspricht Kilgas. »Du hast in gewöhnlichen Lagern gesessen, dort habt ihr mit Weibern gelebt. Ihr

mußtet keine Nummern tragen. Aber sitz mal acht Jahre im Sonderlager! Das hat noch keiner durchgehalten.«
»Mit Weibern!... Mit Holzklötzen, nicht mit Weibern...«
Schuchow starrte ins Feuer, er dachte an die sieben Jahre im Norden. Wie er mit dem Holzschlepper drei Jahre Kanthölzer und Schwellenholz transportiert hatte. Genauso ein Feuer machten sie während der Arbeitspausen beim Holzfällen, nur nicht tags, sondern nachts. Der Lagerkommandant dort hatte angeordnet: Die Brigade, die ihre Tagesnorm nicht erfüllt, bleibt bis in die Nacht im Wald.
Erst nach Mitternacht schleppten sie sich ins Lager zurück, morgens früh ging es wieder in den Wald.
»Nei-in, Brüder... hier ist es ruhiger«, nuschelte er, »hier ist der Feierabend Gesetz. Ob man seine Norm erfüllt hat oder nicht – ab ins Lager. Und die garantierte Norm ist hier um hundert Gramm höher. Hier kann man leben. Sonderlager? – meinetwegen, stören dich vielleicht die Nummern? Sie zählen nicht, diese Nummern.«
»Ruhiger!« zischt Fetjukow (es ist gleich Mittagspause, auch die anderen sind jetzt näher an den Ofen gerückt). »Hier werden die Menschen in den Betten umgebracht! Ruhiger...!«
»Nicht Menschen, sondern Spitzel!« Pawlo hebt den Finger und droht Fetjukow.
Wirklich, so was gab's früher nicht. Zwei bekannte Spitzel waren nach dem Wecken auf ihren Pritschen erstochen gefunden worden. Und ein unschuldiger Arbeiter dazu – anscheinend hatten sie seinen Platz verwechselt. Ein Denunziant floh zur Lagerleitung, ins Lagergefängnis, und dort, in dem steinernen Gefängnis, versteckte man ihn. Sonderbar... So etwas kam in einem

gewöhnlichen Lager nicht vor. Und früher auch hier nicht...

Plötzlich heulte die Sirene des Werkzugs. Nicht sofort mit voller Lautstärke, sondern zuerst ein wenig heiser, als räuspere er sich.

Mittag – runter! Essenspause!

Ach, sie kamen zu spät! Sie hätten schon lange in der Kantine anstehen müssen. Auf der Baustelle arbeiteten elf Brigaden, in der Kantine hatten höchstens zwei Platz.

Der Brigadier war immer noch nicht zurückgekommen. Pawlo blickte sich schnell um und beschloß:

»Schuchow und Goptschik kommen mit mir! Kilgas! Wenn ich Goptschik zu Ihnen schicke, führen Sie sofort die Brigade in die Kantine!«

Ihre Plätze am Ofen waren sofort wieder besetzt, die Männer drängten sich um das Öfchen wie um eine Frau – alle wollen es umarmen.

»Alle aufwachen!« rufen die Männer. »Jetzt wird geraucht!« Und einer sieht den andern an, wer wohl rauchen wird. Aber niemand hat etwas zum Rauchen. Entweder haben sie keinen Tabak, oder sie rücken ihn nicht heraus, wollen ihn nicht sehen lassen.

Schuchow und Pawlo gingen hinaus. Goptschik rannte wie ein junger Hase übermütig hinter ihnen her.

»Es ist etwas wärmer geworden«, stellte Schuchow sofort fest. »Ungefähr achtzehn Grad, nicht mehr. Gut zum Mauern.«

Sie sahen sich nach den Blocksteinen um – die Männer hatten schon eine Menge aufs Gerüst getragen und einen Teil auf das provisorische Dach ins Obergeschoß.

Auch der Sonne warf Schuchow mit zusammengekniffenen Augen einen prüfenden Blick zu – wegen der Verordnung, von der der Kapitän gesprochen hatte.

Im freien Gelände, wo der Wind ungehindert wehte, pfiff und zwickte er noch kräftig. Träum nicht, wir haben Januar.

Die Betriebsküche ist eine kleine Bruchbude, rund um den Ofen aus Brettern zusammengehauen und mit rostigem Blech verkleidet, um die Ritzen abzudichten. Drinnen ist die Bude durch eine provisorische Wand in Küche und Kantine geteilt. Dielenbretter gibt es in keinem der beiden Räume. Den Erdboden hat man gelassen, wie die Füße ihn festgestampft haben – mit Buckeln und Kuhlen. Die ganze Küche besteht aus dem quadratischen Ofen mit dem eingemauerten Kessel.

In dieser Küche regieren zwei Männer – der Koch und der Sanitätsinspektor.

Vor dem Ausmarsch aus dem Lager bekommt der Koch morgens in der großen Lagerküche die Graupen zugeteilt. Pro Kopf ungefähr fünfzig Gramm, pro Brigade ein Kilo, für die ganze Baustelle etwas weniger als ein Pud[1]. Der Koch trägt den Sack mit Graupen natürlich nicht selbst drei Kilometer weit, dafür hat er seinen Kalfaktor. Warum auch sollte er sich abschleppen, lieber gibt er dem Kalfaktor eine Sonderportion auf Kosten der »Arbeiter«. Wasser und Brennholz holen, den Ofen anheizen – auch das tut der Koch nicht selbst, sondern »Arbeiter« und Verrecker – auch für sie läßt er es nicht an einer Portion auf Kosten der anderen fehlen. Gegessen werden darf nur in der Kantine: Die Schüsseln müssen aus dem Lager mitgebracht werden (auf der Baustelle kann man sie nicht lassen, die »Freien« würden sie nachts klauen, also werden fünfzig Schüsseln, und nicht eine mehr, hinaustransportiert, sie werden gleich hier abgewaschen und sofort wieder benutzt (auch der Schüsselträger bekommt einen Schlag extra). Damit niemand

1 1 Pud = etwa 33 Pfund

eine Schüssel aus der Kantine fortträgt – wird noch ein Kalfaktor zur Kontrolle an der Tür postiert. Aber der Mann mag noch so scharf aufpassen, immer wieder werden Schüsseln hinausgeschmuggelt – entweder man überredet ihn, oder man lenkt ihn ab. Also muß für die gesamte Baustelle noch ein Einsammler angestellt werden, der diese schmutzigen Schüsseln zusammensucht und wieder in die Küche bringt. Der bekommt auch seine Portion. Wie die anderen.

Der Koch selbst macht nur folgendes: er schüttet Graupen und Salz in den Kessel und teilt das Fett ein – für den Kessel und für sich selber (gutes Fett bekommen die Arbeiter nicht zu sehen, das ranzige landet im Kessel. Also ist es den Häftlingen am liebsten, wenn ranziges Fett ausgegeben wird). Und dann rührt der Koch die Grütze um, wenn sie gar ist. Der Sanitätsinspektor aber tut überhaupt nichts, er sitzt da und schaut zu. Er bekommt die erste Portion von der Grütze: da, schlag dir den Bauch nur voll. Und dann schlägt sich der Koch den Bauch voll. Und dann der diensthabende Brigadier – sie wechseln sich täglich ab. Er nimmt eine Kostprobe, angeblich um festzustellen, ob man diese Grütze den Arbeitern auch vorsetzen kann. Der diensthabende Brigadier bekommt auch einen doppelten Schlag.

Dann heult die Sirene. Die Brigadiere stellen sich in einer Reihe an, und der Koch gibt durch sein Schalterfenster die Schüsseln aus; in diesen Schüsseln ist der Boden immer mit Grütze bedeckt.

Wieviel von deiner Ration drin ist, weißt du nicht, du kannst's ja nicht nachwiegen. Wenn du das Maul aufmachst, dann wird's dir gründlich gestopft.

Über die kahle Steppe pfeift der Wind – trocken und heiß im Sommer, eiskalt im Winter. In dieser Steppe wächst nichts, erst recht nicht innerhalb des Stacheldrahtes. Brot wächst nur in der Brotausgabe, Hafer im Lebensmittelmagazin. Plag dich bei der Arbeit so viel du willst, kriech auf dem Bauch – diesem Boden zwingst du nichts Eßbares ab, mehr als der feine Kommandant dir zuteilt, kriegst du doch nicht. Und nicht einmal das kriegst du wegen diesen Köchen, diesem Kalfaktor und allen anderen Schmarotzern. Hier wird geklaut, im Lager wird geklaut, und vorher im Magazin wird auch schon geklaut. Und alle, die klauen, schuften niemals mit der Hacke in der Hand. Aber du – schufte ruhig und nimm, was man dir gibt. Und geht gefälligst vom Schalter weg.

Einer frißt den andern auf.

Pawlo betrat mit Goptschik und Schuchow die Kantine – dort stehen die Männer dichtgedrängt, und hinter den vielen Rücken sieht man weder die schmalen Tische noch die Bänke. Einige sitzen, die meisten essen stehend. Die 82. Brigade, die ohne Wärmepause einen halben Tag lang Gruben ausgehoben hat, ist als erste in die Kantine gekommen. Jetzt wird sie nicht hinausgehen, wenn sie mit dem Essen fertig ist – wo kann sie sich besser aufwärmen als hier? Die andern schimpfen auf die Brigade, aber die Männer hören nicht hin – immer noch angenehmer als die Kälte draußen.

Pawlo und Schuchow bahnen sich mit den Ellenbogen einen Weg. Sie sind genau zur rechten Zeit gekommen: eine Brigade wird gerade abgefertigt, nur eine wartet noch, auch die Hilfsbrigadiere stehen am Schalter. Die andern werden also erst nach uns drankommen.

»Schüsseln! Schüsseln!« schreit der Koch aus seinem Fensterchen, eilfertig werden sie hingestellt, auch Schuchow sammelt Schüsseln ein und reicht sie durchs Fenster – nicht für einen Extraschlag Grütze, sondern damit es schneller geht.

Hinter der Trennwand spülen ein paar Helfer die Schüsseln ab – auch dafür eine Extraportion.
Jetzt nimmt der Hilfsbrigadier, der vor Pawlo steht, seine Portionen in Empfang. Pawlo schreit über die Köpfe der Wartenden hinweg:
»Goptschik!«
»Hier!« klingt es von der Tür her. Er hat ein dünnes Stimmchen, wie ein junger Ziegenbock.
»Hol die Brigade!«
Er rennt hinaus.
Hauptsache, die Grütze ist heute gut, Hafergrütze ist die beste. Die gibt es nicht oft. Meist kochen sie zweimal am Tag Fenchelhirse oder Mehlbrei. Aber der sämige Haferbrei sättigt besser, deshalb ist er so wertvoll. Wieviel Hafer hat Schuchow früher an die Pferde verfüttert und niemals gedacht, daß er einmal aus ganzer Seele nach einer Handvoll Hafer verlangen würde!
»Schüsseln! Schüsseln!« schreit der Koch aus dem Schalter.
Die Hundertvierte ist an der Reihe. Der Hilfsbrigadier vor ihnen hat seinen doppelten »Brigadier-Schlag« bekommen und trollt sich.
Diese Portion kriegt er auf Kosten der »Arbeiter«, aber niemand protestiert. Jeder Brigadier bekommt die doppelte Portion, er kann sie ja seinem Helfer abtreten, wenn er sie nicht selbst ißt. Tjurin gibt sie an Pawlo ab.
Schuchows Arbeit sieht jetzt so aus: Er zwängt sich durch an einen Tisch, verjagt zwei Verrecker, bittet einen Arbeiter im guten, seinen Platz zu räumen, macht für etwa zwölf Schüsseln ein Stück vom Tisch frei, es reicht, wenn man sie dicht nebeneinander stellt; sechs stellt er drauf und obenauf noch zwei; dann muß er Pawlo die Schüsseln abnehmen, nachzählen und aufpassen, daß kein

Fremder eine Schüssel vom Tisch klaut. Und daß niemand mit dem Ellbogen dranstößt und sie umkippt. Nebenan stehen sie von der Bank auf, neue kommen, essen. Man muß den ganzen Tisch im Auge behalten: daß jeder nur seine Portion ißt, sich nicht an eine von unsern heranmacht.
»Zwei! Vier! Sechs!« zählt der Koch hinter seinem Schalter. Er gibt immer zwei Schüsseln aus, in jeder Hand eine. Das ist einfacher für ihn, denn wenn man sie einzeln 'rausreicht, kann man sich leicht verzählen.
»Zwei, vier, sechs«, wiederholt Pawlo am Schalter leise. Er reicht immer zwei Schüsseln an Schuchow weiter, und der stellt sie auf den Tisch. Schuchow wiederholt die Zahlen nicht laut, aber er zählt aufmerksamer als die beiden.
»Acht, zehn.«
Wo bleibt Goptschik mit der Brigade?
»Zwölf, vierzehn«..., zählen sie weiter.
In der Küche sind die Schüsseln ausgegangen. An Pawlos Kopf und Schultern vorbei sieht Schuchow: die Hände des Kochs haben zwei Schüsseln aufs Schalterbrett gestellt und halten sie zögernd fest. Vermutlich hat er sich gerade umgedreht und schimpft mit den Geschirrspülern. Da wird wieder ein Stapel leerer Schüsseln durchs Fensterchen gereicht. Er nimmt die Hände von den beiden Schüsseln und gibt den Stapel nach hinten weiter.
Schuchow läßt seinen Berg Schüsseln auf dem Tisch stehen, schwingt ein Bein über die Bank, greift nach den zwei Schüsseln und wiederholt, nicht zum Koch, sondern zu Pawlo, mit leiser Stimme:
»Vierzehn.«
»Halt! Wohin damit?« brüllt der Koch ihm nach.
»Das sind unsere, unsere!« bestätigt Pawlo.

»Eure, eure! Bring meine Rechnung nicht durcheinander!«
»Vierzehn«, Pawlo zuckt die Achseln. Er selbst würde niemals eine Portion schnorren, als Hilfsbrigadier muß er seine Autorität wahren. Aber er wiederholt, was Schuchow gesagt hat, denn notfalls kann er alles auf ihn abwälzen.
»Ich hab' doch schon ›vierzehn‹ gesagt!« tobt der Koch.
»Wennschon! Aber du hast sie nicht ausgegeben, du hast sie zurückgehalten!« schreit Schuchow. »Komm her, zähl nach, wenn du's nicht glaubst. Da stehen sie alle auf dem Tisch!«
Während Schuchow auf den Koch einschreit, entdeckt er im Gedränge die beiden Esten, die sich zu ihm durchzwängen, und er reicht ihnen kurzerhand die Schüsseln hinüber. Dann geht er schnell an den Tisch zurück, vergewissert sich, daß alles an seinem Platz steht, und die Nachbarn nichts abgestaubt haben, obwohl das ein leichtes gewesen wäre. Im Schalter erscheint die rote Visage des Kochs in voller Größe. »Wo sind die Schüsseln?« fragt er streng.
»Hier, bitte sehr!« schreit Schuchow. »Beweg dich mal ein bißchen weiter, alter Freund, steh nicht 'rum!« Er stößt ihn an. »Hier, zwei!« Er nimmt zwei Schüsseln vom Stapel, hält sie hoch. »Und da sind drei Viererreihen, stimmt genau, zähl nach.«
»Ist deine Brigade schon da?« Der Koch guckt mißtrauisch zum Schalterfenster heraus, das deshalb so schmal ist, damit man aus dem Eßraum nicht zu ihm hineinschauen und sehen kann, wieviel er im Kessel zurückbehält.
»Nein, noch nicht.« Pawlo schüttelt den Kopf.
»Zum Kuckuck, warum nehmt ihr dann anderen die Schüsseln weg?« zetert der Koch.

»Da, da ist die Brigade!« schreit Schuchow.
Und alle hören den Kapitän an der Tür schreien, wie von einer Kommandobrücke herab:
»Was soll das Gedränge? Wer gegessen hat – raus! Den anderen Platz machen!«
Der Koch brummte noch etwas vor sich hin, zog den Kopf zurück, und wieder erschienen seine Hände im Schalterfenster.
»Sechzehn, achtzehn ...«
Und als er die letzte Schüssel mit dem doppelten Schlag gefüllt hatte: »Dreiundzwanzig. Schluß! Die nächste!«
Die Männer drängten sich durch die Menge, Pawlo gab ihnen die Schüsseln, über die Köpfe der Sitzenden hinweg auf den zweiten Tisch.
Im Sommer hatten fünf Mann auf einer Bank Platz, aber mit ihrer dicken Kleidung paßten sie kaum zu viert hin und konnten nur schlecht mit ihren Löffeln hantieren.
Schuchow rechnete damit, daß er wenigstens eine von den geschnorrten Portionen bekäme, deswegen machte er sich schnell über seine eigene her. Er zog das rechte Knie an, holte aus dem Stiefelschaft den Löffel »Ust-Ischma 1944« heraus, nahm die Mütze ab, klemmte sie unter den linken Arm und fuhr mit dem Löffel am Rand der Schüssel entlang.
Jetzt mußte man sich ganz aufs Essen konzentrieren: die dünne Schicht Grütze vom Boden der Schüssel heraufholen, sie sorgsam in den Mund nehmen und mit der Zunge zerdrücken. Aber er mußte sich ja beeilen, damit Pawlo sah, wenn er fertig war und ihm die zweite Grütze anbieten konnte. Dieser Fetjukow, der zusammen mit den Esten hereingekommen war, hatte sofort gerochen, daß sie zwei Schläge organisiert hatten; er stellte sich vor Pawlo hin und aß im Stehen, während er die vier

überzähligen Schüsseln der Brigade fixierte. Damit wollte er Pawlo zu verstehen geben, daß ihm mindestens eine halbe, wenn nicht eine ganze Portion zustünde.
Aber der dunkelhaarige junge Pawlo löffelte seelenruhig seine doppelte Portion, und seinem Gesicht war nichts anzumerken, ob er überhaupt sah, wer neben ihm stand, und ob er daran dachte, daß zwei Portionen übrig waren.
Schuchow hatte die Grütze aufgegessen. Weil er seinem Magen auf zwei Schlag Appetit gemacht hatte, wurde er nicht wie sonst, wenn es Hafergrütze gab, von einem satt. Schuchow griff in die Brusttasche, wickelte die noch nicht gefrorene, halbrunde Brotkruste aus dem weißen Läppchen und begann, alle Reste des dünnen Haferbreis vom Boden und vom ausladenden Rand der Schüssel sorgfältig damit auszuwischen. Als er genug zusammengekratzt hatte, leckte er die Grütze von der Brotrinde und wischte noch einmal die Schüssel aus. Schließlich war sie so sauber wie gespült, nur nicht ganz so blank. Über die Schulter reichte er die Schüssel dem Einsammler hin und blieb noch einen Augenblick ohne Mütze sitzen.
Schuchow hatte die Portionen zwar organisiert, aber ihr Besitzer war der Hilfsbrigadier.
Pawlo ließ sie noch ein bißchen zappeln, bis er seine Schüssel leer hatte, aber er leckte sie nicht aus, er leckte nur den Löffel ab, steckte ihn weg, bekreuzigte sich. Und dann stieß er zwei der vier Schüsseln an – es war zu eng auf dem Tisch, sie weiterzuschieben –, als wolle er sie Schuchow geben.
»Iwan Denissowitsch. Eine ist für Sie, die andere geben Sie Caesar.«
Da fiel Schuchow ein, daß Caesar sein Essen ins Kontor gebracht bekam (Caesar ließ sich nie dazu herab, in die

Kantine zu gehen, weder hier auf der Baustelle noch im Lager) – aber vorher, als Pawlo beide Schüsseln zugleich anfaßte, blieb Schuchow fast das Herz stehen: hatte Pawlo etwa vor, ihm beide zu geben? Dann schlug sein Herz wieder regelmäßig.

Sofort beugte er sich über seine rechtmäßige Beute und begann bedächtig zu essen, ohne zu fühlen, wie die Brigadiere, die nun hereinkamen, ihn von hinten anstießen. Er ärgerte sich nur darüber, daß Fetjukow vielleicht die Grütze bekommen würde. Anderen etwas abzuluchsen, das verstand Fetjukow meisterhaft, aber sich selber etwas zu organisieren, dazu fehlte ihm der Mut.

... Nicht weit von ihnen saß Kapitän Bujnowskij am Tisch. Er hatte die Grütze längst aufgegessen und wußte nichts von der überzähligen Portion, er achtete auch nicht darauf, wie viele Schüsseln noch beim Hilfsbrigadier standen. Er war einfach erschöpft, hatte sich hier aufgewärmt und besaß nicht mehr genug Kraft, in die Kälte hinaus oder in den schlecht geheizten Wärmeraum zu gehen. Er saß jetzt ebenso unrechtmäßig hier und nahm den nachkommenden Brigaden Platz weg wie diejenigen, die er vor wenigen Minuten mit metallharter Stimme vertrieben hatte. Er war noch nicht lange im Lager, hatte sich noch nicht an die Arbeit gewöhnt. Minuten wie diese waren (ohne daß er es wußte) besonders wichtig für ihn, sie verwandelten einen herrischen, stimmgewaltigen Marineoffizier in einen schwerfälligen, umsichtigen Häftling, der nur dank dieser Schwerfälligkeit fähig sein würde, die ihm aufgebrummten fünfundzwanzig Jahre Gefängnis zu überstehen.

... Die anderen schimpften schon über ihn und stießen ihn in den Rücken, damit er Platz abgab.

Pawlo sagte:

»Kapitän! He, Kapitän!«

Bujnowskij zuckte zusammen, als habe er geschlafen und sah sich um. Pawlo schob ihm die Grütze hin, ohne zu fragen, ob er sie überhaupt wolle. Bujnowskij zog die Brauen hoch, er starrte die Grütze an wie ein Wunder.

»Nehmen Sie, nehmen Sie«, sagte Pawlo beruhigend und ging mit der letzten Schüssel für den Brigadier hinaus.

... Ein schuldbewußtes Lächeln verzog die rissigen Lippen des Kapitäns, der rund um Europa und durch das Nördliche Eismeer gefahren war. Glücklich beugte er sich über den knappen Schlag dünner, fettloser Hafergrütze – über Hafer und Wasser.

... Fetjukow sah zuerst Schuchow, dann den Kapitän wütend an und verließ die Kantine.

Schuchow fand es richtig, daß der Kapitän die Portion bekommen hatte. Eines Tages würde sich der Kapitän hier schon zurechtfinden, im Augenblick gelang es ihm noch nicht.

Heimlich hoffte Schuchow immer noch, auch Caesar werde ihm seine Grütze überlassen. Auch wenn es keinen Grund dafür gab, denn Caesar hatte schon seit zwei Wochen kein Paket mehr bekommen.

Nachdem Schuchow die zweite Schüssel mit der Brotrinde ebenso sauber ausgeputzt hatte wie die erste, aß er auch die Rinde auf. Dann nahm er Caesars kaltgewordene Grütze und ging.

»Ins Kontor«, sagte er zum Türsteher, der ihn mit der Schüssel nicht durchlassen wollte und schob ihn beiseite.

Das Kontor war ein Blockhaus in der Nähe der Wache. Aus dem Schornstein stieg schon den ganzen Morgen Rauch auf. Es wurde vom Barackendienst geheizt, der gleichzeitig auch Botendienst machte, mit einer besonderen Arbeitsbescheinigung. Und an Abfallholz wurde fürs Kontor nicht gespart. Schuchow öffnete die knarrende Tür des Windfangs, dann eine zweite, die mit Werg abgedichtet war; in Schwaden von Frostluft betrat er den Raum und zog eilig die Tür hinter sich zu (eilig, damit er nicht angeschrien wurde: »He, du Trottel! Tür zu!«).

Im Büro herrschte eine Hitze wie in der Sauna. Durch die Fenster, an denen das Eis taute, schien die Sonne herein; sie war nicht mehr bösartig, wie oben im Kraftwerk, sondern ganz freundlich. In einem Sonnenstrahl löste sich der dichte Rauch aus Caesars Pfeife wie Weihrauch in der Kirche auf. Der Ofen glühte rot, so kräftig hatten sie ihn geheizt, diese Holzköpfe. Sogar die Ofenrohre glühten.

Wenn man sich in dieser Wärme einen Augenblick hinsetzte, schlief man sofort ein.

Das Kontor besteht aus zwei Räumen. Die Tür zum zweiten, zum Zimmer des Bauführers, ist ein wenig geöffnet, von dort hört man seine dröhnende Stimme:

»Wir haben Mehrausgaben bei den Löhnen und Mehrausgaben beim Baumaterial. Eure Häftlinge zerhacken die teuersten Bretter und sogar die Fertigplatten zu Kleinholz und verbrennen es in den Wärmeräumen, und ihr merkt überhaupt nichts. Und neulich haben die Häftlinge bei Sturm vor dem Magazin Zement abgeladen und in Tragkästen zehn Meter weit transportiert, das ganze Gelände rings um das Magazin war knöcheltief mit Zement bedeckt. Die »Arbeiter« sahen zum Schluß nicht mehr schwarz, sondern grau aus. Diese Verluste!«

Anscheinend hat der Bauführer gerade eine Besprechung. Vermutlich mit den Vorarbeitern.

In der Ecke neben dem Eingang sitzt der Stubendienst schläfrig auf einem Schemel. Schkuropatenko, B-219,

lang und krumm, starrt aus dem Fenster, paßt auf, daß ihm seine Fertighäuser nicht geklaut werden. Seine Dachpappe ist er los, der Alte.
Zwei Buchhalter, ebenfalls Häftlinge, rösten Brot auf dem Ofen. Damit es nicht verbrennt, haben sie sich ein Drahtnetz gebastelt.
Caesar raucht seine Pfeife, hingelümmelt am Schreibtisch. Mit dem Rücken zu Schuchow, er kann ihn nicht sehen.
Ihm gegenüber sitzt H-123, in einem richtigen Verfahren zu zwanzig Jahren verurteilt, ein sehniger Alter. Er ißt Grütze.
»Nein, mein Lieber«, sagt Caesar nachgiebig, freundlich, »wenn man objektiv ist, muß man anerkennen, daß Eisenstein ein Genie ist. ›Iwan der Schreckliche‹ – ist das etwa kein genialer Film? Der Tanz der maskierten Opritschniki! Die Szene in der Kathedrale!«
»Alles Faxen!« erwidert H-123 empört, den Löffel vor dem Mund. »So viel Kunst, daß es schon keine Kunst mehr ist. Zuckerzeug statt tägliches Brot! Und dazu diese niederträchtige politische Idee – die Rechtfertigung der autokratischen Tyrannei. Die Verhöhnung dreier Generationen der russischen Intelligenz!« (Seine Grütze ißt er ganz automatisch, so wird sie nicht anschlagen.)
»Aber welche andere Auffassung hätte man denn zugelassen...?«
»Ach, zugelassen?! Sagen Sie nicht, genial! Sagen Sie, daß er ein Speichellecker war, daß er sich wie ein Hund benommen hat. Ein Genie paßt seine Auffassung nicht dem Geschmack der Tyrannen an.«
Schuchow räusperte sich, er genierte sich, das gebildete Gespräch zu unterbrechen. Aber herumstehen und warten, das hatte auch keinen Sinn. Caesar drehte sich um und streckte die Hand nach der Schüssel aus, sah Schu-

chow nicht einmal an, als sei die Grütze durch die Luft herbeigeflogen, und fuhr fort:
»Aber hören Sie doch, der Kunst geht es nicht um das Was, sondern um das Wie.«
H-123 sprang auf und schlug mit der Handkante auf den Tisch, einmal und noch einmal:
»Nein, zum Teufel mit Ihrem ›Wie‹, wenn es keine guten Gefühle in mir weckt!«
Nachdem Schuchow die Grütze abgegeben hatte, blieb er gerade so lange stehen, wie es sich gehörte. Er hoffte, Caesar werde ihm etwas zu rauchen anbieten, aber Caesar hatte vergessen, daß er noch hinter ihm stand.
Schuchow drehte sich um und ging leise hinaus.
Egal, es war nicht sehr kalt draußen. Man würde ganz gut mauern können.
Schuchow ging den Pfad entlang und entdeckte plötzlich im Schnee ein Stück von einer Stahlsäge, ein abgebrochenes Sägeblatt. Er hatte im Augenblick zwar keine Verwendung dafür, aber man konnte nicht im voraus wissen, wofür es sich gebrauchen ließ. Er hob es auf und steckte es in die Hosentasche, um es im Kraftwerk zu verstecken. Umsicht ist mehr wert als Reichtum.
Im Kraftwerk holte er sich zunächst die Maurerkelle und steckte sie in den Gürtel. Dann erst ging er in den Mörtelmischraum.
Wenn man aus der Sonne kam, wirkte der Raum noch dunkler als sonst, und es schien dort nicht wärmer zu sein als draußen. Nur feuchter.
Alle drängten sich um das runde Öfchen, das Schuchow gesetzt hatte, und um das andere, auf dem der dampfende Sand trocknete. Wer keinen Platz erwischt hatte, saß auf dem Rand der Mörtelpfanne. Der Brigadier saß dicht am Ofen und löffelte seine Grütze. Pawlo hatte sie ihm auf dem Ofen warmgestellt.

Die Männer reden eifrig durcheinander. Sie haben gute Laune. Iwan Denissytsch erzählen sie leise: Der Brigadier hat gute Prozente herausgeschlagen. Er ist vergnügt zurückgekommen.
Woher er die Arbeit genommen hat, und was für eine Arbeit das war – ging sie nichts an. Was haben sie heute vormittag denn getan? Nichts. Das Ofenaufstellen wird nicht bezahlt, ebensowenig das Heizen des Wärmeraums: unproduktive Arbeit, die man nur für sich selber getan hat. Aber im Arbeitsbericht muß doch etwas stehen. Vielleicht hilft Caesar dem Brigadier beim Mogeln – der Brigadier behandelt ihn immer sehr höflich, bestimmt nicht ohne Grund.
»Gute Prozente herausgeschlagen« – das bedeutet für fünf Tage gute Rationen. Fünf, nehmen wir an, nicht fünf, sondern nur vier: bei fünf Tagen schindet die Lagerleitung gern einen als Nebenverdienst heraus, und setzt das ganze Lager, sowohl die besten als auch die schlechtesten Arbeiter auf die garantierte Norm. Es tut sozusagen niemand weh, alle bekommen die gleiche Ration, aber an unseren Bäuchen sparen sie es ein. Na schön, ein Häftlingsmagen hält alles aus: Heute schlagen wir uns schon irgendwie durch, morgen essen wir uns wieder satt. Mit dieser Wunschvorstellung gehen alle Häftlinge an dem Tag schlafen, an dem es die garantierte Norm gibt.
Wie soll man sich das zusammenreimen – fünf Tage arbeiten wir, und für vier Tage bekommen wir nur zu essen.
Die Brigade ist ruhig. Wer etwas hat, raucht schweigend. Sie haben sich im Dunkeln zusammengesetzt und schauen aufs Feuer. Wie eine große Familie. Die Brigade ist auch eine Familie. Sie hören zu, wie der Brigadier am Ofen zwei, dreien etwas erzählt. Er sagt nie-

mals ein überflüssiges Wort, wenn er schon mal anfängt zu erzählen, dann ist er guter Laune.
Er hat's auch noch nicht gelernt, mit der Mütze auf dem Kopf zu essen, dieser Andrej Prokofjewitsch. Ohne Mütze wirkt sein Gesicht alt. Er ist kurz geschoren wie alle – im Feuerschein kann man sehen, wieviel graue Haare sich unter die dunklen mischen.
»... Ich hab' doch schon vor dem Bataillonskommandeur gezittert, und da stand ich vor dem Regimentschef! ›Rotarmist Tjurin zur Stelle...‹ Unter seinen zottligen Brauen hat er mich angestarrt: ›Vorname, Vatersname?‹ Ich antworte. ›Geboren?‹ Ich antworte. Damals, 1930, war ich zweiundzwanzig, ein Küken. ›Na, was denkst du über deinen Dienst, Tjurin?‹ – ›Ich diene dem werktätigen Volk!‹ Da braust er auf, mit beiden Händen – klatsch – auf den Tisch! ›Du dienst dem werktätigen Volk, aber wer bist du denn, du Halunke?!‹ In mir kocht's... Aber ich reiße mich zusammen: ›MG-Schütze eins. Ausgezeichnet im militärischen und politi...‹ – ›Was heißt hier eins, du Schwein? Dein Vater ist ein Kulak! Da, eine Mitteilung aus Kamen! Dein Vater ist ein Kulak, und du bist heimlich verschwunden, zwei Jahre suchen sie dich schon!‹ Ich werd ganz blaß, stehe stumm da. Ein ganzes Jahr hatte ich nicht nach Hause geschrieben, damit sie mir nicht auf die Spur kamen. Ich wußte nicht, ob meine Leute noch lebten, und sie wußten nichts von mir. ›Hast du denn kein Gewissen?‹, brüllt er, daß die Wände wackeln. ›Die Arbeiter- und Bauernmacht hintergehen?‹ Ich dachte, gleich schlägt er zu. Aber er tat's nicht. Er unterschrieb einen Befehl – mich binnen sechs Stunden zum Teufel zu jagen... Draußen war November. Die Wintermontur haben sie mir vom Leib gerissen und mir gebrauchtes Sommerzeug gegeben, alte Socken, einen kurzen dünnen Mantel. Ich

kam mir vor wie leergefickt, ich wußte nicht, daß ich die Sachen nicht hätte abzugeben brauchen. Zum Teufel mit dem ganzen Pack...! Und dann die vernichtende Bescheinigung in der Hand: ›Als Sohn eines Kulaken aus der Armee entlassen.‹ Und mit so einer Bescheinigung sollte ich Arbeit finden!

Vier Tage und Nächte bin ich mit der Eisenbahn nach Hause gefahren – einen Freifahrtschein hatte ich nicht bekommen, Verpflegung nicht einmal für einen Tag. Das Mittagessen war meine letzte Mahlzeit, und dann jagten sie mich aus der Garnison.

... Achtunddreißig traf ich übrigens meinen ehemaligen Zugführer im Etappenlager von Kotlas, dem hatten sie auch zehn Jahre verpaßt. Er erzählte mir, daß der Regimentskommandeur und der Kommissar beide im Jahr 37 erschossen wurden. Egal, ob sie Proletarier oder Kulaken waren. Ob sie ein Gewissen hatten oder nicht... Ich bekreuzigte mich und sage: ›Trotzdem gibt es dich noch, Schöpfer im Himmel. Lange hast du Geduld, aber hart schlägst du zu!‹«

Nach zwei Schüsseln Hafergrütze hätte Schuchow sich für eine Zigarette umbringen lassen. Und da er sowieso bei dem Letten in Baracke 7 zwei Gläser Eigenbau kaufen wollte, sagte er leise zu dem einen Esten, dem Fischer:

»Hör mal, Eino, leih mir bis morgen Tabak für eine Zigarette. Du weißt, daß ich ehrlich bin.«

Eino sah Schuchow gerade in die Augen, dann wandte er den Blick langsam seinem Freund zu. Sie teilten alles, keiner von beiden rauchte ein Krümelchen Tabak ohne den andern. Eine Weile flüsterten sie miteinander, dann zog Eino seinen Tabaksbeutel heraus, der mit hellroter Schnur verziert war. Aus dem Beutel nahm er eine Prise Tabak, legte sie Schuchow auf die Hand, maß mit einem

Blick ab und legte noch ein paar Fädchen dazu. Es reichte genau für eine Zigarette.
Zeitungspapier besaß Schuchow selbst. Er riß einen Fetzen ab, drehte sich eine Zigarette, hob ein Stück glühende Kohle auf, das dem Brigadier zwischen die Füße gerollt war, und zog, zog! Ein Schwindelgefühl ergriff ihn, in den Beinen und im Kopf war fast ein Gefühl, als wär er betrunken.
Kaum hatte er sich die Zigarette angezündet, da blitzten ihn von der anderen Seite des Raumes zwei grüne Augen an: Fetjukow. Er könnte ja großzügig sein, diesem Schakal einen Zug lassen, aber er hatte heute schon einmal geschnorrt, Schuchow hatte es gesehen. Lieber wollte er den Zigarettenstummel Senjka Klewschin geben. Er hört nicht, was der Brigadier da erzählt, er sitzt vor dem Feuer, der arme Kerl, und hat den Kopf zur Seite geneigt.
Der Schein des Feuers fällt auf das pockennarbige Gesicht des Brigadiers. Er erzählt ohne einen Anflug von Bedauern, als sei es nicht seine eigene Geschichte:
»Ich habe meinen ganzen Plunder an einen Trödler verkloppt, zu einem Viertel des Wertes. Dann hab ich auf dem Schwarzmarkt zwei Laib Brot gekauft, damals gab's schon Lebensmittelkarten. Ich wollte mich auf Güterzügen nach Hause durchschlagen, aber sie hatten gerade strenge Gesetze dagegen erlassen. Fahrkarten kriegte man nicht mal für Geld, geschweige denn ohne – wißt ihr's noch? Nur gegen Bescheinigung oder Dienstreiseausweis. Man kam nicht mal auf den Bahnsteig – an der Sperre standen Milizionäre und auf beiden Seiten des Bahnhofs strichen Polizeispitzel auf den Gleisen herum. Die Sonne ging unter, die Pfützen froren zu – wo übernachten...? Ich klettere auf eine glatte Steinmauer, spring mit meinen Broten rüber – und ab in den Lokus

auf dem Bahnsteig. Dort hab ich mich eine Weile versteckt, aber es war keiner hinter mir her. Dann ging ich raus, als wär ich ein Reisender, ein Soldat. Der ›Wladiwostok-Moskau-Express‹ stand gerade auf dem Gleis. Alle rannten nach heißem Wasser, schlugen sich gegenseitig die Teekessel auf den Kopf. Ein Mädchen in blauer Bluse stand mit einem großen Teekessel da und traute sich nicht an den Boiler ran, sie hatte Angst, ihre Füßchen würden verbrüht oder zertrampelt. ›Da, halt meine Brote‹, sag' ich, ›hol dir Wasser!‹
Und als ich Wasser zapfe, fährt der Zug an. Sie steht mit meinen Broten da, weint und weiß nicht, was sie mit ihnen machen soll. Ihr Teekessel war ihr anscheinend egal. ›Lauf!‹ schreie ich. ›Los! Ich komm nach!‹ Sie vornweg, ich hinterher. Ich hol sie ein, heb sie mit einer Hand rauf, renn neben dem Zug her und spring aufs Trittbrett. Der Schaffner schlug mir nicht auf die Finger und stieß mich auch nicht runter – in dem Wagen waren noch andere Soldaten, er dachte, ich gehör zu ihnen.«
Schuchow stieß Senjka in die Seite: Da, rauch zu Ende, armer Hund. Er gab ihm sogar seine hölzerne Zigarettenspitze. Mag er daran ziehen, wen stört's. Senjka ist ein komischer Kauz, wie ein Künstler legt er die Hand aufs Herz und nickt. Naja, was soll man auch von einem Tauben erwarten...!
Der Brigadier erzählt weiter:
»›Sechs Mädchen saßen da im geschlossenen Abteil, Leningrader Studentinnen, die aus dem Praktikum zurückkamen. Auf dem Tisch ein Haufen Zeug, ihre Regenmäntel baumeln an den Haken, im Gepäcknetz Köfferchen in Bezügen. So fahren sie am Leben vorbei, alle Signale auf Grün... Wir unterhielten uns, erzählten Witze, tranken Tee. Und Sie, fragten sie mich, aus

welchem Wagen sind Sie denn? Ich seufzte und sagte ihnen die Wahrheit: Ihr kleinen Mädchen, ihr habt das Leben noch vor euch, ich bin zum Tod verurteilt...«

Es ist still im Raum. Im Ofen brennt das Feuer.

»Sie machten ach und och, beratschlagten miteinander... Schließlich versteckten sie mich unter ihren Mänteln auf der obersten Pritsche. Dann kamen die Wagenschaffner mit den Wachsoldaten durch. Aber es ging ja nicht um die Fahrkarte, sondern um meine Haut. Bis Nowosibirsk versteckten sie mich. Übrigens, bei einem der Mädchen konnte ich mich später, an der Petschora, revanchieren: Fünfunddreißig wurde sie nach der Kirow-Affäre eingelocht. Bei der Außenarbeit wär sie eingegangen, ich hab sie in der Schneiderei untergebracht.«

»Sollen wir den Mörtel anrühren?« fragt Pawlo flüsternd den Brigadier. Der hört ihn nicht.

»Ich kam nachts über die Gemüsefelder nach Hause. Mein Vater war weg, die Mutter wartete mit den kleinen Brüdern auf den Abtransport. Ich war schon mit einem Telegramm angemeldet worden, und der Dorfsowjet versuchte mich zu schnappen. Wir zitterten vor Angst, machten das Licht aus und setzten uns dicht an der Wand auf den Boden, denn die Aktivisten gingen im Dorf herum und schauten den Leuten in die Fenster. In dieser Nacht nahm ich meinen kleinen Bruder mit und brachte ihn in wärmere Gegenden, nach Frunse. Zu essen hatte ich für ihn genausowenig wie für mich. In Frunse wurde auf einer Straße Asphalt gekocht, und um den Kessel herum saß eine ganze Bande. Ich setzte mich zu ihnen: ›Hört mal, ihr Herren ohne Hosen! Nehmt meinen kleinen Bruder in die Lehre, bringt ihm bei, wie man sich durchschlägt!‹ Sie nahmen ihn... Heute tut's mir leid, daß ich nicht auch bei den Kriminellen geblieben bin...«

»Haben Sie Ihren Bruder nie wiedergesehen?« fragte der Kapitän.
Tjurin gähnte.
»Nee, nie mehr.« Er gähnte noch einmal. Dann sagte er: »Na, lustig, Jungs! Wir werden uns im Kraftwerk schon einleben. Wer den Mörtel anrührt – fangt ruhig an. Wartet nicht die Sirene ab.«
So ist sie, die Brigade. Ein Natschalnik kann die ›Arbeiter‹ auch zur Arbeitszeit nicht in Bewegung bringen, wenn aber der Brigadier während der Pause »Arbeiten« sagt, dann gehen alle ran. Weil er für seine Leute sorgt. Und weil er sie nicht unnötig antreibt.
Wenn man den Mörtel erst nach der Pause anrührt, was sollen die Maurer dann tun – herumstehen?
Schuchow seufzte und stand auf.
»Ich hack mal das Eis los.«
Für das Eis nahm er eine kleine Axt und einen Besen mit, zum Mauern seinen Hammer, Latte, Schnur und Lot.
Der rotwangige Kilgas sah Schuchow an, verzog das Gesicht und dachte: Was springst du so eilig vor dem Brigadier auf? Aber Kilgas braucht sich keine Gedanken zu machen, wovon die Brigade satt werden soll: diesem Glatzkopf ist es gleich, ob er zweihundert Gramm Brot weniger bekommt – er lebt gut von seinen Paketen. Trotzdem steht er auf, hat endlich verstanden. Einer darf die ganze Brigade nicht aufhalten.
»Warte doch, Wanja, ich komme mit!« ruft er.
Jaja, der mit seinen dicken Backen. Wenn er für sich selber arbeitete, würde er schneller aufstehen.
Schuchow hatte sich auch deshalb so beeilt, weil er Kilgas das Lot wegschnappen wollte – in der Werkzeugausgabe hatten sie nur eins bekommen. Pawlo fragt den Brigadier:

»Sollen sie zu dritt mauern? Warum nehmen wir nicht noch einen dazu? Oder reicht der Mörtel nicht?«
Der Brigadier runzelt die Stirn, überlegt:
»Als vierter mache ich selbst mit. Pawlo, du bleibst hier beim Mörtel! Die Mörtelpfanne ist groß, stell sechs Mann an und mach es so: aus der einen Hälfte sollen sie den fertigen Mörtel rausholen, in der anderen neuen anrühren. Und keine Minute Pause!«
»He!« Pawlo springt auf, er ist ein kräftiger Bursche, ein junges Blut, mit ukrainischen Mehlklößen großgezogen, das Lager hat ihn noch nicht zerbrochen. »Wenn Sie selber mauern, dann rühre ich Mörtel an! Wir wollen mal sehen, wer schneller vorankommt! Wo ist die größte Schaufel, her damit!«
Das ist die Brigade! Pawlo hat aus dem Wald raus geschossen und nachts die Dörfer überfallen – was zum Teufel sollte er sich hier abschuften! Aber für den Brigadier tat er alles, das war was anderes.
Schuchow und Kilgas gingen nach oben, sie hörten, wie Senjka hinter ihnen die knarrende Leiter hinaufstieg. Er hatte also verstanden, der Schwerhörige.
Im Obergeschoß hatten sie mit dem Mauern eben erst angefangen: es waren rundum drei Lagen, nur an wenigen Stellen etwas höher. Jetzt hatten sie das Stück vor sich, das sich am schnellsten mauern ließ – von den Knien bis in Brusthöhe, ohne Gerüst.
Das Gerüst und die Böcke, die hier gestanden hatten – alles hatten die Häftlinge weggeschleppt. Entweder für andere Bauten oder als Brennholz, damit anderen Brigaden nur ja nichts in die Hände fiel. Wenn sie jetzt zügig arbeiten wollten, mußten sie schon morgens neue Blöcke zimmern, sonst kamen sie nicht weiter.
Vom Kraftwerk aus kann man weit sehen: über die ganze verschneite Bauzone, die jetzt menschenleer da-

liegt (die Häftlinge haben sich bis zum Signal ins Warme verkrochen), dann die schwarzen Wachttürme, die spitz zulaufenden Pfähle mit dem Stacheldraht. Im Sonnenlicht kann man den Stacheldraht erkennen, gegen die Sonne nicht. Sie blendet so stark, daß man die Augen gar nicht richtig aufmachen kann.
In der Nähe fährt der Werkszug. Wie der qualmt! Verrußt den ganzen Himmel! Und dann fängt er an zu schnaufen. Jedesmal ächzt er kläglich, bevor seine Sirene heult. Jetzt pfeift er. Viel haben sie noch nicht gearbeitet.
»He, du Aktivist! Beeil dich mal mit dem Lot!« treibt Kilgas Schuchow an.
»Sieh mal, wieviel Eis noch auf deiner Mauer ist! Ob du das bis heute abend abgeschlagen hast? Wär' doch schade, wenn du deine Kelle umsonst heraufgeschleppt hättest«, sagt Schuchow spöttisch.
Sie wollen so zu mauern anfangen, wie sie sich's vor dem Essen eingeteilt haben, da schreit der Brigadier von unten:
»He, Jungs! Damit der Mörtel in den Kästen nicht gefriert, mauern wir jede Wand zu zweit. Schuchow! Nimm Klewschin mit an deine Wand, ich komme zu Kilgas. Aber zuvor wird Goptschik für mich das Eis losschlagen.« Schuchow und Kilgas sahen sich an. Gut. So geht es schneller.
Sie packen ihre Beile.
Schuchow hatte keinen Blick mehr für den weiten Horizont, wo die Sonne auf dem Schnee glänzte, er sah nicht mehr auf die Bauzone hinunter, wo die »Arbeiter« gerade ihre Wärmeräume verließen und auseinandergingen – die einen an ihre Grube, die immer noch nicht ausgeschachtet war, die anderen an ihre Bewehrung, die abgestützt werden mußte, wieder andere zur Werkstatt,

wo der Dachstuhl noch zu zimmern war. Schuchow sah nur die Mauer vor sich – von der linken Ecke, wo die Stufen zu halber Mannshöhe anstiegen, bis zur Ecke rechts, wo seine Wand mit der von Kilgas zusammenstieß. Er zeigt Senjka, wo er das Eis abschlagen mußte, er selbst bearbeitete sein Stück Mauer unermüdlich, abwechselnd mit dem Beilrücken und mit der Schneide, daß die Splitter nach allen Seiten und ihm ins Gesicht flogen, er handhabte sein Werkzeug geschickt, doch ohne sich zu konzentrieren. Er sah unter dem Eis schon die fertige Wand vor sich, die zwei Steine dicke Fassadenwand des Kraftwerks. Vorher hatte hier ein Maurer gearbeitet, der entweder nichts von seinem Handwerk verstand oder gepfuscht hatte.

Jetzt war sie Schuchow schon so vertraut, als hätte er sie selbst gemauert. Die eingefallene Stelle hier konnte man nicht mit einer Schicht ausgleichen, da waren etwa drei Schichten nötig, wobei der Mörtel jedesmal etwas dicker aufgetragen werden mußte. Und dort sprang die Mauer vor, was sich erst mit zwei Schichten ausgleichen ließ. Und er machte sich in Gedanken ein Zeichen – wie weit er selbst mauern wollte, angefangen bei der Abtreppung links und bis zu der Stelle, wo Senjka anfangen sollte. An der Ecke dort, überlegte er, wird Kilgas Senjka helfen müssen und ein paar Steine für ihn mauern. Und während die zwei da an der Ecke herumbasteln, kann ich hier gut die halbe Wand aufführen, damit er und Senjka nicht zurückbleiben. Er berechnete, wie viele Blocksteine er brauchte. Kaum waren die Träger mit den Steinen heraufgeklettert, hielt er Aljoschka fest:

»Bring mir welche! Leg sie hier hin! Und dort!«

Senjka schlug noch Eis los, da griff Schuchow sich schon den Besen aus Stahldraht, packte ihn mit beiden Händen und scheuerte die Wand, hin und her, hin und her,

fegte die oberste Schicht der Steine bis auf eine dünne Schneeschicht sauber, besonders die Fugen.
Der Brigadier kam nach oben, und während Schuchow noch mit seinem Besen hantierte, befestigte er die Meßlatte an seiner Ecke. Schuchows und Kilgas' Latten standen schon lange.
»He!« schrie Pawlo von unten. »Lebt ihr da oben noch? Wollt ihr Mörtel haben?«
Schuchow begann zu schwitzen: die Schnur war noch nicht gezogen! Er mußte sich beeilen. Dann beschloß er: die Schnur nicht erst für eine oder zwei, sondern sofort für drei Schichten, mit genügend Spielraum, zu ziehen. Damit Senjka schneller vorankam, wollte er ihm noch ein Stück von der Außenseite abnehmen und ein bißchen mehr von der Innenseite überlassen.
Während er die Schnur an der oberen Kante entlangzog, erklärte er Senjka mit Worten und Zeichen, wo er mauern solle. Der Taube verstand sofort. Er biß sich auf die Lippen, verdrehte die Augen und sah nickend zur Mauer des Brigadiers hinüber – dem werden wir schon einheizen! Wir bleiben nicht zurück! Er lacht.
Da tragen sie den Mörtel die Leiter herauf. Viermal zwei Mann werden Mörtel bringen. Der Brigadier hat bestimmt, daß neben den Maurern keine Mörtelkästen aufgestellt werden – während des Umfüllens friert der Mörtel nur fest. Sie stellen einfach die Tragkästen hin – und die Maurer nehmen heraus, was sie brauchen. Inzwischen können die Träger, damit sie da oben nicht frierend herumstehen, die Blocksteine anreichen. Während oben die Tragkästen geleert werden, mischen die anderen unten pausenlos weiter Mörtel, bis die Träger hinunterkommen. Dann mit dem Tragkasten an den Ofen, daß die Mörtelreste auftauen, und die Männer wärmen sich schnell etwas auf.

Sie brachten zwei Tragkästen gleichzeitig – einen für Kilgas und einen für Schuchow. Der Mörtel dampft in der Kälte, aber er enthält kaum Wärme. Wenn man ihn mit der Kelle aufwirft und einen Augenblick zögert – ist er schon hart. Dann muß man ihn mit dem Maurerhammer losklopfen, mit der Kelle kriegt man ihn nicht mehr los. Und wenn man den Stein nicht sofort richtig legt – ist er krumm und schief angefroren. Dann kann man ihn nur noch mit dem Beilrücken abschlagen und den Mörtel abhacken.

Aber Schuchow macht keinen Schnitzer. Die Blocksteine sind nicht alle gleich. Am einen fehlt eine Ecke, am andern ist die Kante beschädigt, der dritte hat einen Bukkel – Schuchow sieht es sofort, er sieht auch, auf welcher Seite dieser Stein am besten liegt, und er erkennt die Stelle auf der Mauer, wo der Stein hingehört.

Mit der Kelle nimmt Schuchow den dampfenden Mörtel aus dem Kasten – wirft ihn auf und merkt sich, wo die untere Stoßfuge verläuft (damit diese Fuge genau unter der Mitte des oberen Blocksteins liegt). Er wirft nur soviel Mörtel auf, wie er für einen Stein braucht. Und langt sich dann einen Stein aus dem Haufen (schön vorsichtig – damit er seinen Fausthandschuh nicht daran zerreißt, denn diese Blocksteine waren sehr rauh). Noch einmal mit der Kelle den Mörtel glattstreichen – klatsch, den Stein darauf! Sofort ausrichten, noch ein leichter Schlag mit der Kelle, wenn er nicht richtig liegt: damit die Außenwand lotrecht verläuft, und damit die Steine längs und quer dicht aneinanderstoßen. Schon haftet der Stein, ist festgefroren.

Wenn unter dem Stein etwas Mörtel hervorgequollen ist, muß man ihn blitzschnell mit der Kante der Maurerkelle losschlagen, von der Wand kratzen (im Sommer könnte man ihn für den nächsten Stein verwenden, jetzt ist nicht daran zu denken) und dann die unteren Fugen kontrollieren – manchmal sind dort auch Bruchstücke vermauert –, dann wieder Mörtel aufwerfen, an der Kopffläche des Steins etwas abstreichen, den Stein nicht einfach darauflegen, sondern von rechts nach links anschieben, er drückt dann den überschüssigen Mörtel zwischen sich und dem links daneben liegenden Stein heraus. Die Senkrechte stimmt. Die Waagerechte auch. Sitzt fest. Der nächste!

Sie arbeiten sich ein. Wenn wir erst zwei Schichten gemauert haben und die alten Fehler ausgebessert sind, läuft es wie am Schnürchen. Aber jetzt – scharf hinsehen!

Schneller, immer schneller an der Außenseite Senjka entgegen. Senjka in seiner Ecke hat sich bereits wieder vom Brigadier entfernt, kommt auf ihn zu.

Schuchow zwinkerte den Trägern zu – den Mörtel hierher, tragt den Mörtel dicht heran, schnell! Er hat sich so eingearbeitet, daß er nicht einmal Zeit findet, sich die Nase abzuwischen.

Als Senjka neben ihm stand und sie beide aus demselben Kasten Mörtel nahmen, waren sie sofort auf dem Grund.

»Mörtel!« brüllt Schuchow über die Mauer.

»Kommt schon!« ruft Pawlo.

Sie brachten den Kasten hinauf. Schuchow und Senjka schöpften heraus, was noch flüssig war, an den Seiten fror der Mörtel schon fest – kratzt ihn selber los! Wenn sich erst eine dicke Schicht Mörtel abgesetzt hat, müßt ihr ja den schweren Kasten rauf- und runterschleppen. Weg damit! Der nächste!

Schuchow und die anderen Maurer spürten die Kälte nicht mehr. Von der zügigen, intensiven Arbeit brach ihnen zum erstenmal der Schweiß aus – unter der Wattejacke, der Weste, den beiden Hemden wurde die Haut feucht. Aber sie hielten keinen Augenblick inne und mauerten um die Wette weiter. Eine Stunde später wurde es ihnen – zum zweitenmal – glühend heiß, so daß der Schweiß wieder trocknete. Die Kälte ging ihnen nicht in die Beine, das war die Hauptsache, alles andere, auch der ständige leichte Wind konnte sie nicht von der Arbeit ablenken. Nur Klewschin schlug immer wieder die Füße aneinander: der Unglücksrabe hat Schuhgröße sechsundvierzig, man hat ihm verschieden große Filzstiefel gegeben, die zu eng sind.

Ab und zu ruft der Brigadier: »Mör-tel!« Und Schuchow auch: »Mör-tel!«

Wer die Arbeit vorantreibt, wird für die anderen auch so etwas wie ein Brigadier. Schuchow darf nicht hinter den beiden an der andren Wand zurückbleiben, auch seinen leiblichen Bruder würde er jetzt mit dem Tragkasten die Leiter hinauf- und hinunterjagen.

In der ersten Zeit nach der Mittagspause hatte Bujnowskij zusammen mit Fetjukow Mörtel getragen. Auf der steilen, glatten Leiter war er anfangs nur mühsam vorangekommen, Schuchow hatte ihn etwas angetrieben:

»Schneller, Kapitän! Steine her!«

Aber mit jedem Tragkasten wurde der Kapitän sicherer, Fetjukow träger: hält den Kasten schief, dieser Hundesohn, läßt Mörtel rausschwappen, damit er leichter wird.

Schuchow stieß ihn einmal gehörig in den Rücken:

»He, du Ekel! Als du Direktor warst, hast du von deinen Arbeitern auch was verlangt!«

»Brigadier«, ruft der Kapitän, »gib mir einen vernünftigen Menschen zum Tragen! Mit diesem Scheißer kann ich nicht arbeiten!«

Also teilte der Brigadier die Leute anders ein: Fetjukow mußte von unten Blocksteine aufs Gerüst werfen, er stand so, daß man kontrollieren konnte, wie viele er nach oben warf, und Aljoschka kam zum Kapitän. Aljoschka ist gutwillig, er läßt sich von jedem kommandieren. »Alle Mann an Deck!« sagt der Kapitän nachdrücklich zu ihm. »Siehst du, wie weit die Maurer schon sind!«

Aljoschka lächelt nachgiebig:

»Wenn nötig, können wir noch schneller machen. Sagen Sie es nur.«

Und sie stapfen nach unten.

Er ist friedlich – eine Ausnahme in der Brigade.

Der Brigadier brüllt irgend etwas hinunter. Ein weiterer Lastwagen mit Blocksteinen ist angekommen. Mal bleiben die Lieferungen ein halbes Jahr aus, mal kommen gleich ein paar Fuhren auf einmal. Man muß eben dann arbeiten, wenn Blocksteine geliefert werden. Das ist erst der erste Tag. Aber dann fängt wieder der Leerlauf an, dann kommt man nicht von der Stelle.

Der Brigadier ruft noch etwas hinunter, schimpft. Sagt irgendwas vom Aufzug. Schuchow möchte gern wissen, was, aber er hat keine Zeit: er richtet die Mauer aus. Die Träger kommen hinauf und erzählen: der Monteur war da, um den Aufzug zu reparieren, mit ihm kam der Montageleiter, ein Freier. Der Monteuer müht sich ab, der Montageleiter schaut zu.

So gehört es sich: einer arbeitet, der andere schaut zu.

Wenn der Aufzug jetzt repariert würde, könnte man die Steine und den Mörtel damit ins Obergeschoß befördern.

Schuchow hatte gerade die dritte Schicht fertig, Kilgas schon mit der dritten angefangen, als noch ein Aufseher, noch ein Natschalnik, die Leiter hinaufkletterte –

der Vorarbeiter Derr. Er ist aus Moskau. Angeblich hat er im Ministerium gearbeitet.
Schuchow stand dicht neben Kilgas, zeigte unauffällig auf Derr.
»Ach was!« winkt Kilgas verächtlich ab, »mit Vorgesetzten habe ich gar nichts zu tun. Nur wenn er die Leiter runterfällt, dann ruf mich.«
Gleich wird er sich hinter die Maurer stellen und ihnen zusehen. Diese Aufpasser kann Schuchow auf den Tod nicht leiden. Ingenieur will er sein, das fette Schwein! Einmal führte er vor, wie man Ziegelsteine mauert, da lachte Schuchow sich halbtot. Wer mal mit eigenen Händen ein Haus gebaut hat, der ist ein Ingenieur!
In Temgenjowo gab es keine Steinhäuser, die Bauernhäuser waren alle aus Holz, auch die Schule, aus dem Hegewald hatten sie Baumstämme von sechs Klafter Länge dafür geholt. Aber im Lager wurden Maurer gebraucht – bitte sehr, Schuchow kann auch mauern. Wer mit seinen Händen zweierlei Arbeit tun kann, der schafft auch zehn.
Nein, Derr fiel nicht hinunter, er stolperte nur einmal. Hastig kam er ins Obergeschoß gelaufen.
»Tjurin!« schreit er, und die Augen fallen ihm beinahe aus dem Kopf, »Tju-rin!«
Hinter ihm rennt Pawlo, die Schaufel noch in der Hand, die Leiter hinauf. Derr trägt eine Häftlingsjacke, aber eine saubere, neue. Und eine tadellose Ledermütze. Wie bei allen ist eine Nummer darauf: B-731.
»Na?« Tjurin kommt mit seiner Kelle auf ihn zu. Die Brigadiersmütze ist ihm schief aufs Auge gerutscht.
Irgend etwas Unerhörtes ist passiert. Das darf man sich nicht entgehen lassen, aber der Mörtel gefriert im Kasten. Schuchow mauert weiter, er mauert und horcht.
»Du bist wohl verrückt?!« schreit Derr geifernd »Das

riecht nicht mehr nach Bunker! Das ist ein Verbrechen, Tjurin! Dafür bekommst du noch drei Jahre!«

Erst jetzt hatte Schuchow kapiert, was los war. Er sah Kilgas an – der war auch schon dahintergekommen. Die Dachpappe! Er hatte die Dachpappe an den Fenstern entdeckt.

Seinetwegen hat Schuchow kein bißchen Angst, der Brigadier läßt ihn nicht auffliegen. Aber er hat Angst um den Brigadier. Wir brauchen den Brigadier so notwendig wie einen Vater, für die ist er nur eine Schachfigur. Wegen einer solchen Sache könnten sie dem Brigadier eine zweite Haftzeit im Norden aufbrummen.

Entsetzlich, wie sich das Gesicht des Brigadiers verzerrt! Wie er die Maurerkelle hinschmeißt! Und einen Schritt – auf Derr zu! Derr sieht sich um – Pawlo holt gerade mit der Schaufel aus.

Die Schaufel! Die Schaufel hatte er sich nicht zufällig gegriffen ... Auch Senjka, der Taube, hat verstanden: die Hände in die Seiten gestemmt, tritt er näher. Und er ist stark, dieser Waldschrat.

Derr blinzelt, wird unruhig, sieht sich nach Deckung um.

Der Brigadier beugt sich vor und sagt ganz leise, aber für alle hier oben deutlich vernehmbar, zu Derr:

»Die Zeit ist vorbei, ihr Dreckschweine, wo ihr unsereinem noch ein paar Jahre mehr anhängen konntet. Wenn du ein einziges Wort sagst, du Blutsauger, dann ist's aus mit dir. Denk dran!«

Der Brigadier zittert am ganzen Leib. Er zittert, kann sich nicht beruhigen.

Und der spitznasige Pawlo sieht Derr starr ins Gesicht, ganz starr.

»Was denn, was wollt ihr denn, Männer!« Derr ist blaß geworden und macht noch einen Schritt von der Leiter weg.

Der Brigadier sagt nichts mehr, rückt die Mütze zurecht, hebt die verbogene Kelle auf und geht an seine Wand.

Pawlo steigt mit der Schaufel langsam nach unten.

Sehr langsam...

Derr hat Angst zu bleiben und hat Angst hinunterzugehen. Er versteckt sich hinter Kilgas, steht da.

Kilgas mauert weiter – ruhig wie ein Apotheker, der die Bestandteile für eine Arznei auswiegt: er beeilt sich keinen Augenblick. Und wendet Derr immer noch den Rücken zu, als habe er ihn nicht gesehen.

Derr macht sich an den Brigadier heran. Sein ganzer Hochmut ist hin.

»Was soll ich dem Bauführer sagen, Tjurin?«

Der Brigadier mauert, ohne sich nach ihm umzudrehen: »Sagen Sie ihm – es war schon so. Als wir kamen, war schon alles so.«

Derr blieb noch eine Weile stehen. Er begriff, daß sie ihn jetzt nicht umbringen würden. Er ging leise auf und ab, die Hände in den Hosentaschen.

»He, S-854«, brummte er, »warum nimmst du so wenig Mörtel?«

An irgendeinem mußte er die Wut auslassen. Bei Schuchow gab's weder an den Fugen noch an den Kanten etwas auszusetzen, also war die Mörtelschicht zu dünn.

»Gestatten Sie mir zu bemerken«, nuschelte er spöttisch, »wenn ich jetzt zuviel Mörtel nehme, fließt uns im Frühjahr das ganze Kraftwerk auseinander.« – »Du bist nur Maurer, hör gefälligst auf das, was ein Polier dir sagt«, erwiderte Derr finster und blies die Backen auf, so eine Angewohnheit von ihm.

Naja, vielleicht ist die Schicht wirklich zu dünn, und man könnte mehr Mörtel nehmen, aber nur dann, wenn man nicht im Winter, sondern unter menschlichen Be-

dingungen mauert. Er soll doch mal an die Leute hier denken. Sie brauchen ihre Norm. Aber was soll man lange erklären, wenn einer nichts begreift!
Derr ging leise die Leiter hinunter.
»Lassen Sie mir den Aufzug reparieren!« rief ihm der Brigadier von seiner Wand aus nach. »Sind wir denn Packesel? Wir müssen die Blocksteine eigenhändig in den ersten Stock schleppen!«
»Du wirst doch dafür bezahlt«, antwortete Derr von der Leiter, aber ganz freundlich.
»Vielleicht ›auf Schubkarren‹? Na, nehmen Sie mal eine Schubkarre, fahren Sie damit die Leiter rauf. Bezahlt gefälligst nach ›Tragkästen‹!«
»Was geht mich das an? Die Buchhaltung führt keine ›Tragkästen‹.«
»Die Buchhaltung! Meine ganze Brigade arbeitet als Handlanger für vier Maurer. Wieviel kann ich da verdienen?« schreit der Brigadier und mauert dabei ununterbrochen weiter.
»Mö-örtel!« brüllt er nach unten.
»Mö-örtel!« ruft auch Schuchow. Mit der dritten Schicht sind alle Unebenheiten ausgeglichen, jetzt kann es richtig losgehen. Eigentlich müßte er die Schnur jetzt eine Schicht höherziehen, aber es geht auch so, eine schaffen wir ohne Schnur.
Da unten geht Derr mit hängenden Schultern über das Gelände. Ins Kontor, sich aufwärmen. Ihm ist sicher nicht wohl in seiner Haut. Man muß es sich eben gut überlegen, wenn man auf einen Wolf wie Tjurin losgehen will. Dabei könnte Derr sich so gut mit ihm vertragen, brauchte sich um nichts Sorgen zu machen muß selbst nicht schuften, bekommt eine große Ration, hat einen Raum für sich – was will er mehr? Aber der bläst sich immer auf und macht sich wichtig.

Von unten kommen sie herauf, erzählen: der Montageleiter ist weggegangen, der Monteur auch – sie können den Aufzug nicht reparieren. Also, weiterschleppen!
Wo auch immer Schuchow gearbeitet hatte – entweder gingen die technischen Einrichtungen zu Bruch, oder die Häftlinge kriegten sie klein. Auch den Blockzug damals: sie hatten einen Stock in die Kette gesteckt und dann angezogen. Um einmal auszuruhen. Denn sie sollten ohne Pause Holzklötze stapeln.
»Steine! Steine!« schreit der Brigadier, er ist jetzt in Fahrt. Und schimpft die Handlanger und Steinträger: »Verdammte Hurensöhne!«
»Pawlo fragt, was mit dem Mörtel ist?« schreien sie von unten.
»Anrühren natürlich!«
»Die Mörtelpfanne ist noch halbvoll!«
»Also noch eine!«
Eine tolle Hetzerei! Sie sind schon bei der fünften Schicht. Bei der ersten haben sie sich noch bücken müssen, und jetzt, sieh mal, geht die Mauer ihnen schon bis zur Brust! Warum auch nicht, wo sie weder Fensteröffnungen noch Türen mauern müssen, sondern nur zwei glatte Wände, und Steine genug haben. Die Schnur müßte neu gezogen werden, aber jetzt ist es zu spät. »Die Zweiundachtzigste ist schon losgegangen, die Werkzeuge abliefern«, berichtet Goptschik.
Der Brigadier sieht ihn nur einmal scharf an.
»Kümmer dich um deine Sachen, du Rotzbengel! Bring Steine her!«
Schuchow schaut sich um. Wirklich, die Sonne geht schon unter. Wie ein roter Fleck versinkt sie im grauen Dunst. Aber sie haben heute viel geschafft – mehr kann man nicht verlangen. Die fünfte Schicht ist angefangen, sie wird noch fertiggemacht. Nun noch ausrichten.

Die Handlanger sind erschöpft wie abgehetzte Gäule. Der Kapitän ist ganz grau im Gesicht. Er ist nicht mehr jung, der Kapitän, noch keine vierzig vielleicht, aber so ungefähr.
Grad um Grad nimmt die Kälte zu. Die Hände sind dauernd in Bewegung, trotzdem zwickt der Frost die Finger in den abgetragenen Fausthandschuhen. Und in den linken Filzstiefel kriecht die Kälte. Tapp-tapp, macht Schuchow, tapp-tapp.
Jetzt mußte man sich nicht mehr zur Wand hinunterbeugen, doch dafür mußte man sich nach jedem einzelnen Stein, nach jeder Kelle Mörtel bücken.
»Jungs! Jungs«, quengelt Schuchow, »könnt ihr mir nicht die Steine auf die Mauer legen? Auf die Mauer!«
Der Kapitän würde es gern tun, aber er hat keine Kraft mehr. Er hat sich noch nicht an die Schufterei gewöhnt. Aber Aljoschka:
»Gut, Iwan Denissytsch! Zeigen Sie mir, wohin ich sie legen soll.«
Aljoschka lehnt niemals ab, worum man ihn auch bittet. Wenn alle Menschen so wären wie er, wäre Schuchow auch so. Wenn jemand dich bittet – warum ihm nicht helfen? Und das ist ganz richtig.
Durch die ganze Bauzone bis hin zum Kraftwerk war deutlich zu hören: sie schlagen gegen die Eisenschiene. Aufhören! Jetzt steht er da mit dem Mörtel. Ach, sie hatten sich genug angestrengt!...
»Mörtel her! Mörtel her!« ruft der Brigadier.
Unten haben sie gerade noch eine Pfanne angerührt! Jetzt heißt es mauern, nichts anderes: wenn sie die Mörtelpfanne nicht leer machen, können sie sie morgen kurz und klein schlagen, der Mörtel wird steinhart, man bekommt ihn nicht mal mit der Spitzhacke heraus.
»Na los, Brüder!« schreit Schuchow.

Kilgas ist böse. Jede Hetzerei ist ihm zuwider. Aber auch er macht weiter – was bleibt ihm anderes übrig?
Von unten kommt Pawlo, den Mörtelkasten auf dem Rücken, die Kelle in der Hand. Er will auch beim Mauern helfen. Nun sind sie zu fünft.
Jetzt müssen nur noch die Verbände gemauert werden. Schuchow nimmt Augenmaß, welchen Stein er zu dem Verband nehmen will, dann schiebt er Aljoschka den Hammer hin:
»Da, hau ihn mir zurecht!«
Gut Ding will Weile haben. Jetzt, da alle anfangen zu hetzen, hat Schuchow es nicht mehr eilig, sondern betrachtet prüfend die Mauer. Senjka hat er nach links abgeschoben, er selbst mauert nach rechts weiter, zur Ecke hin. Wenn er jetzt die Wand zu hoch zieht oder die Ecke verpatzt – gibt es Mist, dann haben sie morgen den ganzen Vormittag damit Arbeit. »Halt!« Er stößt Pawlo von dem Stein weg, rückt ihn selber zurecht. Und von dort aus, sieh mal, von der Ecke aus hat man den Eindruck: in Senjkas Stück ist so eine Art Vertiefung. Er stürzt zu Senjka, gleicht sie mit zwei Steinen aus. Der Kapitän schleppt seinen Tragkasten wie ein gutmütiger Karrengaul.
»Da!« schreit er. »Noch zwei!«
Er kann sich kaum noch auf den Beinen halten, der Kapitän, aber er macht weiter. Schuchow hatte genau so einen Gaul. Schuchow behandelte ihn gut, aber als er in fremde Hände kam, ging er ein. Und dann zogen sie ihm das Fell ab.
Inzwischen war der oberste Rand der Sonne am Horizont verschwunden. Jetzt sahen sie auch ohne Goptschik: alle Brigaden hatten ihr Werkzeug abgeliefert, die Menge strömte in hellen Scharen zum Lagertor. (Niemand geht gleich nach dem Signal hinaus, keiner ist so dumm,

in der Kälte draußen herumzustehen. Alle sitzen in den Wärmeräumen. Aber dann kommt der Augenblick, in dem sich die Brigadiere miteinander verständigen und alle Brigaden gleichzeitig hinausströmen. Wenn sie sich nicht untereinander absprächen, würde dieses halsstarrige Volk, die Häftlinge, bis Mitternacht in den Wärmeräumen sitzen bleiben, einer länger als der andere.)

Da nimmt auch der Brigadier Vernunft an, er sieht selbst, daß er sich gewaltig verspätet hat. Wahrscheinlich hat der Werkzeugverwalter ihm schon die Pest an den Hals gewünscht.

»Ach«, schreit er, »nicht schade um die Scheiße! Träger! Runterkommen! Kratzt die Mörtelpfannen leer, und was ihr noch 'rausholt, tragt in die Grube dort und schüttet Schnee darüber, damit nichts zu sehen ist! Und du, Pawlo, sammel mit zwei Mann das Werkzeug ein, bring's weg. Goptschik kommt mit drei Kellen nach, diese zwei Kästen Mörtel vermauern wir noch.«

Die Männer sprangen auf. Nahmen Schuchow den Maurerhammer weg, banden die Richtschnur los. Die Träger, die Handlanger – alle rannten nach unten in den Mischraum, hier oben hatten sie nichts mehr zu suchen. Nur die drei Maurer blieben noch – Kilgas, Klewschin, Schuchow. Der Brigadier geht hin und her, sieht sich an, was sie gemauert haben. Er ist zufrieden.

»Ganz gut gemauert, was? In einem halben Tag. Ohne diesen Mistaufzug.«

Schuchow sieht – in Kilgas' Kasten ist nur noch wenig Mörtel.

Er ist besorgt, daß sie den Brigadier wegen der Maurerkelle im Werkzeugschuppen anschnauzen werden.

»Hört mal!« Schuchow hat eine Idee. »Gebt Goptschik die Kellen, meine ist nicht registriert, die brauche ich nicht abzugeben, mit der maure ich noch den Rest.«

Der Brigadier lacht:
»Wie sollen wir dich überhaupt gehen lassen? Dir wird das ganze Lager nachjammern!«
Da lacht Schuchow auch. Er mauert weiter.
Kilgas trägt die Kellen nach unten. Senjka reicht Schuchow die Steine an, Kilgas' Mörtel haben sie in den andern Kasten umgeschüttet.
Goptschik rannte quer über das ganze Gelände zum Werkzeugschuppen, um Pawlo einzuholen. Die 104. war schon allein losgegangen, ohne den Brigadier. Der Brigadier ist eine Macht, aber das Begleitkommando ist eine noch größere. Wer zu spät kommt, wird aufgeschrieben – und ab in den Bau.
Vor der Wache herrscht beängstigendes Gedränge. Alle Brigaden sind schon dort. Anscheinend auch die Begleitmannschaft – sie zählen gerade ab.
(Am Ausgang zählen sie zweimal ab: das erste Mal vor dem geschlossenen Tor, damit sie wissen, daß sie das Tor öffnen können; das zweite Mal – während sie die Männer durchs Tor gehen lassen. Und wenn ihnen dann noch etwas nicht geheuer vorkommt, zählen sie draußen noch einmal ab.)
»Laß den Mörtel doch sausen!« Der Brigadier macht eine geringschätzige Handbewegung. »Wirf ihn über die Mauer!«
»Geh, Brigadier! Geh, du wirst dort dringender gebraucht!« (Schuchow redet ihn sonst immer mit Andrej Prokofjewitsch an, aber durch seine Arbeit steht er jetzt mit dem Brigadier auf einer Stufe. Nicht daß er es bewußt gedacht hätte, er fühlt nur, daß es so ist.) Und er sagt spöttisch hinter dem Brigadier her, der breitbeinig die Leiter hinuntersteigt: »Na, ihr Halunken! Der Arbeitstag ist viel zu kurz! Kaum hat man sich richtig in die Arbeit gekniet, ist schon Feierabend!«

Er war jetzt mit dem Tauben allein. Mit dem kann man nicht viel reden, aber das ist auch gar nicht nötig: er ist klüger als alle anderen, versteht auch ohne ein Wort.

Schlapp, eine Kelle Mörtel! Schwapp, ein Stein! Andrücken. Kontrollieren. Mörtel. Stein. Mörtel. Stein...

Der Brigadier hatte wohl gesagt – sie sollen mit dem Mörtel nicht sparen, über die Mauer damit – und abhauen. Aber Schuchow ist nun mal so dumm veranlagt, und acht Jahre Lager haben es ihm nicht abgewöhnen können: es tut ihm leid um jedes Ding und jede Arbeit, er kann nichts verderben lassen.

Mörtel! Stein! Mörtel! Stein!

»Schluß, leck mich am Arsch!« schreit Senjka. »Los!«

Er nahm den Tragkasten – und die Leiter runter.

Und Schuchow – mochten die Soldaten ihn jetzt auch mit Hunden hetzen – lief noch einmal zurück, sah sich um. Ganz gut. Er stellte sich noch einmal dicht an die Mauer – beugte sich darüber, besah sie von links, von rechts. Ach, das Auge ist die beste Wasserwaage! Schnurgerade! Noch ist seine Hand sicher.

Dann hastete er die Leiter hinunter.

Senjka kommt aus dem Mischraum und läuft im Trab den Hang hinunter.

»Los! Los!« er dreht sich um.

»Lauf schon, ich bin sofort da!« winkt Schuchow ihm zu.

Er geht erst in den Mischraum. Die Maurerkelle kann er nicht einfach herumliegen lassen. Vielleicht bleibt Schuchow morgen im Lager, vielleicht wird die Brigade in die Sozsiedlung gejagt, vielleicht kommt er ein halbes Jahr nicht wieder hierher – soll die Kelle dann verloren gehen?

Die Öfen im Mischraum sind erloschen. Es ist dunkel. Zum Fürchten. Aber nicht, weil es dunkel ist, sondern

weil alle schon weg sind, weil er allein beim Abzählen fehlt und die Soldaten ihn verprügeln werden.
Trotzdem, Augen auf! Endlich hatte er in der Ecke einen geeigneten Stein entdeckt; er wälzte ihn beiseite, steckte die Kelle darunter und schob ihn wieder an den Platz. In Ordnung!
Jetzt aber Senjka schnell einholen. Er ist ungefähr hundert Schritte vorausgelaufen und dann stehengeblieben. Klewschin läßt einen nie im Stich. Wenn sie sich verantworten müssen, dann gemeinsam.
Sie liefen nebeneinander, ein Kleiner und ein Großer. Senjka war anderthalb Kopf größer als Schuchow, sein Kopf war halt zu groß geraten.
Es gibt so Nichtstuer, die laufen im Stadion freiwillig um die Wette.
So müßte man sie einmal hetzen, diese Teufel, nach einem Tag Schwerarbeit, mit krummen Rücken, nassen Handschuhen und in schiefgetretenen Filzstiefeln – und dann durch die Kälte.
Sie rennen wie tolle Hunde, man hört: Ch, ch! Ch, ch!
Na, der Brigadier ist auf der Wache, wird alles erklären.
Sie laufen geradewegs auf die Menge zu, schrecklich.
Hunderte von Männern grölen gleichzeitig los: »Lumpen! Arschlöcher! Scheißkerle! Sauhunde!« Wenn fünfhundert Mann sich vor Wut auf einen stürzen möchten, wie soll man sich da nicht fürchten?
Aber die Hauptsache – was ist mit den Soldaten?
Die Soldaten rühren sich nicht. Der Brigadier ist auch hier, steht in der letzten Reihe. Also hat er alles erklärt, die Schuld auf sich genommen.
Aber die Männer brüllen und fluchen weiter! Sie grölen so laut, daß sogar Senjka vieles mitbekommt, er holt einmal tief Luft, und dann legt er los, von seiner Höhe

herab! Sein Leben lang hat er geschwiegen – aber jetzt dreht er auf! Er hat die Fäuste erhoben, gleich wird er dreinschlagen. Sie verstummen. Manche lachen.
»He, Hundertvierte! Der ist ja gar nicht taub!« ruft einer. »Jetzt haben wir den Beweis.«
Alle lachen. Auch die Soldaten.
»In Fünferreihen aufstellen!«
Aber das Tor bleibt noch geschlossen. Sie mißtrauen sich wohl selbst. Die Menge wird vom Tor zurückgedrängt. (Diese Dummköpfe klammern sich ans Tor, als ob es dann schneller ginge.)
»In Fünferreihen aufstellen! Erste! Zweite! Dritte!« ... Wenn eine Reihe aufgerufen wird, bewegt sie sich ein paar Meter vorwärts. Schuchow schöpft erst einmal Atem, sieht sich um – da steht der Mond ja am Himmel, du meine Güte! In rötlichen Dunst gehüllt. Er nimmt schon wieder ab, scheint's. Gestern stand er um diese Zeit viel höher. Schuchow ist froh, daß alles glatt gegangen ist, er knufft den Kapitän in die Seite und sagt herausfordernd:
»Hör, Kapitän, was sagt deine Wissenschaft dazu – wohin verschwindet der abnehmende Mond?«
»Was heißt wohin? So ein Unverstand! Er ist einfach nicht zu sehen!«
Schuchow schüttelt lachend den Kopf:
»Wenn er nicht zu sehen ist, woher weißt du dann, daß er noch da ist?«
»Was denn, meinst du etwa, jedesmal entsteht ein neuer Mond?« fragt der Kapitän verwundert.
»Was ist das Besonderes? Jeden Tag werden doch auch Menschen geboren, warum dann nicht alle vier Wochen ein neuer Mond?«
»Pfui!« Der Kapitän spuckt aus. »In meinem ganzen Leben habe ich keinen Matrosen gesehen, der so däm-

lich war wie du. Wohin soll der Mond denn verschwinden?«

»Das will ich doch wissen – wohin?« Schuchow grinst.

»Na, was meinst du?«

Schuchow seufzte und erzählte und nuschelte diesmal kaum noch:

»Bei uns zu Hause sagt man: den alten Mond zerkrümelt Gott zu Sternen.«

»Diese Wilden!« lacht der Kapitän. »Das habe ich noch nie gehört! Sag mal, Schuchow, glaubst du etwa an Gott?«

»Wieso?« erwidert Schuchow erstaunt. »Wenn er so donnert – versuch mal, nicht zu glauben!«

»Und warum tut Gott das?«

»Was?«

»Den Mond zu Sternen zerkrümeln – wofür?«

»Na, das ist doch ganz einfach!« Schuchow zuckt die Achseln. »Ab und zu fallen Sterne herunter, dann müssen sie wieder ersetzt werden.«

»Dreht euch um, verdammte Hurensöhne ...«, brüllen die Soldaten. »Aufstellen!« Sie waren jetzt an der Reihe. Die zwölfte Fünferreihe vom fünften Hundert marschierte los, und zwei Mann dahinter – Bujnowskij und Schuchow.

Aufgeregt rechnen die Soldaten die Summe auf ihren Holzbrettern aus. Es stimmt nicht! Es stimmt wieder mal nicht! Wenn sie wenigstens rechnen könnten.

Sie haben vierhundertzweiundsechzig zusammengezählt, aber angeblich müssen es vierhundertdreiundsechzig sein.

Noch einmal werden die Männer vom Tor zurückgestoßen (sie standen schon wieder dicht davor) – und los:

»In Fünferreihen aufstellen! Erste! Zweite!«

Das Ärgerliche an den Zählappellen ist, daß die eigene Zeit und nicht die Arbeitszeit dabei draufgeht. Und dann müssen sie noch durch die Steppe zum Lager marschieren und vor dem Lager zum Filzen anstehen. Alle Kolonnen rennen im Galopp, versuchen, einander zu überholen, um als erste gefilzt zu werden und im Lager verschwinden zu können. Die Kolonne, die als erste im Lager ist, schöpft überall den Rahm ab: die Kantine wartet schon auf die Männer, überall kommen sie zuerst dran, in der Paketausgabe, im Magazin, in der »Privatküche«, in der Kultur- und Bildungsabteilung, wo sie nach Briefen fragen oder einen Brief zensieren lassen, in der Krankenbaracke, beim Friseur, in der Sauna. Manchmal will auch die Begleitmannschaft ihre Kolonne möglichst bald loswerden – um schneller ins Lager zu kommen. Die Soldaten haben auch kein faules Leben: viel zu tun, wenig Zeit.
Ihre Rechnung stimmt immer noch nicht.
Als sie die letzten Fünferreihen passieren ließen, schien es Schuchow, als seien sie nun zu dritt am Schwanz. Aber nein, wieder blieben nur zwei übrig.
Die Kontrollposten gehen mit ihren Holzbrettern zum Kommandoführer. Sie beratschlagen. Er schreit:
»Der Brigadier der Hundertvierten!«
Tjurin tritt einen halben Schritt vor!
»Hier.«
»Ist von deinen Leuten niemand mehr im Kraftwerk? Überleg mal.«
»Nein.«
»Überleg gut, ich reiß dir den Kopf ab.«
»Nein, ich weiß es genau.«
Dabei wirft er Pawlo heimlich einen Blick zu – ist im Mischraum auch niemand von ihnen eingeschlafen?
»In Brigaden aufstellen!« ruft der Kommandoführer.

Vorher standen sie in Fünferreihen, wie's gerade kam. Jetzt drängten die Männer durcheinander, fingen an zu lärmen. Da schreit einer: Sechsundsiebzigste – zu mir kommen!« Dort: »Dreizehnte! Hierher!« Hier: »Zweiunddreißigste!«

Da die Männer von der 104. hinter den anderen standen, sammelten sie sich hinten. Jetzt sieht es Schuchow: die ganze Brigade steht mit leeren Händen da, die Männer haben heute so schuften müssen, die armen Hunde, daß sie kein Abfallholz aufsammeln konnten. Nur zwei haben kleine Bündel bei sich.

Dieses Spiel wiederholt sich jeden Tag: vor dem Signal zum Aufbruch suchen die »Arbeiter« Holzspäne, Stöckchen, zerbrochene Schindeln, binden sie mit einem schmalen Lappen oder einer alten Schnur zusammen und nehmen sie mit. Die erste Razzia macht der Bauführer vor der Wache oder einer von den Polieren. Wenn es sich lohnt, müssen die Häftlinge alles liegenlassen (nachdem sie Millionen zum Schornstein hinausgejagt haben, wollen sie bei den Abfällen zu sparen anfangen). Aber die »Arbeiter« machen ihre eigene Rechnung: Wenn jeder aus der Brigade nur ein paar Holzstücke mitbringt, wird es in der Baracke schon wärmer. Der Barackendienst bekommt für jeden Ofen fünf Kilo Kohlenstaub, davon wird die Baracke nicht warm. Und deshalb brechen sie die Latten oder sägen sie klein und stecken sie unter die Wattejacke. So kommen sie ungehindert am Bauführer vorbei.

Hier auf der Baustelle befiehlt die Begleitmannschaft niemals, das Holz liegenzulassen: auch die Soldaten brauchen Feuerholz, aber sie können es nicht selbst mitnehmen. Erstens verbietet das die Uniform, zweitens brauchen sie die Hände, damit sie mit ihren Maschinenpistolen auf die Häftlinge schießen können. Wenn sie mit der Kolonne am Lager angekommen sind, befehlen sie: »Die Reihen soundsoviel bis soundsoviel – das Holz hierhin werfen.« Aber sie benehmen sich anständig: denn für die Lageraufseher muß etwas übrigbleiben und für die Häftlinge auch, sonst bringen sie nichts mehr mit.

Während Schuchow mit den Blicken noch den Erdboden nach ein paar Holzspänen absuchte, hatte der Brigadier seine Leute durchgezählt und meldete dem Kommandoführer:

»Hundertvierte vollzählig!«

Auch Caesar steht wieder bei seiner Brigade. Er zieht heftig an seiner Pfeife, der rote Glutschein beleuchtet sein Gesicht, der schwarze Schnurrbart ist ganz bereift. Er fragt:

»Na, Kapitän, wie geht's?«

Wer im Warmen sitzt, kann einen Frierenden nicht verstehen.

Dumme Frage – wie geht's?

»Wie soll's gehen?« sagt der Kapitän achselzuckend. »Ich habe mich abgeschuftet, kann den Rücken kaum wieder geradekriegen.«

Gib mir gefälligst was zu rauchen, heißt das.

Caesar gibt ihm eine Zigarette. Der Kapitän ist der einzige in der Brigade, mit dem er sich unterhält, mit keinem andern redet er ein offenes Wort.

»In der Zweiunddreißigsten fehlt einer! In der Zweiunddreißigsten!« rufen die Männer durcheinander.

Der Hilfsbrigadier der 32. und ein junger Bursche rennen los, um den Mann im Werkstattgebäude zu suchen. In der wartenden Menge fragt einer den andern: Wer? Und was? Schuchow hörte schließlich, daß der kleine, schwarzhaarige Moldauer fehlte. Welcher Moldauer denn? Etwa der Moldauer, der angeblich rumänischer Spion war, ein echter Spion?

In jeder Brigade haben sie etwa fünf, aber das sind Phantasiespione, erfundene. In den Akten werden sie als Spione geführt, dabei sind sie nur Kriegsgefangene gewesen. Schuchow ist auch so ein Spion.

Aber der Moldauer ist ein echter.

Als der Kommandoführer in seiner Liste nachsah, machte er ein finsteres Gesicht. Wenn ein Spion geflohen war – was hatte er selbst dann zu erwarten?

Die Häftlinge, auch Schuchow, packt die Wut. Schuft, Scheusal, Mistvieh, Scheißkerl, Gauner! Der Himmel ist schon dunkel, der Mond gibt schon etwas Licht, die Sterne sind da, der Nachtfrost zieht auch an – und dieser Rotzkerl fehlt noch! Hat er nicht genug gearbeitet, dieses Aas? Reicht ihm die vorgeschriebene Arbeitszeit etwa nicht, elf Stunden vom Morgengrauen bis zur Abenddämmerung? Der Staatsanwalt kann sie verlängern, wart's ab. Schuchow wundert sich, wie einer so arbeiten kann, daß er das Signal überhört.

Schuchow hatte vollkommen vergessen, daß er selber eben noch genauso gearbeitet und sich geärgert hatte, so früh schon vor der Wache antreten zu müssen. Jetzt fror er wie alle anderen, war ebenso wütend wie sie, und wenn der Moldauer sie hier noch eine halbe Stunde warten ließ und die Soldaten ihn dann der Menge auslieferten – sie würden ihn zerreißen wie Wölfe ein Kalb!

Die Kälte wird immer unerträglicher! Niemand steht still, die einen trampeln auf der Stelle, die anderen machen zwei Schritte vorwärts, zwei Schritte zurück.

Die Männer unterhalten sich – ob der Moldauer etwa geflohen ist? Wenn er das tagsüber schon versucht hätte, wäre es was anderes, aber wenn er sich irgendwo versteckt hat und wartet, bis die Wachen von den Türmen abgezogen werden, kann er lange warten. Wenn die

unterm Stacheldraht nicht seine Spur finden, suchen sie drei Tage und Nächte die Bauzone ab und bleiben ebensolang auf den Wachtürmen sitzen. Wenn nötig auch eine Woche. So lautet die Anweisung, alte Häftlinge wissen Bescheid. Überhaupt, wenn einer geflohen ist, hat die Begleitmannschaft keine ruhige Minute mehr, kommt weder zum Essen noch zum Schlafen. Manchmal werden die Soldaten so toll vor Wut, daß sie den Flüchtigen nicht mehr lebend ins Lager zurückbringen.
Caesar redet auf den Kapitän ein:
»Der Kneifer zum Beispiel, der an der Schiffstakelage hing, erinnern Sie sich daran?«
»Hmmja...« Der Kapitän raucht vor sich hin.
»Oder der Kinderwagen auf der Treppe, wie er rollt und rollt.«
»Schon gut. Aber das Leben bei der Marine ist ein bißchen marionettenhaft dargestellt.«
»Sehen Sie, wir sind von der modernen Aufnahmetechnik verwöhnt...«
»Und was für Maden kriechen über das Fleisch – so groß wie Regenwürmer. Als ob es so große gäbe!«
»Aber feinere Mittel wirken im Film doch nicht!«
»Ich glaube, wenn wir jetzt solches Fleisch statt unserer kleinen Fische ins Lager geliefert bekämen, und es würde ungewaschen und ungeschabt in den Kessel geworfen, dann würden wir...«
»A-a-ah!« heulten die Häftlinge plötzlich los. »U-u-uh!« Sie sahen drei kleine Gestalten das Werkstattgebäude verlassen – also war der Moldauer dabei. »U-u-uh!« grölt die Menge am Tor. Je näher die drei kamen, desto deutlicher:
»Verdammte Pest! Parasit! Lump! Elender Hund! Ekel! Scheißkerl!«
Auch Schuchow schreit:

»Verdammte Pest!«
Schließlich hat der Kerl fünfhundert Mann eine gute halbe Stunde gestohlen! Mit eingezogenem Kopf kommt er wie eine Maus angerannt.
»Halt!« brüllt ihn ein Wachtposten an. Und notiert: »K-460. Wo warst du?«
Der Soldat tritt auf ihn zu und dreht den Karabiner mit dem Kolben nach oben.
Aus der Menge schreit es immer noch:
»Saukerl! Scheiße! Arschloch!«
Andere sind verstummt, kaum daß der Soldat den Gewehrkolben umgedreht hat.
Der Moldauer schweigt, zieht den Kopf ein, weicht vor dem Soldaten zurück. Der Hilfsbrigadier der 32. tritt vor:
»Dieses Mistvieh ist aufs Malergerüst geklettert, hat sich vor mir versteckt und irgendwo im Warmen gesessen und ist eingeschlafen.«
Mit der Faust gibt er ihm eins ins Genick! Und zwischen die Schultern! Damit treibt er ihn von den Soldaten weg. Der Moldauer taumelt rückwärts, da springt ein Ungar von der 32. vor und versetzt ihm einen Fußtritt in den Hintern, noch einen Fußtritt!
Hier geht es nicht ums Spionieren. Spionieren kann jeder Dummkopf. Ein Spion hat ein leichtes, spannendes Leben. Aber bring es erst mal fertig, in einem Straflager zehn Jahre mit Außenarbeiten abzusitzen!
Der Soldat ließ den Karabiner sinken.
Und der Kommandoführer brüllt:
»Zurrrück vom Tor! In Fünferreihen aufstellen!«
Diese Hundesöhne, noch einmal durchzählen! Was soll das jetzt noch? Die Häftlinge fingen wieder an zu grölen. Ihre Wut entlud sich jetzt auf die Begleitmannschaft. Sie schrieen und wichen nicht vom Tor zurück.

»Waas?« brüllt der Kommandoführer. »Wollt ihr hier im Schnee sitzen? Könnt ihr haben. Bis morgen früh bleibt ihr hier!«
Nichts Besonderes, er kann sie hier sitzen lassen. Wie viele Male hat er das schon getan. Sogar liegen mußten sie schon: »Hinlegen! Feuer frei!« Das alles war schon vorgekommen, das wußten die Häftlinge. Und sie zogen sich langsam vom Tor zurück.
»Zurück! Zurück!« treiben die Soldaten sie an.
»Was wollt ihr auch so dicht am Tor, Scheißkerle?« schimpfen die Hintenstehenden mit den Vordermännern. Und weichen unter dem Druck zurück.
»In Fünferreihen aufstellen! Erste! Zweite! Dritte!«
Der Mond leuchtet inzwischen mit voller Kraft. Der rötliche Schimmer hat sich verloren. Er ist schon ein gutes Viertel gestiegen. Der Abend ist hin! ... Verfluchter Moldauer, verfluchte Aufpasser! Verfluchtes Leben!
Die Männer in den vorderen abgezählten Reihen drehen sich um, stellen sich auf Zehenspitzen, um zu sehen – ob in der letzten Reihe nun zwei oder drei Mann stehen werden. Davon hängt jetzt alles ab.
Schuchow kam es schon vor, als seien sie nun plötzlich zu viert. Er erstarrte vor Angst: einer zuviel! Noch einmal abzählen! Aber dann entdeckte er Fetjukow: dieser Aasjäger hatte beim Kapitän einen Zigarettenstummel geschnorrt und war nicht rechtzeitig in seine Reihe zurückgetreten, daher schien es, als sei einer zuviel.
Der zweite Kommandoführer zog ihm wütend eins über, dem Fetjukow. Gut so!
In der letzten Reihe standen drei Mann. Gott sei Dank!
»Zurücktreten vom Tor!« die Soldaten treiben die Menge wieder weg.
Aber diesmal schimpfen die Häftlinge nicht, sie sehen: die Soldaten haben die Wache verlassen und umstehen

den Platz jenseits des Tores im Kreis. Jetzt wird man sie also hinauslassen.
Von den freien Vorarbeitern ist keiner zu sehen, auch der Bauführer nicht. Die Männer tragen ihr Holz hinaus.
Das Tor wird weit geöffnet. Dahinter, neben den Holzbarrieren, stehen schon der Kommandoführer und der Kontrollposten:
»Erste! Zweite! Dritte!«
Wenn die Zahl jetzt auch noch stimmt, werden die Wachtposten von den Türmen abgezogen.
Von den entferntesten Türmen aus kann man ganz schön marschieren, bis man um die Bauzone herum ist! Erst wenn der letzte Häftling die Zone verlassen hat und die Zahl stimmt – bekommen die Wachtposten telefonisch Bescheid: abziehen! Und wenn der Kommandoführer schlau ist, läßt er sofort abrücken, er weiß, daß es sinnlos ist zu fliehen und daß die Posten die Kolonne schnell einholen. Aber ein dummer Natschalnik hat Angst, daß er nicht genug Soldaten gegen die Sträflinge zur Verfügung hat und wartet.
Zu dieser Sorte von Simpeln gehört auch der heutige. Er wartet.
Den ganzen Tag schuften die Häftlinge in der Kälte, den Tod können sie sich holen, so durchfroren wie sie sind. Und jetzt stehen sie noch eine Stunde frierend herum. Aber der Frost setzt ihnen doch nicht so heftig zu wie die Wut: der Abend ist hin! Jetzt kann man nichts mehr erledigen im Lager.
»Woher kennen Sie die englische Marine so gut?« fragt jemand in der Nachbarreihe.
»Ja, wissen Sie, ich war fast einen Monat auf einem englischen Kreuzer. Ich hatte dort eine Kajüte für mich. Als Verbindungsoffizier fuhr ich in einem Geleitzug mit.

Und stellen Sie sich vor, nach dem Krieg schickte mir der englische Admiral, der Teufel hatte ihn geritten, ein Geschenk zur Erinnerung. ›Zum Zeichen der Dankbarkeit.‹ Ich habe mich zuerst gewundert und dann geflucht! ... und da – alle in einem Pferch ... Mit Banderaleuten sitzt man hier – kein Vergnügen.«
Seltsam. Wirklich seltsam das alles: die kahle Steppe, die verlassene Bauzone, der Schnee glänzt im Mondlicht. Die Soldaten stehen schon marschbereit – zehn Schritte voneinander entfernt, die Waffe schußbereit. Die schwarze Herde der Häftlinge, und in der schwarzen Wattejacke ein Mann – S-311 –, der sich ein Leben ohne goldene Achselklappen nicht vorzustellen vermochte, der mit einem englischen Admiral verkehrte und jetzt mit Fetjukow Mörtelkästen schleppt.
So ergeht's dem Menschen ...
Na, die ganze Begleitmannschaft war angetreten. Los ging es ohne »Gebet«:
»Schritt marsch! Schneller!«
Nichts da, ihr könnt uns mal – schneller! Die anderen Arbeitskolonnen haben uns doch überholt, also lohnt es nicht, sich zu beeilen. Ohne darüber zu reden, dachten alle Häftlinge dasselbe: ihr habt uns aufgehalten – jetzt drehen wir den Spieß um. Ihr möchtet genauso gern ins Warme ...
»Vorwärts marsch!« schreit der Mannschaftsführer, »vorwärts marsch, Kolonnenführer!«
Denkste – »vorwärts marsch!« Die Häftlinge gehen langsam, mit gesenktem Kopf wie zur Beerdigung. Wir haben nichts zu verlieren, wir kommen doch als letzte im Lager an. Wenn du uns nicht wie Menschen behandelst – schrei dir doch die Lunge aus dem Leib.
Der Mannschaftsführer wiederholte brüllend sein »Vorwärts marsch!«, aber er wußte: die Häftlinge gehen

nicht schneller. Schießen kann er auch nicht: sie gehen vorschriftsmäßig in Fünferreihen. Er hat keine Macht, sie schneller voranzutreiben. (Morgens erleichtern die Häftlinge sich das Leben nur dadurch, daß sie langsam zur Arbeit trotten. Wer zu schnell läuft, wird die Haftzeit nicht lebend überstehen – rackert sich ab, macht schlapp.)

Gleichmäßig, korrekt marschiert die Kolonne dahin. Der Schnee knirscht unter den Füßen. Der eine oder andere unterhält sich leise, die übrigen schweigen. Schuchow dachte nach – was hatte er heute früh im Lager nicht mehr erledigt? Dann erinnerte er sich – der Krankenbau! Ein Wunder, über der Arbeit hatte er ihn vollkommen vergessen.

Um diese Zeit ist Sprechstunde in der Krankenbaracke. Er könnte noch zurechtkommen, wenn er das Abendessen aufschiebt. Aber er hat den Eindruck, als habe das Gliederreißen ganz aufgehört. Temperatur werden sie auch nicht messen... Wozu Zeit vergeuden! Bisher ist er ohne Doktor ausgekommen. Diese Doktoren kurieren einen doch nur für die Holzkiste. Nicht der Krankenbau lockt ihn jetzt – wie kann man sich noch etwas zum Abendessen organisieren? Er hoffte nur, daß Caesar heute ein Paket bekam, es war schon lange fällig.

Plötzlich war die Kolonne wie verwandelt. Sie begann zu schwanken, geriet aus dem gleichmäßigen Trott, torkelte, die Häftlinge johlten und brüllten. Schon hatten die letzten Reihen, wo Schuchow ging, den Anschluß verloren, setzten sich in Trab, um die andern einzuholen. Dann ein paar Schritte langsamer und wieder im Laufschritt weiter.

Als die letzten die Anhöhe erreicht hatten, sah auch Schuchow, was los war: rechts von ihnen, weit hinten in der Steppe, ging noch eine schwarze Kolonne, sie kam

auf Schuchows Kolonne zu und beschleunigte gleichfalls ihr Tempo, vermutlich hatten die Männer sie entdeckt.
Diese Kolonne, etwa dreihundert Mann, konnte nur aus der Maschinenfabrik kommen. Sie hatten wohl auch Pech gehabt und waren aufgehalten worden. Aber weshalb?
Sie müssen manchmal wegen der Arbeit länger bleiben: wenn eine Maschine nicht rechtzeitig repariert worden ist. Aber ihnen kann es egal sein, sie sitzen den ganzen Tag im Warmen.
Na, jetzt geht es ums Ganze! Die Männer beginnen zu rennen, sie rennen richtig. Die Soldaten haben sich auch in Trab gesetzt, nur der Kommandoführer brüllt unermüdlich:
»Keine Lücken lassen! Von hinten aufschließen! Aufschließen!«
Man sollte dir eine in die Fresse hauen, was kläffst du so? Als ob wir das nicht von selbst wissen!
Alle hatten vergessen, was sie eben noch gesagt, woran sie gedacht hatten, die ganze Kolonne hatte nur den einen Wunsch:
Überholen! Die anderen abdrängen!
So ist das Süße mit dem Sauren verquickt, jetzt waren die Soldaten den Häftlingen nicht mehr feind, sondern freund. Denn der Feind – das war die andere Kolonne.
Sofort hatten alle wieder gute Laune, die Wut war verraucht.
»Schneller! Schneller!« rufen die letzten den Vordermännern zu.
Die Kolonne war gerade bis zur Straße vorgestoßen, als die von der Maschinenfabrik hinter der Wohnsiedlung verschwanden. Jetzt ging der Wettlauf blind weiter. Hier auf der Straße kommt die Kolonne auch leichter

voran. Und die Soldaten zu beiden Seiten stolpern nicht mehr so oft. Jetzt müssen wir die anderen abhängen!
Vor allem auch deshalb, weil die Kolonne aus der Maschinenfabrik am Lagereingang besonders lange gefilzt wird. Seitdem im Lager ein paar erstochen wurden, vermutet die Leitung, daß die Messer in der Fabrik hergestellt und von dort aus ins Lager geschmuggelt werden. Darum filzen sie die Maschinenfabrik besonders genau. Noch im Spätherbst, die Erde war schon gefroren, hatte man sie angeschrien:
»Schuhe ausziehen, Maschinenfabrik! Schuhe in die Hand nehmen!«
Barfuß wurden sie gefilzt.
Auch bei dieser Kälte picken sie einzelne heraus:
»Los, zieh den rechten Filzstiefel aus! Und du da – den linken!« Der Häftling zieht ihn aus und muß, auf einem Bein hüpfend, den Filzstiefel umdrehen und den Fußlappen ausschütteln – bitte sehr, kein Messer drin.
Schuchow hatte gehört – er weiß nicht, ob es wahr ist oder nicht –, daß die Arbeiter aus der Maschinenfabrik im vergangenen Sommer zwei Volleyballpfosten ins Lager brachten, in denen sie die Messer versteckt hatten. In jedem zehn lange Dinger. Noch jetzt findet man hin und wieder eins im Lager – mal hier, mal dort.
Fast im Laufschritt geht es am neuen Klubgebäude, an der Wohnsiedlung und der Holzverarbeitungsfabrik vorüber – bis sie rechts einschwenkend auf die Straße zur Lagerwache vorstoßen.
»Hu-hu-hu!« ruft die Kolonne wie ein Mann.
Auf diese Kreuzung hatten sie es abgesehen! Die Kolonne aus der Maschinenfabrik war etwa hundertfünfzig Meter rechts hinter ihnen geblieben. Na, jetzt konnten sie sich Zeit lassen. Die ganze Kolonne frohlockte. Wie die Hasen in der Fabel: die Frösche haben Angst

vor uns. Da ist das Lager. Nichts hat sich verändert seit heute morgen: es ist Nacht, die Lichter in der Lagerzone scheinen über den festen Bretterzaun, besonders dicht stehen die Laternen vor der Wache, der ganze Platz zum Filzen ist wie mit Sonnenlicht übergossen.
Aber, kurz vor der Wache...
»Halt!« ruft der zweite Kommandoführer. Und nachdem er seine Maschinenpistole einem Soldaten übergeben hat, läuft er dicht an die Kolonne heran (mit Maschinenpistole ist das verboten). »Alle auf der rechten Seite, die Holz bei sich haben, Holz nach rechts werfen!«
Unterwegs hatten sie es alle offen getragen, er hatte es sehen können. Ein Bündel nach dem andern fliegt zur Seite. Ein paar wollen ihr Holz in der Kolonne verstecken, aber die Nachbarn fahren sie an:
»Deinetwegen nehmen sie uns dann alles weg! Gib es lieber freiwillig ab!«
Wer ist der größte Feind des Häftlings? Der andere Häftling. Wenn die Häftlinge untereinander keinen Streit anfingen, könnte die Lagerleitung nicht so leicht mit ihnen fertig werden.
»Marsch!« schreit der zweite Kommandoführer.
Sie gehen zur Wache.
Vor der Wache laufen fünf Straßen zusammen, vor einer Stunde drängten sich dort noch alle Arbeitskolonnen. Wenn diese Straßen eines Tages alle bebaut sind, wird genau an der Stelle, wo man sie jetzt filzt, das Zentrum der zukünftigen Stadt sein. Und wo sich jetzt immer die Arbeitskolonnen stauen, werden später die Demonstrationszüge zusammentreffen.
Die Aufseher haben in der warmen Wache gesessen. Jetzt kommen sie heraus, stellen sich quer über die Straße.

»Jacken aufknöpfen! Westen aufknöpfen!«
Sie breiten die Arme aus. Wollen die Häftlinge beim Filzen umarmen. Die Seiten abklopfen. Alles in allem dasselbe wie morgens.
Jetzt ist es nicht so schlimm, die Sachen aufzuknöpfen. Gleich geht's nach Hause.
Alle sagen – »nach Hause«.
An ein anderes Haus zu denken, haben sie den ganzen Tag keine Zeit gehabt.
Die Spitze der Kolonne wurde schon gefilzt, als Schuchow zu Caesar trat:
»Caesar Markowitsch! Von der Wache aus laufe ich sofort zur Paketausgabe und stelle mich dort an.«
Caesar wandte Schuchow seinen schwarzglänzenden, von unten weiß bereiften Schnurrbart zu:
»Wozu, Iwan Denissytsch? Vielleicht habe ich wieder kein Paket.«
»Und wennschon – das macht mir nichts aus! Zehn Minuten warte ich, und wenn Sie nicht kommen – gehe ich in die Baracke.«
(Schuchow denkt sich: wenn Caesar nichts hat, kommt vielleicht jemand anders, dem er seinen Platz in der Schlange verkaufen kann.)
Anscheinend hat Caesar die Hoffnung auf sein Paket aufgegeben:
»Na schön, Iwan Denissytsch. Lauf hin, stell dich an. Warte zehn Minuten, nicht länger.«
Sieh mal an, gleich kommen sie an die Reihe. Heute hat Schuchow nichts zu verstecken, er geht ganz gelassen nach vorn. Gemächlich öffnet er die Wattejacke und die Weste unter dem Segeltuchgurt.
Obwohl er sich nicht entsinnen konnte, heute etwas Verbotenes eingesteckt zu haben, war ihm die Vorsicht in acht Jahren Haft zur Gewohnheit geworden. Er steckte

eine Hand in die Hosentasche am Knie – um festzustellen, daß sie leer war, obwohl er es doch genau wußte.

Die Säge, das Stück Sägeblatt war ja drin! Das Sägeblatt, das er heute in der Bauzone gefunden und aufgehoben hatte und gar nicht mit ins Lager nehmen wollte.

Er hatte es nicht vorgehabt, aber da es noch in der Tasche steckte – wäre es schade, das Sägeblatt fortzuwerfen! Man könnte es zu einem Messerchen zurechtschleifen – als Schustermesser oder als Trennmesser für einen Schneider.

Wenn er rechtzeitig daran gedacht hätte, daß er die Säge mitnehmen würde, hätte er sich ein gutes Versteck überlegt. Aber jetzt standen nur noch zwei Reihen vor ihm, eine davon trat gerade zum Filzen an.

Blitzschnell mußte er sich jetzt entschließen: die Säge entweder im Schutz der letzten Fünferreihe unbemerkt in den Schnee zu werfen (wo man sie zwar entdecken, aber nicht wissen würde, wem sie gehört) oder mitzunehmen! Für das Sägeblatt konnte er zehn Tage Bunker bekommen, wenn es als Messer galt.

Aber ein Schustermesserchen bedeutete Verdienst, bedeutete Brot!

Er mochte es nicht wegwerfen.

Schuchow steckte es in den wattierten Fausthandschuh.

Gerade befahlen sie der nächsten Fünferreihe, zum Filzen anzutreten.

Im hellen Lampenschein standen die drei letzten da: Senjka, Schuchow und der Bursche, der den Moldauer geholt hatte.

Weil sie nur noch zu dritt waren, fünf Aufseher ihnen gegenüber standen, konnte er mogeln – sich aussuchen, zu welchem der beiden Aufseher an der rechten Seite er ging. Schuchow nahm nicht den jungen, rotwangigen, sondern den Alten mit dem grauen Schnurrbart. Der Alte war erfahren und hätte natürlich sofort etwas gefunden, wenn er wollte, aber weil er alt war, mußte ihm der Dienst doch wohl zum Hals heraushängen.

Inzwischen hatte Schuchow beide Handschuhe, den leeren und den mit dem Sägeblatt, ausgezogen, hatte sie in eine Hand genommen (den leeren vor den andern, und den Stoffgurt dazu), hatte die Weste ganz aufgeknöpft, dic Schöße der Wattejacke und der Weste willfährig hochgehoben (noch nie war er beim Filzen so beflissen gewesen, jetzt wollte er zeigen, daß er nichts zu verbergen hatte – hier, faß mich an!) –, und auf das Kommando hin trat er vor den Aufseher mit dem grauen Schnurrbart.

Der Aufseher klopfte Schuchow die Seiten und den Rücken ab, schlug einmal auf die Hosentasche am Knie – nichts, drückte einmal die Schöße der Jacke und der Weste zusammen – auch nichts, und drückte noch, um korrekt zu sein, den vorderen Handschuh zusammen – den leeren.

Der Aufseher preßte den Handschuh zusammen, aber Schuchow war es zumute, als würde er innerlich mit Zangen gezwickt. Noch ein Griff nach dem zweiten Handschuh – und er sitzt im Bunker bei dreihundert Gramm pro Tag, warmes Essen erst nach drei Tagen. Er stellte sich vor, wie er dort abmagerte und wie schwierig es für ihn sein würde, den halbwegs erträglichen Zustand – weder hungrig noch satt – wieder zu erreichen.

Inbrünstig, flehentlich betete er leise vor sich hin:

»Herr, errette mich! Bewahre mich vor dem Bunker!«
Alle diese Gedanken durchfuhren ihn, während der Aufseher den einen Handschuh zusammenpreßte und schon nach dem zweiten griff (er hätte sie gleichzeitig mit beiden Händen zusammengedrückt, wenn Schuchow die Handschuhe nicht in einer Hand gehalten hätte). Aber da hörten sie, wie der Oberaufseher, der möglichst schnell fertig werden wollte, den Soldaten zurief:
»Los, die Maschinenfabrik soll antreten!«
Und statt den zweiten Handschuh anzufassen, gab der grauhaarige Aufseher Schuchow ein Zeichen – geh weiter. Und ließ ihn los.
Schuchow rannte hinter den andern her. Sie hatten sich schon zwischen den beiden langen Holzbarrieren, die den Pferdestangen auf dem Markt glichen und gleichsam einen Pferch für die Kolonne bildeten, in Fünferreihen aufgestellt. Er lief leicht, ohne die Erde unter den Füßen zu spüren, und betete auch nicht mehr zum Dank, weil er keine Zeit hatte und es nun nicht mehr nötig war.
Die Begleitmannschaft der Kolonne war zur Seite getreten, um den Soldaten von der Maschinenfabrik den Weg frei zu machen, sie wartete nur noch auf den Kommandoführer. Das Holz, das die Kolonne vor dem Filzen hingeworfen hatte, hatten die Soldaten aufgesammelt, das übrige Holz, das die Aufseher während des Filzens den Häftlingen weggenommen hatte, lag zu einem Haufen aufgeschichtet vor der Wache.
Der Mond war wieder ein Stück gestiegen, die helle Nacht war bitterkalt. Der Kommandoführer, der noch auf der Wache seine Quittung für vierhundertdreiundsechzig Mann in Empfang nehmen mußte, sprach mit Prjacha, einem Helfer Wolkowojs, und der rief:
»K-460!«

Der Moldauer, der sich mitten in der Kolonne verkrochen hatte, trat seufzend an die rechte Barriere. Er hielt immer noch den Kopf gesenkt und hatte die Schultern hochgezogen.
»Komm her!« Prjacha machte eine Handbewegung, er solle um die Barriere herumgehen.
Der Moldauer ging herum. Er mußte die Hände auf den Rücken legen und so stehenbleiben.
Also würden sie ihm Fluchtversuch anhängen. In den Bau stecken.
Kurz vor dem Tor stellten sich rechts und links vom Pferch zwei Wachtposten auf, das Tor, etwa drei Mann hoch, öffnete sich langsam, und das Kommando ertönte:
»In Fünferreihen aufstellen! (»Vom Tor zurücktreten!« war jetzt unnötig, jedes Lagertor geht nach innen auf, damit die Häftlinge es nicht aufsprengen, wenn sie in Massen von innen dagegen drücken). Erste! Zweite! Dritte!« Wenn die Häftlinge nach diesem abendlichen Zählappell durchs Lagertor zurückkehren, sind sie erschöpfter, durchgefrorener und ausgehungerter als zu jeder anderen Tageszeit – und der Schlag kochendheißer, dünner Kohlsuppe ist für sie wie Regen in der Dürre – sofort haben sie alles gierig hinuntergeschlungen. Dieser Schlag Suppe bedeutet ihnen jetzt mehr als die Freiheit, mehr als das frühere und das noch bevorstehende Leben.
Wenn die Häftlinge durchs Lagertor einziehen, kommen sie wie Soldaten aus dem Feldzug zurück – lärmend, abgehärtet, selbstbewußt – mach Platz da!
Wenn so ein Drückeberger aus der Stabsbaracke die Woge der Häftlinge auf sich zukommen sieht, bekommt er es mit der Angst zu tun.
Erst nach diesem Zählappell, zum erstenmal seit dem

Ausrücken frühmorgens um halb sieben, ist der Häftling ein freier Mensch. Hinter ihm liegen das große Lagertor, die Vorzone, das kleine Tor, auf der Lagerstraße mußte er noch zwei Barrieren passieren – und jetzt zerstreuen sich alle, der eine hierhin, der andere dorthin.

Sie können gehen, aber die Brigadiere werden noch vom Arbeitsleiter festgehalten:

»He, Brigadiere! In die PPA!«

Schuchow rannte an der Gefängnisbaracke vorbei, zwischen den Baracken hindurch – zur Paketausgabe. Caesar ging langsam, würdevoll nach der anderen Seite, wo Häftlinge sich um einen Pfahl drängten; an dem Pfahl war eine Sperrholztafel angebracht und darauf mit Kopierstift die Namen derjenigen notiert, für die heute ein Paket angekommen war.

Im Lager wird nur selten auf Papier geschrieben, meist auf Sperrholz. Es wirkt gleichsam gewichtiger, bestimmter – so auf einem Brett. Filzer und Arbeitsleiter zählen darauf zusammen. Am nächsten Tag wird alles abgekratzt, und man kann wieder darauf schreiben. Einsparung.

Wer tagsüber im Lager bleibt, kann sich auch auf folgende Weise etwas verdienen: liest auf dem Brett, wer ein Paket bekommen hat, kommt ihm auf der Lagerstraße entgegen und teilt ihm die Nummer mit. Zumindest eine Zigarette fällt dabei immer ab.

Schuchow war bei der Paketausgabe angekommen – ein Barackenanbau, dem sie noch einen Vorraum angepappt hatten. Der Vorraum hatte keine Außentür, die Kälte drang ungehindert ein – drinnen war es trotzdem etwas erträglicher, denn man hatte ein Dach über dem Kopf.

Im Vorraum standen die Wartenden an der Wand entlang, Schuchow stellte sich hinten an. Etwa fünfzehn

Mann vor ihm, das bedeutet mehr als eine Stunde, gerade bis zum Zählappell. Aber von der Kraftwerkkolonne hat noch keiner außer ihm die Liste gelesen, die kommen alle erst nach ihm dran. Und die ganze Maschinenfabrik. Wahrscheinlich müssen die noch einmal, morgen früh, nach ihren Paketen anstehen.

Mit Beuteln und Säckchen stehen sie Schlange. Hinter der Tür dort (Schuchow hat in diesem Lager noch nie ein Paket bekommen, er weiß es aus Gesprächen) werden die Sperrholzkisten mit einem kleinen Beil geöffnet, der Aufseher nimmt eigenhändig alles heraus, kontrolliert. Dies zerschneidet er, das bricht er durch, hier tastet er etwas ab, da schüttet er etwas aus. Wenn etwas Flüssiges dabei ist, in Gläsern oder in Dosen, dann machen sie es auf und gießen es aus – halt die Hände drunter oder ein Handtuch. Die Konservendosen geben sie nicht her, wer weiß, wovor sie Angst haben. Wenn Kuchen, eine Süßigkeit, Wurst oder Fisch im Paket ist, probiert der Aufseher alles. (Versuch nur einmal, dich zu beschweren, dann behauptet er gleich, daß es verboten ist, so etwas zu schicken, und was nicht geschickt werden darf, braucht er nicht herauszugeben. Wer ein Paket bekommt, muß, angefangen beim Aufseher, geben, geben und nochmals geben.) Wenn die Sendung gefilzt ist, geben sie keineswegs die Sperrholzkiste heraus – pack dein ganzes Zeug in den Beutel, meinetwegen auch in den Rockschoß der Wattejacke – und hau ab, der nächste bitte. Manch einen hetzen sie so, daß er auf dem Packtisch etwas vergißt. Es lohnt nicht, deswegen noch einmal umzukehren. Es liegt nichts mehr da.

Früher, in Ust-Ischma, bekam Schuchow auch Pakete. Aber dann schrieb er von sich aus seiner Frau: schick nichts mehr, es geht doch verloren, nimm es den Kindern nicht weg.

Obwohl es Schuchow in der Freiheit leichtergefallen war, die ganze Familie zu ernähren, als sich jetzt allein, wußte er doch auch, was diese Sendungen kosteten, wußte er, daß man die Familie nicht zehn Jahre lang damit belasten durfte. Also lieber kein Paket mehr.
Obwohl er selbst den Entschluß gefaßt hatte, peinigte es ihn jedesmal, wenn einer aus der Brigade oder ein Barackennachbar ein Paket bekam (und das passierte fast täglich), er aber nicht. Obwohl er seiner Frau sogar verboten hatte, ihm zu Ostern etwas zu schicken, und er selbst nie zum Anschlagbrett ging, es sei denn für einen reichen Brigadeangehörigen – wartete er manchmal heimlich darauf, daß einer gelaufen kam und sagte: »Schuchow! Wo bleibst du denn? Du hast ein Paket!«
Aber niemand kam ...
Immer seltener gab es einen Anlaß, an das Dorf Temgenjowo und sein Haus dort zu denken ... Das Leben hier beanspruchte ihn vom Wecken bis zum Schlußappell und ließ ihm keine Zeit für müßige Erinnerungen.
Während er hier mit den anderen herumstand, die sich mit der Aussicht trösten konnten, daß sie bald ein Stück Speck zwischen den Zähnen spüren, sich Butter auf die Brotration streichen oder Zucker in den Tee tun würden, hielt ihn nur der Wunsch aufrecht, noch früh genug, mit der Brigade in die Kantine zu kommen und die Gemüsesuppe heiß zu essen. Kalt war sie nicht mehr halb so viel wert.
Er nahm an, daß Caesar schon in der Baracke war und sich wusch, wenn sein Name nicht auf der Liste stand. Wenn doch, suchte er jetzt seine Beutel, Plastikbehälter, Packmaterial zusammen. Darum hatte er Schuchow gebeten, zehn Minuten auf ihn zu warten.
Hier in der Schlange hörte Schuchow eine Neuigkeit:

in dieser Woche würde es wieder keinen Sonntag geben, sie sparen den Feiertag ein. Er hatte schon damit gerechnet, die anderen auch: wenn in einen Monat fünf Sonntage fallen, bekommen sie nur drei freie Tage, an den übrigen können sie schuften. Er hatte es erwartet, aber als er es hörte – war er bitter enttäuscht: Wem täte es nicht um den schwerverdienten Sonntag leid? Aber die anderen in der Schlange haben auch recht, die sagen: Den Feiertag können sie uns auch im Lager verderben, irgendwas fällt ihnen schon ein – entweder ist eine Sauna anzubauen, eine Mauer zu errichten, damit ein Durchgang versperrt wird, oder vor den Baracken muß gefegt werden. Dann wieder müssen die Matratzen gewechselt und ausgeschüttelt, die Wanzen auf den Pritschen vernichtet werden. Oder sie denken sich eine Personenkontrolle nach Karteikarten aus. Oder eine Inventur: dann kann man mit seinen Siebensachen den halben Tag im Freien herumstehen.

Am meisten ärgern sie sich anscheinend, wenn die Häftlinge nach dem Frühstück schlafen.

Die Schlange bewegte sich vorwärts, wenn auch nur langsam. Ein paar kamen außer der Reihe dran, ohne jemanden zu fragen, stießen sie den Vordersten beiseite – ein Friseur, ein Buchhalter und einer aus der Kultur- und Bildungsabteilung. Keine ordinären Häftlinge, sondern erfahrene Drückeberger, gewiefte Gauner, die immer in der Lagerzone blieben. Für die Häftlinge, die draußen schufteten, waren sie der letzte Dreck (und umgekehrt). Aber mit ihnen Streit anzufangen hatte keinen Zweck: sie steckten untereinander wie mit den Aufsehern unter einer Decke.

Immer noch standen zehn Mann vor Schuchow, und hinter ihm waren noch sieben hereingekommen – da trat Caesar, leicht gebückt, durch die Türöffnung ein, er trug seine neue Pelzmütze, die er von draußen geschickt bekommen hatte. (Das war auch so eine unklare Sache. Caesar hatte jemanden geschmiert, damit er diese elegante, neue Mütze tragen durfte. Den anderen wurden sogar die abgewetzten Militärmützen abgenommen, und Caesar lächelte Schuchow zu und begann sich sofort mit einem komischen Kerl zu unterhalten, der eine Brille trug und beim Schlangestehen Zeitung las:

»Ah! Pjotr Michalytsch!«

Und – sie begrüßten einander überschwenglich. Der Komische:

»Ich habe gerade die ›Abendzeitung‹ bekommen, sehen Sie mal! Mit Streifband!«

»Und was gibt's?!« Caesar steckt seine Nase auch gleich in die Zeitung. Dabei hängt an der Decke nur eine trübe, schwache Glühbirne, wie wollen sie die winzigen Buchstaben entziffern?

»Hier ist eine hochinteressante Besprechung von Sawadskijs Premiere!...«

Diese Moskauer riechen sich schon von weitem, wie Hunde. Und wenn sie zusammentreffen, beschnuppern sie sich auf ihre Art. Fangen an zu schnattern, einer schneller als der andere. Und wenn sie aufeinander einreden, hört man selten ein russisches Wort heraus – es klingt genauso, als ob sich Letten oder Rumänen unterhalten.

Caesar hat alle seine Beutel bei sich.

»Dann will ich mal... Caesar Markowitsch...«, nuschelt Schuchow, »kann ich also gehen?«

»Natürlich, natürlich«, Caesar hebt sein schnurrbärtiges Gesicht von der Zeitung hoch, »hinter wem stehe ich denn? Wer ist nach mir dran?«

Schuchow erklärte es ihm, und ohne abzuwarten, ob Caesar ihn ans Abendessen erinnert, fragte er:

»Soll ich das Essen mitbringen?«
(Das bedeutet – aus der Kantine in die Baracke, in der Blechdose. Es ist streng verboten, sie haben schon viele Anordnungen deswegen erlassen. Wenn sie einen schnappen, schütten sie das Essen auf die Erde, der Häftling kommt in den Bunker – trotzdem holen die Häftlinge weiter Essen, denn wer etwas zu erledigen hat, schafft es nie, rechtzeitig mit der Brigade in der Kantine zu sein.)
Er fragte, ob er das Essen mitbringen solle, dachte aber dabei: Du wirst mich doch nicht übers Ohr hauen und mir das Abendessen nicht schenken? Es gibt ja nicht einmal Grütze, nur die dünne Gemüsesuppe! ...
»Nein, nein«, sagte Caesar lächelnd, »iß das Abendessen selbst, Iwan Denissytsch!«
Darauf hatte Schuchow nur gewartet! Wie ein Vogel, den man in die Freiheit entläßt, schoß er aus dem Vorraum hinaus – und rannte durchs Lager.
Die Häftlinge eilen geschäftig hin und her! Einmal hatte der Lagerkommandant folgenden Befehl ausgegeben: die Häftlinge dürfen nicht einzeln im Lager umhergehen. Wenn möglich, soll die Brigade geschlossen überall hingeführt werden. Wenn wirklich einzelne in den Krankenbau oder zur Latrine müssen – sollen sie Gruppen von vier, fünf Mann bilden, einer aus der Gruppe soll sie als Ältester begleiten, auf sie warten und sie wieder geschlossen in die Baracke zurückbringen.
Der Lagerkommandant klammerte sich hartnäckig an diesen Befehl. Niemand wagte ihm zu widersprechen. Die Aufseher schnappten sich alle, die sie einzeln antrafen, schrieben sie auf und setzten sie in den Bunker – aber die Anordnung erlitt Schiffbruch. Unauffällig, wie sich viele andere laut verkündete Anordnungen selbst liquidieren. Denn wenn einer zum Beispiel zum Opera-

tiv gerufen wird – kann ihn nicht ein ganzes Kommando begleiten! Oder wenn jemand seine Lebensmittel in der Ausgabestelle abholen will, was soll ein anderer dabei? Und der dritte möchte in der Kultur- und Bildungsabteilung Zeitungen lesen, wer soll dann mit ihm gehen? Ein anderer wieder muß seine Filzstiefel reparieren lassen, einer in den Trockenraum, einer schnell in die Nachbarbaracke (das war am strengsten untersagt!) – wie soll man sie alle davon abhalten?

Mit dieser Anordnung wollte der Kommandant den Häftlingen ihr letztes bißchen Freiheit nehmen, aber es glückte ihm nicht, diesem dickbäuchigen Angeber.

Unterwegs begegnete Schuchow einem Aufseher und lüftete vorsichtshalber die Mütze. In der Baracke war große Aufregung: jemandem ist tagsüber seine Ration gestohlen worden, die Männer brüllen den Barackendienst an, der Barackendienst schreit zurück. Die Ecke der 104. ist leer.

Schuchow ist schon zufrieden mit dem Tag, wenn er nach Rückkehr ins Lager seine Matratze nicht durchwühlt vorfindet, wenn sie die Baracke nicht gefilzt haben.

Schuchow stürzte zu seiner Pritsche, warf im Gehen die Wattejacke von den Schultern. Die Jacke – nach oben, die Handschuhe mit dem Sägeblatt – auch nach oben, er befühlte die Matratze – das Stück Brot von heute morgen lag an seinem Platz! Er freute sich, daß er es eingenäht hatte.

Im Laufschritt wieder hinaus! In die Kantine!

Er raste zur Kantine, ohne einem Aufseher über den Weg zu laufen. Nur Häftlinge kamen ihm entgegengeschlendert, stritten über die Rationen. Draußen ist das Mondlicht noch intensiver geworden. Die Laternen scheinen nur schwach, die Baracken werfen schwarze

Schatten. Der Eingang in die Kantine führt über eine breite Vortreppe mit vier Stufen, die Treppe liegt jetzt im Schatten. Oben schwankt eine Laterne, quietscht in der Kälte. Die Glühbirnen schimmern regenbogenfarbig, vielleicht vom Frost, vielleicht vor Dreck.
Es gab noch einen strengen Befehl des Lagerkommandanten: in Zweierreihen sollen die Brigaden die Kantine betreten. Die Anordnung lautete weiter: vor der Kantine müssen die Brigaden solange in Fünferreihen stehenbleiben und warten, bis der Kantinendienst sie einläßt.
Den Posten als Kantinendienst behauptete seit langem Chromoj, der Lahme. Mit seinem Hinken hatte er es durchgesetzt, daß er als Invalide registriert wurde, aber stämmig ist er, der Schuft. Er hat sich einen Birkenknüppel angeschafft und prügelt jeden damit die Treppe hinunter, der sie ohne seine Erlaubnis betritt. Natürlich nicht jeden. Chromoj ist gerissen, er erkennt im Dunkeln die Leute von hinten – und schlägt keinen, der ihm selbst in die Visage haut. Er schlägt nur Schwächere. Einmal hat er Schuchow verprügelt.
Der Posten heißt zwar »Kantinendienst«. Aber wer sich mit den Köchen versteht – ist in Wirklichkeit ein Fürst!
Heute hatten sie anscheinend alle Brigaden gleichzeitig antreten lassen, oder das Aufstellen dauerte so lange, jedenfalls war die Vortreppe dicht umlagert, auf der Treppe standen Chromoj, Chromojs Faktotum und der Kantinenleiter. Ohne Aufseher werden sie mit den Häftlingen fertig, diese Protzkerle.
Der Kantinenleiter ist ein fettes Schwein, ein Kopf wie ein Kürbis, die Schultern ein Arschin[1] breit. Er hat soviel überschüssige Kraft, daß sein ganzer Körper beim Gehen zu vibrieren scheint, als seien Stahlfedern in Armen und Beinen. Er trägt eine weiße Pelzmütze ohne

1 1 Arschin = 0,711 m

Nummer, keiner von den Freien besitzt so eine Mütze. Und eine Lammfellweste trägt er, die hat auf der Brust eine winzige Nummer, klein wie eine Briefmarke – ein Zugeständnis an Wolkowoj, dafür hat sie auf dem Rücken keine Nummer. Der Kantinenleiter katzbuckelt vor niemandem, aber alle Häftlinge fürchten sich vor ihm. Tausende von Menschenleben sind ihm ausgeliefert. Einmal wollten sie ihn verprügeln, da sprangen alle Köche zu Hilfe, einer wie der andere eine Gaunervisage.

Schlimm steht es für Schuchow, wenn die 104. schon durchgelassen ist – Chromoj kennt jeden Häftling im Lager, und wenn der Kantinenmensch neben ihm steht, läßt er einen um nichts in der Welt mit einer anderen Brigade hinein, er macht sich absichtlich einen Spaß daraus.

Hinter seinem Rücken sind sie schon manchmal übers Treppengeländer geklettert, auch Schuchow. Aber heute kann er es nicht riskieren – Chromoj wird ihn so zusammenschlagen, daß er gerade noch in den Krankenbau kommt.

Er muß so nahe wie möglich an die Treppe heran, um im Dunkeln unter all den gleichen schwarzen Wattejacken herauszufinden, ob die 104. noch hier steht.

Da drängten die Brigaden plötzlich nach vorn, schoben sich gegenseitig vorwärts (was sollten sie anderes tun – bald war Schlußappell) und gingen wie auf eine Festung los – nahmen die erste, die zweite, die dritte, die vierte Stufe, die Menge wälzte sich die Treppe hinauf!

»Halt, Scheißkerle!« brüllt Chromoj und hebt seinen Knüppel gegen die Vordersten. »Zurück! Sonst schlage ich einen zu Brei!«

»Was können wir dafür«, schreien die, »wenn die von hinten drücken?«

Es stimmt schon, hinten, hinten stehen die Drängler, aber die Vorderen leisten nicht viel Widerstand, meinen, sie kommen so mit Schwung in die Kantine. Da nahm Chromoj seinen Stock quer und hielt ihn den Vordersten wie einen Schlagbaum vor die Brust, und dann stürzte er sich blitzschnell auf sie! Auch Chromojs Helfer, das Faktotum, griff nach dem Knüppel, sogar der Kantinenleiter war sich nicht zu schade, sich die Hände dreckig zu machen.

Sie drängten heftig vorwärts, sie hatten Bärenkräfte, weil sie immer Fleisch zu essen hatten – schon waren alle zurückgestoßen! Die Vorderen schoben sie auf die Dahinterstehenden, warfen sie fast wie Garben die Treppe hinunter.

»Verdammter Chromoj ... den Schädel müßte man dir einschlagen!« schrieen einige aus der Menge, versteckten sich aber sofort. Andere fielen schweigend hin, standen schweigend wieder auf, hastig, damit sie nicht totgetrampelt wurden.

Die Stufen waren leer. Der Kantinenleiter entfernte sich über die Treppe, Chromoj blieb auf der obersten Stufe stehen und sagte in belehrendem Ton: »In Fünferreihen aufstellen, ihr Schafsköpfe, wie oft soll ich es noch sagen?! Wenn es soweit ist, lasse ich euch durch!«

Schuchow hatte unmittelbar vor der Treppe Senjka Klewschins Kopf erspäht, er freute sich schrecklich, also los, er mußte sich nur schnell dorthin durchboxen. Sie standen Rücken an Rücken – na, er hat nicht Kraft genug, sich durchzuschlagen.

»Siebenundzwanzigste!« ruft Chromoj. »Durchgehen!« Die Männer sprangen die Stufen hinauf und so schnell es ging zur Tür. Hinter ihnen drängten wieder alle auf die Treppe, und die Hintenstehenden schoben sie vorwärts. Auch Schuchow drückte mit aller Kraft nach

vorn. Die Vortreppe zittert, die Laterne darüber quietscht.
»Schon wieder, Mistvieh?« Chromoj wird wild. Mit seinem Knüppel schlägt er auf die Männer ein, auf die Schultern, auf die Rücken, und stößt den einen auf den andern.
Wieder war die Treppe leer.
Von unten sieht Schuchow – Pawlo ist neben Chromoj die Treppe hinaufgestiegen. Er führt hier die Brigade an, denn Tjurin begibt sich nicht in dieses Gewühl, um sich ja nicht schmutzig zu machen.
»In Fünferreihen aufstellen, Hundertvierte!« schreit Pawlo von oben. »Kommt nach vorn, Freunde!«
Die Freunde werden dir was blasen!
»Laß mich doch mal durch, du mit dem breiten Rücken! Ich gehör zu der Brigade!« Schuchow schüttelt einen vor ihm Stehenden.
Der würde ihn gern durchlassen, aber er ist fest eingezwängt.
Die Menge wogt hin und her, sie erdrücken einander fast – nur um ihre Gemüsesuppe zu bekommen. Die Suppe, die ihnen rechtmäßig zusteht.
Da macht Schuchow etwas anderes: er schwingt sich über das linke Geländer, packt den Treppenpfosten mit beiden Händen und – hängt in der Luft. Er stößt jemandem gegen die Knie, ein anderer pufft ihn in die Seite, wieder andere fluchen, aber da ist er schon durchgeschlüpft: Mit einem Fuß steht er auf dem Gesims der Vortreppe neben der obersten Stufe und wartet. Da sahen ihn die anderen aus seiner Brigade und streckten ihm die Hände hin.
Der Kantinenleiter, der gerade fortging, warf noch einen Blick aus der Tür:
»Los, Chromoj, noch zwei Brigaden!«

»Hundertvierte!« ruft Chromoj, »und du Vieh, wo willst du denn hin?« Und mit seinem Stock zieht er einem aus einer anderen Brigade eins über.
»Hundertvierte« schreit Pawlo und läßt sie durchgehen.
»Uff!« Schuchow hatte sich in die Kantine durchgeschlagen. Und ohne abzuwarten, ob Pawlo etwas sagte, macht er sich auf die Suche nach Tabletts, nach unbenutzten.
In der Kantine ist's wie immer – weiße Dampfschwaden an der Tür, dichtgedrängt sitzen die Männer an den Tischen, wie Kerne in der Sonnenblume, andere gehen zwischen den Tischen hindurch, stoßen sich gegenseitig, bahnen sich mit dem vollbeladenen Tablett einen Weg. Aber Schuchow ist dieses Bild seit Jahren vertraut, mit seinen scharfen Blick sieht er sofort: S-208 hat nur fünf Schüsseln auf seinem Brett, also ist es das letzte für seine Brigade, denn sonst hätte er es vollgestellt. Schuchow holt ihn ein und sagt ihm von hinten ins Ohr:
»Freundchen! Nach dir bekomme ich das Tablett!«
»Aber am Schalter wartet schon jemand, ich habe ihm versprochen ...«
»Soll er warten, bis er schwarz wird!«
Sie einigten sich.
Der Häftling trug seine Schüsseln an den Tisch, lud das Tablett ab, Schuchow ergriff es, da kam auch schon der andere vom Schalter gerannt und hielt das Brett an der anderen Seite fest. Er war schmächtiger als Schuchow. Schuchow drückte ihn mit dem Tablett in die Richtung, in die er zog, er flog gegen einen Pfosten, die Hände ließen das Brett fahren. Schuchow – das Tablett unter den Arm und ab zur Essensausgabe.
Pawlo steht in der Schlange vor dem Schalter, wartet auf die Tabletts. Er freut sich:

»Iwan Denissowitsch!« und stößt den vor ihm stehenden Hilfsbrigadier der Siebenundzwanzigsten beiseite: »Laß mich vor! Was stehst du hier herum? Ich habe Tabletts!« Sieh mal, auch Goptschik, dieser kleine Spitzbube, schleppt ein Tablett an.
»Sie standen dumm herum«, sagt er lachend, »da habe ich mir eins genommen.«
Goptschik wird eines Tages ein gewiefter Lagerfuchs. Seine drei Jahre muß er noch in die Lehre gehen, sich noch auswachsen – dann wird er's mindestens zum Brotverteiler bringen.
Pawlo übergab das zweite Tablett Jermolajew, einem kräftigen Sibirier (er hatte ebenfalls wegen Kriegsgefangenschaft seine zehn Jahre bekommen). Goptschik sollte inzwischen ausfindig machen, welcher Tisch gerade mit dem »Nachtmahl« fertig war. Schuchow stellte sein Tablett mit einer Ecke auf das Schalterbrett und wartete.
»Hundertvierte!« meldet Pawlo durchs Fensterchen.
In dieser Kantine gibt es fünf Schalter: drei für allgemeine Essenausgabe, einen für die, die auf der Krankenliste stehen (etwa zehn Magenkranke, und durch Schiebung die ganze Buchhaltung), dann noch einen für die Geschirrückgabe (vor diesem Schalter prügeln sie sich darum, wer die Schüsseln auslecken darf). Die Schalteröffnungen sind nicht hoch, kaum über Gürtelhöhe. Man kann die Köche nicht sehen, nur ihre Hände und die Kellen.
Der Koch hat gepflegte weiße Hände, sie sind behaart, kräftig. Er ist der reinste Boxer, aber kein Koch. Mit seinem Bleistift notiert er auf der Liste an der Wand:
»Hundertvierte – vierundzwanzig!«
Pantelejew kam auch in die Kantine geschlichen. Er ist gar nicht krank, dieser Hund.

Der Koch nahm eine kolossale Dreiliterkelle und rührte damit im Kübel herum (er hatte einen frischgefüllten, fast vollen Kübel vor sich stehen, aus dem der Dampf quoll). Und nachdem er statt der großen die 750-Gramm-Kelle gegriffen hatte, begann er die Suppe auszuteilen, ohne tief in den Kübel einzutauchen.

»Eins, zwei, drei, vier...«

Schuchow paßte genau auf, in welche Schüsseln er auch Dickes einfüllte, das sich noch nicht wieder auf dem Grund des Kübels abgesetzt hatte, und welche nur Wasser enthielten – wie eine Fastensuppe. Er stellte zehn Schüsseln auf sein Brett und trug sie weg. Goptschik winkte ihm vom zweiten Pfosten her zu:

»Hierher, Iwan Denissytsch, hierher!«

Mit den Schüsseln darf man nirgendwo anstoßen. Schuchow setzt vorsichtig einen Fuß vor den andern, damit das Tablett ja nicht wackelt, aber sein Mundwerk arbeitet umso schneller:

»He du, H-920!... Paß auf, Alter!... Aus dem Weg, Junge!«

Eine einzige Schüssel durch dieses Gewühl zu tragen, ohne was zu verschütten, ist schon eine Kunst, und er hat zehn! Als er das Brett ganz sacht auf dem Tischende abstellt, daß Goptschik freigehalten hat, sind keine frischen Spritzer darauf zu sehen. Nebenbei achtet er darauf, wie er das Brett hinstellt, damit die beiden Schüsseln mit der dicksten Suppe direkt vor seinem Platz stehen.

Jermolajew brachte auch zehn Schüsseln. Dann lief Goptschik zum Schalter und trug mit Pawlo die letzten vier Schüsseln an den Tisch.

Kilgas brachte das Brot auf einem Tablett. Heute bekamen sie entsprechend ihrer Arbeitsleistung – der eine zweihundert, der andere dreihundert, Schuchow vierhundert Gramm. Er nahm seine Ration, einen Kanten, und für Caesar zweihundert, ein Mittelstück.

Jetzt strömen auch die anderen aus der Brigade herbei, um ihr Essen in Empfang zu nehmen – setz dich irgendwohin und löffel deine Suppe. Schuchow verteilt die Schüsseln, merkt sich, wer schon seine Portion bekommen hat, und behält seine Ecke auf dem Tablett im Auge. In eine seiner Schüsseln hat er den Löffel eingetaucht – die ist also vergeben. Fetjukow hat als einer der ersten seine Schüssel genommen und ist weggegangen: Er hat sich ausgerechnet, daß er in der Brigade jetzt nichts ergattern wird, und geht lieber durch die Kantine, um nach Resten Ausschau zu halten (wenn einer die Schüssel beiseiteschiebt, ohne sie leer zu essen – stürzt sich sofort jemand wie ein Geier darauf, oft mehrere gleichzeitig.

Schuchow und Pawlo zählten die Portionen nach, es stimmte wohl. Für Andrej Prokofjewitsch hob Schuchow eine Schüssel mit dicker Suppe auf, Pawlo goß sie um in ein schmales deutsches Kochgeschirr mit Deckel: Wenn man es fest an die Brust drückt, kann man's unter der Wattejacke gut hinausschmuggeln.

Sie gaben die Tabletts weiter. Pawlo setzte sich vor seinen doppelten Schlag und Schuchow vor seine zwei Schüsseln. Sie sagten beide nichts mehr, der feierliche Augenblick war gekommen.

Schuchow nahm die Mütze ab, legte sie auf die Knie. Prüfend fuhr er mit dem Löffel durch die eine Schüssel, dann durch die zweite. Ganz gut, sogar Fisch ist drin. Abends ist die Suppe immer noch wässriger als morgens: morgens müssen die Häftlinge etwas Vernünftiges in den Bauch bekommen, damit sie arbeiten, abends schlafen sie auch so ein.

Er begann zu essen. Zuerst trank er die Flüssigkeit einfach ab. Wie die Wärme den ganzen Körper durchströmte – er zitterte innerlich vor Gier. Gu-ut! Das ist der kurze Augenblick, für den der Sträfling lebt!

Jetzt gibt es nichts, was Schuchow ärgern könnte: weder die lange Haftzeit, noch der lange Arbeitstag, noch die Aussicht, daß der nächste Sonntag wieder ausfällt. Jetzt denkt er: wir werden's überstehen! Wir werden alles überstehen, so Gott will, wird alles ein Ende haben!

Nachdem er die heiße Flüssigkeit von beiden Schüsseln abgetrunken hatte, schüttete er den Rest aus der einen in die andere Schüssel um und kratzte sie noch mit dem Löffel aus. So konnte er ruhiger essen, brauchte nicht immer an die zweite Portion zu denken und mußte sie nicht mit den Augen oder einer Hand hüten.

Seine Augen, die nicht mehr beschäftigt waren, schielten heimlich auf die Schüsseln der Nachbarn. Der links neben ihm hatte nur Wasser abgekriegt. Schweinehunde, diese Köche! Sie sind doch Häftlinge wie wir – und tun so etwas!

Dann aß Schuchow den Kohl mit dem Rest der Flüssigkeit. In beiden Schüsseln hatte er nur eine Kartoffel gefunden – und zwar in Caesars Schlag. Eine mittelgroße Kartoffel, natürlich gefroren, süßlich, und mit einer harten Stelle. Fisch hatte er fast gar nicht abbekommen, nur ein paar magere Gräten schwammen in der Suppe. Jedes Stückchen Gräte, jede Flosse muß man zerkauen und den Saft heraussaugen – der Saft ist gesund. Für das alles braucht man natürlich Zeit, und Schuchow hat es heute nicht mehr eilig, heute ist ein richtiger Feiertag für ihn: zum Mittagessen zwei Schläge organisiert und zum Abendessen auch. Dafür kann man andere Dinge ruhig aufschieben.

Nur noch beim Letten den Tabak holen. Morgen früh hat er vielleicht keinen mehr.

Schuchow aß die Suppe ohne Brot: zwei Portionen mitsamt dem Brot – das wäre zu üppig, das Brot hebt er für morgen auf. Der Magen ist ein Gauner, vergangene Wohltaten vergißt er schnell, morgen bettelt er wieder.
Schuchow aß seine Suppe auf, ohne besonders auf die andern am Tisch zu achten, weil es nicht notwendig war: mehr brauchte er wirklich nicht, er hatte seine Portionen. Trotzdem bemerkte er, wie ihm gegenüber ein Platz frei wurde, und ein hochgewachsener alter Mann, J-81, sich hinsetzte. Schuchow wußte, daß er zur 64. Brigade gehörte. Beim Anstehen vor der Paketausgabe hatte er gehört, daß die 64. heute statt der 104. in die Sozsiedlung gegangen war und den ganzen Tag, ohne Wärmepause, Stacheldraht gezogen –, sich mit eigenen Händen die Arbeitszone eingezäunt hatte. Schuchow hatte gehört, daß dieser Alter schon wer weiß wie lange in Lagern und Gefängnissen saß und nie unter eine Amnestie gefallen war. Wenn er zehn Jahre abgesessen hatte, brummten sie ihm die nächsten zehn auf.
Jetzt sah Schuchow ihn einmal aus der Nähe. Im Gegensatz zu den anderen, von der Lagerarbeit gebeugten Männern hielt er seinen Rücken gerade, und am Tisch schien es, als habe er sich noch etwas untergelegt, um höher zu sitzen. Sein kahler Schädel brauchte schon lange nicht mehr geschoren zu werden – die Haare waren ihm von dem guten Leben ausgegangen. Die Augen des Alten verfolgten nicht unruhig, was in der Kantine geschah, sondern sahen über Schuchow hinweg starr ins Leere. Langsam aß er die Wassersuppe mit einem schartigen Holzlöffel, er beugte den Kopf dabei nicht wie die andern über die Schüssel, sondern hob den Löffel zum Mund. Weder oben noch unten hatte er auch nur einen einzigen Zahn: die verknöcherten Kiefer zerkauten das

Brot. Sein Gesicht war ausgemergelt, aber es wirkte nicht wie das eines schwachen, abgestumpften Invaliden, sondern wie aus dunklem Stein gehauen. Seinen großen Händen, schwarz und rissig geworden, sah man an, daß er in all den Jahren selten müßig gesessen hatte. Aber eine Kraft steckt in ihm, eine Unnachgiebigkeit: seine dreihundert Gramm Brot legt er nicht wie die andern auf den schmutzigen Tisch mit den Suppenflecken, sondern auf ein sauberes Läppchen.

Schuchow hatte keine Zeit, sich länger in seinen Anblick zu vertiefen. Als er aufgegessen hatte, den Löffel sauber abgeleckt und in den Filzstiefel gesteckt, zog er die Mütze fest über den Kopf, stand auf, nahm die beiden Brotrationen, seine und Caesars, und ging hinaus. Der Ausgang führte über eine andere Treppe, dort standen noch zwei Mann, die nur damit beschäftigt waren, den Türhaken aufzumachen, die Männer hinauszulassen und den Haken wieder aufzulegen.

Mit vollem Bauch, höchst zufrieden, ging Schuchow hinaus und beschloß, schnell noch zum Letten zu laufen, obwohl schon bald Zapfenstreich war. Ohne das Brot erst in die Baracke neun zu bringen, hastete er mit langen Schritten in die Richtung der Nummer sieben.

Der Mond stand ganz hoch am Himmel, wie ausgeschnitten, rein, weiß. Der Himmel war wolkenlos. Hier und da Sterne – strahlend hell. Aber Schuchow hatte jetzt erst recht keine Zeit, auf den Himmel zu starren. Eins war ihm klar, daß der Frost noch nicht nachließ. Ein paar Häftlinge hatten von den Freien gehört: das Radio meldet für den Abend dreißig Grad, für den Morgen – bis zu vierzig.

Alle Geräusche waren weit zu hören: irgendwo in der Siedlung brummte ein Traktor, und von der Chaussee heulte ein Bagger herüber. Und jedes Paar Filzstiefel

– wo immer jemand durchs Lager ging oder rannte – knirschte laut auf dem Schnee.

Der Wind hatte sich gelegt.

Den Eigenbau mußte Schuchow kaufen, wie immer – einen Rubel das Glas, obwohl draußen das Glas drei Rubel oder sogar mehr kostete, je nach der Sorte. Die Preise im Straflager ließen sich mit den üblichen nicht vergleichen, weil man hier eigentlich kein Geld besitzen durfte, nur wenige hatten welches, und das war sehr kostbar. In diesem Lager wurde für die Arbeit kein roter Heller gezahlt (in Ust-Ischma hatte Schuchow wenigstens dreißig Rubel pro Monat erhalten). Wenn Verwandte einem Häftling Geld mit der Post überwiesen, bekam er es nicht ausgezahlt, sondern nur auf ein persönliches Konto eingezahlt. Von diesem Konto durfte man einmal im Monat in der Kantine Toilettenseife, verschimmelte Lebkuchen und Zigaretten Marke »Prima« kaufen. Ob einem die Waren gefallen oder nicht, man muß für das Geld kaufen, was man beim Kommandanten beantragt hat. Wenn man nichts kauft, verfällt das Geld, da es schon abgebucht ist.

Schuchow kam nur durch Nebenarbeit zu Geld: aus Lappen ein Paar Handschuhe nähen – zwei Rubel, eine Weste flicken – nach Vereinbarung.

Die Baracke sieben ist anders gebaut als die Nummer neun, sie besteht nicht aus zwei großen Räumen. Die Sieben hat einen langen Korridor mit zehn Türen, in jedem Zimmer liegt eine Brigade, sie sind mit sieben zweistöckigen Doppelpritschen vollgestopft. Dann gibt es noch einen winzigen Raum neben der Latrine und den Raum des Barackenältesten. In dem winzigen Raum hausen die Maler.

Schuchow betrat das Zimmer, wo der Lette wohnte. Der Lette liegt auf einer unteren Pritsche, die Beine hoch,

die Füße auf dem Querbrett und unterhält sich laut lachend mit einem Nachbarn auf lettisch.
Schuchow setzt sich zu ihm. Guten Tag. Guten Tag. Der Lette nimmt die Beine nicht 'runter. Das Zimmer ist klein, alle hören sofort zu – wer da gekommen ist, weshalb. Sie wissen es beide, und darum sitzt Schuchow da und druckst herum: na, wie geht's denn? Ganz gut. Kalt heute. Ja.
Schuchow wartete solange, bis alle sich wieder ihren eigenen Gesprächen zuwandten (sie stritten sich über den Koreakrieg: ob ein Weltkrieg daraus entstehen würde, weil die Chinesen in den Krieg eingegriffen hatten) und beugte sich zu dem Letten hinunter:
»Hast du Eigenbau?«
»Ja.«
»Zeig her.«
Der Lette nahm die Beine vom Bett, ließ sie auf den Boden hinabhängen, richtete sich ein wenig auf. Ein Knauser, dieser Lette, wie er das Glas füllt – er hat immer Angst, er könnte einen Krümel zuviel hineintun.
Er zeigte Schuchow den Tabaksbeutel, zog ihn auseinander. Schuchow nahm eine Prise auf die flache Hand, sah sofort: der gleiche wie das letzte Mal, schön braun und derselbe Schnitt. Er hielt ihn unter die Nase, schnupperte daran – es stimmte. Zum Letten sagte er:
»Wohl andrer.«
»Der gleiche! Der gleiche!« erwiderte der Lette empört, »ich habe nie eine andere Sorte, immer diese.«
»Na gut«, sagte Schuchow zustimmend, »stopf mir ein Gläschen voll, ich probier ihn mal, vielleicht nehme ich dann noch eins.«
Er hatte mit Absicht »stopf mal« gesagt, weil der Lette den Tabak immer so ängstlich einschüttete.
Der Lette zog unter dem Kopfkissen einen zweiten Ta-

baksbeutel hervor, praller gefüllt als der andere und nahm einen Becher aus dem Nachttisch. Obwohl es ein Plastikbecher war, entsprach er Schuchows Glas, es ging genausoviel hinein wie in ein geschliffenes Glas.
Der Lette schüttet den Tabak hinein.
»Drück mal ein bißchen fest, du, drück mal ordentlich!« Schuchow fährt ihm mit dem Finger dazwischen.
»Weiß ich allein!« der Lette reißt ihm erbost den Becher weg und drückt ein wenig, aber nicht sehr stark. Dann schüttet er weiter. Unterdessen knöpfte Schuchow sich die Weste auf und tastet von innen nach einem Stückchen Papier unter der Futterwatte, das nur er fühlen konnte. Mit zwei Fingern schob und drückte er es unter der Watte entlang bis zu einem kleinen Loch, das er an einer anderen Stelle eingerissen und notdürftig mit zwei Stichen zugenäht hatte. Als das Papier sich unter dem Loch befand, zerriß er den Faden mit den Fingernägeln, legte das Papier noch einmal doppelt zusammen (es war der Länge nach gefaltet) und zog es durch das Loch heraus. Zwei Rubel. Alte Scheine, die nicht mehr knisterten.
Die anderen im Zimmer brüllten aufeinander ein:
»Der Alte mit dem Schnurrbart wird euch helfen! Er mißtraut ja seinem leiblichen Bruder und euch erst recht, ihr Idioten!«
Das Gute am Straflager ist, daß man sich hier Luft machen kann. In Ust-Ischma brauchtest du bloß zu flüstern, draußen gäbe es keine Streichhölzer, und schon bekamst du Bunker oder nochmal zehn Jahre. Hier aber – schrei von der obersten Pritsche hinunter, was du willst – die Spitzel tragen's nicht weiter, der Politoffizier winkt bloß ab.
Aber hier bleibt einem auch nur wenig Zeit zum Räsonieren ...
»He, sei nicht so kleinlich«, beschwerte sich Schuchow.

»Meinetwegen! Da!« Der andere legte noch eine Prise drauf.

Schuchow zog seinen Tabaksbeutel aus der Innentasche und schüttete den Eigenbau aus dem Becher hinein.

»Na schön«, er hatte sich endlich entschlossen, weil er die erste, langersehnte Zigarette nicht draußen, im Laufen, rauche wollte. »Füll noch einen.«

Nachdem er sich noch eine Weile mit dem Letten herumgestritten hatte, schüttete er auch den zweiten Becher in den Tabaksbeutel, gab zwei Rubel, nickte zum Abschied und ging hinaus.

Draußen setzte er sich wieder in Trab und rannte zur eigenen Baracke. Damit er Caesar nicht verpaßt, wenn der mit dem Paket zurückkommt. Aber Caesar saß schon unten auf seiner Pritsche und war in sein Paket vertieft. Was er mitgebracht hatte, lag auf Bett und Kasten herum, doch das Lampenlicht fiel nicht direkt darauf, die Lampe wurde von dem Brett an Schuchows oberer Pritsche verdeckt, unten war es dämmrig. Schuchow trat gebückt zwischen die Pritschen des Kapitäns und Caesars und streckte die Hand mit der Abendration aus:

»Ihr Brot, Caesar Markowitsch!«

Er sagte nicht: »Na, haben Sie es bekommen?« weil er Caesar nicht daran erinnern wollte, daß er für ihn angestanden und nun ein Recht auf seinen Anteil hatte. Er wußte es ja auch so. Aber Schuchow war kein Aasjäger, auch nach acht Jahren Außenarbeit nicht – und je länger, desto besser wußte er sich zu beherrschen.

Aber über seine Augen hatte er keine Gewalt. Seine Augen, die Raubvogelaugen des Lagerhälftlings, hatten im selben Augenblick alles überflogen und registriert, was auf dem Bett und dem Nachttischkasten lag, und obgleich die Sachen noch nicht ausgepackt, die Beutel noch zugeschnürt waren, hatte Schuchow mit seinem schnellen Blick und einem bestätigenden Schnuppern unwillkürlich erfaßt, was Caesar bekommen hatte: Wurst, Dosenmilch, einen dicken Räucherfisch, Speck, duftenden Zwieback, Gebäck, das wieder anders roch, etwa zwei Kilo Würfelzucker und vermutlich Butter, außerdem Zigaretten, Pfeifentabak und noch verschiedenes mehr.

Das alles hatte er in dem kurzen Augenblick erfaßt, während er sagte:

»Ihr Brot, Caesar Markowitsch!«

Aber Caesar, der aufgeregt, mit zerwühltem Haar, wie ein Betrunkener dasaß (jeder, der ein Lebensmittelpaket bekommt, verändert sich so), wollte vom Brot nichts wissen:

»Behalt's doch, Iwan Denissytsch!«

Erst die Suppe und nun auch noch zweihundert Gramm Brot – das war ein komplettes Abendessen und Schuchows reichlicher Anteil an Caesars Paket. Wie auf Kommando hörte Schuchow auf, sich noch auf einen von Caesars herumliegenden Schätzen Hoffnung zu machen. Nichts ist schlimmer, als den Bauch zu reizen, und dann noch vergebens.

Er hat vierhundert Gramm Brot, noch zweihundert dazu, und in der Matratze sind mindestens noch zweihundert. Genug. Zweihundert kann er jetzt noch verdrükken, morgen früh wird er fünfhundertfünfzig herausschinden, die vierhundert nimmt er zur Arbeit mit – was für ein Leben! Das Brot in der Matratze soll ruhig liegenbleiben. Gut, daß Schuchow es eingenäht hat – in der 75. haben sie Brot aus einem Nachttisch geklaut – dann beschwer dich, wo du willst.

Viele denken: wer ein Paket bekommen hat – ist ein praller Sack, den kann man ruhig ausnehmen. Aber man muß einmal überlegen, daß alles ebenso schnell weg ist, wie es gekommen ist. Und ehe so jemand sein Paket hat, ist auch er froh, wenn er sich eine Grütze dazuverdienen kann. Oder eine Zigarette schnorren. Dann muß er dem Aufseher, dem Brigadier, vor allem dem Drückeberger in der Paketausgabe etwas zustecken. Sonst rückt der beim nächsten Mal das Paket nicht 'raus, und du kannst eine Woche lang warten, bis es auf der Liste steht. Und der Kalfaktor im Magazin, der alle Lebensmittel aufbewahrt und zu dem Caesar morgen früh vor dem Ausmarsch in einem Sack seine Sachen tragen wird (wegen der Diebe, wegen der Filzerei und weil der Kommandant es so angeordnet hat) –, diesem Kerl muß man ordentlich was zustecken, sonst bedient er sich selbst und zwackt einem nach und nach noch viel mehr ab. Den ganzen Tag sitzt er im Magazin, diese Ratte, eingeschlossen mit den Lebensmitteln der anderen, wie soll man ihn da kontrollieren? Und jemand wie Schuchow, der einem kleine Gefälligkeiten erweist. Und der Badegehilfe, der ihm außer der Reihe anständige Wäsche zustecken soll – wenigstens etwas muß auch er bekommen! Und der Friseur, der ihn mit Papier rasiert (das heißt die Klinge an einem Stückchen Papier, nicht am nackten Knie des Häftlings abwischt) – viel hin, viel her, aber seine drei-vier Zigaretten muß auch er bekommen! Und die Kultur- und Bildungsabteilung, damit die Briefe dort extra aufbewahrt werden und nicht verloren gehen! Und wenn man sich einen Tag drücken will, im Lager bleiben und sich ausruhen, muß man etwas für den Arzt haben. Und der Nachbar, der am selben Kasten seine Ration ißt, so, wie der Kapitän neben Caesar – soll der leer ausgehen? Er zählt dir doch jeden Bissen nach. Und wenn du noch so abgebrüht bist, du wirst ihm etwas abgeben.

Mag doch der neidisch sein, der immer meint, der andere habe den dickeren Rettich erwischt. Schuchow aber kennt das Leben und ist nicht gierig auf anderer Leute Eigentum.

Unterdessen hatte er die Filzstiefel ausgezogen, war auf seine Pritsche hinaufgeklettert, zog das Stück Sägeblatt aus dem Handschuh, betrachtete es und beschloß, sich morgen einen guten Stein zu suchen, um es zu einem Schustermesser zurechtzuschleifen. Wenn er sich morgens und abends daransetzte, konnte er in rund vier Tagen ein feines Messerchen daraus machen, mit scharfer, gebogener Klinge.

Aber vorläufig, bis morgen früh, mußte er das Ding gut verstecken. In die Fuge unter dem Querbalken seiner Pritsche schieben. Solange der Kapitän noch nicht hier war, ihm also kein Dreck aufs Gesicht rieselte, konnte Schuchow die schwere Matratze am Kopfende hochheben, die nicht mit Sägespänen, sondern mit Sägemehl gestopft war – und das Sägeblatt verstecken.

Seine Nachbarn oben sahen es natürlich: Aljoschka, der Baptist, und die beiden Esten auf der gegenüberliegenden Seite. Aber von ihnen brauchte Schuchow nichts zu befürchten.

Fetjukow ging laut heulend durch die Baracke. Zusammengekrümmt. Der Mund blutverschmiert. Beim Schüsseleinsammeln hatten sie ihn also wieder verprügelt. Ohne jemanden anzusehen oder seine Tränen zu verbergen, ging er an der ganzen Brigade vorüber, kletterte auf seine Pritsche und vergrub das Gesicht in der Matratze.

Eigentlich konnte er einem leid tun. Er wird seine Zeit hier nicht lebend überstehen. Er versteht es nicht, sich durchzusetzen.

Da kommt der Kapitän, gutgelaunt, bringt in seiner

Blechdose besonders guten Tee mit. In der Baracke stehen zwei Fässer mit Tee, aber was für Tee! Eine lauwarme, dünne Brühe, die nach dem Faß riecht – nach fauligem, feuchtem Holz. Das ist der Tee für die einfachen »Arbeiter«. Naja, Bujnowskij hat sich wohl von Caesar eine Handvoll richtigen Tee geholt und ist zur Heißwasserstelle gelaufen. Er sieht ganz zufrieden aus, macht es sich an seinem Kasten bequem.

»Beinah hätte ich mir die Finger am kochenden Wasser verbrüht!« prahlt er. Dort unten faltet Caesar jetzt einen Bogen Papier auseinander, legt etwas darauf, noch etwas, Schuchow hat die Matratze wieder hingelegt, um nichts mehr zu sehen, sich nicht die Laune zu verderben. Aber ohne Schuchow klappt es wieder einmal nicht. Caesar erhebt sich im Durchgang zu seiner vollen Größe, seine Augen sind gerade in Schuchows Höhe, er zwinkert ihm zu.

»Denissytsch! Da ... gib mir mal die zehn Tage!«

Das bedeutet, gib mir mal das kleine Klappmesser. Schuchow besitzt so eins, er hat es auch in der Holzfuge versteckt. Das Messerchen ist immer noch kleiner als ein Finger, den man im mittleren Gelenk abknickt. Aber es schneidet wie der Teufel fünf Finger dicken Speck. Schuchow hat das Messer selbst gemacht, hat es in den Griff eingesetzt und schleift es eigenhändig nach.

Er zog das Messer heraus und gab es Caesar. Der nickte und verschwand nach unten.

So ein Messer ist auch eine Verdienstquelle. Auf seinen Besitz steht Bunker. Nur wer gar kein Gewissen hat, sagt einfach: Gib mir mal dein Messer, ich will Wurst schneiden, und sonst kannst du durch die Röhre gucken.

Jetzt stand Caesar wieder in Schuchows Schuld.

Nachdem Schuchow Brot und Messer versteckt hatte, zog er seinen Tabaksbeutel hervor. Er nahm eine Prise

Tabak heraus, genauso groß wie die geliehene und reichte sie dem Esten über den Gang hinüber: vielen Dank. Der Este verzog den Mund zu einem Lächeln, sagte brummend etwas zu seinem Freund, dann drehten sie sich eine Zigarette – um zu probieren, wie Schuchows Tabak schmeckt.
Nicht schlechter als eurer, wohl bekomm's! Schuchow würde ihn selbst gern ausprobieren, aber eine Uhr in seinem Innern sagte ihm, daß der Zapfenstreich kurz bevorstand. Immer um diese Zeit schlichen die Aufseher durch die Baracken. Wenn man jetzt rauchen will, muß man auf den Gang hinausgehen, aber Schuchow scheint es oben, auf seinem Bett, fast warm zu haben. Obwohl es in der Baracke gar nicht warm ist, an der Decke zieht sich immer noch die schneeweiße Reifschicht entlang. Nachts kann man wieder vor Kälte schlottern, aber vorläufig ist es noch erträglich.
Während Schuchow langsam kleine Brocken von seinen zweihundert Gramm Brot abbrach, hörte er unwillkürlich, wie der Kapitän sich beim Teetrinken mit Caesar unterhielt.
»Essen Sie, Kapitän, essen Sie, genieren Sie sich nicht! Nehmen Sie vom Räucherfisch. Von der Wurst hier.«
»Danke, danke.«
»Streichen Sie Butter aufs Weißbrot! Ein richtiges Moskauer Stangenbrot!«
»Eijeijei, kaum zu glauben, daß irgendwo noch solches Brot gebacken wird. Wissen Sie, dieser plötzliche Überfluß erinnert mich an ein Erlebnis. Ich war einmal in Archangelsk ...«
Die Baracke war erfüllt von dem Lärm, den zweihundert Menschen verursachen, trotzdem meinte Schuchow, die Hammerschläge gegen die Eisenschiene herauszuhören. Aber niemand achtete darauf. Dann bemerkte Schu-

chow noch etwas: der Aufseher Kurnosenjkij – ein winziger Bursche mit rotem Gesicht – betrat die Baracke. Er hielt ein Papier in der Hand, und daran und auch an seinem Verhalten war zu erkennen, daß er keine Raucher aufstöbern und niemanden zum Appell hinausjagen wollte, sondern jemanden suchte.

Kurnosenjkij studierte sein Papier und fragte dann:

»Wo ist die Hundertvierte?«

»Hier«, wurde ihm geantwortet. Die Esten versteckten ihre Zigarette und fächelten den Rauch auseinander.

»Und der Brigadier?«

»Na?« fragte Tjurin von seiner Pritsche, ohne die Füße richtig auf den Boden zu stellen.

»Sind die Erklärungen geschrieben worden?«

»Die Männer schreiben noch!« antwortete Tjurin bestimmt.

»Sie hätten sie schon abgeben sollen.«

»Meine Leute können schlecht lesen und schreiben, schwierige Sache für sie. (Er sprach von Caesar und dem Kapitän. Der Brigadier ist wirklich ein toller Bursche, niemals um ein Wort verlegen.) Sie haben keine Federhalter, keine Tinte.«

»Müssen sie aber haben.«

»Wird alles weggenommen!«

»Sieh dich vor, Brigadier, wenn du noch viel redest – kassier ich dich auch ein!« versprach Kurnosenjkij ganz freundlich. »Aber morgen vor dem Ausmarsch müssen die Zettel im Aufseherraum sein! Und eine Quittung, daß die verbotenen Kleidungsstücke alle in der Effektenkammer abgegeben sind. Klar?«

»Alles klar.«

(»Der Kapitän hat Schwein gehabt!« dachte Schuchow. Der Kapitän selbst hört von alldem nichts, er ist ganz in den Genuß der Wurst vertieft.)

»Noch was«, sagte der Aufseher, »S-311, ist der in deiner Brigade?«
»Da muß ich erst in der Liste nachsehen«, der Brigadier stellt sich dumm. »Soll ich mir die verdammten Nummern alle merken?« (Der Brigadier versucht, ihn bis zum Appell hinzuhalten, er möchte Bujnowskij wenigstens für diese Nacht retten; alles bis zur Kontrolle hinziehen.) »Ist ein Bujnowskij hier?«
»Was? Ja!« antwortet der Kapitän aus seinem Versteck unter Schuchows Pritsche hervor.
So gerät die Laus, die am schnellsten ist, immer zuerst auf den Kamm.
»Du? Ja richtig, S-311. Mach dich fertig.«
»Wohin?«
»Weißt du selbst.«
Der Kapitän seufzte nur und räusperte sich. Es war ihm sicher leichtergefallen, bei dunkler Nacht ein Geschwader von Torpedobooten ins stürmische Meer hinauszuführen, als jetzt das freundschaftliche Gespräch abzubrechen und in den eiskalten Bunker zu wandern.
»Wieviel Tage denn?« fragte er mit stockender Stimme.
»Zehn. Na los, los, schneller!«
In diesem Augenblick schrie der Barackendienst:
»Zählappell! Zählappell! Antreten zum Zählappell!«
Also war der Aufseher, der den Appell durchführen sollte, schon in der Baracke.
Der Kapitän sah sich um – die Wattejacke mitnehmen? Aber die Jacke reißen sie einem dort sofort herunter, nur die Weste darf man behalten. Lieber geht er so, wie er ist. Der Kapitän hatte gehofft, Wolkowoj würde den Vorfall vergessen (aber Wolkowoj vergißt nie etwas), und sich daher gar nicht vorbereitet, nicht einmal Tabak in die Weste gesteckt. Jetzt noch welchen mitzu-

nehmen, wäre sinnlos, beim Filzen würden sie ihn sofort finden. Trotzdem reichte Caesar dem Kapitän heimlich ein paar Zigaretten hin, während er die Mütze aufsetzte.

»Na, lebt wohl, Brüder«, der Kapitän nickte verstört den Männern der 104. Brigade zu und ging hinter dem Aufseher her.

Sie riefen ihm durcheinander nach – halt dich tapfer, Kopf hoch – was sollte man ihm sagen? Sie hatten den Bau selbst gemauert, die 104. weiß: die Wände dort sind aus Stein, der Fußboden aus Zement, Fenster gibt es dort nicht, den Ofen heizen sie nur – damit das Eis von den Wänden abtaut und sich auf dem Boden eine Pfütze bildet. Schlafen muß man auf nackten Brettern, wenn man es vor Zähneklappern überhaupt kann, Brot – pro Tag dreihundert Gramm, Wassersuppe nur am dritten, sechsten und neunten Tag.

Zehn Tage und Nächte! Wenn man zehn Tage nach Vorschrift im Bunker sitzt –, ist die Gesundheit fürs ganze Leben ruiniert. Tuberkulose, aus dem Krankenhaus kommt man dann nicht mehr heraus.

Und wer jemals fünfzehn Tage verschärften Arrest absitzen mußte – der liegt schon unter der Erde.

Solange du in der Baracke lebst, danke dem Himmel und laß dich nicht erwischen.

»Na, rausgehen, ich zähle bis drei!« schreit der Barackenälteste. »Wer dann nicht draußen ist, den schreibe ich auf und melde ihn dem Bürger Aufseher!«

Der Barackenälteste ist der größte Gauner, den es hier gibt. Wirklich, mit allen andern wird er nachts in der Baracke eingeschlossen, aber er benimmt sich wie ein Vorgesetzter, hat vor niemandem Angst. Im Gegenteil, alle fürchten ihn. Den einen verpfeift er bei der Aufsicht, den andern haut er selber in die Schnauze. Er

gilt als Invalide, weil ihm bei einer Schlägerei ein Finger abgerissen wurde, aber er hat eine Verbrechervisage. Er ist auch ein Verbrecher, und deswegen sitzt er, aber außer den andern Paragraphen haben sie ihm Artikel 58, 14 angehängt, auch deswegen ist er in diesem Lager gelandet.
Er hat freie Hand, wenn er will, macht er jetzt eine Notiz und übergibt sie dem Aufseher – und schon kriegst du zwei Tage Bunker mit Arbeitseinsatz. Langsam trotteten sie zur Tür, dort blieb die Masse zäh hängen, andere sprangen tapsig wie Bären von den oberen Pritschen und drängten durch die enge Tür hinaus.
Schuchow, der sich die heißersehnte Zigarette endlich gedreht hatte und jetzt in der Hand hielt, sprang geschickt auf den Fußboden, schlüpfte in die Filzstiefel und wollte gehen, da tat ihm Caesar leid. Er wollte wirklich nichts bei Caesar schnorren, er tat ihm einfach leid: er denkt zwar viel über sich nach, dieser Caesar, aber vom Leben hat er keine Ahnung. Als er das Paket bekam, hätte er es nicht genießerisch auspacken dürfen, sondern vor der Kontrolle im Magazin abgeben müssen. Das Essen kann man aufschieben. Aber was soll Caesar jetzt mit dem Zeug machen? Wenn er seinen Riesensack zum Appell mit hinausnimmt – lächerlich! – werden fünfhundert Mann sich über ihn lustigmachen. Wenn er die Sachen hier läßt – werden diejenigen, die in einer knappen Stunde als erste vom Zählappell in die Baracke zurückkehren, sich alles schnappen. (In Ust-Ischma herrschten viel rauhere Sitten: Wenn sie von der Arbeit kamen, wurden sie immer von den Kriminellen überholt, und wenn die letzten die Baracke betraten, hatten die Kriminellen ihre Schränkchen schon ausgeräumt.)
Schuchow sieht – Caesar räumt schon allerlei hin und

her, steckt etwas ein, aber es ist zu spät. Wurst und Speck hat er sich unter die Weste gepackt – um wenigstens das zur Kontrolle mitzunehmen, um wenigstens das zu retten.
Schuchow bedauerte ihn und riet ihm, was zu tun sei:
»Bleib hier sitzen, Caesar Markowitsch, bis alle draußen sind, rück noch mehr in den Schatten und bleib da sitzen. Erst wenn der Aufseher mit dem Barackendienst die Pritschen entlanggeht, seine Nase in alle Löcher steckt, dann geh auch 'raus. Sag, du bist krank. Und ich gehe als erster hinaus und komm schnell als erster zurück. Also ...«
Eilig lief er fort.
Zuerst mußte sich Schuchow mühsam einen Weg durchs Gedränge bahnen (die selbstgedrehte Zigarette hielt er immer noch in der hohlen Hand). Aber im Gang, der die Baracke in zwei Hälften teilte, und im Vorraum drängte sich niemand mehr vor, diese schlaue Sippschaft, rechts und links an den Wänden standen die Männer aneinandergepreßt in Zweierreihen – und ließen in der Mitte nur für einen Mann Platz: sollen doch die Dümmsten in die Kälte hinausgehen, wir warten hier. Wir sind den ganzen Tag im Freien, sollen wir jetzt zehn Minuten länger als nötig frieren? Wir sind nicht so blöd. Krepier du heute, ich erst morgen!
Sonst drückt Schuchow sich wie alle andern an die Wand. Heute aber geht er breitbeinig hinaus und sagt auch noch spöttisch:
»Wovor habt ihr Angst, ihr Drückeberger? Habt ihr noch nie in der sibirischen Kälte gestanden? Wärmt euch mal an der Wolfssonne! Los, Alter, gib mir mal Feuer!«
Er steckte sich im Vorraum seine Zigarette an und ging auf die Vortreppe hinaus. ›Wolfssonne‹ – so nennen sie in Schuchows Gegend zuweilen scherzhaft den Mond.

Der Mond steht schon hoch! Noch einmal so hoch – und er steht im Zenit. Der helle Himmel hat einen grünlichen Schimmer, vereinzelt funkeln Sterne. Der Schnee glänzt weiß, auch die Barackenwände sind weiß – die Laternen leuchten schwach.
Dort vor der anderen Baracke drängt sich die schwarze Menge – sie stellen sich auf. Vor der nächsten auch. Der knirschende Schnee übertönt die Stimmen von einer Baracke zur anderen.
Vor der Treppe hatten sich fünf Mann mit dem Gesicht zur Tür aufgestellt, dahinter standen drei. Zu den dreien in der zweiten Fünferreihe trat Schuchow. Mit einer Ration Brot im Bauch und einer Zigarette zwischen den Zähnen kann man es hier aushalten. Gut ist der Tabak, der Lette hat ihn nicht betrogen – kräftig und aromatisch.
Langsam kommen die anderen aus der Tür, hinter Schuchow stehen schon ein paar neue Reihen. Die draußen stehen, werden allmählich wütend: was drücken diese Mistkerle sich im Korridor herum. Und wir frieren hier.
Keiner von den Häftlingen sieht je eine Uhr, wozu auch? Ein Häftling muß nur wissen – wird bald geweckt? Wieviel Zeit ist noch bis zum Ausmarsch? Wie lange ist es bis zum Mittagessen? Wie lange bis zum Schlußappell?
Es heißt immer, daß der Zählappell am Abend um neun Uhr stattfindet. Aber beendet ist er nie um neun, sie ziehen die Kontrolle ein zweites und drittes Mal durch. Vor zehn kommt man nie zum Schlafen. Und um fünf, heißt es, wird geweckt. Kein Wunder, daß der Moldauer heute vor Feierabend eingeschlafen ist. Wenn ein Häftling im Warmen sitzt, schläft er sofort ein. Im Laufe einer Woche sammelt sich der mangelnde Schlaf

an, und wenn sie am Sonntag nicht hinausgejagt werden –, verschlafen ganze Baracken den Tag:
Ach, da kommen sie ja angestolpert! Die Häftlinge schieben sich gegenseitig die Treppe hinunter! Der Barackenälteste und die Aufseher treten sie wohl ordentlich in den Hintern! Richtig so, ihr Biester!
»Was?« rufen die in den vorderen Reihe ihnen entgegen.
»Ihr habt euch schön verrechnet, ihr Scheißkerle! Wollt euch drücken? Wenn ihr eher rausgegangen wärt, hätten sie schon lange durchgezählt.«
Die ganze Baracke hatten sie hinausgeschmissen. Vierhundert Mann in einer Baracke – das sind achtzig Fünferreihen. Sie stellten sich hinten an, vorn standen die Fünferreihen, aber hinten ging alles kreuz und quer durcheinander.
»Aufstellen dahinten!« brüllt der Barackenälteste von der Treppe.
Diese Arschlöcher, werden nicht fertig!
Caesar tritt aus der Tür, zusammengekrümmt – plötzlich krankgeworden, hinter ihm die zwei Mann Barakkendienst aus dem anderen Raum, dann die zwei aus Schuchows Raum und noch ein Lahmer. Sie bilden die erste Reihe, so daß Schuchow jetzt in der dritten steht. Caesar vertreiben sie nach hinten. Der Aufseher kommt jetzt auch heraus.
»In Fünferreihen antreten!« schrie er den Hinteren zu, er hat eine kräftige Stimme.
»In Fünferreihen antreten!« brüllt der Barackenälteste, seine Stimme ist noch kräftiger.
Sie treten nicht an, die Arschlöcher.
Der Barackenälteste rennt die Treppe hinunter, flucht, und drauf, feste auf den Buckel!
Aber er achtet darauf, wen er schlägt. Nur die Friedlichen verdrischt er.

Jetzt stehen sie richtig. Er geht wieder zurück. Und zählt gemeinsam mit dem Aufseher ab:
»Erste! Zweite! Dritte!«
Die aufgerufene Reihe rennt in die Baracke zurück. Für heute sind sie mit dem Natschalnik quitt!
Wären sie, wenn es keinen zweiten Zählappell gäbe. Diese Schmarotzer, diese Holzköpfe, zählen schlechter als jeder Kuhhirt: der kann zwar nicht schreiben und lesen, aber er weiß immer, ob alle Kälber bei der Herde sind. Diesen hier ist so etwas nicht beizubringen.
Im vergangenen Winter gab es im Lager noch keine Trockenräume, jeder behielt die Stiefel nachts in der Baracke bei sich – also wurden sie zum zweiten und dritten und vierten Appell nach draußen gejagt. Zuletzt zogen sie sich gar nicht mehr an, sondern gingen in ihre Decken gewickelt ins Freie. In diesem Jahr wurden Trockenräume gebaut, zwar noch nicht für alle, aber an jedem dritten Tag kann die Brigade ihre Filzstiefel dort trocknen.
Der zweite und dritte Zählappell findet also in den Baracken statt. Sie jagen die Häftlinge aus einer Hälfte in die andere.
Schuchow war zwar nicht als erster wieder hineingerannt, aber er ließ den ersten nicht aus den Augen. Er lief zu Caesars Pritsche, setzte sich dort hin. Dann riß er sich die Filzstiefel von den Füßen, kletterte auf die obere Doppelpritsche am Ofen und stellte seine Stiefel hinauf. Wer zuerst kommt, mahlt zuerst. Dann zurück auf Caesars Bett. Er sitzt, die Beine untergeschlagen, paßt auf, daß niemand Caesars Sack unter dem Kopfkissen herauszieht, und achtet gleichzeitig darauf, daß die nächsten, die den Ofen stürmen, seine Filzstiefel nicht hinunterstoßen.
»He!« muß er auch schon schreien, »du Rotschopf!

Willst du einen Stiefel in die Schnauze haben? Stell deine hin und vergreif dich bloß nicht an fremden!«
Ein Häftling nach dem andern kommt eilig in die Baracke zurück. In der 20. Brigade schreit einer: »Filzstiefel abgeben!«
Gleich werden die Häftlinge mit den Filzstiefeln für den Trockenraum aus der Baracke gelassen und die Baracke wird abgeschlossen. Und nachher kommen sie angelaufen:
»Bürger Natschalnik! Lassen Sie uns in die Baracke!«
Die Aufseher versammeln sich dann in der Stabsbaracke – auf ihren Brettern zählen sie nach, ob einer geflohen ist oder ob alle da sind.
Nun gut, Schuchow hat heute nichts mehr damit zu tun. Caesar kommt zwischen den Pritschen hindurch und schlüpft auf sein Bett.
»Danke, Iwan Denissytsch!«
Schuchow nickte und kletterte geschickt wie ein Eichhörnchen nach oben. Nun konnte er noch seine zweihundert Gramm aufessen, sich eine zweite Zigarette drehen oder schon schlafen.
Aber nach diesem guten Tag war Schuchow so vergnügt, daß er noch keine Lust zum Schlafen hatte.
Das Bett war schnell gerichtet: er zog die schwarzgraue Decke von der Matratze, legte sich auf die Matratze (auf einem Laken hatte Schuchow wohl seit Einundvierzig, als er von zu Hause fortging, nicht mehr geschlafen; unbegreiflich, was die Frauen immer mit ihren Laken wollen, überflüssige Wascherei), legte den Kopf aufs Kissen, das mit Hobelspänen gefüllt war, die Füße in die Weste, die Wattejacke noch über die Decke, und ...
»Gott sei Dank, wieder ein Tag vorbei!«
Danke, daß er nicht im Bunker schlafen muß, hier läßt es sich aushalten.

Schuchow legte sich mit dem Kopf zum Fenster, Aljoschka lag auf der Nachbarpritsche, über die Bettkante sah Schuchow ihn –, aber mit dem Kopf zur anderen Seite, damit das Licht der Glühbirne auf ihn fiel. Er liest wieder in seinem Neuen Testament.
Die Glühbirne hängt nicht so weit entfernt, man kann in ihrem Licht lesen oder sogar nähen.
Aljoschka hatte gehört, wie Schuchow laut Gott sei Dank gesagt hatte, und wandte sich nach ihm um.
»Sehen Sie, Iwan Denissowitsch, Ihre Seele möchte zu Gott beten, warum geben Sie ihr nicht nach?«
Schuchow sah Aljoschka von der Seite an. Die Augen leuchteten wie zwei Kerzen. Er seufzte.
»Deswegen, Aljoschka, weil diese Gebete genau wie Gesuche sind: entweder sie kommen nicht an oder ›Beschwerde abgelehnt‹.«
Vor der Stabsbaracke gibt es vier solcher Kästen, sie sind plombiert, einmal im Monat werden sie vom Bevollmächtigten geleert. Viele Häftlinge werfen Gesuche in diese Kästen. Warten und zählen die Tage: in zwei Monaten, in einem Monat habe ich bestimmt eine Antwort. Aber nichts passiert. Oder: »Abgelehnt«.
»Weil Sie zu selten, zu schwach, ohne Inbrunst gebetet haben, deshalb sind Ihre Gebete auch nie erhört worden, Iwan Denissytsch. Sie müssen inständig bitten! Wenn Sie den Glauben haben und zu diesem Berge sagen – erhebe dich! – wird er sich erheben!«
Schuchow grinste und drehte sich noch eine Zigarette. Er rauchte sie beim Esten an.
»Hör auf mit deinem Gerede, Aljoschka. Ich habe noch keinen Berg gehen sehen. Ehrlich gesagt, habe ich auch noch keine Berge gesehen. Aber im Kaukasus habt ihr doch immer mit eurem ganzen Baptistenklub gebetet – hat sich da einer bewegt?«

Die armen Tröpfe: haben gebetet, wen störte das schon? Allen hat man durch die Bank fünfundzwanzig Jahre aufgebrummt. Das ist eben jetzt so üblich: alle bekommen fünfundzwanzig. Einheitsmaß.
»Aber darum haben wir doch gar nicht gebeten, Denissytsch«, sagt Aljoschka beschwörend. Er kroch mit seinem Testament näher zu Schuchow heran, ganz nahe an sein Gesicht. »Von allem Irdischen und Vergänglichen, so hat der Herr uns aufgetragen, sollen wir nur um das tägliche Brot bitten: ›Unser täglich Brot gib uns heute!‹«
»Die Ration also?« fragt Schuchow.
Aber Aljoschka redet weiter, seine Augen sind ausdrucksvoller als seine Worte und seine Hand zupft an Schuchows Arm, streichelt ihn sogar:
»Iwan Denissytsch! Nicht darum soll man beten, daß man ein Paket bekommt oder einen zusätzlichen Schlag Suppe. Was die Menschen hochschätzen, ist abscheulich vor Gott! Beten soll man um Geistliches: daß Gott alle böse Unruhe von unserem Herzen nimmt...«
»Hör lieber mal zu. Bei uns in der Kirche von Polomna war ein Pope...«
»Laß den Popen!« bittet Aljoschka, sogar seine Stirn verzieht er vor Schmerz.
»Nein, hör dir das ruhig mal an.« Schuchow stützt sich auf den Ellenbogen. »In Polomna, in unserer Gemeinde, ist niemand reicher als der Pope. Sagen wir mal, jemand läßt sein Dach decken, dann nehmen wir von ihm fünfunddreißig Rubel pro Tag, aber vom Popen hundert. Und wenn er noch so stöhnt. Dieser Pope in Polomna zahlt drei Frauen in drei verschiedenen Städten Alimente, und mit der vierten Familie lebt er. Den Bischof von unserer Gegend hat er fest an der Leine, der wird von ihm geschmiert. Und alle anderen Popen, die

ihm ins Haus geschickt werden, vertreibt er, mit keinem will er seine Macht teilen ...«

»Warum erzählst du mir von diesem Popen? Die orthodoxe Kirche hat sich vom Evangelium losgesagt, ihre Popen werden nicht verhaftet, weil sie keinen festen Glauben haben.«

Schuchow rauchte und sah ruhig zu, wie Aljoschka sich ereiferte.

»Aljoschka«, wehrte er dessen Hand ab und blies dem Baptisten den Rauch ins Gesicht, »ich habe gar nichts gegen Gott, verstehst du. Ich glaube ja gern an Gott. Nur glaube ich nicht an das Paradies und die Hölle. Warum wollt ihr uns für dumm verkaufen, warum versprecht ihr uns Himmel und Hölle? Das eben gefällt mir nicht.«

Schuchow legte sich wieder auf den Rücken, ließ die Asche am Kopfende vorsichtig zwischen Pritsche und Fenster zu Boden fallen, damit die Sachen des Kapitäns nicht angesengt wurden. Er hing seinen Gedanken nach, hörte nicht mehr, was Aljoschka brummte.

»Überhaupt«, meinte er schließlich, »man kann beten soviel man will, von der Haftzeit streichen sie dir doch nichts ab. Du mußt die ganze Zeit absitzen vom Wecken bis zum Schlußappell.«

»Aber darum soll man doch gar nicht beten!« sagte Aljoschka entsetzt, »was willst du denn mit der Freiheit? In der Freiheit wird auch dein letztes bißchen Glaube vom Dornengestrüpp erstickt. Freu dich, daß du im Gefängnis sitzt! Hier hast du Zeit, an deine Seele zu denken! Der Apostel Paulus hat gesagt: ›Was macht ihr, daß ihr weinet und brechet mir mein Herz? Denn ich bin bereit, nicht allein mich binden zu lassen, sondern auch zu sterben um des Namens willen des Herrn Jesu.‹«

Schuchow blickte schweigend zur Decke. Er wußte selber nicht mehr, ob er die Freiheit wollte oder nicht. Anfangs wünschte er sie sich sehr, zählte jeden Abend nach, wie viele Tage von seiner Haftzeit schon vergangen waren, wie viele er noch vor sich hatte. Dann war er es leid geworden. Und dann stellte sich heraus, daß sie die Politischen nicht nach Hause lassen, sondern in die Verbannung schicken. Und wo das Leben für ihn erträglicher ist, hier oder dort, weiß man nicht.
Er möchte nur frei sein, um nach Hause zu können.
Aber nach Hause lassen sie einen nicht...
Aljoschka lügt nicht, seiner Stimme und seinen Augen merkt man an, daß er gern im Gefängnis sitzt.
»Sieh, Aljoschka«, erklärte Schuchow ihm, »bei dir geht's auf: Christus hat dir befohlen, im Gefängnis zu sitzen, für Christus bist du jetzt hier. Aber wofür sitz ich? Dafür, daß sie sich einundvierzig nicht richtig auf den Krieg vorbereitet hatten? Dafür? Was kann ich dafür?«
»Heute ist ja gar kein zweiter Appell mehr...« knurrte Kilgas von seiner Pritsche.
»Ja-a!« erwiderte Schuchow, »das sollte man mit Kohle in den Kamin schreiben, daß heute keine zweite Kontrolle ist.« Und er gähnte: »Ich glaube, ich schlafe jetzt.«
Da hörten sie durch die stille Baracke das Poltern des Bolzens an der Außentür. Aus dem Korridor kamen die beiden Häftlinge hereingelaufen, die die Filzstiefel hatten, und riefen:
»Zweiter Appell!«
Ihnen nach der Aufseher:
»Raus in die andere Hälfte!«
Ein paar hatten schon geschlafen! Sie brummten, räkelten sich, zogen die Filzstiefel über die Füße (die wat-

tierten Hosen zog keiner aus – ohne sie würde man unter der dünnen Decke vor Kälte erstarren).
»Die verdammten Hunde!« schimpfte Schuchow. Aber er ärgerte sich nicht besonders, weil er noch nicht geschlafen hatte.
Caesar streckte seine Hand nach oben aus und legte ihm zwei Stück Kuchen, zwei Stückchen Zucker und eine runde Scheibe Wurst hin.
»Danke, Caesar Markowitsch«, Schuchow beugte sich in den Durchgang hinunter, »aber jetzt geben Sie mir Ihren Sack zur Sicherheit nach oben unter das Kopfkissen.« (Von oben zieht man ihn nicht so schnell herunter, und wer würde bei Schuchow etwas suchen?)
Caesar gab Schuchow seinen weißen, zugebundenen Sack nach oben. Suchow schob ihn unter die Matratze und wartete, bis die meisten draußen waren, damit er nicht so lange barfuß im Korridor stehen mußte. Aber der Aufseher raunzte ihn an:
»Los, du da in der Ecke!«
Und Schuchow sprang gewandt auf den Boden, barfuß (seine Filzstiefel mitsamt den Fußlappen standen so gut auf dem Ofen – es wäre schade, sie noch einmal herunterzuholen!). Wie viele Hausschuhe hatte er schon genäht – immer nur für andere, für sich hatte er keine. Aber er war daran gewöhnt, es dauerte ja nicht lange.
Die Hausschuhe nehmen sie auch mit, wenn sie tagsüber welche finden. In den Brigaden, die ihre Filzstiefel zum Trocknen abgegeben hatten, ging es denen am besten, die Hausschuhe besaßen, die anderen mußten in ihren Fußlappen oder barfuß hinaus.
»Na los! los!« knurrte der Aufseher.
»Ihr braucht wohl Prügel, ihr Viecher?« Der Barackenälteste kommt dazu. Sie trieben alle in die andere Hälfte hinüber, die letzten mußten in den Korridor. Schuchow

stellte sich an die Wand neben der Latrine. Der Boden unter seinen Füßen war feucht, und aus dem Vorraum zog es eiskalt herein. Sie hatten alle hinausgejagt – noch einmal gingen der Aufseher und der Älteste durch die Baracke, um zu kontrollieren, ob sich niemand mehr dort versteckte, sich etwa in eine dunkle Ecke verdrückt hatte und schlief. Wenn einer fehlt, gibt es Ärger, und wenn einer zuviel gezählt wird, gibt es auch Ärger, dann können sie wieder von vorn anfangen. Sie gingen überall durch und kamen dann zur Tür zurück.

Erster, zweiter, dritter, vierter... jetzt ließen sie die Männer schnell einzeln passieren. Als achtzehnter zwängte sich Schuchow durch. Im Laufschritt zur Pritsche, den Fuß auf den Stützbalken und – schwupp! – war er oben.

Schön. Die Füße wieder in den Westenärmel, die Decke darüber, obendrauf die Wattejacke, und schlafen! Jetzt werden sie alle von drüben in unsere Hälfte schicken, aber das stört uns nicht.

Caesar kam zurück. Schuchow gab ihm den Sack hinunter.

Aljoschka kam. Ungeschickt ist er, will es allen recht machen, aber er versteht's nicht, sich etwas nebenbei zu verdienen.

»Da, Aljoschka!« und er gibt ihm ein Stück Kuchen ab.

Aljoschka strahlt.

»Danke. Sie haben doch selber nichts!«

»Iß schon!«

Wir haben nichts, deswegen verdienen wir uns immer was dazu.

Und jetzt das Stückchen Wurst in den Mund! Die Zähne hinein! Kauen! Dieser Fleischgeruch! Richtiger Fleischsaft! Jetzt war's im Bauch.

Schon ist die Wurst weg.

Das übrige, beschloß Schuchow, morgen vor dem Ausmarsch.
Er zog sich die Decke über den Kopf, die dünne, ungewaschene Decke, und hörte nicht mehr hin, wie sich die Häftlinge aus dem anderen Raum zwischen den Pritschen zusammendrängten: warteten, daß sie abgezählt wurden.
Schuchow schlief vollkommen zufrieden ein. Er hatte heute viel Glück gehabt: er mußte nicht in den Bunker, die Brigade wurde nicht in die Sozsiedlung abkommandiert, zum Mittagessen hatte er sich einen Schlag Grütze geschnorrt, der Brigadier hatte gute Prozente für sie herausgeschlagen, das Mauern hatte Schuchow Spaß gemacht, beim Filzen war er mit dem Sägeblatt durchgekommen, abends hatte er sich bei Caesar etwas verdient und noch Tabak gekauft. Und war nicht krank geworden, hatte sich wieder aufgerappelt.
Ein Tag war vergangen, durch nichts getrübt, ein fast glücklicher Tag.
So sahen die dreitausendsechshundertdreiundfünfzig Tage seiner Haftzeit vom Wecksignal bis zum Schlußappell aus.
Wegen der Schaltjahre waren es drei Tage mehr ...

Inhalt

1 Mit freundlicher Genehmigung des Kindler Verlags.
2 Mit freundlicher Genehmigung des Possev Verlags (ausgenommen »Der alte Blecheimer«).

Alexander Solschenizyn
Offener Brief
an die sowjetische Führung
Sammlung Luchterhand

Alexander Solschenizyn
Offener Brief an die sowjetische Führung

vom 5. September 1973 und der Appell an seine Landsleute »Lebt nicht mit der Lüge« vom 12. Februar 1974.
Aus dem Russischen von Wolfgang Kasack.
64 Seiten.
Sammlung Luchterhand 178.

Hier erscheint die erste umfassende Stellungnahme von Alexander Solschenizyn nach seiner Ausbürgerung: unverhüllt legt der Nobelpreisträger seine Vorstellungen dar über den Weg der Sowjetunion in die Zukunft. Was er am 5. September 1973 an die Sowjetführung schrieb, ist jetzt zum offenen Brief geworden. Er umreißt nicht allein die politische Position des Patrioten Solschenizyn. Unpolemisch und konkret nennt er die Hauptprobleme der künftigen Entwicklung und gibt Antwort auf deren Fragen. Die folgenden Stichworte mögen die Spannweite und den Reichtum dieses Traktats, dieses aus Sorge, Imagination und kritischem Denken entstandenen Appells zur Überprüfung der politischen und ökonomischen Positionen erkennen lassen: Das Verhältnis zu China – Funktion der Ideologie – Erschließung des Nordostens der UdSSR – industrieller Wettkampf mit dem Westen – Abgrenzung gegen westliche Demokratie-Modelle – Wiedereinsetzung der *Sowjets*.

Luchterhand

Solschenizyn
Krebsstation

Mit einem Vorwort von
Heinrich Böll.
Aus dem Russischen übersetzt von
Christiane Auras, Agathe Jais
und Ingrid Tinzmann.

Band 1: 409 Seiten.
Band 2: 327 Seiten.
Leinen

»Die Krebsstation nicht zu lesen bedeutet, die Augen vor dem wichtigsten neuen Werk der sowjetischen Literatur zu verschließen.«

Luchterhand

Schores Medwedjew
Zehn Jahre im Leben des Alexander Solschenizyn

220 Seiten. Kartoniert.

Schores Medwedjew, im Westen bekannt durch sein Buch ›Der Fall Lyssenko‹, ist einer der führenden Intellektuellen der Sowjetunion. Ihn verbindet eine jahrelange Freundschaft mit Alexander Solschenizyn. Auf dem Hintergrund der sowjetischen Literaturpolitik dokumentiert und kommentiert Medwedjew den ›Fall Solschenizyn‹, der mit dem Erscheinen von ›Ein Tag im Leben des Iwan Denissowitsch‹ im Jahre 1962 seinen Anfang nahm. Aus der Sicht des engagierten Chronisten vermittelt der Autor Einblick in die komplexen Maßnahmen und Gegenmaßnahmen, in die Motive und Methoden derer, die das literarische und politische Klima in der Sowjetunion bestimmen.

Luchterhand

Über
Solschenizyn

Aufsätze, Berichte, Materialien
Herausgegeben
von Elisabeth Markstein
und Felix Philipp Ingold
Luchterhand

360 Seiten. Leinen

Russische Literatur
bei Luchterhand

Isaak Babel
Ein Abend bei der Kaiserin
Prosa, Reden, Tagebuch, Briefe.
444 Seiten. Leinen.

Michail Bulgakow
Aufzeichnungen eines Toten
Roman. 272 Seiten. Leinen.

Michail Bulgakow
Der Meister und Margarita
Roman. 480 Seiten. Leinen.

Michail Bulgakow
Hundeherz
Roman. 160 Seiten. Leinen.

Michail Bulgakow
Hundeherz
Roman. 159 Seiten.
Sammlung Luchterhand, Bd. 5.

Russische Literatur bei Luchterhand

Michail Bulgakow
Arztgeschichten
128 Seiten.
Sammlung Luchterhand, Bd. 67.

Wassil Bykow
Die Schlinge
Roman. 264 Seiten. Leinen.

Valentin Katajew
Es blinkt ein einsam Segel
Roman. 336 Seiten. Leinen.

Wenjamin Kawerin
Vor dem Spiegel
Roman. 420 Seiten. Leinen.

Russische Literatur bei Luchterhand

Andrej Platonov
Unterwegs nach Tschevengur
Roman. 429 Seiten. Leinen.

Alexander Solschenizyn
Im Interesse der Sache
Gesammelte Erzählungen und der Roman ›Ein Tag des Iwan Denissowitsch‹. 456 Seiten. Leinen.

Alexander Solschenizyn
August Vierzehn
Roman. 786 Seiten. Leinen.